明代鄉會試《詩經》義出題研究

侯美珍 著

臺灣 學ㄈ書局 印行

自　序

　　從事科舉的研究，純屬偶然。

　　在政治大學碩、博士班就讀時，筆者關注的是經學。因撰寫博士論文《晚明詩經評點之學研究》之需，開始留心「評點」，進而注意到明、清論及評點時，慣用「時文之法」、「時文之習」來概括。當時對科舉的認識極粗淺，既不懂時文、科舉，又怎麼能理解「時文之法」、「時文之習」的批評意涵？八股文不只束縛了明、清的考生，也困擾著西元 2000 年之際，對八股文一無所知的研究生。——老實說，八股文也是讓我博士班讀了八年的「罪魁」。

　　當時科舉學遠不如現在興盛，專著不多，而且多屬概論的性質。指導教授林慶彰老師，借我王凱符《八股文概說》，可想而知，裡頭並沒有我要的答案。但就是從這一步開始，跨入了科舉研究的領域。

　　那時《四庫》系列的大部叢書，如：《續修四庫全書》、《四庫全書存目叢書》、《四庫禁燬書叢刊》陸續印行，曾花了很多時間翻閱古籍中散見的科舉文獻。常覺得自己像背著籃子的採集者，進入榛莽，在混沌中前進。迷茫和困惑，如煙嵐時時繚繞；然而，偶爾採得一把野菜，偶爾發現幾顆果子，盈筐的欣喜，令人忘卻腳步的踉蹌。誠如鄧嗣禹（1905－1988）所言：「中國載籍，言及考試者，幾於無書無之。」也幸得如此，科舉榛莽中的探險，在不見天光時，也能心懷著盼望。

　　2004 年完成博論後，隨即用沿路的採集，炒了一道：〈毛奇齡《季跪小品制文引》析論——兼談「稗官野乘，悉為制義新編」的意涵〉。新手下廚，該怎麼上菜？本應自揣淺陋，投稿一般的學報；也並非「初生之犢不畏虎」，純粹是考量臺灣研究科舉、八股文的很少，而臺大葉國良、梅家玲教授，都發表過八股文的學術論文，前臺灣文學館館長、現任臺南市教育局局長的鄭邦鎮

老師，其博士論文《明代前期八股文形構研究》，也是臺大的博士學位。「不如投稿《臺大中文學報》吧！即使沒上，聽聽專家的意見也好。」該文順利在 2004 年底刊登，陸續在《臺大中文學報》共發表了四篇。筆者與臺大中文系並無淵源，得力於這些發表的「加持」，讓後續申請國科會計畫、應徵成功大學中文系，有了支持的後盾。

2004 年以來，申請了八次國科會計畫，都是與科舉相關的主題，感謝國科會研究經費的補助，讓研究可以順利進行，也讓筆者在「寫計畫／研究／發表／結案」的周而復始中，累積了對科舉的認識。感謝近幾年來，各學報的編輯及匿名評審——不管投稿上或不上，認同或反對，都值得感謝。也謝謝各會議主辦單位的邀稿，尤其是 2011、2012、2013 分別在武漢大學、昆明、南京舉行的第八、九、十屆科舉會議，拜會了許多科舉研究的前輩，如李弘祺、李世愉、沈登苗、周臘生、郭培貴、張亞群、劉海峰教授等（請見諒不能一一列舉，以免成了「會議簽到簿」），讓筆者「閉門造車」之餘，也有向前輩請益、與同好切磋的機會。

筆者轉任成功大學中文系，即將屆滿五年。感謝成大中文系營造了一個和諧溫暖的工作環境，系上許多前輩的關懷、提攜，不敢或忘。與諸多優秀的學者共事，也讓筆者五年來不敢鬆懈，兢兢業業，盼能跟上團隊的腳步。

因先前研究經學的背景使然，故對於制義的出題，特別關注。在天一閣收藏的鄉、會試錄印行後，即開始了試題的整理，前後持續進行了四、五年之久，感謝近幾年國科會助理的協助。各館所藏未刊行的鄉、會試錄，散在各地多處圖書館中，查詢、補抄的過程，承蒙吉林大學歷史系高福順教授、華東師範大學中文系彭國忠教授、武漢大學文學院陳水雲教授等人之鼎力相助。

謝謝現任助理周婕敏、彭醴璃、顏嘉慧，及博士生何淑蘋在資料整理及校對上的協助。臺灣學生書局在 1967 年重印了鄧嗣禹《中國考試制度史》，1969 年又編印了《明代登科錄彙編》，對科舉研究的推動，有目共睹。拙作能由臺灣學生書局出版，倍感榮幸，謝謝編輯陳蕙文小姐的連繫及付出。

筆者的研究得以進行，還要感謝諸多學者在科舉學、《詩經》學的奠基，以及許多科舉文獻的典藏、編纂、出版者。拙作雖立足於許多前輩的基礎上，

也參考了大量的文獻，但才疏學淺，闕漏不足之處，在所難免。尚祈大雅君子，不吝指正。

筆者自 1992 年考入政治大學中文所碩士班，2004 年博士班畢業，指南山下的政大校園裡，滿布年輕時的足跡。謝謝師長殷勤的澆灌，讓學術的幼苗，可以自由的滋長。博班畢業 10 年後，才推出這本小書，實愧對師長的栽培和期望。

追隨慶彰師治學，始自大學修習「治學方法」課程。20 餘年來，深受老師強調做學問要有問題意識、要立足於文獻的影響。在起步之初，能得到正確的導航，至今猶然受惠。老師對學術研究的執著、使命感，以及所締造的成績，高不可攀，讓美珍益發汗顏自己的渺小和不足。

序末，我還要特別謝謝大學時上杜詩課程的簡恩定老師。人們都說他是一個剛介的學者，在他驟然去世後，美珍常懷想起的卻是他兄長般的溫暖。

侯美珍誌於成功大學中文系

2014 年 4 月

明代鄉會試《詩經》義出題研究

目　次

第一章 前言

第一節　從罷棄科舉到提倡「科舉學」

　　科舉是源自隋、唐設科考試、選才任官的制度。倘以隋煬帝大業元年（605）建立進士科為起始，[1]截至光緒 31 年（1905）朝廷下令所有鄉、會試一律停止，科舉制度在中國實施了將近 1300 年之久。隨著朝代不同，因應時代之需求，科舉考試的辦法、考試內容，也屢經變更。所有的變更，皆為完善制度，盡量更公平、更防弊，而為多數人所認可。科舉能實施千年之久，可見其向多數人開放、公正的取士制度，深獲肯定。平民可透過科舉拔擢，提升地位，造成社會階層流動；朝廷以功名吸引、鼓勵各地人才報考，選錄菁英為國所用，可增加向心力，穩固政權。這些都遠比官位由世襲壟斷、或藉由薦舉取人更為公平、可行，更有利於國家的統治，對於教育的促進、社會的安定，也有實質的貢獻。

　　然而，科舉制度並不完美，還是存在著制度上及實施過程的弊端。李弘祺教授指出，科舉是中國傳統重視公平取才的一個重要制度，但考試上的公正並不表示社會真正的公平，絕大部分的社會資源和報酬都給了少數科舉考試的優勝者，而不能將部分資源和報酬提供給其他領域的專家，因此造成偏頗、造成「萬般皆下品，唯有讀書高」的不公平現象，士子競求功名，也使得科舉考試

---

[1] 關於科舉制的起始朝代、時間，學界有不同的主張，參劉海峰：〈「科舉」含義與科舉制的起始年份〉，《廈門大學學報（哲學社會科學版）》2008 年第 5 期，頁 70－77 轉頁 91。

變成非常激烈的競爭。[2]考官為甄別高下，出題益加瑣碎、刁難，所學、所考愈來愈遠離設科取士的本意、遠離任官所需能力。讓士子專力於考試技術的鑽研，而非真才實學的培養，對於人才與國力的提升，並無益處。

　　因所需官員是有限的，錄取的名額也受到限制，參與科舉的考生卻隨著人口增多、讀書備考者的增加而快速成長，使錄取更加困難。青雲得意者畢竟有限，落榜者眾多，失意之憤懣油然而生。加上科舉實施過程衍生的一些問題，如：薦牘、關節等弊端、學非所用的質疑，以致每逢國家危亂之際，往往將國家積弱之故，指向科舉無法甄拔人才，甚至認為科舉是敗壞學術、人才，導致國家傾覆的禍首。如身受亡國之痛的遺民顧炎武（1613－1682），在《日知錄》中痛斥：「八股行而古學棄」，「秦以焚書而《五經》亡，本朝以取士而《五經》亡」，「八股之害等於焚書，而敗壞人材，有甚於咸陽之郊，所坑者但四百六十餘人也。」[3]

　　對科舉的抨擊，在清末時局動盪，內憂外患時，達到最高點。西學東漸，新學的衝擊，考試內容的不合時宜，加上科場出小題、截搭題以困阨諸生等積弊，也嚴重到難以忍受。康有為（1858－1927）曾自言六應童試見擯，受困於小題搭截文法中，並估計當時約有三百萬人處境與他相同，憤言：

　　　　若夫童試，惡習尤苛。斷剪經文，割截聖語。其小題有枯困縮腳之異，
　　　　其搭題有截上截下之奇，其行文有鈎伏渡挽之法。譬如《中庸》「及其
　　　　廣大草木生之」，則上去「及其廣」三字，下去「木生之」三字，但以
　　　　「大草」二字為題。如此之例，不可殫書，無理無情，以難學者。不止
　　　　上侮聖言，試問：工之何益？而上自嘉、道，下迄同、光，舉國人士，

2　李弘祺：〈科舉研究的問題與期望〉，收入於劉海峰主編：《科舉百年祭》（武漢：湖北人民出版社，2006年10月），頁100－104。

3　見清・顧炎武撰，清・黃汝成集釋：《日知錄集釋（全校本）》（上海：上海古籍出版社，2006年），卷1，頁9，〈朱子周易本義〉條；卷16，頁946，〈擬題〉條。

　　伏案揣摩，皆不出此「大草」之文法也。[4]

可見激烈的競爭，導致考試內容的僵化、不合理，竟以「大草」命題，確實難寫，就算寫得好也無益人才的造就。隨著應考者眾、錄取率低，考生屢試不中的憤怒轉為對科舉制度的指責、鄙棄，批評的聲浪，撼動了科舉制度，為這實施千年之久的制度畫下了句點。

　　然而，清末對科舉的負面觀感、評價，卻未隨著廢除科舉而停止，陳興德在《二十世紀科舉觀之變遷》中指出，「隨著科舉制度的廢止，科舉考試成為歷史記憶，晚清科舉觀亦為整個二十世紀的科舉評價確定了歷史基調」。[5]晚清科舉觀最具代表性的就是龔自珍（1792－1841）、魏源（1794－1857）、馮桂芬（1809－1874）、康有為等維新派人士，針對科舉積弊的抨擊。

　　民初以後，雖有部分學者正視科舉制度存在的事實及影響，如周作人（1885－1968）曾暢言八股研究的重要，說八股是中國文學史上承先啟後的一大關鍵，也是中國文化、文學的結晶，應加以研究。[6]如鄧定人、章中如、傅增湘（1872－1949）、陳東原（1902－1978）、盧前（1905－1951）等學者，也陸續出版了科舉論著，[7]但「當時主流的看法仍對科舉持否定態度」，[8]在棄舊揚新、反傳統的思潮影響下，一般民眾常視科舉制度為腐敗落後的根源。因此，相較

4　清・康有為：〈請廢八股試帖楷法試士改用策論摺〉，清・康有為撰，麥仲華輯：《戊戌奏稿》（《續修四庫全書》影印清宣統 3 年〔1911〕刊本），頁 5。

5　參陳興德：《二十世紀科舉觀之變遷》（武漢：華中師範大學出版社，2008 年 11 月），頁 33。

6　周作人：〈論八股文〉，《看雲集》（臺北：里仁書局，1982 年 6 月影印民國 21 年〔1932〕上海開明書店版），頁 144。此文後署「十九年五月」。

7　鄧定人：《中國考試制度研究》（上海：民智書局，1929 年 5 月）、章中如：《清代考試制度》（上海：黎明書局，1931 年）、章中如：《清代考試制度資料》（上海：黎明書局，1934 年）、傅增湘：《清代殿試考略》（天津：大公報出版社，1933 年）、陳東原：《中國科舉代之教育》（上海：商務印書館，1934 年）、盧前：《八股文小史》（上海：商務印書館，1937 年 5 月）。

8　參陳興德：《二十世紀科舉觀之變遷》，頁 151。

於其他古代文史領域，科舉研究更常為負面印象掣肘。成見的糾葛，時局的動盪，使民初科舉研究拓展不易，諸人所作大都偏向概論性質。

進入五〇年代，當時大陸處在特殊的政治氛圍中，對學術研究產生全面的衝擊，尤其在文革前夕和期間，批判高考等考試制度，與對科舉制度的批判同時進行。盲目地「破四舊」、「反傳統」、「反封建」，使得歷來被歸為舊制度、傳統文化、封建文化的科舉制度，也被徹底否定了。以致於五〇至七〇年代，僅有三本科舉研究專書出版，發表的科舉研究論文不超過二十篇，成為科舉研究的「失語」期。[9]何忠禮教授曾言：「到了 50 年代至 70 年代，又由於受到政治氣候的影響，研究科舉制度的論著，揭露其弊病的多，做出些微肯定的幾乎沒有。」[10]劉海峰教授也指出：「在 1979 年之前，科舉研究是大陸學術研究的冷門，在一般人的印象中，科舉只是一堆陳年歷史垃圾，即使要去撥弄，主要也是為了肅清其流毒。」[11]幸好在中國大陸以外，科舉研究仍持續進行。如臺灣在 1949－1969 年間，就出版了科舉學的專書 9 種，尚有學位論文6 種問世，在研究資源有限的年代，誠屬難得。[12]

科舉研究直至近二、三十年才逐漸興盛，[13]劉海峰教授在 1992 年提出建立「科舉學」的構想，以期能深入研究這一內容廣博的專門領域，並使之系統化。陸續撰寫了〈「科舉學」芻議〉、〈「科舉學」發凡〉等文章，[14]以及

---

9 陳興德：《二十世紀科舉觀之變遷》，頁 231－232。

10 何忠禮：〈二十世紀的中國科舉制度史研究〉，《歷史研究》2000 年第 6 期，頁 142－155。

11 參劉海峰：〈中國大陸科舉研究的發展與演進〉，收入於高明士編：《東亞教育史的回顧與展望》（臺北：臺灣大學出版中心，2005 年），頁 180。

12 參侯美珍：〈臺灣的科舉學〉，《廈門大學學報（哲學社會科學版）》2013 年第 6 期（2013 年 11 月），頁 86－95。

13 陳興德：《二十世紀科舉觀之變遷》，頁 318，引述劉海峰教授對 1926 年至 2005 年 7 月科舉學論著目錄的整理，經其歸納，1978 年後所出版的專著，佔總數的 82%，學位論文佔 93%，且隨著時代愈近，相關的著作愈多。

14 兩文分見劉海峰：《科舉制與科舉學》，頁 219－231；232－244。

《科舉學導論》一書，[15]獲得學界許多的支持和回響。再加上 2005 年恰逢廢除科舉百年，有許多相關報導、活動，[16]在回顧、反思光緒 31 年廢除的科舉制度之餘，也吸引更多世人關注科舉，加速了科舉學的發展。以科舉為主題的學術研討會陸續召開，帶動了研究的熱潮，至 2013 年 11 月在南京召開「第十屆科舉制與科舉學學術研討會」截止，已有十屆之多。而且有些會議雖以科舉為主題，但不計入此十次之數，如中央研究院近代史研究所於 2006 年 12 月舉行「101：後科舉時代的反思國際學術研討會」，以及成功大學人文社會科學中心與北京臺灣會館於 2013 年 9 月合辦的「科舉制度在臺灣學術研討會」。武漢大學亦曾於 2008 年 11 月舉辦「明代文學與科舉文化國際學術研討會」、2013 年 11 月舉辦「俗文學中的科舉與民間社會國際學術研討會」，皆不在上述「十屆」之列，可見近十年來，科舉研究深獲學界矚目及科舉學術研討會舉辦之熱絡。

第二節　科舉文學與制義的研究

多方的努力，促成科舉研究的興盛，相關的著作，也大幅增加。試用「科舉」作為關鍵詞，搜索期刊論文及博、碩士論文，即可窺見由從前零星到近年蓬勃的研究狀況。雖目前研究者和著作數量，遠逾從前，但劉海峰教授嘗言：科舉學是與中國一千多年間大部分知名人物、大部分書籍和幾乎所有地區有關的一門學問。現有的研究成果，與科舉在歷史上的重要性和影響、資料的宏富程度相比，還是很不相稱。而且既有的撰著，也因種種因素，未能充分、深入研究，或者存在明顯的錯誤等待糾正和澄清，在涉及中國人文歷史的學問中，

15　劉海峰：《科舉學導論》（武漢：華中師範大學出版社，2005 年 8 月）。

16　在隔年，出版兩本以科舉百年為主題、雅俗共賞的書籍，一為《新京報》主編：《科舉百年》（北京：同心出版社，2006 年 2 月），一為劉海峰主編：《科舉百年祭》，載錄了 2005 年報刊、會議中，諸多對科舉的論述。並可參《科舉百年祭》，頁 486－488，程克夷所撰〈後記〉對 2005 年科舉百年，新聞界、文化界、教育界、學術界的活動概介。

很少有像科舉這樣地位重要、文獻眾多，價值甚高卻尚未被充分研究者。[17]

　　科舉學是一門廣博、牽涉多種領域的學問，與古代歷史、教育、政治、社會、文化、文學等領域密切相關，因此可以讓不同專業的人，從不同的角度進行研究，以呈現科舉學的多元面向。以往科舉的研究者，以歷史學門及教育學門中研究古代教育的學者居多，也有一些是古代政治制度的研究者。近十餘年來，拜科舉研究興盛之賜，加上兩岸增設不少文史領域的研究所，論文數量倍增，相較於其他發展成熟的領域，科舉如同一片亟待開墾的榛莽之地，吸引了許多學者、研究生於科舉學領域中，尋覓新的課題。中文學界投入科舉研究的學者也快速增加，已逾教育、政治學門。[18]

　　許多文學史、學術史上的知名人物，多為博得功名之進士，少部分是舉人，即使是一生考不中舉人、以秀才終老的徐渭（1521-1593），科舉在其生命中，亦烙印了深刻的印記；困頓科場的蒲松齡（1640-1715）、吳敬梓（1701-1754），在其作品中，何嘗沒留下科舉的痕跡？科舉與文學關係十分密切，與中文學門相關的科舉文獻也不少，僅是應試文體，就有：試帖、律賦、詔、誥、表、判、論、策、八股文等多種。若論各類文體中涉及科舉的敘述，加上以狀元、進士、舉人等為主角的小說、戲劇等，就更不可勝計了。周興祿《宋代科舉詩詞研究》中指出，《全宋詩》中關於科舉題材內容的作品有 7000 餘首，《萬寶詩山》有應試詩約 16000 首，兩者共計約佔全部宋詩的 9%。[19]而孫仁義〈淺析京劇等狀元戲中的科舉影像〉一文，但取「京戲」一劇種，僅取

17　劉海峰：《科舉學導論》，頁5。

18　以臺灣為例，拙作〈臺灣的科舉學〉一文中，以學位論文統計來觀察，臺灣的科舉研究，歷史學門是主力，早期還有不少政治專業的學者投入，近十餘年來，中文學界以科舉為題的學位論文，成長極為快速，從「1990-1999」、「2000-2009」、「2010 以後」，三個時期的學位論文來看，數量皆為各學門之冠。大陸科舉學界，中文系的學者、科舉學著作，所佔比例，也較從前增加許多。

19　周興祿：《宋代科舉詩詞研究》（濟南：齊魯書社，2011 年 12 月），頁7。

「狀元」一角色，統計京劇的狀元戲就多達 56 部，[20]可見涵蓋之廣、素材之多。

「科舉文學」也是科舉學研究的一環，[21]在許多中文學門的學者，投入科舉研究的行列後，這領域的論著，驟增不少。[22]但從事科舉文學研究者，似多偏愛探究傳奇、小說中的科舉素材，[23]其次是與科舉有關的詩賦，其他應試文體，大概是因比較困難，文本取得、解讀不易，也不似戲劇、小說有趣，較少獲得關注。筆者認為，應試文體中的制義一類，即是屬於極重要，然以往給予的關注、研究仍不足者。

明、清科舉取士，鄉、會試分三場試士，考試內容雖涵蓋多種體裁，而中式與否的關鍵，取決於首場的制義。[24]制義有諸多別名，如：制藝、時義（藝）、近義（藝）、經義（藝）、舉業、時文、八比、八股文等。就其出題的難易、偏全、冠冕與否，可分為大題文、小題文；[25]就其從《四書》、《五

---

[20] 孫仁義：〈淺析京劇等狀元戲中的科舉影像〉，《運城學院學報》第 29 卷第 3 期（2011 年 6 月），頁 32－36。按：狀元戲之命名，只有少數劇名出現「狀元」等科舉字眼。

[21] 科舉與文學的議題，可參劉海峰兩文：〈科舉文學與「科舉學」〉，《武漢大學學報（人文科學版）》第 62 卷第 2 期（2009 年 3 月），頁 176－182；〈科舉學與科舉文學的關聯互動〉，《廈門大學學報（哲學社會科學版）》2012 年第 6 期，頁 25－32。

[22] 部分研究成果，可參方憲：〈近十年國內關於科舉與文學的研究綜述〉，收入於陳文新、余來明主編：《科舉文獻整理與研究：第八屆科舉制與科舉學國際學術研討會論文集》（武漢：武漢大學出版社，2013 年 4 月），頁 405－417。

[23] 尤其是《儒林外史》，僅臺灣在 2009、2010 年兩年間就有三本碩士論文，分別為吳明勳：《從科舉功名與禮教來看儒林外史》（高雄：中山大學中國文學系碩士論文，2009 年 6 月，龔顯宗指導）、吳政憲：《儒林外史中科舉制度之研究》（高雄：高雄師範大學回流中文碩士班碩士論文，2009 年 6 月，羅克洲指導）、陳寶惠：《從儒林外史透視清代科舉》（新竹：玄奘大學中國語文學系碩士在職專班碩士論文，2010 年 6 月，柯金虎指導）。

[24] 參侯美珍：〈明清科舉取士「重首場」現象的探討〉，《臺大中文學報》第 23 期（2005 年 12 月），頁 277－322。

[25] 參侯美珍：〈明清科舉八股小題文研究〉，《臺大中文學報》第 25 期（2006 年 12 月），頁 153－198。

經》出題的不同，又可分為《四書》義（藝）和《五經》義（藝）。《五經》
義又因經書之別，分作《易》義（藝）、《詩》義（藝）……等。

　　科場雖重制義，但明、清之文集，常見收錄論、策等科舉文體，但卻以不
收制義為常態。歸有光（1507－1571）公認為明代首屈一指的制義名家，然而歸
氏文集有「應制論」、「應制策」，卻未收任何一篇制義。[26]所謂「文集附時
藝，近今罕有」，[27]乾隆40年（1775）上諭曰：

　　　時文為舉業所習，自前明以來，通人擅長者甚多，然亦止可聽其另集專
　　　行，不宜並登文集。[28]

至清末猶有「近代通例，別集不收時文」[29]的慣例，可見時文不登文集，為
明、清兩代絕大多數文集編纂的常規，甚至有主張連時文序也不必收者。[30]由
於時文多「另集專行」，這讓我們在閱讀古人文集、研究其人作品時，常忽略
其制義。因為時文善變之故，過時即不受青睞，故「另集專行」的制義選集，
易遭淘汰，傳世罕少。商衍鎏（1875－1963）曾言時文選集等科舉用書，「自明
至清，汗牛充棟之文，不可以數計。但藏書家不重，目錄學不講，圖書館不

---

[26] 明・歸有光撰，周本淳校點：《震川先生集》（上海：上海古籍出版社，2007年8
　　月），「應制論」見〈別集〉，卷1，頁687－726；「應制策」見〈別集〉，卷2上、
　　下，頁763－786。

[27] 清・洪若皋受業弟子輯：〈凡例〉，清・洪若皋：《南沙文集》（《四庫全書存目叢
　　書》影印清康熙刻本），卷前，頁7。

[28] 清・王先謙：《東華續錄》（《續修四庫全書》影印清光緒10年〔1884〕王氏刻
　　本），〈乾隆八十二〉，頁31。

[29] 按：此為清道光9年（1829）陸錫智為嚴可均選一卷時文所作卷前識語，見清・嚴可
　　均：《鐵橋漫稿》（《續修四庫全書》影印清道光18年〔1838〕四錄堂刻本），卷
　　13，頁1。

[30] 明、清文集不收時文、或主張連時文序皆不必收，及時文選集不易傳世的緣故，詳參侯
　　美珍：〈談八股文的研究與文獻〉，《中國學術年刊》第30期（春季號）（2008年3
　　月），頁167－198。

收」。[31]以致在廢除科舉後，世人對制義更加陌生，但負面觀感卻仍根深柢固的盤據著。

啟功（1912－2005）嘗云：曾遇到用「八股」這二字作為貶義詞的人，「竟不知它是一種文體的名稱，更不用說八股為什麼那麼壞的理由了」。[32]涂經詒曾感慨中、外版的中國文學史，「要不是全然無視於這種文體的存在，就是用最不經意的介紹，來予以最大的輕蔑」。[33]鄺健行也指出，在九十年代前，由於學者對八股文的發展過程和文體本身無確切的認識，常執定全盤否定八股文的成見，只要有必須列舉負面因素處，便把八股文當作其中一項任意加插進去，而不論實情為何。[34]以上諸位學者指出今人對制義陌生、忽視，可是謾罵、輕蔑卻不遺餘力。客觀看來，制義雖有其負面的影響，但忽略，或者謾罵、栽贓式的評論，究竟不是學術研究應有的態度。

隨著中文學門的學者對科舉研究投入漸多後，研究制義的專著、學位論文也陸續增加。考察學者的論題，似較留意制義與文學的關係，制義對詩文、戲曲、小說、批評等影響，都有所關注。然制義可探討者，固不僅限於文學一端，涂經詒認為，從中國思想史的觀點來說，許多八股文中的材料，是研究明清孔孟儒家學說、尤其是理學的豐富寶藏。[35]葉國良教授也指出，八股文「很像宋代某些不事訓詁、發抒經旨的經學著作」，認為可將八股文「視為儒學研

---

31 商衍鎏：《清代科舉考試述錄》（臺北：文海出版社，1975 年，《近代中國史料叢刊續編》影印 1958 年北京三聯書店本），頁 227。

32 啟功：〈說八股〉，收入於啟功等合撰：《說八股》（北京：中華書局，1994 年 7 月），頁 1。

33 涂經詒撰，鄭邦鎮譯：〈從文學觀點論八股文〉，《中外文學》第 12 卷第 12 期（1984 年 5 月），頁 167。

34 鄺健行：〈談八股文體與其發展歷史——九十年代前大陸學者對八股文的態度和認識〉，《科舉考試文體論稿：律賦與八股文》（臺北：臺灣書店，1999 年 5 月），頁 255－267。

35 涂經詒撰，鄭邦鎮譯：〈從文學觀點論八股文〉，頁 175。

究的資料」。[36]然而時至今日，筆者仍罕見學者研究明清思想史、儒學、經學，自八股文取材。

　　研究時罕少取資於八股文，重要的原因之一，當如吳承學所言：以往八股文臭名昭彰，「往往被懸置在學術研究的範圍之外」。[37]八股文的認識和研究本頗有難度，[38]加上長期被鄙視、懸置、忽視，使學者涉獵時，缺乏認識的基礎。

　　科舉文獻中，承載著不少與經學相關的訊息，而前人研究不多，是亟待探索的領域。尤其是制義，自經書中出題，闡述經書道理，與經學關係最為密切。吳宣德曾云：

> 長期以來，由於「八股文」臭名昭著，所以學人對科舉試經的詳情也少有具體的研究。實際上，儒經作為當時官方統治思想的理論來源，也是學校教育的主體內容，其對社會文化的影響是十分巨大的。[39]

本書以「明代鄉會試《詩經》義出題研究」為題，是結合《詩經》學與科舉學領域的研究，藉由試題的統計、考察，以了解明代試經、考官出題以及備考讀經等問題。考試引導教學，古今不二。透過試題來了解考官出題的情形，進一步考察出題對士子讀經、科舉圖書、經學教育的影響，這是本書擇題、研究的立意所在。

---

[36] 葉國良：〈八股文的淵源及其相關問題〉，《臺大中文學報》第 6 期（1994 年 6 月），頁 56－57。

[37] 吳承學：〈明代八股文〉，《中國古代文體形態研究》（武漢：湖北教育出版社，2000 年 9 月），頁 175。

[38] 參侯美珍：〈談八股文的研究與文獻〉一文之論述。

[39] 吳宣德、王紅春：〈明代會試試經考略〉，《教育學報》第 7 卷第 1 期（2011 年 2 月），頁 99。

第三節　文獻回顧與研究方法

　　筆者的研究得以進行，必須感謝許多學者在明代科舉研究上的奠基，諸如郭培貴、吳宣德、錢茂偉、汪維真、陳長文、陳寶良、黃強、黃明光、王凱旋、鶴成久章教授等諸多前輩，對明代科舉的研究，都曾付出心血、做出貢獻，廓清明代科舉諸多迷霧，朗照後續研究者前進之路。也要感謝許多科舉文獻的編纂、出版者，尤其是臺灣學生書局 1969 年印行的《明代登科錄彙編》及寧波市天一閣博物館將所收藏的大量明代鄉、會試錄，於 2007、2010 年編印成《天一閣藏明代科舉錄選刊・會試錄》、《鄉試錄》流通，倘無這些叢書可利用，連最基本的鄉、會試題整理，都窒礙難行。

　　對科舉與經學關係的探討，相關的論述有限，透過「經學研究論著目錄資料庫（1912－1997）」（http://ccs.ncl.edu.tw/data.html）的查詢，即可略窺一斑。[40]科舉取士雖與經書的關係密切，特別是在元、明、清時，但研究時必須橫跨經學與科舉兩個領域，當科舉學還不夠興盛、成熟時，缺乏可以立足的基礎、文獻，研究較難進行。隨著科舉學的發展，陸續整理、翻印了許多科舉文獻，也有更多研究成果可以憑藉，科舉與經學的關係，應會得到更多的關注。

　　由於科舉學的發展較遲緩，先前學者在明代《詩經》學與科舉有關的研究論著不多，楊晉龍教授《明代詩經學研究》第五章第三節〈官定《詩傳大全》的內容與影響〉、第五節〈實用的科舉參考書的內容與影響〉，[41]對《詩傳大全》及江環《詩經闡蒙衍義集註》等進行了研究。洪湛侯《詩經學史》中有

---

40 資料庫僅收至 1997 年的論著，以「科舉」作為關鍵詞搜尋資料庫，共得 19 筆，其中或篇幅有限僅為概論、或介紹一代科舉制度，以主題式較深入探討者唯有王萬福〈唐代科舉制度與經學教育〉、何忠禮〈論科舉制度與宋學的勃興〉、張祝平〈詩經與元代科舉〉、陳寒鳴〈洪武儒學教育與科舉八股的形成〉、艾爾曼〈晚明儒學科舉策問中的「自然之學」〉及〈清代科舉與經學的關係〉諸文。

41 楊晉龍：《明代詩經學研究》（臺北：臺灣大學中國文學研究所博士論文，1997 年 6 月，張以仁、吳宏一指導），頁 251－255；頁 275－301。

〈《詩》學為科舉所用〉一章。[42]劉毓慶《從經學到文學——明代詩經學史論》一書，[43]其中〈八股取士與《詩經》學研究的轉向〉、〈講意派的《詩經》研究〉兩節與科舉較為相關。張蕊、俞啟定〈明清時期的《詩經》應試書〉一文，[44]藉由《四庫全書總目》、《續修四庫全書總目提要》、《詩經要籍提要》之著錄，概介《詩經》應試書的特點。張洪海〈明清科舉文化對《詩經》評點的影響〉，[45]主要在論述科舉講章、八股文選本之評點，催生了《詩經》文學評點的批評方式，也影響了批評內容。沈俊平《舉業津梁——明中葉以後坊刻制舉用書的生產與流通》，對考察明中葉後《詩經》科舉用書頗有助益。[46]

另外，張祝平所作〈《詩經》與元代科舉〉、[47]〈元代科舉《詩經》試卷檔案的價值〉兩文，[48]研究《詩經》與元代科舉的問題，富有參考價值。艾爾曼〈清代科舉與經學的關係〉，[49]對筆者也頗有啟發。

在明代科舉與經學關係的探討上，日本福岡教育大學鶴成久章教授，是重

---

[42] 洪湛侯：《詩經學史》（北京：中華書局，2002 年），頁 445－455。

[43] 劉毓慶：《從經學到文學——明代《詩經》學史》（北京：商務印書館，2001 年 6月）。

[44] 張蕊、俞啟定：〈明清時期的《詩經》應試書〉，《歷史檔案》2009 年第 4 期，頁 127－130。張蕊：《詩經教本考論》（新北市：花木蘭文化出版社，2012 年 9 月），頁138－142，又有〈明清《詩經》科舉應試書〉一節，內容相近，不贅述。

[45] 張洪海：〈明清科舉文化對《詩經》評點的影響〉，《東岳論叢》第 32 卷第 5 期（2011 年 5 月），頁 71－75。

[46] 沈俊平：《舉業津梁——明中葉以後坊刻制舉用書的生產與流通》（臺北：臺灣學生書局，2009 年 6 月）。此書附錄，頁 366－414，據各家書目整理了《四書》、《五經》的科舉用書，可供參考。

[47] 張祝平：〈《詩經》與元代科舉〉，《江海學刊》1994 年第 1 期（總第 169 期），頁134－140。

[48] 張祝平等：〈元代科舉《詩經》試卷檔案的價值〉，《中國典籍與文化》2007 年第 1期（總第 60 期），頁 79－86。

[49] 艾爾曼：〈清代科舉與經學的關係〉，收入於中央研究院中國文哲研究所編委會主編：《清代經學國際研討會論文集》（臺北：中央研究院中國文哲研究所籌備處，1994 年 6月），頁 31－102。

要的研究者，所作有：〈明代科舉における專經について〉、[50]〈『礼記』を選んだ人達の事情——明代科舉と礼学〉、[51]〈明代科舉における「四書義」の出題について〉，[52]探究明代科舉選經，選考《禮記》與地域、家學淵源等的關係，以及研究《四書》義的出題。吳宣德等作〈明代會試試經考略〉，[53]則利用明代 64 科的登科錄、會試錄等，統計、分析會試選經、分經錄取的問題，頗為深入，是本書論述時最為倚重的。

筆者研究科舉的過程中，也發表過幾篇關乎科舉與經學的論著：〈明清科舉取士「重首場」現象的探討〉一文，旨在探討三場考試何以偏重制義，及偏重制義、特別是《四書》義所產生的流弊，並說明何以屢遭抨擊而未能矯枉。〈明清八股取士與經書評點的興起〉一文，[54]探討因應試學文之需，選評經文作為教材，可說是化經書為文選。除說明評經產生的緣由、現象、與八股取士的關係外，也辨析了前人對評經的態度。筆者又作有〈明代會試《詩經》義出題研究〉一文，[55]整理了會試《詩經》試題，並藉由統計數據分析試題長短、分布、考官出題趨向等。

本書以「明代鄉會試《詩經》義出題研究」為題，是〈明代會試《詩經》

---

[50] 日·鶴成久章：〈明代科舉における專經について〉，《日本中國學會報》第 52 集（2000 年 10 月），頁 208－222。

[51] 日·鶴成久章：〈『礼記』を選んだ人達の事情——明代科舉と礼学〉，《福岡教育大學紀要》第 50 號（2001 年 2 月），頁 1－15。

[52] 日·鶴成久章：〈明代科舉における「四書義」の出題について〉，《九州中國學會報》第 41 集（2003 年 5 月），頁 69－85。按：此文又題作〈論明代科舉中試《四書》義之出題〉，收入於劉海峰主編：《科舉制的終結與科舉學的興起》（武漢：華中師範大學出版社，2006 年 10 月），頁 167－175。

[53] 吳宣德、王紅春：〈明代會試試經考略〉，《教育學報》第 7 卷第 1 期（2011 年 2 月），頁 99－112。

[54] 侯美珍：〈明清八股取士與經書評點的興起〉，《經學研究集刊》第 7 期（2009 年 11 月），頁 137－162。

[55] 侯美珍：〈明代會試《詩經》義出題研究〉，《臺大中文學報》第 38 期（2012 年 9 月），頁 203－256。2012 年發表後，續又略加修改、補正，故本書會試試題相關數據、論述，與舊作微有不同。

義出題研究〉一文的擴大、續探。明代共舉行了 88 科會試，筆者所掌握的試題科數有 61 科、共 237 題；再加上所搜得的 337 種鄉試錄、共 1340 題，鄉、會試題合計共 1577 道。本書採歷史文獻分析法和統計法，從試題的輯錄、整理、統計出發，考察題目長短、試題在《詩經》各類中分布的情形、正變詩出題狀況，分析考官出題的偏重、忽略。一方面從縱的時間軸觀其出題的變化，一方面從橫的面向，比較鄉、會試之異同。除探究考官出題趨向、偏重，解釋偏重之故，並探討此種偏重現象對考生選經、讀經及科舉用書編纂的影響。

　　在科舉學領域中，對考官出題的探討有限，尚未見有對《五經》出題深入考察之作，透過本書的考索、研究，除可確實掌握《詩經》出題情形，對於研究其他諸經、其他應試文體，不無旁參、佐證之助益。就《詩經》學的領域來看，向來學者考察《詩經》學史，關注的常是頂尖的《詩經》研究者，能在《詩經》學史上立說揚名、佔有一席之地的專家——此無疑是金字塔頂端的少數。呈現這些菁英學者的創說，對《詩經》學發展的建樹、傳承，這是以往《詩經》學史研究的焦點所在。然而，明代士子多因備考、應試而研經，大雅所不屑的科舉講章，以及近科鄉、會試程文、墨卷，比起名家經學巨著，更常佔據考生的几案間。本書透過《詩經》鄉、會試題的統計和分析，結合科舉視角的考察，更能反映眾多應試考生與《詩經》的關係，呈現明代士子學習、備考階段，對《詩經》學的接受。

第二章　明代科舉與經學

第一節　明代鄉會試考試內容

　　明洪武 3 年（1370），天下底定，需才孔亟，開科取士。鄉試定在子、午、卯、酉年的 8 月，分 3 場，分別在 8 月 9、12 和 15 日舉行。由於時在秋季，所以鄉試也稱作「秋闈」。依當時的大行政區，分區而同時舉行鄉試。[1]洪武 3 年，共分直隸及 11 個行中書省（簡稱行省）；洪武 17 年（1384）時，經過調整後的全國行政區，分直隸和 13 個布政司。[2]永樂 3 年（1405）遷都北京，鄉試因而分南、北直隸及 12 個布政司。鄉試舉行的地點，北直隸在順天府，南直隸在應天府，其他則在布政司所在地考試。

　　會試時間在鄉試次年辰、戌、丑、未年 2 月，與鄉試一樣，皆是三年一考、分 3 場，在 2 月 9、12 和 15 日舉行。由於時在春季，所以會試也稱作「春闈」。會試地點原在南京，永樂 13 年（1415）改至北京舉行。[3]會試錄取者，得參加殿試，殿試定在 3 月 3 日。

　　明初考試內容及範圍規定，多沿襲元制，誠如《明太祖實錄》所言：「考

1　此為沿襲元制，蕭啟慶指出：「省區配額是元代一項創舉，亦是中國科舉史上鄉試由小考區轉向大考區的重要一步」，「從考試結構來，明代大體上沿襲元朝的三級考試及大考區制，以行省為鄉試單位。」蕭啟慶：〈元代的科舉制度及文獻〉，《元代進士輯考》（臺北：中央研究院歷史語言研究所，2012 年 3 月），頁 34、42。

2　增加了四川和雲南兩個布政司，四川在洪武 5 年（1372）已舉行鄉試，雲南則至永樂 9 年（1411）才正式開科。

3　明・張朝瑞：《皇明貢舉考》（《續修四庫全書》影印明刻本），卷 3，頁 3，言永樂 13 年「會試天下舉人于北京」。

試之法，大略損益前代之制。」[4]比較洪武 3 年所詔定鄉、會試考試內容，與《元史・選舉志一》所載皇慶 2 年（1313）11 月所頒詔令，[5]從下表的對照中，可清楚看到明襲元制的關係。[6]洪武 6 年即因未能得人而暫罷科舉，[7]洪武 17 年復行科舉，並頒定〈科舉成式〉，[8]又再次修訂、規範考試內容：

表 1：元、明鄉會試考試內容比較

		皇慶二年	洪武三年[9]	洪武十七年
第一場	內容	明經、經疑二問，《四書》內出題，限 300 字以上。	《四書》義 1 道，限 300 字以上。	《四書》義 3 道，每道 200 字以上，未能者許減 1 道。
		經義一道，各治一經，限 500 字以上。	本經義 1 道，限 500 字以上。[9]	本經義 4 道，每道 300 字以上，未能者許減 1 道。

4　明・李景隆等撰：《明太祖實錄》（臺北：中央研究院歷史語言研究所，1966 年），卷 55，頁 6。

5　明・宋濂等撰：《元史》（臺北：鼎文書局，1977 年），卷 81，〈選舉一〉，頁 2018－2019。表列為漢人、南人三場考試內容。

6　蕭啟慶又言：「從考試的內容來看，明朝所受元朝的影響更大。明初承繼元代獨尊朱學的精神，三場考試的內容與元代幾乎同出一轍，唯一的例外是以論與判語（律令解釋）取代二場中的古賦，在排除文學方面比元朝更為徹底。」〈元代的科舉制度及文獻〉，《元代進士輯考》，頁 42。

7　明太祖罷科舉諭言：「今有司所取多後生少年，觀其文詞亦若可用，及試用之，不能措諸行事。」明・李景隆等撰：《明太祖實錄》，卷 52，頁 5。

8　「科舉成式」之名，史料中所載微有不同，或作「科舉定式」、「科舉程式」。參郭培貴：《明史選舉志箋正》（呼和浩特：內蒙古大學出版社，1997 年 8 月），頁 80。

9　載洪武 3 年考試規定者，有明・李景隆等撰：《明太祖實錄》，卷 55，頁 6，洪武 3 年 8 月乙酉（29 日）處；明・王世貞：〈科試考一〉，《弇山堂別集》（《景印文淵閣四庫全書》本），卷 81，頁 2－3；明・張朝瑞：《皇明貢舉考》，卷 1，頁 4－9，〈取士之制〉、〈文體〉，及清・張廷玉等撰：《明史》（臺北：鼎文書局，1975 年），卷 70，頁 1694，〈選舉二〉，繁簡不同。對於初場所試，《明史・選舉志》云：「初場試經義二道，《四書》義一道。」王書載：「第一場，試《五經》義，各試本經一道，……《四書》義一道。」《明太祖實錄》載：「初場《四書》疑問、本經義及《四書》義各一道。」張書云：「第一場，經義一道，……《四書》義一道。」綜合來看，

範圍	《四書》：朱熹《集註》。	《四書》：朱熹《集註》。**10**	《四書》：朱熹《集註》。
	《易》：程、朱《傳》，兼用古註疏。	《易》：程、朱《傳》，古註疏。	《易》：程、朱《傳》。
	《書》：蔡沈《傳》，兼用古註疏。	《書》：蔡沈《傳》，古註疏。	《書》：蔡沈《傳》及古註疏。
	《詩》：朱《傳》，兼用古註疏。	《詩》：朱《傳》，古註疏。	《詩》：朱《傳》。
	《春秋》：《左氏》、《公羊》、《穀梁》、胡《傳》。	《春秋》：《左氏》、《公羊》、《穀梁》、胡《傳》、張洽《傳》。	《春秋》：《左氏》、《公羊》、《穀梁》、胡《傳》、張洽《傳》。
	《禮記》：古註疏。	《禮記》：古註疏。	《禮記》：古註疏。
第二場	古賦、詔、誥、章、表內科1道。	禮樂論1道，300字以上；詔、誥、表、箋。**11**	論1道，300字以上；判語5條；詔、誥、表內科1道。
第三場	經史時務策1道，限1000字以上。	經史時務策1道，限1000字以上。	經史時務策5道，各300字以上，未能者許減2道。

　　第一場又稱「首場」、「前場」，二、三場合稱「後場」。三場考試，各有其目的，謝鐸（1435－1510）云：「先之經義，以觀其窮理之學，則其本立矣。次制詔論判，而終之以策，以觀其經世之學，則其用見矣。窮理以立其

　　《明太祖實錄》多了「《四書》疑問」。《明史‧選舉志》言「經義二道」與其他言「一道」，亦不同。按：《洪武四年會試錄》今猶存，收入於寧波市天一閣博物館整理：《天一閣藏明代科舉錄選刊‧會試錄》（寧波：寧波出版社，2007年），第一場試題先載《五經》題，每一經僅一道；續載「《四書》疑」一道，並未見另有《四書》義。

10　《明太祖實錄》等載錄洪武3年考試規定的文獻，或言及《五經》功令所尊註本，但對《四書》卻未加說明。由於元代及洪武17年皆尊朱熹《四書集註》，故依此補上。

11　明‧張朝瑞：《皇明貢舉考》，卷1，頁5，「詔、誥、表、箋」下小註：「《皇明通紀》云：詔、誥、表、箋內科一道。」

本，經世以見諸用。」*12*祝允明（1460－1526）云：「本之初場求其性理之原，以論觀其才華，詔誥表判觀其詞令，策問觀其政術。」*13*黃中堅（1649－1708後）云：「有明立法之初，實取歷代之法而折衷之，其為具蓋至備也。」何以言「至備」？黃中堅續有申論：

> 夫先之以經義以觀其理學，繼之以論以觀其器識，繼之以判以觀其斷讞，繼之以表以觀其才華，而終之以策，以觀其通達乎時務，以是求士，豈不足以盡士之才？天下之士果有能與其選者，豈不足以當公卿之任而佐國家之治？故曰折衷至善而為具之至備者，無如明制也。*14*

何良俊（1506－1573）亦云：「自漢以後，取士之科莫善於此。」肯定其初立制的構想、用意，而將科舉之流弊視為後人實施不善、不責實所衍生，以致有違祖宗立制取士的良法美意。*15*可見當時設立三場考試之制，有其拔擢人才的通盤考量，立足於多數認同的價值上。

　　從表中洪武 3 年、17 年的對照中，可見 17 年考試的題目增多了，策題由一題改為五題，對於《四書》及本經義也更加重視，試題各增為三道、四道。《四書》義三道，為鄉、會試應試者所共同必考；經義*16*四道，則由應試者分

12　明・謝鐸：〈科舉私說〉，《桃溪淨稿》（《四庫全書存目叢書》影印明正德 16 年〔1521〕台州知府顧璘刻本），卷 28，頁 7。

13　明・祝允明：〈貢舉私議〉，《懷星堂集》（《景印文淵閣四庫全書》本），卷 11，頁 9。

14　清・黃中堅：〈制科策二〉，《蓄齋集》（《四庫未收書輯刊》影印清康熙 50 年〔1711〕棣華堂刻、53 年增修本），卷 5，頁 4。按：文中僅言及表，而未及詔、誥，乃因後來科場作詔、誥者少見，嘉靖 11 年（1532）進士陳墡云：「近時士子應試率多作表取中。」可以為證。明・陳墡：〈名家表選序〉，《名家表選》（《四庫全書存目叢書・補編》影印明嘉靖 26 年〔1547〕刻本）卷前，頁 1。

15　明・何良俊：《四友齋叢說》（北京：中華書局，1997 年 11 月），卷 3，頁 23。

16　「經義」一詞，有多種意涵，除指經書的意義外，以經書為題所寫的論說文、科舉文字也稱為「經義」，明代可同於「制義」、「制藝」等語詞。而更狹義的用法，是單指論

別於《五經》中各選一經，從這一經中出四題。由於三場合計，士子作文共有
19 篇，卷帙繁多，因閱卷迫於時日等因素，雖頻有重後場的呼籲，但考官向
來是以首場經義為棄取的關鍵。[17]

　　洪武 17 年對各場考試題數，有未能者許減之的規定。大約是體諒到詔令
公布之初，制義、策題驟增較多，考生備考較乏經驗，對於功令的規定、要求
可能較感吃力。初始，也確實有減場錄中者，但後來考生備考充分、應試能力
增強，當多數應試者全答時，減場者相形見絀，對錄中較不利。故雖減場之制
未曾廢除，但「不行已久」。[18]

　　明初對字數的規定，僅限二、三百字以上，頗為簡短，但隨著科舉的發
展、競爭激烈，考生無不各騁己能，科場所重的制義多趨長篇。隆慶元年
（1567），直隸提學御史耿定向（1524－1593）奏論科場事宜，言：「近日場中
所取，多至千餘字者，即少亦不下七八百字，……先年限字之制，經義止是二
三百字，今積習已久，欲其卒改，一時難行，合無限定五百字，漸令復古。」[19]
可見制義篇幅的擴增，至隆慶年間已達七、八百，甚至逾千字。雖限以五百，
但據明末陳龍正（1585－1645）云：功令規定「初場限字五百之制，累科申飭，

　　說《五經》的文字，明清文獻中凡「書義（藝）」或「四書義（藝）」與「經義」並提
　　時，「經義」專指士子各自所選的「本經義」，即以《五經》為題的制義。

[17] 19 篇含：《四書》3 篇，本經義 4 篇，論、表各 1 篇，判、策各 5 道。偏重制義、重
　　《四書》義甚於《五經》義的現象，請參侯美珍：〈明清科舉取士「重首場」現象的探
　　討〉，《臺大中文學報》第 23 期（2005 年 12 月），頁 277－322。

[18] 明・張朝瑞：《皇明貢舉考》，卷 1，頁 5。張朝瑞按語：「減場之制，至今未改，但
　　不行已久。士子固不敢從，主司亦未必取矣。」

[19] 明・耿定向：〈申飭科場事宜以重選舉以隆聖化疏〉，《耿天臺先生文集》（《四庫全
　　書存目叢書》影印明萬曆 26 年〔1597〕劉元卿刻本），卷 2，頁 7－8。至於論、策的
　　篇幅，鄉、會試錄所收程論、程策頗長，但並非考生原卷，常是考官所作，或經考官刪
　　潤者。由明、清之際陸世儀（1611－1672）所言，科場文字「前場日長，後場日短」，
　　可略窺制義受重視變長，而論策益加簡率敷衍、趨短。清・陸世儀：《制科議》（臺
　　北：新文豐出版公司，1997 年，《叢書集成三編》影印《陸桴亭先生遺書》本），不
　　分卷，頁 1。

全不遵行」。[20]考生企盼制義能獲青睞，故洋洋灑灑，每逾功令所限字數。清康熙 20 年（1681）議准，制義「限六百五十字，如違限例謄錄取中，照例議處」。[21]然而康熙 45 年（1706）會試，考官原來所取的會元尚居易，首篇竟多達一千二百餘字。[22]與明代相同，皆是爭勝於首場所致。

　　至於諸經考試範圍、所尊之傳註，明成祖（1360－1424）在永樂 12 年（1414）令胡廣（1369－1418）等修《大全》後，文獻中曾載科舉考試，「後《四書》、《五經》主《大全》」。[23]然而《大全》纂錄諸書，卷帙繁重，購置不易，備考也吃重，是否真為考官、考生所重，頗值得懷疑。許多的文獻指出，因《大全》編纂的效應，導致科舉經解不再參用古註疏，演變為獨尊《大全》編纂時所重的一家之說。如黃瑜《雙槐歲鈔》云：「自永樂中，纂修《大全》出，談名理者，惟讀宋儒之書，古註疏自是廢矣。」[24]鄭曉（1499－1566）《今言》云：

> 洪武開科，詔《五經》皆主古註疏。及《易》兼程、朱，《書》蔡，《詩》朱，《春秋》左、公羊、穀梁、程、胡、張；《禮記》陳。乃後盡棄註疏，不知始何時。或曰始于頒《五經大全》時，以為諸家說優者采入故耳。然古註疏終不可廢也。[25]

20　明·陳龍正：〈科場事宜題稿〉，《幾亭全書》（《四庫禁燬書叢刊》影印清康熙雲書閣刻本），卷 40，頁 17。篇題下原註：「壬午代林大宗伯」。

21　清·素爾訥等撰：《欽定學政全書》（《續修四庫全書》影印清乾隆 39 年〔1774〕武英殿刻本），卷 6，頁 2，〈釐正文體〉。

22　清·俞正燮：〈八股文舊事〉，《癸巳存稿》（北京：中華書局，1985 年，《叢書集成初編》本），卷 12，頁 372。此事後經陳廷敬參奏，以違例而遭黜革。

23　明·俞汝楫：《禮部志稿》（《景印文淵閣四庫全書》本），卷 23，頁 13。明·張朝瑞：《皇明貢舉考》，卷 1，頁 5，引「《會典》自註」。

24　明·黃瑜：《雙槐歲鈔》（《四庫全書存目叢書》影印明嘉靖 38 年〔1559〕陸延枝刻本），卷 3，頁 25，〈古註疏〉。黃瑜，生卒年不詳，景泰 7 年（1465）舉人。

25　明·鄭曉撰，李致忠點校：《今言》（北京：中華書局，1997 年 11 月），卷 1，頁

《四書》始終尊朱熹（1130－1200）《四書集註》；至於《易經》，由兼重程、朱、古註疏，改為獨尊朱註，明中葉，已出現對考生僅讀朱熹《周易本義》，棄程頤（1033－1107）《傳》不讀的批評。[26]《尚書》據何孟春（1474－1536）言：「永樂中，翻刊《五經大全》，《書經》一依蔡《傳》。士子專業以為科舉，蔡說之外，遂不復有所考。」[27]可見《尚書》專宗蔡沈（1167－1230）《書集傳》。丘濬（1421－1495）又言，因纂修《大全》時，「《春秋》則宗胡氏，《禮記》則又加以陳澔《集說》」，[28]故《春秋》由諸家並尊改成獨尊胡安國（1074－1138）《傳》、[29]《禮記》由古註疏改尊陳澔（1260－1341）《禮記集說》。清初陳廷敬（1638－1712）曾概括明代考生習經備考所尊：

> 故《大全》者，甚不全之書也。然學者猶憚其煩苦，而不之讀。所服習者，《本義》、《集傳》、蔡沈、胡安國、陳澔之所謂《五經》而已。[30]

以朱熹等五部傳註為主，再佐以一些更扣緊科場所需的經書講章、制義選本，方是考生習經備考的實情。因「憚其煩苦」，《大全》應非多數考生所重。

16，第 30 則。按：功令規定《春秋》主《三傳》及胡、張《傳》，《今言》「程、胡、張」，「程」疑為衍字。

[26] 正統 9 年（1444）舉人曹安云：「《周易》人多讀《本義》不讀《傳》。」明・曹安：《讕言長語》（《景印文淵閣四庫全書》本），不分卷，頁 5。按：《讕言長語》自序署成化 22 年（1486）作。孫緒（1474－1547）云：「業《易》者類不讀程《傳》。」明・孫緒：〈無用閒談〉，《沙溪集》（《景印文淵閣四庫全書》本），卷 12，頁 2。

[27] 明・何孟春：〈外篇第六〉，《餘冬序錄》（《四庫全書存目叢書》影印明嘉靖 7 年〔1528〕彬州家塾刻本），卷 31，頁 12。

[28] 明・丘濬：《大學衍義補》（《景印文淵閣四庫全書》本），卷 9，頁 18。

[29] 明中葉孫緒亦云：「業《春秋》者，胡《傳》外，問之諸傳，茫然不知。」明・孫緒：〈無用閒談〉，《沙溪集》，卷 12，頁 2。

[30] 清・陳廷敬：〈經學家法論〉，《午亭文編》（《景印文淵閣四庫全書》本），卷 32，頁 16。「《本義》、《集傳》」乃指朱熹《易本義》、《詩集傳》。

第二節　科舉偏重考試經書的制義

　　回顧科舉史，經書向來是科舉考試的重要內容，雖然對甄別人才宜試以經義或試以詩賦，有過針鋒相對的爭議，[31]北宋以後，試以經書的主張常穩居上風，宋神宗熙寧 4 年（1071）採王安石（1021－1086）之議，罷詩賦諸科，「專以經義論策試士」，[32]論者常言宋之經義，是明、清制義的先聲。在明、清的科舉考試中，偏重經書的態勢尤其顯然。以明代鄉、會試來觀察，三場雖涵蓋詔、誥、表、判、論、策等內容，但從《四書》、《五經》中出題的經義，才是錄中與否的關鍵。

　　就三場考試的制度設計而言，置《四書》、《五經》於首場本有推尊之意。[33]傳統觀念，認為明經為致用之本，是非必折衷於聖人、經書，明初茅大方（？－1402）曾云：

　　　　聖王之傳，莫重乎道，而經者，載道之器也。道固著乎經，經之旨，必得人而後明焉。孔孟述經明道，傳之後世，有天下國家者，莫不尊信而崇用之。皇明受命，尊經崇道之意益至誕。[34]

---

[31] 此爭議由唐延伸至宋，愈演愈烈，宋代科舉詩賦與經義之爭，也成為研究宋代科舉關注的議題。可參以下三文：祝尚書：〈宋代進士科考試的詩賦經義之爭〉，《宋代科舉與文學考論》（鄭州：大象出版社，2006 年 3 月），頁 190－209。林岩：〈經義與詩賦之爭〉，《北宋科舉考試與文學》（上海：上海古籍出版社，2006 年 12 月），頁 154－168。楊春俏、吉新宏：〈北宋中晚期科舉考試中的詩賦、經義之爭〉，《遼寧大學學報（哲學社會科學版）》第 35 卷第 1 期（2007 年 1 月），頁 90－93。

[32] 明・陳邦瞻等：《宋史紀事本末》（《景印文淵閣四庫全書》本），卷 9，頁 3－4。

[33] 汪小洋、孔慶茂強調策論「最能看出人的經濟才能」，又言：「科舉先經義或詩賦，二三場再考策論，原本的目的是先試次要的，進行篩選淘汰，再試主要的，試策論，但實際上，往往第一場被人看重，二三場倒在其次了。」汪小洋、孔慶茂：《科舉文體研究》（天津：天津古籍出版社，2005 年 3 月），頁 8。按：將「經義」置於首場，詮釋為「先試次要的」，恐朝廷立制之意，及明清大多數的讀書人，不認為如此。

[34] 明・茅大方：〈鄉試小錄序〉，《希董先生文集》（《四庫未收書輯刊》影印清道光 15 年〔1835〕泰興尊經閣刻本），卷上，頁 1。

可見置經義於首場，本寓有崇經之意，乃歷來推尊經術、聖人至道的傳統思維。何良俊亦云：

> 經者常也，言常道也。故《六經》之行於世，猶日月之經天也。世不可一日無常道，猶天地不可一日無日月。一日無日月，則天地或幾乎晦矣；一日無常道，則人世或幾乎息矣。[35]

又言：

> 近聞欲專以後場策論為主。嗚呼！是見樹木之枝幹蠹蝕，便欲拔其本根而去之。殊不知拔去本根，則枝幹將曷從生哉！夫經術所以經世務，故經術，本根也，世務皆由此出，不由經術而求世務之當，得乎？[36]

何氏之論，反映出士人對經書的推崇，強調經書是本根、是常道，一日不可無。[37]除了晚明、晚清國勢頹危、需才孔亟，才會較勇於去突破、反省制度得失之外，承平時期的士人，大都認為置經義於首場是天經地義的。即便到了清末，改革科舉的聲浪四起，張之洞（1833－1909）等主張廢八股之形式時，並不廢考經書，只是體裁上改八股為經論，且再次申明《四書》、《五經》之重要，「《四書》、《五經》，道大義精，炳如日月，講明五倫，範圍萬世」，「國家之以《四書》文《五經》文取士，大中至正，無可議者」。[38]倡議廢八股最有力的康有為（1858－1927）亦言，以經義試士是為通經致用，「立法之

---

35 明‧何良俊：《四友齋叢說》，卷 1，頁 1。

36 同前註，卷 3，頁 24。

37 明人對經書、經學的看法，可參楊晉龍：《明代詩經學研究》（臺北：臺灣大學中國文學研究所博士論文，1997 年 6 月，張以仁、吳宏一指導），頁 112－130，〈經學概念〉一節的論述。

38 清‧張之洞、陳寶箴：〈妥議科舉新章摺〉，收入於中國史學會主編：《戊戌變法》（二）（上海：上海人民出版社，2000 年），頁 466。

始，意美法良」。³⁹

　　再者，儒家思想為歷代學術之主流，經書對於倫理教化的助益，亦廣受肯定，故在上位者普遍尊經，考試經書的目的，也冀望士子的品德在備考讀經的過程獲得涵養，以期能拔擢有德之士為國所用。見諸皇慶 2 年中書省臣奏言「取士之法，經學實修己治人之道，詞賦乃摘章繪句之學」，故所頒科舉詔云：「舉人宜以德行為首，試藝則以經術為先，詞章次之，浮華過實，朕所不取。」⁴⁰明太祖（1328－1398）因有鑒於以往取士之制，「但貴詞章之學，而不求德藝之全」，「特設科舉，以起懷才抱道之士。務在經明行修，博通古今，文質得中，名實相稱」。⁴¹由此可見，設科取士乃為拔擢「經明行修」的賢才來治理天下。明太祖的理念是如此，明、清其他國君也不外乎此。清高宗（1711－1799）也曾說：「國家以經義取士，使多士由聖賢之言，體聖賢之心，正欲使之為聖賢之徒。」⁴²試以制義，「代聖立言」，正是要藉由體會孔孟之心的過程，使讀書人趨向聖賢。

　　從以上論述，可知科舉考試經書，一方面這是朝廷尊崇儒家學說、推重經書的展現；一方面也認為備考讀經的過程，可涵養士子的德行。這是經義與詩賦之爭，考試經書的主張能居上風、而且長期不廢之故。誠如陸隴其（1630－1692）所言：「制義者，所以發揮聖賢之理也。能言聖賢之言者，必能行聖賢之行，以若人而寄之股肱耳目，託之民人社稷，則必有安而無危，有治而無亂，是取制義之意也，是五六百年來，所以行之而不廢也。」⁴³

---

³⁹ 清・康有為：〈請廢八股試帖楷法試士改用策論摺〉，清・康有為撰，麥仲華輯：《戊戌奏稿》（《續修四庫全書》影印清宣統 3 年〔1911〕刊本），頁 4。

⁴⁰ 明・宋濂等撰：《元史》（《景印文淵閣四庫全書》本），卷 81，〈選舉一〉，頁 4－5。

⁴¹ 明・李景隆等撰：《明太祖實錄》，卷 52，頁 5。

⁴² 清・勒德洪奉敕撰：《大清高宗純皇帝實錄》（臺北：華文書局，1969 年），卷 129，頁 17，乾隆 5 年（1740）10 月丙寅上諭。

⁴³ 清・陸隴其：〈黃陶菴先生制義序〉，《三魚堂文集》（《景印文淵閣四庫全書》本），卷 9，頁 15。

第三節　會試《五經》錄中的比例

　　雖明代科舉特重《四書》，然《五經》義可由士子任選一經，與《四書》義同列為首場，其重要性僅次於《四書》義，仍較後場的策論等重要。

　　明代正、副主考官，在會試錄、鄉試錄中，分別撰寫前序、後序，序中經常言及與試之人數、錄取之人數，但罕見詳細分論各經與試人數、各經錄中名額。然而，試錄都會附上中式名單，如《正統四年會試錄》[44]載：

> 第一名楊鼎　陝西咸寧縣人監生　《易》
> 第二名張穆　直隸崑山縣學增廣生　《書》
> 第三名章綸　浙江溫州府學生　《詩》

註明名次、籍貫、身分，也兼註明了所選考的經書。登科錄亦載錄中式者的專經，以《正統四年進士登科錄》[45]所載狀元施槃（1416－1493）為例：

> 貫直隸蘇州府吳縣民籍　縣學增廣生
> 治《春秋》字宗銘行一年二十三二月十三日生

因此，只要該科鄉試錄、會試錄或登科錄猶存，就能掌握中式者的選經狀況。

　　儘管會試錄、登科錄只載中式者的資訊，所有與試者的名單、背景資料無從掌握。但科舉重在公平，取士除考慮地域的因素外，也會兼顧到選考各經的情形。李東陽（1447－1516）弘治 6 年（1493）〈會試錄序〉云取士必「經分地析」；[46]吳寬（1435－1504）弘治 15 年（1502）會試錄序中亦言取士「論經量

---

[44] 收入於寧波市天一閣博物館整理：《天一閣藏明代科舉錄選刊‧會試錄》。

[45] 收入於寧波市天一閣博物館整理：《天一閣藏明代科舉錄選刊‧登科錄》（寧波：寧波出版社，2006 年）。

[46] 明‧李東陽：〈會試錄序〉，《懷麓堂稿》（臺北：臺灣學生書局，1975 年 5 月，影印明版配補），卷 8，頁 5。

地，取之必均」。[47]可見當時錄取與否，斟酌考量了地域及各經的分配問題。正統元年（1436）會試副主考陳循（1385－1462），有較詳細的說明：

> 正統元年之春，余忝預考禮部會試，是時有司奏定以四方分為南、北、中三等取士，榜所取止於百人，南十之六，北十之三，中十之一。又分經之多寡，每經七取其一，《書》最多，《詩》次之，《易》、《禮》、《春秋》又遞次之。左限右隔，是以各方之士，同治一經，往往自相戰取先後，雖有該博之學者，不得以此而勝彼；雖無超卓之才者，亦可以此乙而勝甲。定制所在，縱智者亦無如之何，此余所為不能無棄璧之嘆也。[48]

會試分南、中、北卷，乃因南方考生較具競爭力，倘任由南方考生稱霸考場、獨佔政壇，不利統治，必須使各地人才，都有嶄露頭角的機會，學者在這方面已有深入析論。[49]由「分經之多寡，每經七取其一」[50]之說，可見是依各經與試者多寡比例來分配各經取中的名額，選考同經者互為對手。所以，陳循才會

---

[47] 明・吳寬：〈壬戌會試錄序〉，《家藏集》（《景印文淵閣四庫全書》本），卷 43，頁 17。

[48] 明・陳循：〈送蕭教諭赴長洲序〉，《芳洲文集》（《四庫全書存目叢書》影印明萬曆 21 年〔1593〕陳以躍刻本），卷 3，頁 43－44。據收入於寧波市天一閣博物館整理：《天一閣藏明代科舉錄選刊・會試錄》所收《正統元年會試錄》記載，該年主考是王直（1379－1462），陳循是副主考。

[49] 林麗月：〈科場競爭與天下之「公」：明代科舉區域配額問題的一些考察〉，原載《歷史學報》第 20 期（1992 年 6 月），頁 43－73；收入於劉海峰主編：《二十世紀科舉研究論文選編》（武漢：武漢大學出版社，2009 年 9 月），頁 475－498。劉海峰：〈科舉取材中的南北地域之爭〉，《科舉制與科舉學》（貴陽：貴州教育出版社，2004 年 9 月），頁 133－150。吳宣德：〈分卷與進士分布的地域差異〉，《明代進士的地理分布》（香港：中文大學出版社，2009 年），頁 127－149。

[50] 吳宣德等據正統元年會試錄主考王直所作序有「會試禮部者凡千人」語，而該年錄取 100 名，認為「七取其一」，應作「十取其一」。吳宣德、王紅春：〈明代會試試經考略〉，《教育學報》第 7 卷第 1 期（2011 年 2 月），頁 99－112。

說「同治一經，往往自相戰取先後」。如果是依選經多寡取人，藉由鄉、會試錄、進士登科錄載錄的選經資料，即可獲知與試者選經的訊息，推論當時考生備考選經的狀況。

董立夫的碩士論文《明代進士之研究》，曾對進士選經情形加以統計，結果為：「明代進士應考所選的本經以《詩經》、《書經》、《易經》人數較多，各佔統計人數的百分之三十四點六九、二十二點五二、二十七點二三，應考《禮記》、《春秋》的人數甚少，各佔統計人數的百分之七點零二、八點五四。」[51]由於此論文成書較早，未能利用天一閣等後續印行的文獻，其數值主要是據當時臺灣所能取得的文獻統計所得。[52]近年吳宣德等利用明代 64 科的登科錄、會試錄等資料，纂成〈明代會試分經錄取情況表〉，呈現了各科分經錄取的情形，並佐以〈明代科舉會試專經錄取比例變化趨勢圖〉等多個圖表，可看出不同地區、時期專經錄取的變化、消長。下表節錄自文中〈明代會試分經錄取情況表〉「總計」部分，呈現會試 64 科分經錄取總人數、各經錄取百分比如下：

經　別	易經	書經	詩經	春秋	禮記
錄取人數	4679	4200	6257	1553	1358
百分比	25.9%	23.2%	34.6%	8.6%	7.5%

由於文獻缺遺，以上錄取的數據與真實情況容或微有誤差，但以《禮記》、《春秋》為專經錄中者少於另三經，《詩經》錄中者遠逾他經，從董立夫、吳宣德兩文的統計數據中，是顯然可確知的。

在明代會試中，倘若各經錄取率相同，方可從會試取中比例反推、還原應

---

[51] 董立夫：《明代進士之研究——社會背景的探討》（臺北：政治大學政治學研究所碩士論文，1990 年 6 月，張治安指導），第三章，頁 12、13。

[52] 該論文第一章第三節〈資料來源及說明〉云：「資料來源主要以明代登科錄、會試錄、同年序齒錄（又稱同年總錄）、進士題名碑錄、《皇明進士登科考》為分析資料。」（頁 8）

考者所選專經的比例和人數。然而，各經的錄取率是否完全一致？譬如當《詩經》應考 10 名取 1 名時，《春秋》、《禮記》是否也是 10 名取 1 名？前所引副主考陳循云「又分經之多寡，每經七取其一」，語意似指各經錄取率皆相同，每經皆七取其一，但吳宣德等有不同的看法。

　　清初為了平衡《易》、《詩》、《書》廣受考生喜愛，而習《春秋》、《禮記》較少的偏頗，將各經錄取額度加以限定。當增加鄉試解額時，亦會明定各經所分配之額度，如順治 8 年（1651）恩詔：

> 順天、江南、浙江、江西、福建、湖廣加中十五名，內《易經》四名、《詩經》五名、《書經》三名、《春秋》二名、《禮記》一名。山東、山西、河南、陝西、廣東、四川加十名，內《易經》三名、《詩經》三名、《書經》二名、《春秋》、《禮記》各一名。廣西加五名，內《易經》一名、《詩經》二名、《書經》一名、《春秋》、《禮記》各一名，於二經卷內優者取之。53

經額的限定與調整，自然是為了保障《春秋》、《禮記》等選考人數較少的孤經，使人不廢誦習。清高宗（1711－1799）曾言：

> 各省鄉試，則士子分經肄業，不能無人數多寡之殊，其《詩》、《書》、《易》三經，習者人多，謂之大經，中額故因之而多。即《春秋》、《禮記》習者甚少，亦必設立一房取中數名者，誠以並列學宮，欲士子不廢誦習也。若不論經額，惟以文為斷，則《春秋》、《禮記》中額，必有遺漏，士子知孤經獲售之難，必無復專門講肄者，於制度未

---

53 清初各區鄉試之各經中額分配、調整，參清·清高宗敕撰：《欽定大清會典則例》（《景印文淵閣四庫全書》本），卷 67，頁 27－33。引文見頁 27。

免偏枯。*54*

經額的調控，乃為了避免偏枯，提高選考《春秋》、《禮記》的錄取率，以增強選讀兩經的意願。清初所定，提高《春秋》、《禮記》中額優惠的作法，吳宣德等在所作〈明代會試試經考略〉一文中，主張明代會試亦應存在這種調控的現象，重要的證據之一為李應科〈嘉靖三十一年江西鄉試錄前序〉，序中云：

> 就試之士業《易》、《詩》者皆千五百有奇，業《書》者七百有奇，業《春秋》者百九十有奇，業《禮記》者百有奇，凡四千有奇。……士之中試者或九十五人：《易》三十有一人，《詩》三十有三人，《書》十有八人，《春秋》八人，《禮記》五人。*55*

據李序，嘉靖 31 年（1552）江西鄉試，《易》、《詩》約 50 人取 1 名，《書》約 40 取 1，《春秋》約 25 取 1，《禮記》約 20 取 1，各經錄取率並不一致。吳文認為此序所載，為「鄉試分經錄取提供了很好的旁證。很顯然，如果鄉試《五經》錄取比例有這種限制，會試也有這樣的限制應該是順理成章的」。且統計歷來各經錄中情形，明中葉後，波動幅度很有限、變化很小，認為如果會試各經的錄取人數完全靠自由競爭，則這種比例的相對穩定就不可能保持得如此長久。這些證據，「都表明了明代會試錄取是按照一定的人數比分配給各經名額的」。

---

54 清・杜受田等修，英匯等纂：〈附分經定額舊案〉，《欽定科場條例》（《續修四庫全書》影印清咸豐 2 年〔1852〕刻本），卷 19，頁 31－32。乾隆 15 年（1750）覆准。

55 明・李應科：〈嘉靖三十一年江西鄉試錄前序〉，見《嘉靖三十一年江西鄉試錄》，卷前。該試錄收入於寧波市天一閣博物館整理：《天一閣藏明代科舉錄選刊・鄉試錄》（寧波：寧波出版社，2010 年）。

第四節　考官分經、分房取中

　　吳文所言對各經錄取有所調控，應該是存在的。由於士子從《五經》中選考一經，所以向來是分經、分房校閱。考生選經多者，卷數多，經房亦多，或增至四房、五房，甚至六房。而《春秋》、《禮記》，常僅一房，號稱「孤經」。見諸文獻記述，對各經、各房的額度，在閱卷、錄取前，似經約定、限制。

　　陳循云：「同治一經，往往自相戰取先後」，已說明同一經有定額，故選考同一經者，互為對手。並慨嘆閱卷時，倘能完全憑文取人，「不問方與經之所限，高其高、下其下，一因於彼，而無預於他，然後為足快也」。[56]但這也只是一時「棄璧之嘆」，會試時，「經分地析」、「論經量地」，始終還是考官錄取時，必要的、基本的考量，也必然要如此，才能達到公平的目標並與錄取總數吻合。

　　從文獻的記載來推測，在閱卷初，應該已先協調過每一經、每一房錄取數及各經總錄取數，加總後，才能符合這次考試所應錄取的員額。這規定使得一佳卷倘落在好卷多的經房中，會因額滿而被捨棄；反之，雖非佳卷，但被分到好卷少的經房中，也可僥倖錄取，因此，屢見憤憤不平的抨擊。如鄧顯麒（1484－1528）云：「高卷多房，不免遺珠之嘆；下卷多房，不免續貂之幸。」[57]龐尚鵬（1524－1581）云：「棘圍試士，分經校閱，各就其房卷取盈焉，彼或優卷有餘，竟拘定常數；此雖劣卷不稱，亦濫被甄收。取士如此，謂真才得盡錄乎？」[58]周孔教（1548－1613）亦曾云：「三場試畢，故事分卷定房，如額而止。有本房好卷多者，竟以浮額而見遺；亦有本房好卷少者，又以取盈而濫

56　明・陳循：〈送蕭教諭赴長洲序〉，《芳洲文集》，卷3，頁43－44。

57　明・鄧顯麒：〈條陳科舉疏〉，《夢虹奏議》（《四庫全書存目叢書》影印清道光 27 年〔1847〕刻本），卷下，頁2。

58　明・龐尚鵬：《百可亭摘稿》（《四庫全書存目叢書》影印明萬曆 27 年〔1599〕龐英山刻本），卷1，頁4。

收。故往往當取者棄，當棄者取。上士無附驥之期，下才有續貂之望。」[59]因各經房有定額的因素，而形成錄取的不公，故有識之士頻對此提出建議，如丘濬呼籲勿為各經額數所限，此經額數不足，可以他經額數補足：

> 鄉試則此經不足，足以他經。凡解額惟限之不許過數，苟無足取者，寧欠無足，通場全無，然後短中求長，取以備數。[60]

鄧顯麒則主張「分經混取」：

> 同試官取定中卷，彙送考試官處，分經混取，擇其高者留之，雖一房十取其九而無嫌，否者去之，雖一房十去其九而不恤。[61]

龐尚鵬言應「公同評品」：

> 臣等竊謂同經考官，宜會聚一堂，公同評品，各不得以本房自限，庶幾無遺才之歎。[62]

周孔教云應「各房復閱，如額定房」：

> 各房閱畢，類送主考，當面裁酌畢，通將所取試卷均分各房復閱，如額定房，即中有所取不妥，不妨互相檢正。如是庶所拔皆尤，既無遺珠之

[59] 明‧周孔教：〈條科場切要五事疏〉，《西臺疏稿》（《四庫全書存目叢書》影印明萬曆刻本），卷1，頁31。
[60] 明‧丘濬：《大學衍義補》，卷26，頁23。
[61] 明‧鄧顯麒：〈條陳科舉疏〉，《夢虹奏議》，卷下，頁2。
[62] 明‧龐尚鵬：《百可亭摘稿》，卷1，頁4。

　　嘆，互閱至公，可杜鑠金之口。*63*

萬曆 19 年（1591）貴州道御史何出光上奏鄉試弊端，猶言：「分卷之初，即用某經幾房印記，屈指預計某房當中幾卷，取足其數，而遂棄其餘者有之矣」，建議「止論試卷文字之高下，不拘經房所取之多寡」。*64*據諸人所論，可知這種分經房閱卷方式一直持續，雖有弊端，但顯然未有可接受、有效的改善方法。

　　由以上文獻所載，可見取中非憑「文字之高下」，而需考慮各經、各房所取之額數，會試還得加上南、中、北卷的區域因素。可以從晚明卓發之*65*和王思任（1575－1646）應試的經驗，來了解錄取絕非完全自由競爭，考量的不只是「經」、「地」，還兼需考量應試身分、各房額數等。

　　卓發之在〈與劉用潛房師〉信中，自述不幸與舉人擦身而過的經歷。卓氏曾以監生身分參與應天鄉試，房師青睞其文，再三薦卷，「而總裁丁公以初義太奇，抑作本房皿字第三卷。後因《詩經》額數算多一卷，遂裁去。今本房皿字止兩卷，較別房竟少中一卷，豈非天耶？」*66*「皿字」是監生卷的編號，南京國子監生與應天府其他生員一同應試，但錄取名額分開計，故加編號以區隔。由「《詩經》額數算多一卷」語，可知有既定的名額，卓發之因《詩經》逾額而遭黜落。

　　反觀王思任，雖為浙江紹興府人，但冒籍至順天府應試，*67*選考《易經》，萬曆 22 年（1594）順天鄉試中式，萬曆 23 年會試也幸運得中。其會試墨卷制義文前，有《易》三房考試官黃輝（1555－1612）及其他四位同考官、並

---

63 明‧周孔教：〈條科場切要五事疏〉，《西臺疏稿》，卷 1，頁 31。

64 明‧王圻：《續文獻通考》（《續修四庫全書》影印明萬曆 30 年〔1602〕松江府刻本），卷 45，頁 16，〈選舉考〉。按：何出光，萬曆 11 年（1583）進士。

65 卓發之，浙江杭州人，生卒年不詳，戲曲家卓人月（1606－1636）之父。

66 明‧卓發之：〈與劉用潛房師〉，《瀲灩集》（《四庫禁燬書叢刊》影印明崇禎傳經堂刻本），卷 22，頁 5－6。

67 呂明：《王思任年譜》（上海：復旦大學中國古典文獻學碩士論文，2004 年 5 月，陳廣宏指導），頁 21－29。冒籍至順天應試，乃因順天解額多，而又不似應天、浙江、江西等考區，考生實力堅強，競爭激烈。

正、副主考官張位（1538－1605）、劉元震（1540－1620）的評語。其中載有：「考試官大學士張老師　批中第二百九十二名」，續載「又批」內容如下：

> 中卷《詩》二房多一卷，應裁。而北卷少《易》一卷，應《易》三房補
> 之。閱此號卷四、五稍弱，其前後五篇，可以入轂。至一論五策，則該
> 博古宕，此必以千秋自命者，宿士也，收之。**68**

此筆文獻，可見考官調整兼顧地區、專經、各房錄額的情形，如果王思任不是屬北卷的順天鄉試中式、不是選考《易經》，分卷沒有被分到《易》三房，他都將落選，而不是少年得志，僅 21 歲就考中進士，王思任可說是「論經量地」調整過程中的獲益者。

第五節　對《春秋》、《禮記》的優取

以上探討了考官各經、各房有定額分配的現象，同一經各房，力求平均，這是可以理解的。**69**至於各經錄中之數，是否全依選經人數多寡、各經錄取率完全相同？筆者認為鄉試是有經調控的。吳宣德文中所引嘉靖 31 年江西鄉

---

68 明・王思任：《會試墨卷》，收入於姜亞沙等主編：《中國古代闈墨卷彙編》（北京：
全國圖書館文獻縮微複製中心，2009 年 12 月），第 1 冊，總頁 128。按：此為影印
「明刻本」。

69 筆者考察過數種文獻，大都能力求平均，但偶爾亦會有出入。如《明代登科錄彙編》第
22 冊所收《崇禎十二年山西鄉試序齒錄》，該科正、副主考官為姚鈿、王追駿。經統
計齒錄所載各經房錄取情形如下表：

房數	易經				書經			詩經					春秋	禮記
	一	二	三	四	一	二	三	一	二	三	四	五	一	一
錄取數	5	5	5	4	6	5	5	6	5	5	4	4	6	6

《易》、《書》各房錄取數，皆頗平均。但《詩》四、五房僅錄 4 人，《詩》一房卻
多達 6 人，按理應將一房的一個員額，撥到四、五房。似乎經房員額的平均，也只是
常見的默契，而非必得如此不可，或亦牽涉各房試卷優劣不一。

試，《易》、《詩》約 50 人取 1 名，《書》約 40 取 1，《春秋》約 25 取 1，《禮記》約 20 取 1，各經錄取率並不一致，《春秋》、《禮記》錄取率加倍，並不是單一的例子。

崇禎 9 年（1636）順天府鄉試，陳龍正擔任同考官，任《禮記》一經的房考，所錄中的貝字號[70]生員胡維孚，試卷、人品皆不佳，被質疑有關節、弊端。陳龍正在回奏辯解中，言及該科順天鄉試：

> 《易》、《書》、《詩》各房，皆五百餘卷，每五十而中一，《禮記》合皿字、貝字各號，共二百六十二卷，內除皿字一百八卷，貝字僅一百五十四卷，而二三場不到者，復不下二十卷，是從一百三十卷中，額取六名，纔二十而中一，視各經卷倍少，則取才亦倍難。

強調「貝字號應中式六名，取至五卷，人才已竭，原係孤經，別無他房可以借才，……卷少才乏，而額不可缺」，故才勉強取中胡維孚卷，故試卷不能無疵云云。[71]

據陳龍正所言，選考者較多的經書《易》、《書》、《詩》，50 取 1，貝字號監生《禮記》，20 取 1。調控的情況，與嘉靖 31 年江西鄉試如出一轍。崇禎 9 年順天考試，《禮記》共有 262 人與試，皿字監生、貝字生員合計要錄取 10 人，[72]即使不論二三場不到試者，錄取率也僅 26 取 1。與熱門選經 50 取 1，錄取率相差懸殊，顯為刻意調控所致。這種調控的現象不只是明代、清代存在，在南宋初期科場出現了《二禮》、《春秋》被冷落的現象時，為避免《二禮》、《春秋》之學，習者過少，以致廢絕，臣僚曾建議「優取」，以示

---

[70] 貝字號，代表身分為順天府生員；後文所言皿字號，指北京國子監的監生，錄取額度分開計算。

[71] 明·陳龍正：〈分考一回奏〉，《幾亭全書》，卷 38，頁 1－3。

[72] 陳龍正〈省迷記〉又言：「予閱取本房，至九卷，人才已竭，遍搜貝字號，欲足十卷數不可得。」故知《禮記》一經共錄取 10 人。文見《幾亭全書》，卷 38，頁 10。

鼓勵。[73]

　　錄取既經調控，擔任考官的陳循何以言「分經之多寡，每經七取其一」，說各經錄取率是均等的？明代是什麼時候開始進行調控？各經間如何調控、比例如何呢？

　　筆者認為：應該是考生《五經》的選擇頗為不平均、偏頗，才需要適度調控。吳宣德據統計數據所得，概括會試選經的演變：

> 《禮記》、《春秋》、《書》、《詩》大體可以成化十一年（1475）為界區分為前後兩個階段，《易》則以成化十七年（1481）、正德六年（1511）為界區分為三個階段。其中《禮記》、《春秋》、《書》前高後低，《易》、《詩》則前低後高。

輔以吳文所製作〈明代會試分經錄取情況表〉、〈明代科舉會試專經錄取比例變化趨勢圖〉來觀察，會對各經選考的消長更明白。為方便參照、理解，節選其文中數科會試的選經百分比統計數據於下：

表2：明代會試分經錄取情況（節選）

	易經	尚書	詩經	春秋	禮記
永樂7年（1409）	18.4	32.2	29.9	11.5	5.7
宣德5年（1430）	21.0	32.0	24.0	11.0	12.0
正統元年（1436）	18.0	30.0	26.0	11.0	15.0
景泰5年（1454）	18.6	30.6	28.6	11.1	11.1
天順元年（1457）	18.3	29.0	30.0	11.3	11.3
成化23年（1487）	21.1	24.9	38.9	8.0	7.1
弘治12年（1499）	24.7	23.7	37.3	7.0	7.3
正德6年（1511）	26.3	22.6	38.6	6.0	6.6

---

[73] 王宇：〈南宋科場與永嘉學派的崛起——以陳傳良與《春秋》時文為個案〉，《浙江社會科學》2004年第2期（2004年3月），頁151-156。

嘉靖 8 年（1529）	27.2	21.9	36.3	8.1	6.6
嘉靖 26 年（1547）	29.0	20.0	35.3	8.7	7.0
嘉靖 29 年（1550）	29.4	20.3	34.7	8.8	6.9
萬曆 26 年（1598）	30.5	20.9	33.4	7.9	6.6
崇禎 13 年（1640）	30.9	20.3	34.0	8.0	6.7

　　明中葉以前，選經的波動較大。從初期至中葉，選《尚書》者頗多，正統、景泰年間，《詩經》仍稍遜《尚書》，但自天順元年開始超越《尚書》。天順、成化年間，《詩》、《書》分居冠、亞，但兩者差距逐漸拉開，《詩經》持續增加，《尚書》逐漸減少。弘治中葉後，亞軍的地位，已由《易經》取代。此後，長期維持《詩》、《易》選經人數，分居冠、亞，領先各經的狀態。而《尚書》選經人數居中，略低於平均值。《春秋》、《禮記》則墊居四、五，持續在低檔徘徊。

　　《詩經》以成化中葉後至嘉靖初這段期間，維持在 36% 至 38% 左右，是選考《詩經》錄中最多的時期。成化 23 年《詩經》佔 38.9%，正德 6 年佔 38.6%，是歷來最高比例的兩科。而《春秋》、《禮記》的錄中，從明初後，就逐漸減少，成化初年後，已降到 10% 以下，最少的時段，落在弘治、正德期間，以正德 6 年《春秋》、《禮記》分別只有 6.0%、6.6% 為最，恰和該年《詩經》的 38.6% 形成強烈對比，選經的偏頗更形嚴重，似乎已到了非調控不可的地步。

　　筆者以為，對各經錄取的調控，比較可能是明中葉選經比例懸殊加鉅，才積極實施的作法，從會試各經錄中數據來看，在嘉靖初年後，《詩經》受到稍微的抑制，以 34%、35% 較常見，《春秋》微有增加，多在 7%、8% 左右，《禮記》至少穩定住了，以 6% 至 7% 居多，嘉靖 26、29 年，《春秋》、《禮記》兩經合計，有 15.7% 的比例，是弘治 3 年（1490）之後截至明末，比例最高的。在調控後，選經的比例維持長期較穩定的狀態。這是否意謂著是在正德年間、嘉靖初年，即已較積極、長期的實施調控，故得以逐漸在嘉靖初年後的會試數據中看到成效？

除會試數據可以為證外，王世貞（1526－1590）曾言嘉靖年間徐階（1503－1583）任江西提學，特別拔擢了羅良等習《禮記》者：

> （羅良）生而穎秀，異常兒，十歲能屬文，治《禮經》。十三，出應試有司，少師徐文貞公階，時方視學政，以諸生尠習《禮》者，令諸習《禮》者，悉令補博士弟子員。[74]

王世貞又記嘉靖年間陸南英（1524－1588）事：

> 學使者下屬邑，有能通《春秋》、《三禮》者，得徑就試。君故治《詩》，乃兼治《禮》，不朞歲而以治《禮》稱。[75]

又載吳江舉人張基（1514－1572），「初補博士弟子以《易》，而會部使者募補孤經，遂從趙汴先生習《春秋》，即以《春秋》名。」[76]另瞿景淳（1507－1569）為葛覃作墓表，言其人「素業《毛詩》，會當揆以《禮經》肄習稀少，罔可為天子議禮之資，乃命子邦典、邦弼習《禮經》。二子各秀敏，為邑博士

---

[74] 明・王世貞：〈太僕寺卿羅公傳〉，《弇州續稿》（《景印文淵閣四庫全書》本），卷68，頁1。羅良，江西萬安人，生卒年不詳，嘉靖32年（1553）進士。徐階在嘉靖16（1537）至18年間任江西提學。

[75] 明・王世貞：〈吳山陸君暨配高孺人合葬志銘〉，《弇州續稿》，卷120，頁18。據文中「十四，試於邑馮令」云云，改習《禮記》此事約在嘉靖16年（1537）後。陸氏習《禮記》事，又見明・趙用賢：〈陸徵君暨配高孺人墓志銘〉，《松石齋文集》（《四庫禁燬書叢刊》影印明萬曆刻本），卷20，頁11載：「會臺使者徹屬邑，募能《禮記》者，得復赴試。君則從所治《詩》，而更習《禮》。」

[76] 明・王世貞：〈靖孝先生傳〉，《弇州續稿》，卷74，頁8。張世偉（1569－1641）言祖父張基「嘉靖庚子應天鄉試」中式，則募補孤經應為嘉靖19年（庚子，1540）之前的事。參明・張世偉：〈名賢題祀議〉，《自廣齋集》（《四庫禁燬書叢刊》影印明崇禎11年〔1638〕刻本），卷14，頁1。

高第。歲乙卯，典遂擢《禮》魁，明年丙辰登進士第。」[77]萬士和（1516－1586）作湯建衡墓誌銘，言其人早慧，晝夜誦讀，「未幾，補弟子員。初習《尚書》，至辛卯歲，時制重《春秋》，君復改習《春秋》，七月得舉，人服其敏」。[78]

前引江西鄉試主考李應科對孤經的優取，是嘉靖 31 年之事。以上諸人所言，多為嘉靖一、二十年左右的記載。不管是「募補孤經」、「時制重《春秋》」的敘述，或刻意提拔、鼓勵習孤經的童生、生員，「悉令補博士弟子員」、「得徑就試」的作法，與鄉試對孤經的優取，皆反映了嘉靖年間擔心「肄習稀少」，鼓勵修習孤經的氛圍。這些線索皆可證明嘉靖年間對各經錄取積極調控的作為。

又，清初為鼓勵士子修習《春秋》、《禮記》，調整選經的偏頗，故對各經限定中額，以保障兩孤經的錄取。然而，乾隆 15 年（1750）曾覆准會試、順天鄉試並不比照處理，並說明了原因：

> 順天鄉試，係分滿字、合字、貝字、南皿、中皿、北皿、夾字、旦字、鹵字，各號取中，會試係分各省取中，且臨時奏請欽定中額，勢不能分經計算。是會試與順天鄉試，所以不分經者，原因地有南北，省有遠近，期於兼收並用之故。[79]

強調各區鄉試的調整，是因區域內選經失衡，若不稍調整，則孤經將無人修

---

[77] 明‧瞿景淳：〈明封承德郎工部虞衡司主事前嘉興府學教授虞谷葛先生墓表〉，《瞿文懿公集》（《四庫全書存目叢書》影印明萬曆瞿汝稷刻本），卷 13，頁 5。按：葛邦典為嘉靖 35 年（1556）進士，逆推習《禮記》事，應為嘉靖一、二十年事。

[78] 明‧萬士和：〈文林即知新城縣事湯君建衡墓誌銘〉，收入於明‧焦竑：《國朝獻徵錄》（《四庫全書存目叢書》影印明萬曆 44 年〔1606〕瞿汝稷刻本），卷 87，頁 102。辛卯，為嘉靖 10 年（1531）。

[79] 清‧杜受田等修，英匯等纂：〈附分經定額舊案〉，《欽定科場條例》，卷 19，頁 31。

習。會試應試者，本是來自各地的舉人；順天鄉試也包括各地、不同身分的考生，如屬滿、蒙人編的「滿」字號，漢軍編的「合」字號、直隸生員編的「貝」字號，不同區域的監生編成的南皿、中皿、北皿……等等，「地有南北，省有遠近」，和各區鄉試都是在籍者應試不同，故乾隆 15 年規定調控各經錄取的措施，在順天以外的其他鄉試實施，順天鄉試、會試並不比照。*80*

這引發吾人思考：明代是否如同乾隆 15 年所覆准，會試並不加調控？前文中所引述李應科、陳龍正等文獻，皆是明代鄉試各經錄取經過調控的證據，是否可據以「類推」明代會試各經錄取也有調控？嘉靖初年後，會試各經中額維持長期的穩定，是由於鄉試調控造成，或是鄉、會試一併調控所致？這影響到如何解讀會試《詩經》錄中 34.6% 的數據，*81*故必須加以釐清。

明代鄉、會試錄流傳至今者，明中葉以前及萬曆 10 年以後罕少，以隆慶 4 年（1570）到萬曆 10 年（1582）間，較為完備，*82*筆者以下將透過這段期間鄉、會試選經統計數據的比較，來探討會試是否經過調控的問題。

自嘉靖 16 年（1537）始，鄉試分成 15 個考區。*83*隆慶 4 年應有 1220 個解額，所能搜集到的有 13 個考區、1090 人。*84*萬曆元年應有 1195 個解額，所

---

80 正文中，但就乾隆 15 年的諭令而論，清初至乾隆 53 年（1788）改為《五經》輪試以前，士子擇專經考試階段，各時期鄉、會試各經錄取的具體情形，仍有待全面考察。

81 據 34.6% 逆推當時應試考生選考《詩經》比例時，鄉試已確知有調控，如果會試也一併調控，經雙重調控，則原有選擇《詩經》作為專經的考生比例當更可觀。

82 參本書第三章〈鄉會試錄與試題的搜集〉之表 3、表 4。

83 嘉靖 16 年至崇禎 15 年，共 26 科，因分「雲貴」為貴州、雲南，故考區由 14 增為 15。分別為：順天、應天、山東、山西、河南、陝西、四川、江西、湖廣、浙江、福建、廣東、廣西、雲南、貴州。

84 隆慶 4 年，因湖廣、雲南鄉試錄未傳世，僅以 13 個考區統計，共 1090 人。明代鄉試解額迭經調整，在景泰 7 年（1456）大致確定後，續有局部微調。如順天、應天，原為 135 人，隆慶 4 年臨時加額 15 人，成為 150 人。1090 人，加上所缺湖廣解額 90 人，雲南 40 人，故總解額應為 1220 人。本段解額的探討，參汪維真：《明代鄉試解額制度研究》（北京：社會科學文獻出版社，2009 年 9 月），頁 135－141。

搜集的有 12 個考區、955 人。[85]萬曆 4 年應有 1195 個解額,所搜集的有 12 個考區、970 人。[86]萬曆 7 年應有 1195 個解額,所搜集的有 12 個考區、1005 人。[87]萬曆 10 年應有 1195 個解額,所搜集的有 14 個考區、1115 人。[88]茲就 5 科鄉試,所能搜集到的 63 種鄉試錄,[89]將各經錄取的人數及所佔比例,纂成下表:

表 3:隆慶 4 年至萬曆 10 年鄉試各經錄取人數、比例

科　年	易　經	書　經	詩　經	春　秋	禮　記	總　計
隆慶 4 年	342／31.4%	220／20.2%	383／35.1%	80／7.3%	65／6.0%	1090／100%
萬曆元年	297／31.1%	193／20.2%	335／35.1%	71／7.4%	59／6.2%	955／100%
萬曆 4 年	301／31.0%	197／20.3%	341／35.2%	70／7.2%	61／6.3%	970／100%
萬曆 7 年	316／31.4%	208／20.7%	349／34.7%	70／7.0%	62／6.2%	1005／100%
萬曆 10 年	339／30.4%	233／20.9%	389／34.9%	81／7.3%	73／6.5%	1115／100%
總　計	1595／31.1%	1051／20.5%	1797／35.0%	372／7.2%	320／6.2%	5135／100%

觀上表,5 科鄉試各經錄取的比例,數值極為相近,顯現鄉試經過調控後,各經錄中比例的穩定。再將 5 科鄉試次年的會試數據,纂成下表:

---

85 萬曆元年,山東、江西鄉試錄未傳世,四川鄉試錄榜單缺佚,只錄到第 34 名,僅以 12 個考區統計,共 955 人,加上所缺山東解額 75 人,江西 95 人,四川 70 人,故總解額應為 1195 人。因南、北直隸各減 15 人,共少了 30 人,而雲南加額 5 人,故和隆慶 4 年比較少了 25 人。

86 萬曆 4 年,陝西、四川、湖廣鄉試錄未傳世,僅以 12 個考區統計,共 970 人,加上所缺陝西解額 65 人,四川 70 人,湖廣 90 人,故總解額應為 1195 人。

87 萬曆 7 年,四川、湖廣、貴州鄉試錄未傳世,僅以 12 個考區統計,共 1005 人,加上所缺四川解額 70 人,湖廣 90 人,貴州 30 人,故總解額應為 1195 人。

88 萬曆 10 年,河南鄉試錄未傳世,僅以 14 個考區統計,共 1115 人,加上所缺河南解額 80 人,故總解額應為 1195 人。

89 萬曆 10 年江西鄉試錄,收藏在上海圖書館;萬曆 7 年河南、雲南鄉試,收入於學生書局編輯部輯:《明代登科錄彙編》(臺北:臺灣學生書局,1969 年 12 月),除此以外,其餘 60 種,皆收入於寧波市天一閣博物館整理:《天一閣藏明代科舉錄選刊・鄉試錄》(寧波:寧波出版社,2010 年)。

表 4：隆慶 5 年至萬曆 11 年會試分經錄取人數、比例[90]

科　年	易　經	書　經	詩　經	春　秋	禮　記	總　計
隆慶 5 年	123／30.8%	77／19.3%	143／35.8%	31／7.8%	26／6.5%	400／100%
萬曆 2 年	90／30.0%	61／20.3%	106／35.3%	24／8.0%	19／6.3%	300／100%
萬曆 5 年	93／31.0%	61／20.3%	104／34.7%	22／7.3%	20／6.7%	300／100%
萬曆 8 年	92／30.7%	60／20.0%	106／35.3%	22／7.3%	20／6.7%	300／100%
萬曆 11 年	107／31.1%	69／20.1%	120／34.9%	25／7.3%	23／6.6%	344／100%

觀上表，5 科會試各經錄取的比例，波動小，各科數值相差甚微，且各自與前一年的鄉試數值比較，也極為逼近。表中隆慶 5 年和萬曆 2、5、8、11 年會試的總應試人數，分別為 4300、4500、4500、4600、4600 餘人，而當時一科鄉試的總解額，除隆慶 4 年為 1220 人外，其他 4 科皆為 1195 人，鄉、會試人數之落差，此乃因已取得舉人資格者，可重複參加會試之故。

　雖可重複應考，文獻中也不乏六上禮闈、七赴會試……屢敗屢戰的敘述，但赴京應考所需的體力、財力及自信──都會因考場失利而逐漸消磨。吳宣德曾統計、估算過舉人重複應會試的次數，據其研究所得，每位舉人平均參加會試的次數在 3 次以上，至少有三分之一的舉人，參加了 4 次以上的考試。[91]以萬曆 11 年會試為例，主要與試者，應是萬曆 10 年鄉試，及之前的數科：萬曆 7 年、4 年、元年及隆慶 4 年鄉試為主，隨著鄉試科次往前，與試的舉人隨之

90　會試數據，參吳宣德、王紅春：〈明代會試試經考略〉一文。萬曆 11 年，錄取人數原應為 350 人，但有 6 人不詳其選經，故總計處以 344 人計，以便呈現其各經錄中比例，故萬曆 11 年數據與吳文不同。

91　參吳宣德：《明代進士的地理分布》（香港：中文大學出版社，2009 年），頁 99－106，〈重複會試對進士錄取率的影響〉一節之論述。文中考察景泰 7 年（1456）至萬曆 11 年（1583）間，「累計約有 17 萬人次參加了會試。但其間舉人總數實際僅五萬餘人。兩相比較，則每位舉人平均參加會試的次數已在 3 次以上（平均 3.3 次）」，「從整體上看，以往會試的落榜生中，平均約有 77%（按一屆計）或 67%（按五屆計）的人均參加了下屆會試」，「每屆會試考生中，至少有 2/3 的人，參加了 2 次以上的會試，或者至少有 1/3 的人參加了 4 次以上的考試」。

遞減。統計隆慶 4 年至萬曆 10 年 5 科鄉試各經錄取的平均值，與萬曆 11 年會
試相較：

表 5：5 科鄉試各經錄中比例與萬曆 11 年會試各經比例比較

	易經	書經	詩經	春秋	禮記	總計
5 科鄉試各經錄中比例	31.1%	20.5%	35.0%	7.2%	6.2%	100%
萬曆 11 年會試各經比例	31.1%	20.1%	34.9%	7.3%	6.6%	100%

統計 5 科鄉試各經錄中的比例，與萬曆 11 年會試的比例，若合符節。倘會試
《詩經》有抑制、孤經有優取，比例不應如此扣合、如出一轍。

　　正德 12 年（1517）的會試，也是一頗為明確的證據。《正德十二年會試
錄》[92]卷前主考官靳貴（1464－1520）序中，言及該次會試「得三百五十人」，
「就試之士，三千九百有奇」。以 3900 計，錄取率為 8.97%──其真正的錄
取率絕不會高於 8.97%。據該科會試錄中式榜單統計，選考《詩經》錄中者有
129 人，佔總錄取數的 36.86%。成化中葉後，弘治、正德期間，是明代以
《詩經》錄中者比例最高的時期，大幅領先其他四經。如果會試有調控，此階
段絕對是最需調控的，然而，正德 12 年會試有經調控嗎？嚴嵩（1480－1567）
任該科《詩經》房同考官，在所作〈南省志〉中記述閱卷細節，提及該科
「《詩》房共卷一千四百」。[93]據以計算《詩經》錄取率為 9.21%，略高於總
錄取率 8.97%，[94]明顯未對熱門選經的錄取有所抑制。

---

[92] 收入於寧波市天一閣博物館整理：《天一閣藏明代科舉錄選刊・會試錄》。

[93] 明・嚴嵩：〈南省志〉，《鈐山堂集》（《四庫全書存目叢書》影印明嘉靖 24 年
〔1545〕刻增修本），卷 27，頁 18。

[94] 《詩經》錄取率為 9.21%，略高於總錄取率 8.97%，數值相差不大，也可說錄取率相當。
但嚴嵩所云「《詩》房共卷一千四百」，是否有可能只是大約值，實為 1400 餘人、甚
至多達 1490 人？如此就很難說沒有抑制了。──筆者認為不可能，因為倘若是 1490
人，陳述慣例通常是「幾一千五百人」、「近一千五百人」；再者，嚴嵩〈南省志〉
中，尚言及其房中《詩》卷「共二百七十八卷」，該科《詩經》分 5 房，各房卷數是平
均的，則 278 乘以 5，為 1390 卷，該科《詩》卷應該就在 1390 至 1400 左右。明確反

　　如前所述，選經的偏頗，明中葉以前不似中葉以後嚴重。倘正德 12 年、萬曆 11 年的會試未經調控，那明中葉以前的會試，更不可能出現調控的作法。所以，陳循說正統元年時，「每經七取其一」，各經錄取率是均等的，筆者認為這是當時會試未經調控錄取的證據，也是實情。據以上論證，可見明中葉後會試各經錄中數據的長期穩定、波動不大，主要是鄉試階段的調控使然。會試的分經錄取，應是根據該科與試者選經者多寡，諸經錄取比率是相同、未經調控的。

　　經過以上討論，對於吳宣德據會試 64 科統計，得到以《詩經》錄中者佔百分比為「34.6」的解讀，就有所不同了。自天順元年（1457）始，《詩經》在會試中的錄取，已居諸經之冠；見諸鄉試，《詩經》的錄中，除浙江、江西、應天、福建鄉試外，[95]亦經常領先另四經。當《詩經》成為熱門的選經，又在鄉試考官刻意抑制《詩經》錄取率之下，以《詩經》錄中比例還如此的高，可見，當時全天下的考生，鑽研《詩經》備考、應試者，必定逾乎 34.6% 的比例，但因未經會試雙重調控，比例應不致超過 40%。[96]晚明劉康祉云治

　　映出：該科會試《詩經》錄取率不可能低於總錄取率，亦即未對熱門選經有所抑制。

[95] 筆者觀察嘉靖至萬曆初年間，浙江鄉試以《易經》錄中者常逾《詩經》13、14 名之多，江西則略勝 2、3 名，應天、福建之《詩》、《易》，維持在伯仲之間。

[96] 以前文所引嘉靖 31 年（1552）江西鄉試為例，據主考李應科序中所言諸經大約應試人數，及該科各經錄取人數纂成下表：

經別	易經	尚書	詩經	春秋	禮記
錄取人數	31	18	33	8	5
應試人數	1500	700	1500	190	100
應試錄取率	2.0%	2.6%	2.2%	4.2%	5.0%
佔總錄取比例	32.6%	18.9%	34.7%	8.4%	5.3%

該科應試 4000 餘人，錄取 95 人，總錄率 2.4%，選考《易》、《詩》的應試錄取率，略低於 2.4%，而孤經則明顯高了一倍左右。在經抑制後，《詩經》錄取佔了 34.7%（與會試《詩經》平均佔 34.6% 相近），倘無抑制，按總錄取率 2.4% 計，則該科江西鄉試《詩經》原應試錄取約 36 人，佔總錄中比例應在 38% 左右。由於各時期、各區鄉試的調控情形未明朗，童試階段對孤經的鼓勵，記載也頗零星，所以僅能大概推論選考《詩經》者實際平均比例在 34.6% 至 40% 之間。

《詩經》者「幾橫割天下才士之半」，[97]看來並不是太誇張。

　　然而，倘要更準確的推論明代士子選考專經比例，則頗為困難。困難之處除因試錄留存有限外，何時開始對鄉試實施調控，仍不明確；各地鄉試如何調控，線索也太缺乏。再者，各地區選經偏重的情形不一，有些較平均，有些偏《詩》，有些偏《易》，有些是《詩》、《易》一起偏重。如隆慶 4 年山東鄉試，《易》、《書》、《詩》、《春秋》、《禮》的錄中人數分別為：18、17、30、5、5 人，《詩經》一枝獨秀，為《易》、《書》之 1.7、1.8 倍，為孤經之 6 倍；而該科廣西鄉試各經錄取人數則分別為：15、14、17、5、4 人，相差並不那麼懸殊。山東、廣西情形既殊異，就不宜使用同樣的調控比例，故各區鄉試各經調控的情形、比例應該是不同、因地制宜的。

　　以上所論，主要是鄉、會試，見諸文獻記載，提學在考試童生、生員時，也因恐孤經無人修習，為示鼓勵，而加以優取。如前所引述王世貞等所記，對習孤經的童生、生員，「悉令補博士弟子員」、「得徑就試」——是例外、特殊的優待？或是長時期、許多提學共同的作法？也仍混沌不明。但可確知的是：會試以《春秋》錄中之比例為 8.6%，《禮記》為 7.5%，考量到明中葉兩經已呈現選經偏少、鄉試刻意優取的現象，全天下治此兩經者，比例應較 8.6%、7.5% 的數據更低。而《詩經》，考量到鄉試受抑制，故應逾 34.6%。

第六節　考生選考《五經》的權衡

　　何以選考《五經》呈現如此偏重、不均的分布？這與經書的字數、分量頗有關係。據統計，《左傳》有 196,845 字，《禮記》有 99,020 字，《詩經》有 39,224 字，《尚書》有 25,700 字，《周易》有 24,207 字，[98]各經字數差別頗

---

[97] 明・劉康祉：〈詩藝緣情序〉，《識匡齋全集》（《四庫禁燬書叢刊》影印清順治刻本），卷 3，頁 3。劉氏，生卒年不詳，明萬曆 38 年（1610）進士。

[98] 諸經字數，筆者查得南宋以來，至少有二十餘種古籍曾言及，多本自歐陽修（1007－1072）、或紹興 15 年（1145）進士鄭耕老所言。但同樣源自鄭耕老、源自歐陽修之說，字數記載卻又存在著出入。筆者正文所述，乃據較早的呂祖謙（1137－1181）、王

大，字數多寡、分量輕重，也與備考所需投注的心力密切相關，當然會左右考生選擇的意願。明代考生選擇專經時，字數偏多，分量是其他經書三至四倍的《禮記》，不獲青睞，是可以理解的。薛應旂（1500－1573）曾對選考《禮記》較少之故提出解釋：

> 漢唐以降，代有表章。迨我明興學校立官科目取士，其於是《禮》尤致重焉。但後學病於浩博、難於師傳，誦而習者，比之諸經，為類頗寡。[99]

儀節制度，內容原非易曉，加上字數多，浩博難以誦習，故選經一向是最少的。[100]

《左傳》字數雖是最多的，但明代考試《春秋》，所尊者為胡《傳》。胡《傳》經文有 16,558 字，傳有 131,908 字，[101]經傳合計，共 148,466 字。單就

應麟（1223－1296）所載，也是諸古籍中較常引述的數據。參南宋・呂祖謙：《少儀外傳》（《景印文淵閣四庫全書》本），卷上，頁 48。南宋・王應麟：《小學紺珠》（《景印文淵閣四庫全書》本），卷 4，頁 3，〈大經中經小經〉條。另元代劉實所言數據，與其他古籍出入較多，諸經字數為：《左傳》經傳合計 195,516 字，《禮記》有 95,495 字，《詩經》有 37,353 字（經文有 29,647 字、《詩序》有 7,706 字），《尚書》有 25,763 字，《周易》有 20,990 字。見元・劉實：《敏求機要》（《四庫全書存目叢書》影印清乾隆知不足齋鈔本），卷 7，總頁 38－41，〈周易〉、〈尚書〉、〈毛詩〉、〈禮記〉、〈春秋〉諸條。又，今人李牧「中國文字」網站之統計，亦稍有差異：《左傳》有 198,180 字，《禮記》有 101,632 字，《詩經》有 32,962 字，《尚書》有 25,946 字，《周易》有 18,437 字。所計《詩經》只有 32,962 字，疑未計入《詩序》字數之故。參李牧「中國文字」網站「漢字系統工程的計量研究」之〈古籍用字統計〉。2014 年 1 月 26 上網，網址：http://chinese.exponode.com/9_0.htm。

99 明・薛應旂：〈代禮記正蒙序〉，《方山薛先生全集》（《續修四庫全書》影印明嘉靖刻本），卷 3，頁 3。

100 鶴成久章曾為文探討《禮記》與科舉的問題，解釋《禮記》選考者何以較少，及士子選考《禮記》的原因，詳見鶴成久章：〈『礼記』を選んだ人達の事情——明代科舉と礼學〉，《福岡教育大學紀要》第 50 號（2001 年 2 月），頁 1－15。

101 南宋・胡安國撰，錢偉彊點校：《春秋胡氏傳》（杭州：浙江古籍出版社，2010 年 4 月），卷前，頁 15－16，〈經傳字數〉。

經文而論，是《五經》中最少的，僅為《詩經》的一半，《禮記》的六分之一。遂使得《春秋》出題方式必須與他經不同，因「《春秋》之文簡，又去其弒逆崩卒為不祥，故不得不取傳，割裂而牽附之，以多其目，若射覆然，勞心殫智而無用」。[102]因《春秋》經文少，部分經文有經無傳，凡弒逆崩卒等不祥語句又難以命題，以致可出題的範圍更窄，太容易被考生掌握。因此，不似他經，截取前後相連的一段或數句經文為題，《春秋》出題常纂輯數處的經文搭配合為一題，以求變化、防擬題。考生必須揣度出題者纂錄諸段經文的交集、意旨為何，這是困擾考生的主因。俞汝楫《禮部志稿》曾引天順 3 年（1459）教諭雍懋言：

> 天順三年，浙江溫州府永嘉縣教諭雍懋言：「朝廷每三年開科取士，考官出題多摘裂牽綴，舉人作文，亦少純實典雅。比者浙江鄉試，《春秋》摘一十六股配作一題，頭緒太多，及所錄程文，乃太簡略而不華實。且《春秋》為經，屬詞比事，變例無窮，考官出題，往往棄經任傳，甚至參以己意，名雖搭題，實則射覆，遂使素抱實學者，一時認題與考官相左，即被黜去。乞勅自後考官出題，舉子作文，一惟明文是遵，有弗悛者罪之。」上善其言，命禮部議行。[103]

所批評的是《春秋》出題的諸多弊端，如：頭緒太多、棄經任傳、搭題等問題，《天順三年浙江鄉試錄》今不存，無法引證。然雍懋之建言，似未有明顯的效應，類似的批評，之後仍頻見。觀天一閣所藏《天順四年會試錄》，《春秋》義的第二題題目為：

---

[102] 清·魏禧：〈制科策下〉，清·魏禧撰，胡守仁等校點：《魏叔子文集》（北京：中華書局，2003 年 6 月），頁 187。魏禧（1624－1681），為明遺民，明亡後不仕，據文後自記，〈制科策〉三策，「作于乙酉五月」（頁 188），按：乙酉為順治二年（1645）。

[103] 明·俞汝楫：《禮部志稿》（《景印文淵閣四庫全書》本），卷 71，頁 22。

齊侯、宋公、江人、黃人會于陽穀_{僖公三年}。公會齊侯、宋公、陳侯、衛侯、鄭伯、許男、曹伯侵蔡　遂伐楚_{僖公四年}。公會齊侯、宋公、陳世子款、鄭世子華盟于甯母_{僖公七年}。公會宰周公、齊侯、宋子、衛侯、鄭伯、許男、曹伯于葵丘　諸侯盟于葵丘_{僖公九年}。晉侯、齊師、宋師、秦師及楚人戰于城濮　晉人執衛侯，歸之于京師_{僖公二十八年}。會王人、晉人、宋人、齊人、陳人、蔡人、秦人，盟于翟泉_{僖公二十九年}。

僅一題，就纂組了多處的經文，「頭緒太多」之議，不言可喻。文獻中對《春秋》出題有種種的批評，[104]徐倬（1624－1713）亦曾道出《春秋》備考之難：

> 若《春秋》自胡康侯而外，必綜核《三傳》于二百四十二年之間，一十有二公之事，分裂命題，如射覆然，隨意置物，性鈍者，竟不能得。[105]

必須兼治《四傳》，[106]他經題目意旨顯然，《春秋》必須從合題、搭題中揣度命題之意旨，如同射覆，因此《春秋》選考者亦較少。

《尚書》、《易經》雖內容或艱深，或玄奧，但篇幅不長，有較多的人選考，屬意料之中。至於選考《詩經》者遠逾他經，不只有統計數字可以為證，其他文獻的敘述也可以佐證。如萬曆初朱璉云：

> 國家以經取士，制也。《五經》之中，《詩》、《易》殆半。[107]

---

[104] 昔人對《春秋》出題的批評頗多，參侯美珍：〈明清科舉八股小題文研究〉，《臺大中文學報》第 25 期（2006 年 12 月），頁 153－198。

[105] 清・徐倬：〈邵呂璜行稿序　代作〉，《修吉堂文稿》（《四庫全書存目叢書》影印清康熙刻乾隆續刻本），卷 1，頁 28－29。

[106] 胡《傳》之外，另《三傳》所下工夫多寡，因人而異，如明中葉之孫緒曾云：「近日士習，專以苟簡捷徑為事，支離碎破，漫無根本，……業《春秋》者，胡《傳》外，問之諸傳，茫然不知。」明・孫緒：〈無用閒談〉，《沙溪集》，卷 12，頁 2。

[107] 明・朱璉：〈謹識詩經正義後〉，收入於明・許天贈：《詩經正義》（《四庫全書存目叢書》影印明萬曆刻本），卷前，頁 1。署萬曆 3 年（1575）作。

萬曆年間曹楷云：

> 余奉璽書按江淮，觀風四郡，所至輒進青衿之士品校之，其中業《詩》、《易》者大半，而業《書》者十不能一。*108*

何三畏云：

> 吾松諸生，習《詩》者十之七，習《易》、習《書》者十之三，習《春秋》、《禮》經者，蓋百不得一焉。*109*

劉康祉云：

> 國家所表章以程士者為經五，而治《詩》者幾橫割天下才士之半。*110*

李雯（1608－1647）云：

> 幾社之不治《毛詩》者，無幾人耳，……天下之經藝，莫盛于《詩》，《詩》莫盛于今日之幾社也。*111*

崇禎時張養言及魏棩治《詩經》中式者十之八九：

---

108 國立中央圖書館編：《國立中央圖書館善本序跋集錄‧經部》（臺北：國立中央圖書館，1992 年 6 月），頁 151。《劉季子書經講意》為劉爾碩作，萬曆癸巳（21 年，1593）曹楷揚州刊本，曹楷為萬曆 11 年（1583）進士。

109 明‧何三畏：〈夏給諫陽衢公傳〉，《雲間志略》（《四庫禁燬書叢刊》影印明天啟刻本），卷 14，頁 15。何氏生卒年不詳，萬曆 10 年（1582）舉人，此書卷前諸作署「天啟三年」（1623），應與作序的張鼐、陳繼儒等人同時。

110 明‧劉康祉：〈詩藝緣情序〉，《識匡齋全集》，卷 3，頁 3。

111 明‧李雯：〈詩經制藝敘〉，《蓼齋集》（《四庫禁燬書叢刊》影印清順治 14 年〔1657〕石崑刻本），卷 34，頁 17－18。

> 國家明經取士，士各占一籍以售於有司，榆以葩經起家者蓋十之八九，
> 《戴記》寂如也。[112]

以上雖或僅是就一地區、一社團、一時期來論述，但皆可佐證《詩經》選考者之眾。《詩經》字數多於《尚書》、《易經》，選考者竟反而逾兩經。學者的推測是：《詩經》文義易明、篇幅不大、韻文形式易背誦、常為《四書》所引述、富文采，與中國詩學傳統相關等。[113]

這些推論都頗有道理，但科舉選經，除個人喜好外，常受到家學淵源、師友、區域學風等影響。以家學淵源為例，在文獻中每載一科舉人物的選經時，常會言及是因其家世治某經，如鍾惺（1574－1625）云「予家世受《詩》」，[114]萬時華（1590－1639）云「家世業《詩》」，[115]清初蔡衍鎤（1601－？）更自述其家世學《詩》綿亙數代：

> 家世習《詩經》，一世祖蒙齋公為之解，其孫象齋續成之，三世祖木

---

[112] 國立中央圖書館編：《國立中央圖書館善本序跋集錄・經部》，頁 743，《新刊京本禮記纂言》，元吳澄撰，明崇禎 2 年（1629）晉陽張養校刊本。魏榆位在山西榆次縣附近，序署崇禎 2 年 6 月作。

[113] 楊晉龍：《明代詩經學研究》，頁 127 云：「明人或因《詩》的『文義易明』，而且為易背誦的韻文，篇幅不大，因此科考時選考《詩》者特多。」鶴成久章〈明代科舉における專經について〉一文，以為選考《詩經》分量不重、韻文易背誦，又指出《四書》多引詩句，文見《日本中國學會報》第 52 集（2000 年 10 月），頁 208－222。吳宣德等〈明代會試試經考略〉頁 103 註釋中，除認同艾爾曼教授以為選考者多是因「《詩經》文字少且詩歌形式便於記憶」，並云：「《詩經》為考生所歡迎，與中國古代的詩學傳統也有關係。此外，在群體的社會交往中，詩也是一種很好的表達方式，吟誦也是一種學問的象徵。『不學詩，無以言』以及『興觀群怨』等等說法，或許是《詩》受到考生歡迎的文化根源。」

[114] 明・鍾惺：〈詩論〉，明・鍾惺撰，李先耕、崔重慶標校：《隱秀軒集》（上海：上海古籍出版社，1992 年 9 月），卷 23，頁 392。

[115] 明・萬時華：〈詩經偶箋自引〉，《詩經偶箋》（《續修四庫全書》影印明崇禎 6 年〔1633〕李泰刻本），卷前，頁 1。

菴、四世祖安翁、六世祖質齋、九世祖矢軒、十世祖菊泉、十一世祖棄
夫，悉以是經應薦，辟登科目。自朱紫陽《集傳》出，《詩》家奉為指
南，明世以此取士，國家因之。家君子舉明經，先大父成進士，先曾祖
登賢書，先高祖與先高祖之高曾祖父，取科第悉本諸此。[116]

有家學淵源，得諸父兄指導，子弟學經更得心應手，故選經源自家學因素者頗
多。然而，雖先人相傳治某經，子弟也可以「改經」，譚元春（1586－1637）
〈黃葉軒詩義序〉載：

予家世學《易》。先人蚤歲為諸生，怯其難，徙而治《尚書》，因課予
兄弟《尚書》。惟弟服膺一人，中道徙去，去學《詩》三百六篇，蓋三
四年間事耳，而弟之文已幾令四子藝讓，工且富矣。弟謂我曰：「吾樂
之甚。吾終日行籬間而吟諷，吾終夜步窗外以追尋，蓋是中有深趣
矣。」[117]

此外，許天贈自言原學《易經》，但祖父「見予質之魯，恐不達於《易》之奧
也，年十五改授《詩》焉」。[118]蔡獻臣原學《易經》，「每誦《三百篇》，
見其委宛溫厚，輒沾沾若解也。時余於《羲經》，已能探索敷演，結社課文，
顧心苦難，若弗省者。」因而改學《詩經》。[119]清初汪紱（1692－1759）自
云：「經生家《尚書》為難，紱幼嗜易，而王父及先嚴家世治《詩》，故九齡

---

[116] 清・蔡衍鋕：〈燕遊記〉，《操齋集》（《四庫未收書輯刊》影印清康熙刻本），卷
9，頁 35－36。

[117] 明・譚元春：〈黃葉軒詩義序〉，明・譚元春撰，陳杏珍標校：《譚元春集》（上海：
上海古籍出版社，1998 年 12 月），卷 23，頁 639。

[118] 明・許天贈：〈詩經正義引〉，《詩經正義》，卷前，頁 1。序末署「乙丑進士南台許
天贈書」，許氏為嘉靖乙丑（44 年，1565）進士。

[119] 明・蔡獻臣：〈詩經制義自敘　庚寅〉，《清白堂稿》（《四庫未收書輯刊》影印明崇
禎刻本），卷 5，頁 11。蔡獻臣為萬曆 17 年（1589）進士，崇禎時仍在世。據篇題下
註「庚寅」，為萬曆 18 年作。

逐以《詩》授，《書》、《易》未遑及也。」[120]以上諸筆文獻、自述，除可印證選經常受家學影響外，也可見選考《詩經》，或由其他經改治《詩經》，理由常是因為《詩經》較其他四經容易、有趣。

選考《詩經》多，除了上述所言文義簡明、篇幅不大、韻文形式易背誦、常為《四書》所引述、富文采，與中國詩學傳統相關等原因外，筆者認為治此經最簡易，不單是因文辭的簡明易懂，也是因出題集中，出題範圍易掌握、好猜題，不必通讀全經，[121]備考最容易。

既然選考《詩經》，有以上的優點，備考容易，又何以會試選考《詩經》錄中者，比例僅是「34.6%」，而不是 40%、50%，甚至更多呢？事實上，《詩經》是最容易備考的，但因應試者多，也是最難考中的。

舉例而言，倘鄉試選考《禮記》，應試者 200 人，20 取 1，錄取 10 人，選考者只要勝過 190 人，就可以錄中了。而選考《詩經》有 2000 人，50 取 1，錄取 40 人，選考者必須勝過 1960 人，方能得售，難易迥殊。即使以個別經房來思考，如前引陳龍正所言：「《易》、《書》、《詩》各房，皆五百餘卷，每五十而中一。」以每經房 500 計，取 10 人，仍必須勝過 490 人，方能中式，難易分別顯然。李贄（1527－1602）曾自述改經緣由：「余自幼治《易》，復改治《禮》，以《禮經》少，決科之利也。」[122]選考《春秋》、《禮記》，競爭者少，皆是「決科之利」。這形成一種平衡，讓考生不致全部趨易避難，投入選考《詩經》的行列。甚至還可見到因科舉遲未得售，而由《詩經》改治他經者。

---

120 清·汪紱：〈書經詮義序 雍正癸丑〉，《雙池文集》（《續修四庫全書》影印清道光 14 年〔1834〕一經堂刻本），卷 5，頁 3。據篇題下註「癸丑」，為雍正 11 年（1733）作。

121 《詩經》易擬題，出題較其他諸經集中，可刪去不讀者較諸經為多，詳見本書第八章之申論。

122 明·李贄：〈易因小序〉，《李溫陵集》（《續修四庫全書》影印明刻本），卷 11，頁 5。但李贄並非以《禮》中舉，同文中又言：「至年十四，又改治《尚書》，竟以《尚書》竊祿。」

　　邵圭潔為沈見葵作行狀，言其人「治《毛詩》，補庠生，累薦有司，不得第，乃從例入國子，改治《禮經》」。[123]陶汝鼐（1601－1683）記明末胡懋進，「性敏慧強記，同輩推其才，⋯⋯嘗恨取科名難，改《詩》，治《春秋》，遂以《麟經》雋辛酉」。[124]由《詩》改治《禮》、改治《春秋》，備考由易趨難，皆受錄取率較高吸引之故。

　　持續到清代，《詩經》仍是選考的熱門，乾隆 35 年（1770）廣西鄉試曾發生一件臨場改經的科場事件，考生朱一沛在鄉試前考遺才，猶試《詩經》，臨場改為《易經》，朱一沛坦言：「因思歷科《詩經》應試人多難中，不如改習《易經》，卷少易售。」[125]由此可證《詩經》卷多難中，足令部分貪圖《詩經》簡易、好備考者卻步。

　　經過以上探討，可以明白，在明中葉考生選經比例，偏重《詩經》、《易經》，罕習《春秋》、《禮記》更形嚴重時，考官閱卷錄取，確實對各經的中額有過調控、限定。這種調控、限定，必須要審慎拿捏分寸。如果沒有適當的鼓勵，《春秋》、《禮記》或出題難，或分量多，備考辛苦，將導致乏人修習，後繼無人。見諸某些鄉試，《春秋》、《禮記》約 20 取 1，其錄取率已提高一倍有餘，雖經這樣的「優取」，所吸引的選經人數仍有限，選考者仍持續偏少，遠遠無法與其他三經相比，但如果再放寬，變成 15 取 1、10 取 1，雖可增加選考者，但對其他三經的考生，更形不公，且極易出現如陳龍正閱卷時無佳卷可選，勉為其難以疵卷湊數的情形，此皆為主其事者所不樂見。

---

[123] 明・邵圭潔：〈登仕郎南京鴻臚寺司儀署署丞見葵沈公行狀〉，《北虞先生遺文》（《四庫全書存目叢書》影印明萬曆刻本），卷 4，頁 25。按：邵圭潔為嘉靖 28 年（1549）舉人。

[124] 明・陶汝鼐：〈先正〉，《榮木堂文集》（《四庫禁燬書叢刊》影印康熙刻世綵堂匯印本），卷 8，頁 45。

[125] 此為乾隆 35 年 9 月 16 日廣西巡撫陳輝祖（？－1783），為參士子臨場改經以圖倖售的奏摺。參中國第一歷史檔案館：〈乾隆朝整飭科場史料〉，《歷史檔案》1997 年第 3 期（1997 年 8 月），頁 22。

第三章　鄉會試錄與試題的搜集

第一節　明代鄉會試錄的流通與館藏

　　明代鄉、會試為三年一考，考三場，考試的科目、文體，規定也是一致的。會試錄是會試結束，主考負責編纂的會試記錄文獻，張朝瑞（1537－1609）《皇明貢舉考》言會試錄的編輯體例是：「首會試錄序，次考試官、執事官，次三場題目，次中式舉人，次舉人程文，終後序。」[1]鄉試錄性質和體例亦相同。鄉、會試錄中所錄三場題目及載有篇題的《詩經》程文，即是本論文搜集《詩經》試題時，主要賴以取資的。

　　這些試錄並不像其他書籍，擁有較多的讀者，會一再刊印。丘濬（1421－1495）言會試錄可「考見皇朝一代取士之制，與夫前後人才之高下、文氣之偉蔚，而於世道士風，亦可於是乎觀之」，然又云：

> 予來京師餘三十年，於歷科會試程文，甲申以後，無不獲見者，惟庚辰以前，僅見其一二。夫以京邑四方賢才所萃，古今書籍所聚，且官館閣以文字為職業，尚弗克盡見，況遐方下邑之士乎？[2]

「甲申」為明英宗天順 8 年（1464），「庚辰」為天順 4 年（1460），據丘濬

---

[1]　明·張朝瑞：《皇明貢舉考》（《續修四庫全書》影印明萬曆刻本），卷 1，頁 55，〈會試錄〉。

[2]　明·丘濬：〈皇明歷科會試錄序〉，《重編瓊臺稿》（《景印文淵閣四庫全書》本），卷 9，頁 45－46。

「來京師餘三十年」語，此文應作於成化 20 年（1484）後，³身在書籍會聚的京師，又任翰林院編修，僅得見近二十年的會試錄，而天順 4 年以前的會試錄，竟「僅見其一二」，可略窺當時會試錄散佚情形，除非刻意收集，否則流傳不易。⁴

　　會試錄尚且如此，何況鄉試錄。即使能夠流傳至今，也常被典藏在古籍善本室中，觀閱不易。1969 年臺灣學生書局編印《明代登科錄彙編》⁵，影印了當時國立中央圖書館所藏及代管國立北平圖書館所藏之登科錄、會試錄、鄉試錄、武舉錄等共 66 種，其中含會試錄 10 種、鄉試錄 31 種。收藏科舉文獻豐富的天一閣，分別於 2007、2010 年將所收藏的會試錄、鄉試錄印行，⁶會試錄收有 38 種，鄉試錄收有 272 種。⁷《中國科舉錄彙編》也收錄了明代 29 種科舉錄，其中含會試錄 3 種，鄉試錄 13 種。⁸以上諸叢書所收，僅有少數重複。為使試題搜集更全面，又查閱了《中國古籍善本書目》等，補足未影印流傳、僅收藏在各圖書館古籍善本室中的鄉、會試錄。⁹截至目前為止，會試錄查抄

<hr/>

3　丘濬為海南瓊州府人，景泰 5 年（1454）進士，選庶吉士，授編修。應是景泰 5 年與會試之故，才「來京師」。

4　晚明陳仁錫（1579－1634）曾言：「家藏會試錄六十餘冊，皆舊版。」不知是否因陳氏從事科舉用書的編纂，故刻意搜集，以供纂集之便？一般藏書家，所重當不在此。文見明・陳仁錫：〈後場衡總序〉，《無夢園遺集》（《四庫禁燬書叢刊》影印明末刻本），卷3，頁78。

5　學生書局編輯部輯：《明代登科錄彙編》（臺北：臺灣學生書局，1969 年 12 月）。

6　寧波市天一閣博物館整理：《天一閣藏明代科舉錄選刊・會試錄》（寧波：寧波出版社，2007 年）。寧波市天一閣博物館整理：《天一閣藏明代科舉錄選刊・鄉試錄》（寧波：寧波出版社，2010 年）。

7　天一閣所印共有48函277冊，因第21函第3至6冊，為《國朝河南舉人名錄》，故實為 274 種。除《國朝河南舉人名錄》外，第 34 函第 4 冊《嘉靖七年浙江同年錄》亦非載有試題的鄉試錄，故正文言「272種」。

8　姜亞沙等主編：《中國科舉錄彙編》（北京：全國圖書館文獻縮微複製中心，2010年）。

9　各館所藏未刊行的鄉、會試錄，散在各地多處圖書館中，除筆者 2013 年因至南京參加「第十屆科舉制與科舉學國際學術研討會」，順道至南京、上海圖書館查抄外，端賴許多師友協助。先後曾陸續承蒙吉林大學歷史系高福順教授、華東師範大學中文系彭國忠

狀況如下：

表 1：各館藏會試錄查抄狀況

會試錄科別	收藏圖書館	查詢情形
永樂 13 年	上海圖書館	已查詢補入
成化 5 年	南京圖書館	已查詢補入
成化 14 年	南京圖書館	已查詢補入
弘治 3 年	南京圖書館 傅斯年圖書館[10]	已查詢補入
弘治 6 年	美國國會圖書館	已查詢補入
弘治 9 年	南京圖書館	已查詢補入
嘉靖 14 年	傅斯年圖書館	已查詢補入
萬曆 11 年	傅斯年圖書館	無試題[11]
萬曆 23 年	吉林大學圖書館	不提供調閱
萬曆 26 年	上海圖書館	已查詢補入
萬曆 29 年	吉林大學圖書館	不提供調閱
萬曆 32 年	吉林大學圖書館	不提供調閱
萬曆 41 年	北京大學圖書館	已查詢補入
天啟 2 年	上海圖書館	不提供調閱[12]

　　鄉試錄查抄狀況如下：

教授及對外漢語學院語言學及應用語言學碩士生蔡雨玲、武漢大學文學院陳水雲教授及博士生吳妮妮、北京大學中國語文學系博士生黃雅詩及吳沂澐，（廣州）中山大學中文系柯玉蘊及王文琳、南京大學文學院古代文學專業碩士生毛林萍、浙江大學新聞系朱詩琪及中文系戚圓圓、胡凌燕、陳逸舟，以及南開大學中文系劉岩、臺北市立大學中國語文學系博士生何淑蘋、臺北大學古典文獻學研究所碩士李侑儒等人之連繫、協助，謹此致謝。

10 《弘治三年會試錄》，佚名編：《皇明程世錄》（明抄本，南京圖書館藏）所收，僅錄有《詩經》第 2、4 題，佚名輯：《李氏世科錄》（明刊本，傅斯年圖書館藏）所收，《詩經》4 題完整留存。

11 傅斯年圖書館所藏萬曆 11 年（1853）刊《萬曆十一年癸未科會試錄》，內容含負責考試官員暨中式者名冊、癸未科進士履歷便覽兩部分，應非會試錄，而是進士履歷便覽。

12 據館方表示，此藏品為「國家二級文物」，不能調閱。

表 2：各館藏鄉試錄查抄狀況

鄉試錄科別	收藏圖書館	查詢情形
建文元年應天[13]	上海圖書館 南京圖書館	已查詢補入
景泰元年順天[14]	傅斯年圖書館	已查詢補入
成化 19 年山東[15]	傅斯年圖書館	已查詢補入
弘治 5 年浙江	上海圖書館	已查詢補入
弘治 17 年山東	上海圖書館	已查詢補入
弘治 17 年浙江	上海圖書館	已查詢補入
嘉靖元年浙江	上海圖書館	已查詢補入
嘉靖 10 年應天	常熟市圖書館	已查詢補入
嘉靖 10 年河南	傅斯年圖書館	已查詢補入
嘉靖 16 年順天	上海圖書館	已查詢補入
嘉靖 22 年山東	美國國會圖書館	已查詢補入
嘉靖 34 年陝西	美國國會圖書館	已查詢補入
嘉靖 34 年雲南	美國國會圖書館	已查詢補入
嘉靖 37 年浙江	傅斯年圖書館	已查詢補入
嘉靖 43 年浙江	美國國會圖書館	已查詢補入
隆慶元年江西	上海圖書館	不提供調閱[16]
萬曆 10 年江西	上海圖書館	已查詢補入
萬曆 22 年陝西	美國國會圖書館	無試題[17]
萬曆 25 年應天[18]	傅斯年圖書館	已查詢補入

---

[13] 上海圖書館藏本題作《建文元年京闈小錄》，南京圖書館作《京闈小錄》。

[14] 見佚名輯：《李氏世科錄》所收之《景泰元年順天府鄉試錄》。

[15] 見佚名輯：《李氏世科錄》所收之《成化十九年山東鄉試錄》。

[16] 據館方表示，此藏品為「國家二級文物」，不能調閱。

[17] 美國國會圖書館共有 7 種明代鄉試錄，其中正德 8 年浙江、嘉靖 25 年貴州鄉試錄，天一閣已收錄；編目、查詢時署為《萬曆二十二年陝西鄉試錄》者，實則為萬曆 22 年陝西鄉試同年齒錄，無試題，故僅錄嘉靖 22 年山東、嘉靖 34 年陝西、嘉靖 34 年雲南、嘉靖 43 年浙江鄉試 4 種。

[18] 《萬曆二十五年應天府鄉試錄》，缺前後序，版式與一般不同，乃清代藝風堂精抄本，非原刻。

萬曆 28 年順天	上海圖書館	不提供調閱[19]
萬曆 34 年浙江[20]	傅斯年圖書館	已查詢補入
萬曆 34 年河南[21]	傅斯年圖書館	已查詢補入
萬曆 37 年順天[22]	傅斯年圖書館	已查詢補入
萬曆 37 年江西[23]	傅斯年圖書館	已查詢補入
萬曆 46 年河南	北京圖書館	制義試題頁缺佚
天啟 4 年廣西	上海圖書館	已查詢補入
崇禎 3 年應天	傅斯年圖書館	已查詢補入
崇禎 6 年山東	淄博市圖書館	不提供調閱
崇禎 12 年山東	北京圖書館	無試題[24]
崇禎 12 年山東	淄博市圖書館	不提供調閱[25]
崇禎 12 年應天	南京大學圖書館	不提供調閱[26]
崇禎 15 年山東	淄博市圖書館	不提供調閱

　　另外，張朝瑞《皇明貢舉考》卷 2 至卷 9 載錄了不少會試題，所載嘉靖 5、17 年，萬曆 11 年等 3 科，[27]因未有傳世之會試錄，可藉此補足此 3 科試題。又有零星散見於文集等文獻者，如徐光啟（1562－1633）是萬曆 25 年順天

---

19 據館方表示，此藏品為「國家二級文物」，不能調閱。

20 此為日本內閣文庫藏《萬曆三十四年浙江鄉試錄》影印本。

21 此為日本內閣文庫藏《萬曆三十四年河南鄉試錄》影印本。

22 此為日本內閣文庫藏《萬曆三十七年順天府鄉試錄》影印本。

23 此為日本內閣文庫藏《萬曆三十七年江西鄉試錄》影印本。

24 《中國古籍善本書目·史部》（上海：上海古籍出版社，1993 年），頁 46，著錄為「崇禎十二年山東鄉試錄」，但此為同年齒錄，無試題。

25 淄博市圖書館三種，據館方表示，正在進行編目、電子化工作，不提供調閱。淄博所藏《崇禎十二年山東鄉試錄》不知是否與北京圖書館所藏同版本、亦為齒錄，故各立一條。

26 據館方表示，尚未整理就緒，不提供調閱。另言，此書為孤本，列入近年影印出版計劃，近期不輕易示人。

27 除此 3 科，《天一閣藏明代科舉錄選刊·會試錄》中，雖收了萬曆 5 年、8 年的會試錄，但脫漏、不全，裝訂時兩本間或相錯、混淆，《皇明貢舉考》此兩科的試題頗具參校、補足的價值。

鄉試解元、32 年進士，徐氏《詩經傳稿》中，[28]載錄其中式之鄉墨、會墨，各 4 篇，可補足此兩科試題。唐寅（1470－1523）、丁紹軾（？－1626）文集中，收有弘治 11 年應天、萬曆 46 年福建鄉試錄部分內容，皆可錄得《詩經》試題。[29]

第二節　各時期鄉會試科數及試題數統計

明代鄉、會試，皆出《詩經》試題 4 道，截至目前，共計搜得會試 61 科，洪武 4 年的考試內容與後世不同，僅出 1 題《詩經》題，萬曆 29 年、47 年，因文獻缺漏，僅各掌握了 2 題，故所搜得的 61 科會試的出題總數為 237 題。237 道會試題的內容，詳見附錄一〈明代會試《詩經》義試題彙整〉。所搜得的各時期會試科數、試題數，詳見下表：[30]

表 3：所搜得之各時期會試科數及試題數

年號	科　　　　年	科　數	試題數
洪武	4	1	1
建文	2	1	4
永樂	13	1	4
宣德	5、8	2	8

---

[28] 明·徐光啟：《詩經傳稿》，收入於上海市文物保管委員會主編：《徐光啟著譯集》第 18、19 冊（上海：上海市文物保管委員會，1983 年，影印清康熙年間徐氏淵源堂家刻本）。

[29] 明·何大成輯：《戊午鄉試題名錄》，收入於明·唐寅：《唐伯虎先生全集·唐伯虎外編續刻》（臺北：臺灣學生書局，1979 年，《歷代畫家詩文集》影印明萬曆 42 年〔1614〕刊本），卷 12，頁 1－2。錄有弘治 11 年應天府鄉試試題及榜單，唐寅為該科解元。明·丁紹軾：《丁文遠集》（《四庫未收書輯刊》影印明天啟刻本），《外集》，卷 2，頁 1－26，《福建鄉試錄》（原注：「萬曆戊午科」）。

[30] 以下表 3、表 4 所錄，為有查得試題之科分，若雖有試錄傳世，而為齒錄無試題、或試題缺佚，則不錄。

正統	元、4、7、10、13	5	20
景泰	2、5	2	8
天順	元、4、7	3	12
成化	2、5、8、11、14、17、20、23	8	32
弘治	3、6、9、12、15、18	6	24
正德	3、6、9、12、15	5	20
嘉靖	2、5、8、11、14、17、20、23、26、29、32、35、38、41、44	15	60
隆慶	2、5	2	8
萬曆	2、5、8、11、14、26、29、32、41、47	10	36

　　明代共舉行了 88 科會試，[31]筆者所掌握的試題科數有 61 科，約佔 69%。

　　學者曾藉《中國古籍善本書目》、《天一閣書目彙編》統計，共錄得明代各科各區現存鄉試錄 313 種，[32]筆者再加搜索，目前共錄得 337 種，其中天順 6 年應天鄉試錄只錄得 2 題，成化 7 年應天鄉試錄只錄得 3 題，隆慶 4 年浙江鄉試只錄得 1 題、萬曆 46 年福建鄉試只錄 2 題，共搜得的試題有 1340 題。1340 道鄉試題的內容，詳見附錄二〈明代鄉試《詩經》義試題彙整〉。所搜得的各時期、各科各區鄉試及試題數，詳見下表：

31　亦可言「88 科 89 榜」，因洪武 30 年（1397）該科，劉三吾（1313－1400）等主持會試，多取南人，落第士子抗議，朱元璋又下令重試，另行錄取，稱為「春夏榜」或「南北榜」。故計數上有 88、89 的出入。或又以為 89 科、90 科，乃因在 88、89 的計數上，又多列了「崇禎十五年壬午科」之故，此原是「崇禎十三年（1640）庚辰賜特用出身科」，「十五年」是碑末所署立碑之時，且該科所錄取的 263 人是特用舉貢，非進士，似不宜計入。參陳長文：〈崇禎十三年賜特用出身科科年考實——兼談明代進士題名碑的立石問題〉，《文獻》2005 年第 3 期（2005 年 7 月），頁 168－175。

32　錢茂偉：《國家、科舉與社會——以明代為中心的考察》（北京：北京圖書館出版社，2004 年 11 月），頁 241－245。

表4：所搜得之各時期各科各區鄉試數及試題數

年號	科年	兩京、各直省考區	鄉試數	試題數
建文	元	應天	1	4
永樂	12	福建	2	8
	18	浙江		
宣德	元	福建	1	4
景泰	元	順天、應天	3	12
	4	福建		
天順	3	江西	5	18
	6	應天、山東、山西、浙江		
成化	元	山東、四川	33	131
	4	應天、浙江、廣東		
	7	應天、陝西、湖廣、浙江、廣東、廣西		
	10	順天、應天、山東、陝西、江西、浙江、廣東		
	13	順天、應天、江西、浙江		
	16	順天、應天、山東、湖廣、浙江		
	19	山東、浙江		
	22	山西、河南、浙江、廣東		
弘治	2	山東、江西、湖廣、廣東	32	128
	5	順天、應天、山西、江西、湖廣、浙江、廣西		
	8	山東、河南、陝西、福建、廣東		
	11	順天、應天、河南、陝西、湖廣、福建		
	14	順天、應天、河南、江西、福建、雲貴		
	17	順天、山東、陝西、浙江		
正德	2	順天、應天、山西、河南、江西、浙江、廣東、廣西、雲貴	39	156
	5	順天、應天、浙江、福建、廣東		
	8	順天、應天、山東、山西、河南、四川、浙江、福建、廣西		
	11	順天、應天、山東、山西、陝西、江西、湖廣、浙江、福建		
	14	應天、山東、山西、河南、湖廣、廣東、廣西		
嘉靖	元	應天、山西、河南、江西、浙江、雲貴	131	524
	4	順天、山東、陝西、江西、浙江、雲貴		
	7	順天、應天、山東、河南、江西、湖廣、浙江、福建		

	10	順天、應天、山西、河南、湖廣、雲貴		
	13	順天、應天、河南、江西、浙江、福建、廣東、雲貴		
	16	順天、應天、山西、河南、陝西、四川、江西、浙江、福建、廣東、廣西、雲南、貴州*33*		
	19	順天、應天、山東、河南、四川、江西、湖廣、廣東		
	22	順天、應天、山東、河南、四川、江西、湖廣、浙江、廣東		
	25	順天、應天、山西、河南、四川、江西、湖廣、浙江、福建、廣東、雲南、貴州		
	28	順天、應天、山東、山西、河南、陝西、浙江、福建、廣東、廣西		
	31	順天、應天、山東、山西、河南、陝西、江西、湖廣、福建、廣東、貴州		
	34	順天、應天、山東、山西、河南、陝西、雲南、貴州		
	37	順天、應天、山東、河南、陝西、江西、湖廣、浙江、廣東		
	40	江西、浙江、廣東、廣西、貴州		
	43	應天、山東、山西、河南、陝西、四川、江西、浙江、福建、廣東、廣西、雲南		
隆慶	元	順天、應天、山東、山西、河南、陝西、浙江、福建	21	81
	4	順天、應天、山東、山西、河南、陝西、四川、江西、浙江、福建、廣東、廣西、貴州		
萬曆	元	順天、應天、山西、河南、陝西、四川、湖廣、浙江、福建、廣東、廣西、雲南、貴州	62	246
	4	順天、應天、山東、山西、河南、江西、浙江、福建、廣東、廣西、雲南、貴州		
	7	順天、應天、山東、山西、河南、陝西、江西、浙江、福建、廣東、廣西、雲南		
	10	順天、應天、山東、山西、陝西、四川、江西、湖廣、浙江、福建、廣東、廣西、雲南、貴州		
	13	山東		

---

33 貴州士子原至湖廣就試，因至雲南較近，宣德元年，令貴州士子至雲南就試，原僅稱
《雲南鄉試錄》，弘治 8 年，奏准試錄改稱《雲貴鄉試錄》。嘉靖 14 年又奏准貴州獨
立開科，故嘉靖 16 年才會出現雲南、貴州各有一試錄的情形。

	22	山東、浙江		
	25	順天、應天		
	28	福建		
	34	河南、浙江		
	37	順天、江西		
	46	福建		
天啟	元	山西	4	16
	4	廣西、雲南		
	7	江西		
崇禎	3	應天	3	12
	6	四川		
	12	陝西		

　　明代自洪武 3 年（1370）至崇禎 15 年（1642）舉行了 90 科鄉試，[34]明初至中葉，直隸及各直省的考區迭有調整、更動，90 科鄉試考區數統計如下：洪武 3、4 年考區數 12；洪武 5 年因增加「四川」，增為 13；洪武 6 年因科舉所取多後生少年，未能得人，而暫罷科舉。洪武 17 年至永樂 6 年共 9 科，皆維持 13；永樂 6 年「雲南」奏准開科、9 年正式開科，自永樂 9 年至嘉靖 13 年共 42 科，因增加「雲南」（弘治 8 年改稱「雲貴」），增為 14；嘉靖 16 年至崇禎 15 年共 36 科，因分「雲貴」為「貴州」、「雲南」，增為 15。以上合計，共舉行鄉試 1282 場次，但正德 14 年江西因寧王朱宸濠（？－1521）反，未舉行鄉試；建文 4 年，北京郡縣學校因靖難事變波及，郡縣學校廢於兵，是否舉行鄉試，待考，暫且不計入。故明確已知舉行鄉試者，共有 1280 場次。[35]目

---

[34] 鄉試較會試多 2 科，是因明初天下初定，需才孔亟，洪武 3、4、5 年，接連舉行鄉試，而會試僅於洪武 4 年舉行一次之故。

[35] 交阯在永樂 5 年（1407）設布政使司，15 年（1417）始選貢生員，宣德 2 年（1427）10 月，因內亂不寧，革去該布政使司。宣德 2 年前交阯是否有開科？開科時間為何？仍不詳，姑存疑。按：以上對各科各區鄉試的論述，多本郭培貴：《明代科舉史事編年考證》（北京：科學出版社，2008 年 12 月）一書，對明代共舉行 90 科、各科年所載鄉試情形梳理，並參汪維真《明代鄉試解額制度研究》（北京：社會科學文獻出版社，

前所搜得的 337 種，僅約佔 26%，比起會試搜得的佔 69%，少得多，最主要原因是會試所拔擢的是更高一等的人才，眾所矚目，會試錄也是全國獨一無二的，較鄉試錄更顯重要，也較容易流傳、搜集。

明代鄉、會試錄最主要的蒐集者、典藏處為范欽（1506－1585）天一閣。范氏為嘉靖 11 年（1532）進士，卒於萬曆 13 年，[36]故明中葉至萬曆 10 年間的試錄搜羅較豐富。范氏卒後至明亡，因缺乏如范氏用心搜集者，故這期間的鄉、會試錄傳世少得多。

因文獻散佚等緣故，無法網羅每一科試題，雖掌握的科數有限，但 61 科的會試題、337 種的鄉試題，已十分可觀，可藉以考察、分析當時《詩經》出題的各種現象，進一步探討當時芸窗苦讀的考生，應考、讀經的狀況。

2009 年 9 月），頁 71。由於明初至宣德初，各科年鄉試區域較常調整、易動，史籍或闕遺未載、或載錄有誤，不易掌握。以上所述，除參郭、汪兩書外，並曾請教福建師範大學社會歷史學院郭培貴教授，承蒙指點，謹此致謝。

[36] 范氏天一閣所藏試錄，以明中葉至萬曆初年較豐富，所藏明會試錄止於萬曆 8 年，鄉試錄止於萬曆 10 年。范氏萬曆 13 年卒後，僅收有 10 科萬曆中葉之後、崇禎年間的進士履歷便覽。

第四章　《詩經》試題長短的變化

第一節　鄉會試題目長短的調整

以下分別就所搜集的會試、鄉試題，整理得出各時期的句數、字數統計數據，纂成下列兩表。

表 1：各時期會試試題平均句數、字數、長短題統計

時期 （試題數）	平均 句數	平均 字數	1 句題數 ／佔該時期 試題數比	2 句題數 ／佔該時期 試題數比	10–19 句題數 ／佔該時期 試題數比	20 句以上題數 ／佔該時期 試題數比
洪武（1）	8.0	32.0	0／0%	0／0%	0／0%	0／0%
建文（4）	5.5	23.5	0／0%	0／0%	0／0%	0／0%
永樂（4）	6.0	24.5	0／0%	0／0%	0／0%	0／0%
宣德（8）	5.6	23.1	0／0%	0／0%	0／0%	0／0%
正統（20）	6.8	27.6	0／0%	1／5.0%	5／25.0%	0／0%
景泰（8）	8.6	36.0	0／0%	2／25.0%	5／62.5%	0／0%
天順（12）	8.0	32.2	0／0%	3／25.0%	4／33.3%	1／8.3%
成化（32）	7.4	30.6	0／0%	7／21.9%	6／18.6%	3／9.4%
弘治（24）	4.7	18.8	0／0%	7／29.2%	2／8.3%	0／0%
正德（20）	5.5	23.2	0／0%	5／25.0%	3／15.0%	0／0%
嘉靖（60）	5.4	22.1	0／0%	15／25.0%	9／15.0%	0／0%
隆慶（8）	4.9	19.8	0／0%	2／25.0%	1／12.5%	0／0%
萬曆（35）[1]	5.2	20.9	4／11.4%	7／20.0%	4／11.4%	0／0%

---

[1] 萬曆年間可掌握試題原應有 36 題，但傅斯年圖書館所藏萬曆 11 年會試錄缺試題，僅能參《皇明貢舉考》所錄。然《皇明貢舉考》的《詩經》義第 1 題，但載「翹翹錯薪言刈　方思」，由於此詩第二、三章首尾文字相同，未能確知題目起訖為何。

表2：各時期鄉試試題平均句數、字數、長短題統計

時期 （試題數）	平均 句數	平均 字數	1句題數 ／佔該時期 試題數比	2句題數 ／佔該時期 試題數比	10−19句題數 ／佔該時期 試題數比	20句以上題數 ／佔該時期 試題數比
建文（4）	4.5	19.8	0／0%	0／0%	0／0%	0／0%
永樂（8）	5.8	24.0	0／0%	0／0%	0／0%	0／0%
宣德（4）	7.3	28.8	0／0%	0／0%	2／50.0%	0／0%
景泰（12）	6.2	25.9	0／0%	1／8.3%	2／16.7%	0／0%
天順（18）	7.0	28.4	0／0%	3／16.7%	7／38.9%	0／0%
成化（130）[2]	9.1	37.4	1／0.8%	33／25.4%	35／26.9%	15／11.5%
弘治（128）	6.1	25.2	0／0%	55／43.0%	19／14.8%	7／5.5%
正德（156）	5.9	24.2	1／0.6%	46／29.5%	19／12.2%	6／3.8%
嘉靖（524）	5.5	22.5	1／0.2%	138／26.3%	71／13.5%	4／0.8%
隆慶（81）	5.6	23.5	0／0%	27／33.3%	11／13.6%	1／1.2%
萬曆（246）	5.1	20.8	6／2.4%	79／32.1%	23／9.3%	5／2.0%
天啟（16）	2.6	10.8	6／37.5%	6／37.5%	0／0%	0／0%
崇禎（12）	2.2	8.7	4／33.3%	5／41.7%	0／0%	0／0%

　　扣除部分時期試題樣本數太少者不論，就平均句數、字數來看，會試以景泰、天順、成化三個時期較多；鄉試以天順、成化兩個時期較多。比較明初與明中葉《詩經》試題長短的變化，就平均句數、字數而言，除鄉試在成化時期平均9.1句、37.4字較突出外，其餘差別並不算大，但細究每次所出4題的長短狀況，則有不同。故表1、表2中，筆者刻意再以1句題、2句題、10−19句題、20句以上題，分別統計，以明確呈現其長短分布不同之處。

　　深入考察會試10句以上的題目，在正統時開始出現，有5題，佔正統試題的25%。景泰、天順、成化時期10句以上的長題比例更高，甚至共有4題長達20句以上。鄉試情形相仿，表中所見10句以上題，始自宣德，直至隆慶間，長題的數量及所佔出題比例皆頗高，天順、成化時期出長題尤達到高峰。

---

[2] 成化原有131道試題，然成化7年應天〈大雅·卷阿〉一題，因試題頁殘毀嚴重，無法辨識試題迄止處，故無法統計其句數、字數。

以樣本數較多的成化時期來觀察，會試 10－19 句題、20 句以上題，各為 6 題、3 題，佔 18.6%、9.4% 的比例，³鄉試分別多達 35 題、15 題，佔 26.9%、11.5% 的比例，不管是鄉試或會試，就 20 句以上題的比例來看，成化時期都是最高的，甚至有 5 題長達百字。⁴就鄉試來看，成化時期長題比例較弘治為高，而短題比例又不及弘治，遂使得成化時期的鄉試平均句數、字數居各期之冠。

自弘治始，鄉、會試試題的平均句數、字數皆開始減少，這是因為長題漸少而短題持續增加之故，萬曆後尤其明顯。天啟、崇禎間的鄉試題，平均句數各為 2.6、2.2，平均字數各為 10.8、8.7，長度僅為某些時期的二分之一、甚至三分之一。

再詳細比較鄉試、會試兩者試題長短之差異，取樣本數較多的成化至萬曆間「佔該時期題數比」的數據來考察：

表 3：成化至萬曆鄉、會試長短題比較⁵

時期	1 句題		2 句題		10－19 句題		20 句以上題	
	會試	鄉試	會試	鄉試	會試	鄉試	會試	鄉試
成化	0%	0.8%	21.9%	25.4%	18.6%	26.9%	9.4%	11.5%
弘治	0%	0%	29.2%	43.0%	8.3%	14.8%	0%	5.5%
正德	0%	0.6%	25.0%	29.5%	15.0%	12.2%	0%	3.8%
嘉靖	0%	0.2%	25.0%	26.3%	15.0%	13.5%	0%	0.8%
隆慶	0%	0%	25.0%	33.3%	12.5%	13.6%	0%	1.2%
萬曆	11.4%	2.4%	20.0%	32.1%	11.4%	9.3%	0%	2.0%

3　會試平均句數、字數，及長題比例最高、最突出者，為景泰時期，但因樣本數只有 8 題，較不具代表性。

4　分別是成化 16 年湖廣第 1 題、成化 19 年浙江第 1 題、成化 22 年河南第 1 及第 4 題、成化 22 年廣東第 3 題。據目前所搜得鄉、會試題，在成化 16 年之前，並無長達百字者。

5　本表節取自本章之表 1、表 2，僅錄其成化至萬曆時期「佔該時期題數比」的數據。

　　鄉、會試對照，可見各時期出短題、長題的比例，會試常較鄉試少。唯有萬曆時期例外，1 句短題比鄉試高出許多。那是因為短題愈趨近晚明愈常見，而萬曆時期的會試 10 種，分別為：萬曆 2、5、8、11、14、26、29、32、41、47 年諸科，前、中、後期皆有，分布較為均勻。而鄉試 62 種，分別為：萬曆元年 13 種，4 年 12 種、7 年 12 種、10 年 14 種、13 年 1 種、22 年 2 種、25 年 2 種、28 年 1 種、34 年 2 種、37 年 2 種、46 年 1 種。鄉試樣本以萬曆前期較多，頻出短題的萬曆末年，僅寥寥數種，此為萬曆時鄉試 1 句題反不及會試多的緣故。

　　整體綜合來看，可見會試出題較鄉試中庸、規矩、保守些，不似鄉試極端的短題、長題較頻見。由上表「20 句以上題」一欄來看，鄉試的數據顯然比會試多，就逾百字以上的長題來觀察，尤為明顯。會試未見逾百字之題；而鄉試逾百字者共有 12 題，分別為：成化 16 年湖廣第 1 題、成化 19 年浙江第 1 題、成化 22 年河南第 1 及第 4 題、成化 22 年廣東第 3 題、正德 5 年廣東第 3 題、正德 11 年應天第 4 題、正德 11 年浙江第 3 題、嘉靖 25 年山西第 3 題、嘉靖 34 年應天第 1 題、隆慶 4 年四川第 1 題、萬曆 4 年浙江第 1 題。其中，萬曆 4 年浙江第 1 題出自〈豳風・七月〉，由「六月食鬱及薁」出至篇末「萬壽無疆」，長達 147 字，是所見鄉、會試題字數最長的題目。

　　為何會試極短題、極長題較鄉試略少？明末吳應箕（1594－1645）云：「夫春、秋二試，主司所命者，冀以盡見士子生平，故題主于理義之說為多，而又有觸忌犯諱之慮，則非典雅明正者無取焉。」[6]指出鄉、會試較小試更重要，考官命題要典雅明正，闡述義理，藉以表現士子之人品抱負，故出題也較規矩、冠冕，小試會出割截不全、褻而不經，極長或枯窘之小題以難士子，鄉、會試就不允許考官如此出題。以此道理類推，筆者以為，大概是因鄉、會試相較，會試更慎重，所拔擢者為進士，故出題更動見觀瞻，所以考官出題也更規矩、保守、謹慎，以孚人望。

6　明・吳應箕：〈四書小題文選序〉，《樓山堂集》（《續修四庫全書》影印清刻本），卷 17，頁 11－12。

第二節　短題的趨盛與發展

關於短題的發展，會試在正統開始出現逾 10 句的長題時，2 句的短題也開始出現，兩者同時成長。鄉試 2 句題首見於景泰，成化時達到 25.4%，弘治時出題比例更高達 43%，使得成化、弘治兩時期題目，4 題的長短顯得特別懸殊。長、短題在明中葉出題比例皆頗高，互相抵銷之下，故明中葉與明初的平均句數、字數相差不大。但在成化，長題數達到高峰後，出長題的比例逐漸減少，而短題不然，愈至晚明愈為頻見，甚至 1 句題也常出現。

簡短的 1、2 句題，愈趨近晚明愈多，如萬曆 41 年會試所出《詩經》義 4 題：[7]

〈如金如錫〉（〈衛風・淇奧〉）

〈君子有徽猷〉（〈小雅・角弓〉）

〈錫爾介圭，以作爾寶〉（〈大雅・崧高〉）

〈於赫湯孫，穆穆厥聲〉（〈商頌・那〉）

有兩題 1 句題，兩題 2 句題，全為短題，令人印象深刻。會試 1 句題一共只有 4 題，且都集中在萬曆時期，除萬曆 41 年的兩題外，尚有兩題為：29 年〈訏謨定命〉、47 年〈遹觀厥成〉。頻出短題，這並不是偶然的特例，明末鄉試出題亦是如此。

萬曆以後鄉試錄僅搜得 7 種：天啟元年山西、4 年廣西、4 年雲南、7 年江西；崇禎 3 年應天、6 年四川、12 年陝西。這 7 種共 28 題中，出過 1／2／3／4／5／8／9 句題，其出題數分別為：10／11／2／2／1／1／1 題，並無逾 9 句者，28 題中，1、2 句題共計多達 21 題，佔了 75% 的比例，明顯是以短題掛帥。

且不僅是《詩經》常出短題，《四書》、諸經題，亦莫不是如此。以崇禎

7　按：《萬曆四十一年會試錄》（明萬曆刻本，北京大學圖書館收藏）。

12 年陝西鄉試制義題為例：**8**

經書	試　題
四書	1. 行義以達其道（《論語・季氏》） 2. 子庶民則百姓勸（《中庸》） 3. 吾豈若使是君為堯舜之君哉（《孟子・萬章上》）
周易	1.「觀我生」，觀民也（〈觀〉） 2. 其道大光（〈益〉） 3. 潤之以風雨（〈繫辭傳上〉） 4. 中孚，信也（〈雜卦傳〉）
尚書	1. 撫于五辰，庶績其凝（〈虞書・皋陶謨〉） 2. 念終始典于學（〈商書・說命〉） 3. 言以道接（〈周書・旅獒〉） 4. 慎固封守，以康四海（〈周書・畢命〉）
詩經	1. 彼其之子，邦之彥兮（〈鄭風・羔裘〉） 2. 田畯至喜，攘其左右，嘗其旨否。禾易長畝，終善且有（〈小雅・甫田〉） 3. 譽髦斯士（〈大雅・思齊〉） 4. 克廣德心，桓桓于征（〈魯頌・泮水〉）
春秋	1. 夏，公追戎于濟西。莊公有八年 2. 盟于召陵。僖公四年　會于蕭魚。襄公十有一年 3. 晉欒書帥師救鄭。成公六年 4. 齊人來歸鄆、讙、龜陰田。定公十年　季孫斯、仲孫何忌帥師墮費。定公十有二年
禮記	1. 體信以達順（〈禮運〉） 2. 神則不怒而威（〈樂記〉） 3. 清明在躬（〈孔子閒居〉） 4. 推賢而進達之（〈儒行〉）

　　以上試題數據、長短的變化，明代古籍所載，亦有可相參、印證者。如明

8　按：該試錄收入於《明代登科錄彙編》（臺北：臺灣學生書局，1969 年 12 月），冊22。又，表中各試題的編號及《春秋》以外的經書篇章出處，為筆者所加。

中期丘濬（1421－1495）曾亢言反對、指責考官「深求隱僻，強裁句讀，破碎經文」，以致出題瑣碎：

> 祖宗時其所試題目，皆摘取經書中大道理、大制度，關係人倫治道者，然後出以為題。當時題目無甚多，故士子專用心於其大且要者，……近年以來，典文者設心欲窘舉子以所不知，用顯己能。其初場出經書題，往往深求隱僻，強裁句讀，破碎經文，於所不當連而連，不當斷而斷，遂使學者無所據依，施功於所不必施之地，顧於綱領體要處，反忽略焉。以此科場題目數倍於前，學者竭精神、窮目力，有所不能給。……而提學憲臣之小試，殆又有甚焉者也，其所至出題尤為瑣碎，用是經書題目愈多。[9]

丘濬將今、昔作對照，說從前出題明白正大，「近年以來」所指約在成化年間（1465－1487）、成化末年左右，[10]制藝題目趨於瑣碎、困難。又正德十年（1515）徐文溥（1480－1525）言：「近日主司務為譎怪，命題摘掇一句二句，或割裂文義，或偏斷意旨，宜如成化初年以前，出題必章句成段，義理貫屬。」[11]顧炎武（1613－1682）又指出：「天順以前，經義之文不過敷衍傳註，

9　明・丘濬：〈清入仕之路〉，《大學衍義補》（《景印文淵閣四庫全書》本），卷9，頁22－22。

10　龔篤清論證截搭題「至遲到英宗天順年間」已產生時，亦曾引丘濬此文為證，言「強裁句讀，破碎經文」等出題現象，「說的是天順年間之事」。龔篤清：《明代八股文史探》（長沙：湖南人民出版社，2005年9月），頁89－90。按：丘濬此文前有言：「自洪武甲子定為三歲一開科，至是三十餘科矣。」點出寫作時間。洪武甲子為17年（1384），之後，以三歲開科為常，其語意似不計洪武4年一科，則由17年起算，第30科已是成化8年（1472），故所言「三十餘科」，較可能為成化年間事。且清・紀昀等奉敕纂：《四庫全書總目》（臺北：藝文印書館，1989年1月），卷93，頁10，〈大學衍義補〉條，云丘濬此書於「孝宗初」——即弘治初年奏上；丘濬〈進《大學衍義補》〉表後署「成化二十三年」。

11　明・俞汝楫：《禮部志稿》（《景印文淵閣四庫全書》本），卷71，頁37。

或對或散，初無定式。其單句題亦甚少。」[12]丘、徐、顧三人所述，非專為《詩經》論，也不專為鄉、會試而言，題目趨於困難、破碎、譎怪，主要是針對明中葉以後小試《四書》題，所產生的出題流弊。[13]所謂「提學憲臣之小試」，是指提學官在歲考、科考考試生員，或縣令、知府、提學於縣考、府考、院考考試童生，[14]多出題目瑣碎、不全的小題。題目變得簡短、瑣碎的目的，在增加試題數量及難度，使之從「題目無甚多」變成「題目數倍於前」、「題目愈多」，以防止擬題、提高答題難度。

誠如丘濬三人所說，見諸鄉、會試，明中葉以前，出題都是章句成段、義理貫屬、攸關「大道理、大制度，關係人倫治道」的大題目。成化初年前後，才開始有較多一、二句題。而愈至晚明，一、二句的短題益多，故曾異撰（1591－1644）慨嘆晚明制義題簡而文卻不能簡，言及「今世之時文，其命題僅四、五字，多不過二十餘字」。[15]命題簡短，「僅四、五字」，確為真實的狀況，可作為晚明考試常出短題的佐證。

第三節　晚明從短題到小題的演變

取徐光啟（1562－1633）《詩經傳稿》[16]，以及晚徐光啟約一百年的康熙年

---

[12] 清・顧炎武撰，清・黃汝成集釋：《日知錄集釋（全校本）》（上海：上海古籍出版社，2006 年），卷 16，頁 951，〈試文格式〉條。

[13] 參侯美珍：〈明清科舉八股小題文研究〉，《臺大中文學報》第 25 期（2006 年 12 月），頁 153－198。

[14] 「提學憲臣」、「督學憲臣」等，皆為提學官的別稱。又，清・徐珂：《清稗類鈔》（二）（臺北：臺灣商務印書館，1984 年 10 月），頁 18，〈考試類・童試〉條云：「直省士子之試於郡縣及提學，為童子試，俗謂為小考，或小試。」詳情可參商衍鎏：《清代科舉考試述錄》（臺北：文海出版社，1975 年，《近代中國史料叢刊續編》影印 1958 年北京三聯書店本），頁 1－18，〈童生之縣試、府試、院試〉一節。

[15] 明・曾異撰：〈序劉子卮艸〉，《紡授堂文集》（《四庫禁燬書叢刊》影印明崇禎刻本），卷 1，頁 110。

[16] 明・徐光啟：《詩經傳稿》，收入於上海市文物保管委員會主編：《徐光啟著譯集》第

間陸師（1667－1722）《陸麟度詩經真稿》，¹⁷與萬曆年間的鄉、會試之試題並觀比較。藉以考察其試題平均句數、字數、長短題，從萬曆到康熙期間的變化。纂成比較表如下：

表 4：萬曆至康熙試題長短的變化

類　別 （試題數）	平均 句數	平均 字數	1 句題數 ／佔總數比	2 句題數 ／佔總數比	10－19 句題數 ／佔總數比	20 句以上題數 ／佔總數比
萬曆會試 （35）	5.2	20.9	4／11.4%	7／20.0%	4／11.4%	0／0%
萬曆鄉試 （246）	5.1	20.8	6／2.4%	79／32.1%	23／9.3%	5／2.0%
詩經傳稿 （93）	4.8	19.3	3／0.3%	46／50.3%	11／12.2%	0／0%
陸麟度詩經真稿 （87）	2.3	9.1	15／17.2%	49／56.3%	0／0%	0／0%

　　徐光啟為萬曆 25 年（1597）順天鄉試解元，萬曆 32 年（1604）進士，《詩經傳稿》為徐氏所著《詩經》義選集，乃徐光啟孫徐爾默（1610－1669）輯，¹⁸卷前有王光承（1606－1677）康熙 12 年（1673）所作序，全書共收錄了徐光啟的《詩經》義 93 篇：〈國風〉26 篇、〈小雅〉20 篇、〈大雅〉21 篇、〈三頌〉26 篇，包含其鄉試、會試所作制義，篇目見本書附錄四。所收制義文，主要是徐光啟在中進士、踏入仕途之前，備考及教授生徒所作，大約作於萬曆年間。在 93 篇中，1 句題有 3 題，2 句題多達 46 題，佔一半以上，10－19 句

18、19 冊（上海：上海市文物保管委員會，1983 年，影印清康熙年間徐氏淵源堂家刻本）。

17　清・陸師：《陸麟度詩經真稿》（濟南：齊魯書社，2008 年，《歷代詩經版本叢刊》影印清乾隆 26 年〔1761〕經國堂刻本）。

18　徐爾默是徐驥（1582－1645）之四子，徐驥為徐光啟子。參梁家勉原編，李天綱增補：《增補徐光啟年譜》，收入於朱維錚、李天綱主編：《徐光啟全集》（上海：上海古籍出版社，2010 年 12 月），第 10 冊，頁 14，〈譜主世系表〉。

題有 11 題，並無 20 句以上者。2 句短題較萬曆時期鄉、會試的比例高，筆者以為，這可能是鄉試錄樣本數，多集中在萬曆初，而徐氏所留存、撰作的制義，時間稍後，可能以萬曆中葉至萬曆 32 年居多，再加上平日自作或課試生徒，需以較難的短題自我磨鍊之故，寫慣了難題，科場上就更能遊刃有餘。也因《詩經傳稿》所收短題較多，故平均句數、字數較鄉、會試略少，但相差不大。

陸師為清康熙 35 年（1696）舉人、康熙 39 年（1700）進士，事蹟見清王芑孫（1755－1818）所撰事狀，事狀中言陸師「工制舉業，所至輒以其術授人，人有得之者，輒善取科第」，作有「《書》、《詩》二經傳薪」。[19]《詩經》傳稿，不知是否即今所見之《陸麟度詩經真稿》？此書目錄所載有《詩經》義87 篇，反映的應是康熙時期《詩經》義寫作的情形，觀本書附錄五所載《陸麟度詩經真稿》的篇目，並無 10 句以上的長題，多為短題，1、2 句題比例極高，更甚徐光啟《詩經傳稿》，以致平均句數只有 2.3、平均字數只有 9.1，大幅減少。可見從晚明後，試題一直往短題發展的趨向。

在拙作〈明清科舉八股小題文研究〉中曾指出，八股文有「大題」、「小題」之別，小題多見於小試中，本不全以字數多寡、題目長短而分，而是取決於題目冠冕與否以及偏全、難易之不同。唐彪（1644？－？）云：「題之大小，不可以字句之多寡分也，有句多而題反小者，有句少而題反大者。」所以題目雖短至一句，也不一定是難作的「小題」。題目長度中庸者，素材不多不少，又多為曾出過的舊題，應較好作。長題必須善概括，不能遺漏，稍難；而短題內容涵蓋較少，議論發揮，易捉襟見肘，更具難度，故唐彪又言：「長題易做，短題難做，如『夫子溫良恭儉讓』一句，較『夫子至於是邦』一章；『君子無終日之間違仁』一句，較『富與貴』一章，孰難孰易，當必有能辨之

<hr />

19 清·王芑孫：〈清故廣西道監察御史前江南儀真縣知縣歸安陸公事狀〉，《惕甫未定藁》（上海：上海古籍出版社，2010 年，《清代詩文集彙編》影印清嘉慶刻本），卷15，頁 17－22。

者。」[20]由此可知，短題雖不見得就是小題，但一般短題大都較長題難寫。

以試題出現〈豳風‧七月〉「八月在宇」一句者為例，會試未曾出過此句，將鄉試出過者，依先後排列如下：

科年地區	試　題	句數	字數
成化16年 湖廣	一之日于貉，取彼狐狸，為公子裘。二之日其同，載纘武功，言私其豵，獻豜于公。五月斯螽動股，六月莎雞振羽。七月在野，八月在宇，九月在戶，十月蟋蟀，入我床下。穹窒熏鼠，塞向墐戶。嗟我婦子，曰為改歲，入此室處。六月食鬱及薁，七月亨葵及菽，八月剝棗，十月穫稻。為此春酒，以介眉壽。七月食瓜，八月斷壺，九月叔苴。采荼薪樗，食我農夫。	30	130
嘉靖25年 浙江	五月斯螽動股，六月莎雞振羽。七月在野，八月在宇，九月在戶，十月蟋蟀，入我牀下。	7	32
嘉靖31年 河南	四月秀葽，五月鳴蜩。八月其穫，十月隕蘀。一之日于貉，取彼狐狸，為公子裘。二之日其同，載纘武功，言私其豵，獻豜于公。五月斯螽動股，六月莎雞振羽。七月在野，八月在宇，九月在戶，十月蟋蟀，入我牀下。穹窒熏鼠，塞向墐戶。嗟我婦子，曰為改歲，入此室處。	23	98
隆慶4年 福建	七月在野，八月在宇，九月在戶。	3	12
萬曆元年 山西	八月在宇，九月在戶。	2	8
萬曆元年 廣西	七月在野，八月在宇，九月在戶。	3	12
萬曆10年 江西	七月在野，八月在宇。	2	8
天啟7年 江西	八月在宇。	1	4

---

20 清‧唐彪：《父師善誘法》（臺北：偉文圖書出版社，1976年11月），卷下，頁37。

可看到出題從章句成段、攸關道理的大題目，演變到瑣碎的進程，隆慶4年福建的「七月在野，八月在宇，九月在戶」，已不太好作，據朱熹（1130－1200）《詩集傳》註，此段在描寫「蟋蟀之依人，則知寒之將至」，已是細微的農村景象工筆描繪。再演變「八月在宇，九月在戶」二句題，以至於天啟7年江西的「八月在宇」一句題，釋義不過是「八月時蟋蟀在簷下」，卻要由此衍生一篇制義，相較於之前句數、字數較多的題目，益可見其難以發揮，難怪曾異撰有題簡而文卻不能簡的慨嘆！21

　　透過本章的考察，可看出考官不時在調整出題，以避免擬題、抄襲舊文，以利甄別優劣。然而功名利祿的引誘，讓考生也戮力以赴，練就出一套應付的辦法，所謂「制愈更而趨時好者應之速，法方變而爭捷徑者術彌工」，22所以考官只好出愈出愈難。所以到晚明，鄉、會試才會充斥著一、二句的短題，如「八月在宇，九月在戶」之類——這些短題，在明中葉時，也許被視為小題、難題者，但現在也躋升於鄉、會試中，稱不上多難了。逼得一向出題較鄉、會試更難的小試，也只好出更隱僻、碎裂的小題，甚至是截搭題了。

　　因鄉、會試三場偏重首場制義，且重考生必考的《四書》更甚經義，23加以提學考校生員，及縣、府、院小試多試以《四書》，24因此《四書》的出題，更為刁鑽。這些關於出題隱僻、割截的批評，主要是針對《四書》題。但《詩經》題發展到多出一、二句短題、取無關緊要的詩句作為題目時，若再更進一步，演變為割截不全，也不足為怪了。如徐光啟《詩經傳稿》中收有徐氏所作〈一月三捷　日戒〉文，題目出自〈小雅・采薇〉第4、5章：

21　明・曾異撰：〈序劉子厄艸〉，《紡授堂文集》，卷1，頁110。

22　清・王先謙：《東華續錄》（《續修四庫全書》影印清光緒10年〔1884〕王氏刻本），〈乾隆二四〉，頁12。乾隆11年（1746）大學士張廷玉（1672－1755）等奏覆編修楊述曾（1698－1767）稱科舉之弊語。

23　參侯美珍：〈明清科舉取士「重首場」現象的探討〉，《臺大中文學報》第23期（2005年12月），頁277－322。

24　朱彝尊言明代「學使者校士，以及府州縣試，專以《四書》發題」。清・朱彝尊：〈經書取士議〉，《曝書亭集》（《景印文淵閣四庫全書》本），卷60，頁7。

彼爾維何？維常之華。彼路斯何？君子之車。戎車既駕，四牡業業；豈
敢定居，一月三捷。（4章）

駕彼四牡，四牡騤騤；君子所依，小人所腓。四牡翼翼，象弭魚服；豈
不日戒，玁狁孔棘。（5章）

〈一月三捷　日戒〉題，取 4 章末「一月三捷」，捨 5 章末「玁狁孔棘」，題
目顯然是割截不完整的。

　　鄉、會試試題漸趨短題的變化，正是醞釀小題產生的沃土，藉此也可觀察
小題發展的來龍去脈。明末清初陸世儀（1611－1672）曾抨擊隆慶、萬曆時童試
競為小題，「止取儇慧，不顧義理，不知祖宗取士之意何在」，有違以經義取
士的本意，導致：

慶、曆之末，人尚虛誇，士習大壞，亦是世代一大升降處。至後而又變
為巧搭，破壞聖經，割裂文義，害義傷教，莫此為甚。後生小子都教壞
心術，而不知者尤以為巧。有司以之衡文，督學以之課士，習久成俗，
漫然不知，甚可歎也。[25]

陸氏先言「慶、曆之末」，續言「至後而又變為巧搭」。所謂「至後」，觀其
文義，應在萬曆年間及之後，與王夫之（1619－1692）所言可互參：

橫截數語乃至數十語，不顧問答條理；甚則割裂上章，連下章極不相蒙
之文，但取字迹相似者以命題，謂之「巧搭」，萬曆以前無此文字。[26]

現存的文獻中，屢屢推崇萬曆時期的「小題名家」，文集中也收錄了許多小題

25　清・陸世儀：《思辨錄輯要》（《景印文淵閣四庫全書》本），卷 5，頁 10。
26　清・王夫之：《夕堂永日緒論外編》，第 51 條，收入於《船山全書》（15）（長沙：
　　嶽麓書社，1995 年 6 月），頁 868。

文集序，小題在萬曆時臻於極盛，競為小題而至窮工極巧。而截搭題是小題中較難的，應是一般難度的小題題型，無法有效防止擬題、抄襲之弊，考官只好愈出愈難。所以，截搭題的產生當晚於一般小題。從以上鄉、會試出題，到萬曆時期競趨短題的演變，可見小題、截搭題乃是在萬曆時期多出短題的背景下，順勢發展、壯盛。

第五章　《詩經》義出題的分布

第一節　試題在各類中的分布

　　試錄中所載《詩經》4 道試題的次序,除建文元年應天鄉試,4 題前後次序為〈大雅・抑〉、〈大雅・烝民〉、〈鄭風・緇衣〉、〈小雅・南山有臺〉,較為特殊外,其餘所見,皆依《詩經》原本的先後排序。各科會試、各科各區鄉試的試題,及試題的詩篇出處,參見本書附錄一、附錄二。根據所掌握之試題,將試題在〈國風〉、〈小雅〉、〈大雅〉、〈頌〉的分布情形,做成下表:

表 1:《詩經》試題在四大類分布情形

分　　布	會　試(58 科)[1]	鄉　試(333 種)[2]
4 類各出 1 題	共 35 科:正統 7 年等。	共 307 種:景泰元年順天等。
〈國風〉出 2 題	無。	無。
〈小雅〉出 2 題	共 5 科:正統 13 年;天順元年;成化 11 年;正德 12 年;嘉靖 29 年。	共 5 種:景泰元年應天;天順 3 年江西;弘治 14 年應天;嘉靖 10 年順天;嘉靖 16 年應天。
〈大雅〉出 2 題	共 13 科:永樂 13 年;宣德 5 年;正統 4、10 年;天順 4、7 年;成化	共 17 種:建文元年應天;永樂 18 年浙江;宣德元年福建;景泰 4 年福建;成化元年山東;成化 4 年廣東;成化 7 年陝西;成化 7 年浙江;成化

---

[1]　查得會試 61 科中,洪武 4 年、萬曆 29、47 年等 3 科,試題未足 4 題,故只能據 58 科考察。

[2]　查得鄉試 337 種中,天順 6 年應天、成化 7 年應天、隆慶 4 年浙江、萬曆 46 年福建,試題未足 4 題,故只能據 333 種考察。以下鄉試各欄數據總和為 334,此乃因宣德元年福建鄉試,4 題中有 2 題〈大雅〉、2 題〈頌〉,故在兩欄中重複出現。

	2、5、8、20 年；嘉靖8、11 年；隆慶 2 年。	10 年應天；成化 10 年陝西；成化 13 年江西；成化 16 年順天；成化 19 年山東；成化 22 年廣東；弘治 2 年江西；弘治 5 年江西；萬曆 4 年浙江。
〈頌〉出 2 題	**共 5 科**：建文 2 年；宣德 8 年；正統元年；弘治 3 年；正德 6 年。	**共 5 種**：永樂 12 年福建；宣德元年福建；天順 6 年浙江；成化 4 年浙江；成化 13 年浙江。

以〈國風〉、〈小雅〉、〈大雅〉、〈頌〉4 大類各出 1 題者，最為常見。會試多達 35 科，佔 60%，鄉試多達 307 種，比例高達 92%。偶有 4 題中出 2 題〈小雅〉、〈大雅〉、〈頌〉者，但不管是鄉試或會試，都沒有 4 題中出 2 題〈國風〉及於同一類中出 3 題的現象。大抵愈趨近晚明，4 類各出 1 題較常見。同一類出 2 題者較常出現在明中葉以前。鄉、會試合計，統計上表中，1 類出 2 題者在各時期的分布如下：

表 2：1 類出 2 題者在各時期的分布

年號	洪武	建文	永樂	宣德	正統	景泰	天順	成化	弘治	正德	嘉靖	隆慶	萬曆	天啟	崇禎	總計
1 類出 2 題數	0	2	3	3	4	2	5	17	4	2	5	1	1	0	0	49
試錄總數3	0	2	3	3	5	5	7	40	38	44	146	22	69	4	3	391

可看出成化以前所搜得的鄉、會試樣本總數雖少，但於同 1 類中出 2 題的，頗為習見，比例極高，從洪武到天順，4 題俱全者，僅有 25 種，其中卻有 19 種於同 1 類出 2 題，佔 76%。成化是出題逐漸傾向 4 類各出 1 題的關鍵時期，總計 1 類出 2 題者有 17 種，佔總數 40 的 42.5%，比例較之前為少。弘治到萬曆時，試錄數極多，但於 1 類出 2 題者寥寥可數。因此，也可以說：晚明更重視出題在 4 類中的平均分配，比從前更常從〈國風〉中出題。但出題的分布，應只是考官的默契、共識，並未見諸功令規定，到隆慶、萬曆，都仍偶有於 1

3　此欄位數據，為各時期所搜得 4 題俱全之鄉、會試合計總數，如無《詩經》詩題、未足 4 題者，不計入。

類中出 2 題者，如隆慶 2 年會試、萬曆 4 年浙江鄉試，皆出了 2 題〈大雅〉。

鄉、會試在試題分布上是否有所不同呢？根據本章表 1，比較鄉、會試各欄位之異，所搜得的各科各區鄉試 4 題俱全者，雖較會試多了 5.7 倍，但〈小雅〉、〈頌〉出 2 題的數量仍舊，皆為 5 種；〈大雅〉出 2 題者，鄉試不過增加 4 種，增加的幅度很少，不成比例，原因之一是鄉、會試樣本數的分布情形不同所致。據本書第三章表 3、表 4 所列明代各時期鄉、會試科數及試題數來觀察，搜得的會試科次較分散於各個時期、較為平均些；而鄉試今所能掌握者，則極明顯集中於成化至萬曆間——多傾向於 4 類各出 1 題。如明初至天順間，所搜得的會試有 15 科，多於鄉試的 12 種，而這段時期本較偏重於〈雅〉、〈頌〉出題，遂使得總體看來，會試〈雅〉、〈頌〉題比例增加，於同 1 類中出 2 題的現象，更為突出。

然而，即使不計明初，僅統計成化至明末，會試 4 題俱全者有 44 科，其中出了 2 題〈雅〉、或出了 2 題〈頌〉的就有 12 科，約佔 27.3%；而鄉試成化至明末 4 題俱全者有 322 種，出了 2 題〈雅〉、或出了 2 題〈頌〉的，僅有 18 種，約佔 5.6%，由於相差極懸殊，合理的推測：會試出題仍較鄉試更偏重〈雅〉、〈頌〉些。

再細分為〈國風〉、〈小雅〉、〈大雅〉、〈周頌〉、〈魯頌〉、〈商頌〉諸類，分析鄉、會試在各類中出題的比例、偏重如何？是否有所不同？以下將藉由表 3 來考察。

表 3：鄉、會試各類出題比較

類別（篇數）	會試出題次數／佔出題總數比	鄉試出題次數／佔出題總數比	鄉試佔出題總數比與會試的比較
國風（160）	41／17.3%	316／23.6%	＋6.3%
小雅（74）	60／25.3%	331／24.7%	－0.6%
大雅（31）	72／30.4%	354／26.4%	－4.0%
周頌（31）	33／13.9%	189／14.1%	＋0.2%
魯頌（4）	8／3.4%	40／3.0%	－0.4%
商頌（5）	23／9.7%	110／8.2%	－1.5%

從表 3，更可看出考官出題的傾向，顯然是以〈雅〉、〈頌〉為重。據「佔出題總數比」，並加入各類原有詩篇數多寡來考量：〈雅〉、〈頌〉原有詩篇數共 145 篇，會試合計出題次數共達 196 次，佔出題總數 237 的 82.7%；鄉試〈雅〉、〈頌〉出題次數共達 1024 次，佔出題總數 1340 的 76.4%，比例皆遠逾〈國風〉。

《詩經》出題偏重〈雅〉、〈頌〉，在元代已然如此。張祝平曾據元代劉貞所編《類編歷舉三場文選詩義》，研究元代《詩經》試題，獲得元代出題已是「重〈雅〉、〈頌〉而輕〈國風〉」的結論，[4] 元末李祁[5]亦云：

> 《詩》三百篇皆可移風俗、動天地、感鬼神。至其可興、可怨、可群，最易以感發人者，莫近於十五〈國風〉。蓋〈國風〉多出於閭巷細民之口，故於人情為尤近。自科場以通經取士，有司命題多出〈雅〉、〈頌〉，出〈國風〉者十無二三，由是而習是經者，亦惟〈雅〉、〈頌〉是精，〈國風〉則自〈二南〉之外，罕有能究其情而得其趣者，此學《詩》者之大患也。[6]

〈雅〉、〈頌〉佔七、八，〈國風〉佔二、三的敘述，只是一個粗估，但也反映出元代明顯偏重〈雅〉、〈頌〉的現象。李祁又說到〈國風〉獨重〈二南〉，考察明代鄉、會試《詩經》出題，也確實存在〈國風〉偏重〈二南〉的傾向，然而〈豳風〉也不遑多讓。（詳見第六章）

〈二雅〉比較，重〈大雅〉甚於〈小雅〉，考察會試出題，〈大雅〉原有

4　張祝平、蔡燕、蔣玲：〈元代科舉《詩經》試卷檔案的價值〉，《中國典籍與文化》2007 年第 1 期（總第 60 期），頁 79－86。劉貞此書的介紹，可參張祝平此文，及劉毓慶：《歷代詩經著述考（先秦——元代）》（北京：中華書局，2002 年），頁 382－383。

5　李祁，生卒年不詳，元順帝元統元年（1333）進士，「元亡，自稱不二心老人，年七十餘乃卒」。參元‧李祁：《雲陽集》（《景印文淵閣四庫全書》本），卷前提要。

6　元‧李祁：〈顏省原詩序〉，《雲陽集》，卷 5，頁 4。

31 篇，出題 72 次；〈小雅〉原有 74 篇，詩篇數為〈大雅〉一倍以上，出題卻僅有 60 次；鄉試〈小雅〉出 331 題，亦遜於〈大雅〉的 354 題。

〈頌〉詩原有詩篇數並不多，但頻被出題，依表 3 來分析，雖〈周頌〉出題次數及比例乍看是〈三頌〉最高者，但〈周頌〉原有詩篇數 31 篇，約為〈魯頌〉、〈商頌〉的 8 倍、6 倍。由於〈三頌〉篇幅長短，頗為參差，〈魯頌〉、〈商頌〉篇數雖少，但篇幅頗長，不似〈周頌〉短章居多，故需加上篇幅長短的考量。經統計詩篇字數，〈周頌〉31 篇合計有 1,385 字，〈魯頌〉4篇共 971 字，〈商頌〉5 篇共 642 字，[7]在兼顧出題次數及原有詩篇數、篇幅長短的考量下，考官明顯最重〈商頌〉，而〈魯頌〉和〈周頌〉則在伯仲之間，較難評估。如果就詩篇數來比較，〈周頌〉31 篇是〈魯頌〉4 篇的 8 倍左右，而出題次數僅是〈魯頌〉的 4 倍、5 倍之間──如此，似出題較重〈魯頌〉。倘就字數而言，〈周頌〉的字數是〈魯頌〉的 1.4 倍，但出題次數卻多達 4 倍、5 倍──如此，似出題較重〈周頌〉。然而，又必須考慮到，字數多了 1.4 倍，僅足以說明文字詞意理解的負荷，卻無法反映〈周頌〉多達 31篇，各篇詩旨、詩篇背景的認識，比起〈魯頌〉4 篇，也增加了不少備考的負擔。故頗難衡量〈周頌〉、〈魯頌〉孰輕孰重。

以鄉、會試相較，在《詩經》各類中，鄉試〈國風〉23.6% 的比例，提高最多，達 6.3%；其次是〈周頌〉，也獲得微幅 0.2% 的成長，其他各類出題比例則降低、減少。下降幅度不等，會試較受重視、較熱門者，在鄉試比例降得更多。如〈大雅〉減少了 4%、〈商頌〉減少 1.5%──這皆反映出鄉試出題更偏向各類間的均勻，一方面是因所搜集的鄉試樣本，以明成化至萬曆間居多，此時考官的出題默契，已偏向兼顧〈國風〉、〈小雅〉、〈大雅〉、〈頌〉4 類中各出 1 題，使得〈國風〉出題數增加；一方面也是考官出題時，為防擬題，逐漸擴增可出題範圍，使考試更具鑑別度，儘量少出〈雅〉、〈頌〉熟題之故。

下表，再進一步統計各類之詩篇曾出題、未被出題的情形。

---

7 以上數據，不含篇題及〈小序〉，但就經文統計。

表 4：各類詩篇鄉、會試曾出題、未出題統計表

類別（篇數）	會　試		鄉　試	
	曾出題篇數／ 佔原有篇數比	未出題篇數／ 佔原有篇數比	曾出題篇數／ 佔原有篇數比	未出題篇數／ 佔原有篇數比
國風（160）	20／12.5%	140／87.5%	46／28.8%	114／71.3%
小雅（74）	31／41.9%	43／58.1%	46／62.2%	28／37.8%
大雅（31）	23／74.2%	8／25.8%	27／87.1%	4／12.9%
周頌（31）	20／64.5%	11／35.5%	29／93.5%	2／6.5%
魯頌（4）	4／100%	0／0%	4／100%	0／0%
商頌（5）	5／100%	0／0%	5／100%	0／0%
總計（305）	103／33.8%	202／66.2%	157／51.5%	148／48.5%

　　鄉試中曾出過題的詩篇數，較會試增加了不少，尤其是〈國風〉、〈小雅〉最為顯然。這主要肇因於所搜得鄉試題樣本數有 1,340 題，較會試 237 題大幅增加，如果是頻見出題、熱門的出題詩篇，如〈豳風‧七月〉、〈小雅‧天保〉、〈商頌‧殷武〉等，即使在會試 61 科有限的試題中，也會屢屢出現在考題中。但如果非出題熱門、僅偶被出題者，當所搜得的試題樣本數較少時，就會有遺漏之虞，故當樣本數增加，曾出題篇數也會隨之有所成長。

　　305 篇各篇在鄉、會試中出題的次數，參本書附錄三之彙整。會試出過題的有 103 篇，未出的有 202 篇；鄉試出過題的有 157 篇，未出的有 148 篇。由於鄉試試題樣本數較多，以之為基礎，取會試出題情形參照，對照結果發現：嘉靖 8 年會試出過〈小雅‧鴻雁〉題、萬曆 41 年會試出過〈小雅‧角弓〉題、萬曆 11 年會試出過〈周頌‧潛〉題，鄉試卻不曾從三詩中出題。故鄉、會試合觀、合計，出過題的有 160 篇，未出過的有 145 篇。以篇數計，曾出題者僅佔全經的 52.5%。

　　就表 3 來觀察，〈國風〉原有 160 篇，在會試只出了 41 題，佔會試出題總數 17.3%；在鄉試出了 316 題，佔鄉試出題總數 23.6%。顯然，不管是鄉試或會試，〈國風〉皆不如〈雅〉、〈頌〉受重視。再參表 4 的〈國風〉曾出題、未出題的篇數，仍可見最被考官冷落的是〈國風〉，會試僅有 20 篇曾出

過題，佔 12.5%；多達 140 篇、87.5% 的比例是未曾出題的，其中〈邶風〉、〈王風〉、〈齊風〉、〈陳風〉、〈檜風〉未曾出過任何 1 題，〈鄭風〉、〈唐風〉也僅各出過 1 題而已。鄉試雖略有改善，但也僅有 46 篇、28.8% 出過題，其他 114 篇、71.3%未出過題，〈王風〉、〈陳風〉、〈檜風〉，皆未曾出過任何 1 題，〈邶風〉亦僅出過 1 題而已。

如果單就出題數來看，十五〈國風〉的部分地區，有些看似出題數不少，但其實常集中在某些詩篇中出題，如鄉試〈鄘風〉共出 12 次題，含〈定之方中〉8 次、〈干旄〉4 次；〈衛風〉出 20 次題，全出自〈淇奧〉；〈鄭風〉出 27 次題，含〈緇衣〉4 次、〈羔裘〉12 次、〈女曰雞鳴〉11 次；〈唐風〉出過 10 次題，含〈蟋蟀〉7 次、〈有杕之杜〉3 次。由此可見，〈國風〉出題總數的增加，多為熱門詩篇「錦上添花」，其他詩篇能獲「雨露均霑」的有限。

崇禎年間何大掄《詩經默雷》為一科舉用書，卷前〈凡例〉云：「至于十五國之風，趣味飄洒，韻致風騷，主司輒因文理簡便，每取以校士。」[8]此筆文獻易使今之讀者產生誤會，若解讀為：在《詩經》各類中，考官喜歡、偏重從〈國風〉出題——此無疑是不諳其語境的誤解，〈國風〉始終是出題時最被忽視的，何大掄所言當是與先前比較，晚明更常從〈國風〉中出題的情形。

第二節　試題在正詩、變詩中的分布

《詩》之「正變」說，最早見於〈詩大序〉：「至于王道衰，禮義廢，政教失，國異政，家殊俗，而變〈風〉、變〈雅〉作矣。」[9]鄭玄（127－200）〈詩譜序〉又云：

8　明‧何大掄：〈凡例〉，《詩經默雷》（濟南：齊魯書社，2008 年，《歷代詩經版本叢刊》影印明末刻本），卷前，頁 2。何大掄，生卒年不詳，此書卷前何三省（1611－1674）〈詩經默雷序〉，言何大掄是其侄子。

9　漢‧毛亨傳，漢‧鄭玄箋，唐‧孔穎達等疏，龔抗雲等整理：《毛詩正義》（臺北：臺灣古籍出版公司，2001 年 10 月，《十三經注疏‧整理本》），卷 1，頁 16。

周自后稷，播種百穀，黎民阻飢，茲時乃粒，自傳於此名也。陶唐之末，中葉公劉，亦世脩其業，以明民共財。至於大王、王季，克堪顧天。文、武之德，光熙前緒，以集大命於厥身，遂為天下父母，使民有政有居。其時《詩》，〈風〉有〈周南〉、〈召南〉，〈雅〉有〈鹿鳴〉、〈文王〉之屬。及成王，周公致太平，制禮作樂，而有頌聲興焉，盛之至也。本之，由此風、雅而來，故皆錄之，謂之《詩》之正經。後王稍更陵遲，懿王始受譖亨齊哀公，夷身失禮之後，邶不尊賢。自是而下，屬也、幽也，政教尤衰，周室大壞，〈十月之交〉、〈民勞〉、〈板〉、〈蕩〉勃爾俱作。眾國紛然，刺怨相尋。五霸之末，上無天子，下無方伯，善者誰賞？惡者誰罰？紀綱絕矣。故孔子錄懿王、夷王時詩，訖於陳靈公淫亂之事，謂之變〈風〉、變〈雅〉。*10*

鄭玄以為文、武、成王、周公之詩，為「《詩》之正經」，自西周懿王、夷王開始至春秋陳靈公時的詩為變〈風〉、變〈雅〉。可見〈詩大序〉及鄭玄，皆是以國政之盛衰作為正變之依據。再結合〈小序〉對詩歌時代的界定，可知《毛詩》系統對〈風〉、〈雅〉之正、變，認定如下：*11*

表 5：正詩、變詩之分

正 詩 （59 篇）	正風（25 篇）	〈周南〉（11 篇）、〈召南〉（14 篇）
	正雅（34 篇）	〈小雅〉自〈鹿鳴〉至〈菁菁者莪〉（16 篇） 〈大雅〉自〈文王〉至〈卷阿〉（18 篇）

---

10 前註書，卷前，頁 6–9。

11 參陳桐生：〈論正變〉，收入於中國詩經學會編：《詩經研究叢刊》第 1 輯（北京：學苑出版社，2001 年 7 月），頁 13。張寶三：〈《詩經》詮釋傳統中之「風雅正變」說研究〉，收入於楊儒賓主編：《中國經典詮釋傳統（三）文學道家經典篇》（臺北：臺灣大學出版中心，2004 年 6 月），頁 43–86。劉冬穎：《詩經變風變雅考論》（北京：中國社會科學出版社，2005 年 10 月），頁 32–34。

變　詩 （206 篇）	變風（135 篇）	〈邶風〉以下的十三〈國風〉
	變雅（71 篇）	〈小雅〉自〈六月〉以下（58 篇）
		〈大雅〉自〈民勞〉以下（13 篇）

　　就目前所搜得的文獻看來，大約自明中葉開始，就屢見對考官不自變詩中出題，致使士子不讀變〈風〉、變〈雅〉的抨擊，整理諸人之說如下：

1. 明中葉曹安云：「《詩》不讀變〈風〉〈雅〉，《春秋》不詳崩薨卒葬，……經有節文，史有略本，百家諸氏之書，皆有纂集，以為一切目前苟且速成之計。父兄以是誇子弟，師儒以是訓學徒。」 *12*

2. 莊昶（1437－1499）抨擊考官：「《五經》、《四書》擇題而出，變〈風〉、變〈雅〉，學《詩》者不知；……嗚呼！此何學哉！富貴而已，利達而已，覬覦剽竊而已。」 *13*

3. 孫緒（1474－1547）云：「近日士習，專以苟簡捷徑為事，支離碎破，漫無根本，……《詩》之變〈風〉，《禮》之〈檀弓〉、〈喪禮〉諸篇，不讀者尤多。其意無非欲早竊一第，所以矻矻勤苦者，姑為應舉地耳。」 *14*

4. 尹襄（1485－1527）云：「比歲以來，專事捷徑。非獨文之浮也，甚者於經有所擬議差擇，而聖人之言幾同戲玩。如《易》棄《程傳》而不誦，《詩》略變〈風〉、變〈雅〉而不講，《禮》不習喪服，《春秋》避崩薨，近利之計，靡所不至。」 *15*

5. 霍韜（1487－1540）在嘉靖 8 年（1529）任會試副主考時，針對時弊，主

---

12 明・曹安：《讕言長語》（《景印文淵閣四庫全書》本），不分卷，頁 5。曹安，生卒年不詳，《總目》言其為正統 9 年（1444）舉人，《讕言長語》自序署成化 22 年（1486）。

13 明・莊昶：〈送戴侍御提學陜西序〉，《定山集》（臺北：新文豐出版公司，1989年，《叢書集成續編》影印《金陵叢書》本），卷 6，頁 7－8。

14 明・孫緒：〈無用閒談〉，《沙溪集》（《景印文淵閣四庫全書》本），卷 12，頁 2－3。

15 明・尹襄：〈送古田司訓謝德宣序〉，《巽峰集》（《四庫全書存目叢書》影印清光緒 7 年〔1881〕永錫堂刻本），卷 9，頁 24。

張：「變詩、喪禮，至道攸寓，特以命題，不復拘忌。」 *16*

6. 李先芳（1510－1594）云：「變〈風〉、變〈雅〉，有司不以命題，師生不復授受。大經未徧閱，而類取科名者不少。」 *17*

7. 李維楨（1570－1624）任陝西學政時云：「近來士子不務實學。如《易》之悔吝凶咎，《書》之〈金縢〉、〈顧命〉，《詩》之變〈風〉、變〈雅〉，《春秋》崩薨卒葬，《禮記》奔喪問喪，以為諱而不談。」 *18*

8. 顧炎武（1613－1682）《日知錄》指責八股之敗壞人材，抨擊科場「擬題」之病，不問實學但求速成，凡科場不出之經文，盡皆刪去，「《詩》則刪去淫〈風〉、變〈雅〉不讀」，止記可出題處。 *19*

上述 8 筆文獻，始於成化的曹安至明末顧炎武，諸人皆異口同聲的指責考官不自變詩出題，以致考生不讀變詩云云。甚至到清代，應試不必讀變詩的論述，依然存在，康熙年間趙燦英曾言：「學士所習為舉子業者，又皆盛時和平溫厚之詩，其于淫〈風〉變〈雅〉似可弗論。」 *20* 雍正年間王文烜又云：「攻舉子業者，往往以場屋命題多出于吉祥之詞，變〈風〉、變〈雅〉輒庋高閣。」 *21* 明代鄉、會試考官是否皆不自變詩出題呢？考官出題，正、變分布的情形如

---

16 明・李開先撰，卜鍵箋校：〈霍公墓誌銘〉，《李開先全集》（北京：文化藝術出版社，2004 年 8 月），〈閒居集〉之七，頁 569。並見明・焦竑：《玉堂叢語》（北京：中華書局，1997 年 12 月），卷 6，頁 212。

17 明・李先芳：〈讀詩私記原序〉，《讀詩私記》（《景印文淵閣四庫全書》本），卷前，頁 1－2。

18 明・李維楨：〈陝西學政〉，《大泌山房集》（《四庫全書存目叢書》影印明萬曆 39 年〔1611〕刻本），卷 134，頁 4。

19 清・顧炎武撰，清・黃汝成集釋：《日知錄集釋（全校本）》（上海：上海古籍出版社，2006 年），卷 16，頁 945－946，〈擬題〉條。

20 清・趙燦英：〈序〉，《詩經集成》（《四庫全書存目叢書》影印清康熙 29 年〔1690〕金陵陳君美刻本），卷前，頁 5－6。趙氏生卒年不詳，自序後署「康熙二十九年」。

21 清・王文烜：〈敘〉，《詩經去疑》（濟南：齊魯書社，2008 年，《歷代詩經版本叢刊》影印清雍正 9 年〔1731〕左吳三樂齋刻兩節本），卷前，頁 2。按：王氏生卒年不詳，〈敘〉署雍正 9 年作。

何？以下將據鄉、會試正、變出題的統計來分析。

表 6：各時期會試正詩、變詩出題統計

	洪武	建文	永樂	宣德	正統	景泰	天順	成化	弘治	正德	嘉靖	隆慶	萬曆	總計
正詩題數	0	2	2	1	9	1	3	12	6	7	24	3	11	81
變詩題數	1	0	1	5	5	5	6	12	11	7	21	3	15	92

表 7：各時期鄉試正詩、變詩出題統計

	建文	永樂	宣德	景泰	天順	成化	弘治	正德	嘉靖	隆慶	萬曆	天啟	崇禎	總計
正詩題數	1	4	1	2	5	44	42	54	191	25	81	2	4	456
變詩題數	3	1	1	7	7	52	54	63	202	36	104	10	5	545

　　從以上兩表的統計數據來看，會試出正詩、變詩的題數相差不多，總計會試變詩題較正詩多了 11 題；鄉試出變詩的比例較會試高，總計變詩多了 89 題。可見，一直以來，都有自變詩出題，且佔一半以上。諸人言考官不出、不考變詩，是不確切的概括。但考官出題確實明顯的偏重正詩，因《詩經》正〈風〉、正〈雅〉，合計才 59 篇，而變〈風〉、變〈雅〉多達 206 篇，是正詩的 3.5 倍，但變詩出題總數僅略多，是不成比例的，也是忽略的明證。

　　又，霍韜在嘉靖 8 年任會試副主考，提出變詩至道攸寓，不應拘忌，該年的會試錄尚存，《詩經》義四題，分別出自〈小雅·鴻雁〉、〈大雅·思齊〉、〈大雅·雲漢〉、〈周頌·臣工〉，其中〈鴻雁〉、〈雲漢〉皆出自變〈雅〉，確實能以身作則，從變詩中出題。但他的主張、呼籲是否產生矯正的作用呢？以下將藉由兩年後嘉靖 10 年的鄉試來考察。

　　嘉靖 10 年搜得的鄉試有順天、應天、山西、河南、湖廣、雲貴等 6 種，共 24 道題中，扣掉 6 道〈頌〉題，只餘 18 題，其中變詩只有 5 題，正詩竟多達 13 題，正、變題數甚為懸殊，可見雖經霍韜呼籲，不但未獲得矯正，還變本加厲。自成化以降，各時期鄉試變詩題數，每每較正詩多上一、二十題，不見得是有識之士的呼籲所致，主要還是因明中葉後，考官傾向於 4 類中出 1 題，而〈國風〉之出題，每從〈豳風·七月〉這首不像〈風〉詩、也最不像變

詩的「變詩」中出題（詳見第六章），致使變詩的題數有較明顯的成長。

再以下表比較鄉、會試正變出題情形。

表8：鄉、會試〈風〉〈雅〉正變出題統計

類別（篇數）	出題次數／佔風、雅總出題數比		曾出題詩篇數／佔原篇數比	
	會試	鄉試	會試	鄉試
正風（25篇）	12／29.3%	87／27.5%	9／36.0%	17／68.0%
變風（135篇）	29／70.7%	229／72.5%	11／8.1%	29／21.5%
正雅（34篇）	69／52.3%	369／53.9%	25／73.5%	32／94.1%
變雅（71篇）	63／47.7%	316／46.1%	29／40.8%	38／53.5%

參本章表 3，〈國風〉會試出題總數 41、鄉試 132，〈二雅〉會試出題總數 316，鄉試 685。就「出題次數／佔風或雅總出題數比」的欄位來觀察，鄉、會試「佔總出題數比」的比值相差不大。但觀察「曾出題篇數／佔原篇數比」，鄉試較會試提高了不少。一方面是因鄉試試題樣本數增加，偶被出題的詩篇較不致被遺漏；一方面是因鄉試的樣本，多為明中、後期的試題，此時舊題、舊文已多，考官在出題時，必須求變化、防擬題，故會考慮從一些以前雖不受考官青睞，但仍可作為試題的詩篇中出題。

「正變」說主要是繫於詩篇時代的認定，且認為盛世有歌頌、讚美之詩；衰世有喪亂、怨刺之調。然而因為詩篇的時代難以確認，且盛世不見得全是頌美而無怨刺，衰世也不盡然全是怨刺而無頌美。正變之劃分截然，卻不具說服力，頗受質疑。《詩序》將〈小雅‧楚茨〉至〈車舝〉共 10 篇，全解為「刺幽王」之作。朱熹（1130－1200）在《詩序辨說》中質疑，此 10 篇「似出一手，詞氣和平，稱述詳雅，無風刺之意。《序》以其在變〈雅〉中，故皆以為傷今思古之作。……竊恐正〈雅〉之篇有錯脫在此者耳，〈序〉皆失之」。[22]

---

[22] 南宋‧朱熹：《詩序辨說》，收入於南宋‧朱熹撰，朱傑人校點：《朱子全書‧詩集傳》（上海：上海古籍出版社；合肥：安徽教育出版社，2002 年 12 月），頁 387。

可見正變之分不合理，以致朱熹疑有正〈雅〉之詩，錯脫雜入變〈雅〉中。再如季本（1485－1563）曾指出被列在變詩的〈破斧〉、〈淇奧〉、〈緇衣〉、〈車攻〉、〈烝民〉等，皆「歌咏盛德之言，不可以為非正」：

> 〈破斧〉之在〈豳風〉，〈淇奧〉之在〈衛風〉，〈緇衣〉之在〈鄭風〉，〈車攻〉之在〈小雅〉，〈烝民〉之在〈大雅〉，皆歌咏盛德之言，不可以為非正。而成王望治之時，宣王中興之日，平王靖難之初，猶存先王之舊，而皆謂之為變，其心亦近於不廣矣。[23]

變〈風〉有時也讚美善政，如〈豳風〉之〈七月〉；變〈雅〉中也有歌頌宣王中興的詩作，如〈小雅〉之〈六月〉、〈采芑〉、〈吉日〉、〈庭燎〉等。而屬正〈風〉的〈召南‧行露〉、〈野有死麕〉，頗同於鄭、衛之音。[24]正變說既有疵，故用正變之分來說明考官的出題，並不妥當，除責考官不出變〈風〉、變〈雅〉之說不確切外，也未能說明、傳達出考官出題的傾向。

23　明‧季本：〈六義〉，《詩說解頤》（《景印文淵閣四庫全書》本），卷1，頁8。
24　參劉冬穎：〈正變說的缺陷〉，《詩經變風變雅考論》，頁64－69。

第六章　鄉會試常見出題的詩篇

第一節　出題的熱門詩篇

從第五章的統計中，已知 305 篇中，會試有 202 篇未曾出過題，曾出題者只有 103 篇。再統計會試較頻出題、達 3 次者，只有 30 篇。而僅這 30 篇會試就共出過 141 次，佔總出題數 237 的 59.5%，可見出題頗集中。30 篇篇目如下表：

表1：會試出題最多的 30 篇詩

出題次數（篇數）	篇　名	出題次數（篇數）	篇　名
10 次（1）	〈商頌・殷武〉		〈大雅・下武〉
8 次（1）	〈豳風・七月〉		〈大雅・既醉〉
7 次（2）	〈小雅・天保〉		〈周頌・敬之〉
	〈小雅・斯干〉		〈魯頌・閟宮〉
6 次（6）	〈小雅・六月〉		〈商頌・那〉
	〈大雅・文王〉	3 次（10）	〈秦風・小戎〉
	〈大雅・大明〉		〈小雅・信南山〉
	〈大雅・文王有聲〉		〈小雅・賓之初筵〉
	〈大雅・卷阿〉		〈小雅・隰桑〉
	〈商頌・長發〉		〈大雅・靈臺〉
5 次（3）	〈衛風・淇奧〉		〈大雅・假樂〉
	〈大雅・抑〉		〈大雅・烝民〉
	〈大雅・江漢〉		〈周頌・臣工〉
4 次（7）	〈曹風・鳲鳩〉		〈周頌・有瞽〉
	〈大雅・皇矣〉		〈周頌・載芟〉

　　據鄉試出題的統計，有 148 篇未曾出過題，曾出題者只有 157 篇。再將出題較多的前 30 篇、達 14 次者，依次數多寡，呈現如下：

表 2：鄉試出題最多的 30 篇詩

出題次數（篇數）	篇　名	出題次數（篇數）	篇　名
86 次（1）	〈豳風・七月〉	18 次（4）	〈周南・茉苢〉
41 次（1）	〈小雅・天保〉		〈小雅・六月〉
40 次（1）	〈大雅・卷阿〉		〈大雅・下武〉
37 次（1）	〈商頌・長發〉		〈魯頌・泮水〉
29 次（1）	〈商頌・殷武〉	17 次（1）	〈魯頌・閟宮〉
28 次（1）	〈大雅・江漢〉	16 次（4）	〈小雅・鶴鳴〉
27 次（1）	〈大雅・烝民〉		〈小雅・甫田〉
24 次（1）	〈大雅・假樂〉		〈大雅・生民〉
21 次（3）	〈小雅・楚茨〉		〈周頌・我將〉
	〈大雅・文王〉	15 次（3）	〈周南・樛木〉
	〈商頌・玄鳥〉		〈曹風・鳲鳩〉
20 次（3）	〈衛風・淇奧〉		〈大雅・抑〉
	〈大雅・文王有聲〉	14 次（3）[1]	〈小雅・出車〉
	〈大雅・既醉〉		〈小雅・采芑〉
19 次（1）	〈大雅・皇矣〉		〈大雅・思齊〉

　　鄉試最常出題的 30 篇，共出題 694 次，佔總出題數 1340 的 51.8%，比起會試前 30 篇的 59.5%，稍減。然而，以篇數論，30 篇不過就是《詩經》305 篇的十分之一，不管是 59.5% 或 51.8%，都可看出考官出題頗為集中、偏重在部分詩篇中出題。顧炎武（1613－1682）《日知錄》云：

　　　　今日科場之病，莫甚乎擬題。且以經文言之，初場試所習本經義四道，

---

[1] 出題 14 次的共有 6 篇，還包括〈大雅・崧高〉、〈周頌・時邁〉、〈周頌・雝〉3 篇，為方便與會試 30 題比較，故此僅列〈出車〉、〈采芑〉、〈思齊〉3 篇。

而本經之中，場屋可出之題不過數十。富家巨族延請名士館於家塾，將此數十題各撰一篇，計篇酬價，令其子弟及僮奴之俊慧者記誦熟習。入場命題，十符八九，即以所記之文鈔謄上卷。較之風檐結構，難易迥殊。[2]

顧氏所云「場屋可出之題不過數十」，衡以《詩經》出題情形來看，大概是指熱門詩篇中頻見出題的段落，不過數十題，科場十之八九皆不出此數十題範圍。表達對出題過於集中的不滿，抨擊出題可預擬，使考生得以試前擬題、請人作文、背誦，導致科舉不能拔擢有實學的真才。

綜觀表1、表2，有18篇詩是重複的：〈殷武〉、〈七月〉、〈天保〉、〈六月〉、〈文王〉、〈文王有聲〉、〈卷阿〉、〈長發〉、〈淇奧〉、〈抑〉、〈江漢〉、〈鳲鳩〉、〈皇矣〉、〈下武〉、〈既醉〉、〈閟宮〉、〈假樂〉、〈烝民〉，這18篇無疑是出題、備考的大熱門。會試受青睞的詩篇，在鄉試出題次數也都頗有可觀，一樣受到重視，如〈商頌·殷武〉、〈小雅·天保〉會試各出10次、7次，鄉試中各出了29次、41次。但以〈豳風·七月〉增加最多。會試出題8次的〈七月〉，在鄉試出題竟多達86次，是鄉試出題次數之冠，且比起鄉試出題亞軍〈天保〉的41次，遙遙領先一倍以上。

何以〈七月〉會有大幅的成長？這反映出：當考官傾向在4類中各出1題時，〈雅〉、〈頌〉中有較多關乎政教、頌美、冠冕的詩篇可以選擇，不致過於集中在一、二首上，而〈國風〉不然，這類詩篇數量少，多為言情、怨刺詩，篇幅又以短章居多，出題時可取材範圍較〈雅〉、〈頌〉少得多。〈七月〉多言農事，內容、詩旨很適合出題，錢陳羣（1686-1774）曾讚美〈七月〉可見「王業所由起，及周公輔弼勳績」：

---

[2]　清·顧炎武撰，清·黃汝成集釋：《日知錄集釋（全校本）》（上海：上海古籍出版社，2006年），卷16，頁945，〈擬題〉條。

自秋而冬，而春而夏，其中之衣食酒餚，農事女紅，染色築室，武備祭
典，宴獻稱祝，田家之況味，四時之景色，天地之生息，君相之經營，
無不畢具。真是一幅興王仁政圖，包羅萬象，非大聖人孰能作此？[3]

內容關係賢君良臣、政教民生，篇幅長、包羅廣，便於從不同段落取材、變換
題目，而不嫌重複，故屢為〈國風〉出題的上選。

第二節　出題偏重的內容分析

　　以下將就常出題的詩篇來考察，根據詩篇主旨、內容，參以朱熹（1130－
1200）註，佐以所出試題之段落、出題次數，以歸類說明考官出題之故、出題
傾向為何。因朱熹之《詩經》註解，為功令所尊，故文中所述各篇詩旨、詩句
意義的解釋、闡說，皆本朱熹《詩集傳》、《詩序辨說》[4]對該詩的解說，不
煩一一作註。

一、祝福、頌美、吉祥者

　　祝福、頌美、吉祥的詩旨和詩句，在鄉、會試出題時，非常受到青睞。如
〈周南・樛木〉：

南有樛木，葛藟纍之。樂只君子，福履綏之。
南有樛木，葛藟荒之。樂只君子，福履將之。
南有樛木，葛藟縈之。樂只君子，福履成之。

3　清・錢陳羣：〈行廧篏記〉，《香樹齋文集》（《四庫未收書輯刊》影印清乾隆刻
　　本），卷28，頁18－19。

4　南宋・朱熹撰，朱傑人校點：《詩序辨說》、《詩集傳》（上海：上海古籍出版社；合
　　肥：安徽教育出版社，2002年12月，《朱子全書》本）。文中釋各篇詩旨、詩義處甚
　　多，為免繁瑣，凡本自《詩集傳》、《詩序辨說》對該詩篇解說者，但於行文中帶及為
　　朱註，不另加註腳交代出處。

以三章複沓的形式，傳達源源不絕的祝福意涵，雖簡短，但鄉試就出了 15 次題。再以下列一些常見的頌美、吉祥的詞句來搜尋鄉、會試題，統計其在試題中出現次數，可窺考官出題傾向之一斑：

關鍵詞	會試	鄉試	常 見 例 句
天子萬年	1	12	〈江漢〉：虎拜稽首，天子萬年。5
君子萬年	4	35	〈既醉〉：君子萬年，介爾昭明。 〈瞻彼洛矣〉：君子萬年，保其家邦。
萬壽	8	22	〈七月〉：稱彼兕觥，萬壽無疆。 〈楚茨〉：報以介福，萬壽無疆。
眉壽	4	23	〈七月〉：為此春酒，以介眉壽。 〈烈祖〉：綏我眉壽，黃耇無疆。
壽考	2	16	〈棫樸〉：周王壽考，遐不作人。 〈殷武〉：壽考且寧，以保我後生。
百祿	4	28	〈天保〉：罄無不宜，受天百祿。 〈長發〉：敷政優優，百祿是遒。
百福	0	15	〈楚茨〉：卜爾百福，如幾如式。 〈假樂〉：干祿百福，子孫千億。
福祿	0	22	〈采菽〉：樂只君子，福祿申之。 〈鴛鴦〉：君子萬年，福祿宜之。
降福	1	12	〈烈祖〉：來假來饗，降福無疆。 〈豐年〉：以洽百禮。降福孔皆。
遐福	2	10	〈天保〉：降爾遐福，維日不足。 〈鴛鴦〉：君子萬年，宜其遐福。
受福	1	9	〈桑扈〉：不戢不難，受福不那。 〈假樂〉：受福無疆，四方之綱。

這些頌禱、祝福的詩句，遍布於試題中，唾手可得，如鄉、會試出題次數，分別高居第二、第三，共出題 48 次的〈小雅・天保〉，朱熹釋此詩是人君燕其

臣，受賜之臣「歌此詩以答其君」之作，內容多言天之護佑，使國君獲福，共分6章：

> 天保定爾，亦孔之固；俾爾單厚，何福不除？俾爾多益，以莫不庶。
> 天保定爾，俾爾戩穀；罄無不宜，受天百祿。降爾遐福，維日不足。
> 天保定爾，以莫不興；如山如阜，如岡如陵，如川之方至，以莫不增。
> 吉蠲為饎，是用孝享；禴祠烝嘗，于公先王。君曰卜爾，萬壽無疆。
> 神之弔矣，詒爾多福；民之質矣，日用飲食。群黎百姓，遍為爾德。
> 如月之恆，如日之升；如南山之壽，不騫不崩；如松柏之茂，無不爾或承。

全詩遍布著吉祥字眼：「受天百祿」、「降爾遐福」、「詒爾多福」、「萬壽無疆」云云，「如南山之壽」等九如之頌禱，更是膾炙人口的祝頌詞，無處不可出題，故成為僅次於〈七月〉詩的出題上選。

有些詩篇，雖未見吉祥字眼，但就詩旨、題材而言，也是頌美者，如〈周南‧芣苢〉，朱熹言：「化行俗美，家室和平，婦人無事，相與采此芣苢，而賦其事以相樂也。」為歌詠百姓安居樂業、太平盛世之作。〈小雅‧斯干〉是築室落成，宴飲、頌禱之辭，雖非如〈天保〉滿眼福祿，但也洋溢著新居落成的欣喜和祝福。這類頌美的試題，佔了出題的多數，至少有三分之二。這是從出題次數較多的前 30 篇詩歌篇目、主旨，或瀏覽鄉、會試題，就可窺知的。

二、關乎聖君、賢臣者

以樣本數較多的鄉試來觀察，在較少出題的十五〈國風〉中，最頻被出題的是：〈周南〉、〈召南〉、〈豳風〉，不但出題總計次數居〈國風〉前茅，分別有 57、30、100 題；曾出過題的詩篇也最多，未被出題詩篇數分別僅有 3、5、1 篇，可見〈周南〉、〈召南〉、〈豳風〉，是〈國風〉中最獲考官重視的。這三類之所以不同於其他〈國風〉，頻被出題，主要是因其詩旨與聖君賢臣大有關係。〈豳風〉7 篇，每篇詩旨皆扣緊輔佐成王的周公；〈二南〉詩

篇雖多談后妃、諸侯夫人、大夫妻等婦人之德，但歸結到底，強調的仍是「文王之化」，這是朱熹屢屢強調的，如言〈關雎〉，「其詩雖若專美大姒，而實以深見文王之德」；[6]言〈周南〉諸詩，「其詞雖主於后妃，然其實則皆所以著明文王身脩家齊之效也」；言〈召南〉諸詩，「其詞雖無及於文王者，然文王明德新民之功，至是其所施者溥矣」。[7]

　　周文王，上承太王、王季之篳路襤褸，下啟武王、成王、周公之功勳，在周人心中有崇高的地位，文王為《詩經》中著墨最多的聖君，文王之德也是後世儒家所推崇的倫理與政治典範。三百篇中，除〈二南〉外，〈大雅・文王之什〉的 10 篇詩：〈文王〉、〈大明〉、〈緜〉、〈棫樸〉、〈旱麓〉、〈思齊〉、〈皇矣〉、〈靈臺〉、〈下武〉、〈文王有聲〉，或為關於周室之興、文王承受天命取代殷商的史詩，或為頌揚文王能修德、有明德的詩篇。〈周頌〉中的〈清廟〉、〈維天之命〉、〈我將〉等，則為祭祀文王之作。

　　詩作中對文王的讚嘆、歌頌，可被歸於前一類出題內容為頌美者，在鄉、會試中出頌美聖君的試題，夾雜、隱喻著對明代當時國君的歌頌，是最安全的出題方式。這些文王的詩篇，亦多關乎德行、政教，可作為後世君臣施政、教化的借鑑，如〈我將〉中「儀式刑文王之典，日靖四方」兩句，在鄉、會試的出題中，共出現 13 次。[8]朱熹註云：「言我儀式刑文王之典以靖天下。」詩篇

6　朱熹《詩序辨說》強調此「后妃」指的是文王之妃大姒，「其詩雖若專美大姒，而實以深見文王之德。〈序〉者徒見其詞，而不察其意，遂壹以后妃為主，而不復知有文王，是固已失之矣。」並引曾鞏（1019－1083）云：「先王之政必自內始，……〈二南〉之業本於文王，豈自外至哉！世皆知文王之所以興，能得內助，而不知其所以然者，蓋本於文王之躬化。」朱熹並表示：「竊謂此說庶幾得之。」見南宋・朱熹撰，朱傑人校點：《詩集傳》，頁 355。

7　分見《詩集傳》之〈周南〉卷末，「〈周南〉之國十一篇，三十四章，百五十九句」下註；及〈召南〉卷末，「〈召南〉之國十四篇，四十章，百七十七句」下註。

8　這兩句，或單獨出，或與前後文一起出，在會試出過 1 次：正德 9 年會試；鄉試出過 12 次：弘治 5 年江西、弘治 11 年福建、弘治 14 年雲貴、正德 8 年四川、嘉靖元年山西、嘉靖 10 年順天、嘉靖 13 年應天、嘉靖 25 年山西、嘉靖 28 年河南、隆慶 4 年江西、萬曆元年廣西、萬曆 7 年陝西。

註又引呂祖謙（1137－1181）之說：「於文王，則言儀式其典，日靖四方。天不待贊，法文王所以法天也。」對明代的君臣、未來將加入官員行列的考生而言，藉由出此經題考試，提醒他們體認文王之德，法文王、法天，才能得民心、得天下的為政至理，這是屢被出題之故。〈文王〉、〈大明〉、〈思齊〉、〈皇矣〉、〈靈臺〉、〈下武〉、〈文王有聲〉、〈我將〉諸篇，皆名列於鄉、會試最常出題的 30 篇中，單以「文王」為關鍵詞來搜尋，會試、鄉試題中，也各出現 19、82 次之多，更何況有些試題雖涉文王，但並未直接出現「文王」的字眼。如此看來，文王及其相關詩篇，出題時之重要性，也可想見了。

此外，〈小雅〉中多篇與周宣王相關的詩篇，亦頻見出題。如〈六月〉為宣王即位，因玁狁內侵，逼近京邑，命尹吉甫帥師攻伐，凱旋而歸之作。〈采芑〉為宣王時，蠻荊背叛，命方叔南征，以「如霆如雷」的氣勢，使蠻荊畏服之作，詩中多言車馬之美，以見軍容之盛。〈車攻〉為宣王內修政事、外攘夷狄，備車馬、器械，復會諸侯於東都洛邑，因田獵而選車徒，詩人作此以美之。以上三首，在鄉、會試出題合計分別多達 24、15、13 次。

〈大雅〉之〈崧高〉、〈烝民〉、〈江漢〉描寫的主角是宣王時的賢臣申伯、仲山甫、召穆公，亦頻見出題。宣王之舅申伯出封於謝，尹吉甫作〈崧高〉詩以送之，詩中言申伯是「維周之翰」，乃國之楨幹，又言：「周邦咸喜，戎有良翰。不顯申伯，王之元舅，文武是憲。申伯之德，柔惠且直。揉此萬邦，聞于四國」，讚美其德行，是國之棟梁，為文武大臣表率，名聲遠播。〈烝民〉之作，緣於宣王命仲山甫築城於齊，尹吉甫作〈烝民〉以送之。詩云：「仲山甫之德，柔嘉維則。令儀令色，小心翼翼；古訓是式，威儀是力」；「肅肅王命，仲山甫將之；邦國若否，仲山甫明之。既明且哲，以保其身。夙夜匪解，以事一人」；「維仲山甫，柔亦不茹，剛亦不吐；不侮矜寡，不畏強禦」，詩中備述仲山甫能達成使命、尊先王之古訓、兢兢業業、明哲保身等德行。〈江漢〉詩為宣王命召穆公平淮南之夷，詩人作此詩以美其功業，云：「經營四方，告成于王。四方既平，王國庶定。時靡有爭，王心載寧」，以及召穆公建功受賜，為答謝國君，而對國君祝福、稱頌：「虎拜稽首，天子

萬年」、「虎拜稽首，對揚王休。作召公考，天子萬壽」、「明明天子，令聞不已；矢其文德，洽此四國」，這些頌美的詩句，常見出題。

〈崧高〉、〈烝民〉、〈江漢〉在鄉、會試出題合計分別多達 16、30、33 次。從以上的分析、介紹可知，除因這三首是描寫賢臣的主題之外，在頌讚其人時，也常涉及施政、為官之要領，如「柔惠且直」、「柔嘉維則」、「古訓是式」、「明哲保身」、[9]「夙夜匪懈」等，肯定美好的德行之餘，並雜有祝福、頌美的吉祥字面，故受考官之青睞。

三、祭拜祖先、神明者

祭祀詩所以常被出題，除因祭祀是「國之大事」外，[10]也因祭祀常是為了祈福，故詩中多祝福、吉祥語。如〈小雅・楚茨〉為一祭祀詩，有「我倉既盈，我庾維億。以為酒食，以享以祀，以妥以侑，以介景福」、「先祖是皇，神保是饗。孝孫有慶，報以介福，萬壽無疆」、「神保是格，報以介福，萬壽攸酢」、「苾芬孝祀，神嗜飲食。卜爾百福，如幾如式」、「神嗜飲食，使君壽考」等祈神頌美的詩句。朱熹註此篇，引呂祖謙曰：「極言祭祀所以事神受福之節，致詳致備。所以推明先王致力於民者盡，則致力於神者詳。觀其威儀之盛，物品之豐，所以交神明逮羣下，至於受福無疆者，非德盛政修，何以致之？」祭品之豐，乃因豐年、先王「致力於民」、「德盛政修」之故，既多頌美吉祥，又蘊含為政之道，故鄉、會試共出題達 22 次。

祭祀詩在〈周頌〉與〈商頌〉中，更為頻見。〈周頌〉有祀文王、武王、祀先王先公、祀天地、社稷等詩。〈商頌〉共 5 篇，〈那〉、〈烈祖〉為祀成湯之詩。〈玄鳥〉為祭祀宗廟之樂，追敘商人之所由出，乃「天命玄鳥，降而生商」，以及殷商受天命、有天下之初等內容。〈長發〉為合祭遠近祖先的祫

9　朱熹釋〈烝民〉「既明且哲，以保其身」云：「明，謂明於理。哲，謂察於事。保身，蓋順理以守身，非趨利避害，而偷以全軀之謂也。」

10　晚明郝敬云：「農事者國之根本，祭祀者國之大事。」見明・郝敬：《毛詩序說》（《續修四庫全書》影印明萬曆崇禎間刻《山草堂集內編》本），卷 5，頁 15，釋〈小雅・楚茨〉。

祭詩，言商之先祖為濬哲之君，有受命之祥兼具明德，故四方諸侯歸之。〈殷武〉為祀高宗之作，楚人叛之，高宗用武以伐其國、致其眾，使諸侯畏服，詩中多言其受命而中興及描述中興之盛。

除〈周頌・小毖〉以外，其餘〈周頌〉、〈商頌〉詩作皆曾被出題，且多篇皆在鄉、會試出題最多的前 30 篇之列。由以上介紹，可見這些祭祀詩獲考官重視，除因多祝福、吉祥語外，祭祀詩又常在祭祀、緬懷中，提及賢君之功勳、德業，既是後代君臣施政的榜樣，也常見頌美之詞。以下舉〈商頌〉之〈長發〉、〈殷武〉兩篇，鄉、會出題皆名列前茅的詩篇為例。[11]

〈長發〉言商湯惟上帝是敬，「不競不絿，不剛不柔，敷政優優，百祿是遒」，施政寬裕、剛柔得宜，既是頌美商湯，亦暗含對當今國君之歌頌，又有為政至理在其中，且兼具「百祿」之吉祥字面，故此 4 句，鄉、會試中就出現 9 次。[12]〈殷武〉的第四章：「天命降監，下民有嚴。不僭不濫，不敢怠遑。命于下國，封建厥福。」朱註云：「言天命降監，不在乎他，在民之視聽，則下民亦有嚴矣。惟賞不僭，刑不濫，而不敢怠遑，則天命之以天下，而大建其福，此高宗所以受命而中興也。」此乃《尚書・泰誓》「天視自我民視，天聽自我民聽」之理。《孟子・萬章上》載萬章問：「堯以天下與舜，有諸？」孟子答：「否，天子不能以天下與人。」認為舜得天下是「天與之」，在對話中，也曾援引〈泰誓〉篇「天視自我民視，天聽自我民聽」來說明天如何與之。此為儒家主張國君應實施仁政重要的文獻，「不僭不濫，不敢怠遑」，是古今施政都適用的金科玉律，末兩句「命于下國，封建厥福」頗為吉祥，故此章頻見出題，鄉、會試共出了 11 次。[13]又如〈殷武〉第五章：「商邑翼翼，

---

[11] 〈長發〉會試出題 6 次，並列第四；鄉試出題 37 次，僅次於〈七月〉、〈天保〉、〈卷阿〉，居第四。〈殷武〉會試出題 10 次，居三百篇之冠；鄉試出題 29 次，僅次於〈七月〉、〈天保〉、〈卷阿〉、〈長發〉，居第五。

[12] 此 4 句一起出的有 7 次，單出前 2 句的 2 次。會試出過 1 次：弘治 9 年會試；鄉試出過 8 次：成化 13 年江西、弘治 14 年應天、正德 14 年江西、嘉靖 22 年四川、嘉靖 28 年應天、嘉靖 28 年廣東、萬曆 10 年山西、萬曆 10 年江西。

[13] 此章會試出過 4 次：天順 4 年、正德 6 年、萬曆 5 年及 29 年；鄉試出過 7 次：成化 7

四方之極。赫赫厥聲，濯濯厥靈。壽考且寧，以保我後生。」雖僅 6 句，因頌揚殷高宗中興之盛況，末兩句「壽考且寧，以保我後生」，亦為吉祥字面，故此章頻見出題，鄉、會試共出了 14 次。[14]

四、關乎軍事、農事等政教者

因為科舉考試目的在為國掄才，挑選、儲備未來的官員，故試以與政教有關的內容，也是理所當然。《左傳》成公十三年載：「國之大事，在祀與戎。」祭祀詩獲重視已如前言，《詩經》中若干關於作戰、軍事行動的詩篇，亦頻見出題。如〈秦風·小戎〉，朱熹釋此詩：西戎與秦有不共戴天之仇，秦襄公奉天子之命，率其國人前往征討，「故其從役者之家人，先誇車甲之盛如此，而後及其私情。蓋以義興師，則雖婦人亦知勇於赴敵，而無所怨矣」。鄉、會試共出 16 次。與宣王有關的戰爭詩，〈六月〉命尹吉甫帥師伐玁狁，〈采芑〉命方叔南征蠻荊，已見前述。

戰爭詩被考官出題的前提是：必須傳達同心作戰、軍容壯盛、凱旋而歸等正面的訊息，而非描寫戰爭的不幸、喪亂流離。如〈邶風·擊鼓〉開頭「擊鼓其鏜，踊躍用兵」，看似振奮。但後續的描寫「不我以歸，憂心有忡」、「爰居爰處？爰喪其馬？」「于嗟闊兮！不我活兮！」呈現征夫思歸、頹喪無鬥志、無法生還的疑慮，縱有「執子之手，與子偕老」的名句，但並非好題。〈小雅·何草不黃〉，朱熹言此乃「周室將亡，征役不息，行者苦之，故作此詩」，有「哀我征夫，獨為匪民」、「哀我征夫，朝夕不暇」語，描寫征夫是戰役的受害者，內容亦不宜出題。〈小雅·杕杜〉與〈何草不黃〉類似，描寫征夫以王事出，無休息之期，日復一日，因王事而詒妻子、父母之憂。有「王事靡盬，繼嗣我日」、「王事靡盬，我心傷悲」、「王事靡盬，憂我父母」及

年陝西、成化 10 年應天及江西、正德 14 年應天、嘉靖 37 年應天、萬曆 10 年廣東、天啟元年山西。

[14] 此章會試出過 2 次：嘉靖 32 年、萬曆 29 年；鄉試出過 12 次：成化 7 年應天及陝西、嘉靖元年應天及浙江、嘉靖 13 年廣東、嘉靖 16 年浙江及廣西、嘉靖 25 年江西、嘉靖 28 年陝西、嘉靖 43 年山東及河南、萬曆 4 年順天。

「女心傷止」、「女心悲止」、「憂心孔疚」等語，透露出的不是昂揚的軍威，而是哀傷、近於反戰的情緒。故三詩在鄉、會試中，都未見出題。

再如〈小雅・出車〉，共分 6 章：

> 我出我車，于彼牧矣！自天子所，謂我來矣！召彼僕夫，謂之載矣！
> 王事多難，維其棘矣！
> 我出我車，于彼郊矣！設此旐矣，建彼旄矣！彼旟旐斯，胡不斾斾？
> 憂心悄悄，僕夫況瘁。
> 王命南仲，往城于方；出車彭彭，旂旐央央。天子命我，城彼朔方。
> 赫赫南仲，玁狁于襄。
> 昔我往矣，黍稷方華；今我來思，雨雪載塗。王事多難，不遑啟居。
> 豈不懷歸？畏此簡書。
> 喓喓草蟲，趯趯阜螽。未見君子，憂心忡忡；既見君子，我心則降。
> 赫赫南仲，薄伐西戎。
> 春日遲遲，卉木萋萋；倉庚喈喈，采蘩祁祁。執訊獲醜，薄言還歸。
> 赫赫南仲，玁狁于夷。

第一、二、四章的「王事多難，維其棘矣」、「憂心悄悄，僕夫況瘁」、「王事多難，不遑啟居」，所呈現的景況並不好，四、五章「豈不懷歸？畏此簡書」、「未見君子，憂心忡忡」，書寫的是征人思歸、思婦閨中引領翹盼，也不無怨戰的情緒。以第三、六章，「天子命我，城彼朔方。赫赫南仲，玁狁于襄」及「執訊獲醜，薄言還歸。赫赫南仲，玁狁于夷」，寫到平定玁狁亂事，執訊獲醜，最為積極、昂揚，故〈出車〉鄉、會試共出 16 次題中，從第三、六章出題的，就有 12 次之多。可見自戰爭詩中出題，仍需兼顧擇吉祥、冠冕的原則。

民以食為天，農事關乎民生，也是執政者、官員所當重視。《詩經》中涉及農事者，如〈小雅〉的〈信南山〉、〈甫田〉、〈大田〉，內容多言耕種等農事，及豐收、祭祀、對農夫的感謝等。鄉、會試合計，三詩各出題 8、17、

12 次。朱熹言〈大雅・生民〉描寫后稷之出生，異於常人，在兒時，「已有種殖之志」。[15]「及為成人，遂好耕農，堯舉以農師」，因善稼穡，「故堯以其有功於民，封於邰」。詩中約三分之一的篇幅，著力描寫后稷之善稼穡：

> 蓺之荏菽，荏菽旆旆，禾役穟穟，麻麥幪幪，瓜瓞唪唪。誕后稷之穡，有相之道。茀厥豐草，種之黃茂。實方實苞，實種實褎，實發實秀，實堅實好，實穎實栗，即有邰家室。誕降嘉種，維秬維秠，維穈維芑。恆之秬秠，是穫是畝；恆之穈芑，是任是負，以歸肇祀。

〈生民〉鄉、會試共出題 18 次，其中就有 11 次自此段描寫農事的詩句中出題，可見農作物生長茂盛、農人豐收的敘述，是考官出題的焦點。〈周頌〉的農事詩不少，〈臣工〉、〈噫嘻〉為戒農官之詩，〈豐年〉、〈載芟〉為秋冬報賽田事之樂歌。〈良耜〉亦由農事言及「殺時犉牡」，以供祭祀。其中〈臣工〉、〈載芟〉出題次數較為可觀，鄉、會試合計，分別有 14、16 次。

再如〈七月〉詩，呈現農民生活從春耕到冬藏，包括蠶桑、織布、為裳、耕作、飲食、祭祀、燕樂等面向，雖朱熹說此詩是：「周公以成王未知稼穡之艱難，故陳后稷、公劉風化之所由，使瞽矇朝夕諷誦以教之。」但呈現的是農事忙碌，而非無衣無食的艱難。又有「我稼既同，上入執宮功」語，描寫農事既畢，執治宮室之事，不待督責，以見忠愛其君之甚。又穿插了「為此春酒，以介眉壽」、「躋彼公堂，稱彼兕觥，萬壽無疆」等吉祥語，故鄉、會試合計，共出了 94 次，是三百篇出題之冠。

〈七月〉詩的重要，也不只局限在農事描寫、祝福稱頌。作為試題，可以發揮的面向很多。王柏（1197-1274）曾言〈七月〉是「周公以立國之本、衣食之原，朝夕誦於王前，可謂萬世教幼主之法，實與〈無逸〉相表裏，不可偏

---

[15] 所據朱傑人《詩集傳》點校本原用「種殖」，傳世《詩經》注解引朱熹此語，「種殖」或作「種植」。

廢。」¹⁶宋濂（1310－1381）云〈七月〉詩「自于耜而舉趾，自播穀而滌場，以至上入執宮功，莫不纖悉備具，而功女蠶績之勤繼焉。嗚呼！國以民為本也，而民之至苦莫甚於農，有國家者宜思憫之、安之。」¹⁷茅坤（1512－1601）云：

> 予觀〈七月〉之詩，而知周家王業之所由興，然於此亦可以識周公所以
> 輔成王之忠，有非後世人臣之所能及者。蓋王道以勤恤民隱為本，此篇
> 之所陳述不獨教民農桑而已，而其感時憂患，雖經歲勤動，常若不及；
> 其所以養老奉上，雖恭敬奉承，唯恐或後。上以是體下，下以是順上，
> 此民俗之所由美，而王業之所由隆也。¹⁸

其中還包括了周公作為賢臣的典範，為政者應感時憂患，以民為本、以農為本，體下、恤農等教誨。

類似這些施政態度、為政之道的教誨，亦屬與政教相關。如〈大雅·卷阿〉，朱熹推論此詩為召康公從周成王遊，「歌於卷阿之上，因王之歌而作此以為戒」之作。前4章極言先君「壽考福祿之盛」，有許多頌美的詩句；後6章則告以能致福祿之由，乃因施政多得吉士、賢者輔佐之故。既吉祥頌美，又關乎為政，故於鄉、會試出題總計，也高居第三。又如〈大雅·板〉，朱熹以為是同列相戒之詞，憂時感事，責之深切。不少措辭，頗為激烈，如：「天之方難，無然憲憲；天之方蹶，無然泄泄」及「天之方虐，無然謔謔。老夫灌灌，小子蹻蹻。匪我言耄，爾用憂謔。多將熇熇，不可救藥」，近於喪亂、怨刺之音，並未見其出題。然詩中亦有為政的至理，如最末第八章「敬天之怒，無敢戲豫；敬天之渝，無敢馳驅」4句，朱註云：「言天之聰明，無所不及，

---

16 南宋·王柏：《詩疑》（《續修四庫全書》影印清康熙刻《通志堂經解》本），卷1，頁9。

17 明·宋濂：〈恭題豳風圖後〉，《文憲集》（《景印文淵閣四庫全書》本），卷13，頁9。後署洪武9年作。

18 明·茅坤：〈讀豳風七月之詩〉，《茅鹿門文集》（《續修四庫全書》影印明萬曆刻本），卷30，頁3。

不可以不敬也」，以上天日監在茲，告誡同列應敬天、黽勉從事。萬曆 37 年順天、萬曆 46 年福建，皆曾出此 4 句之題。

據《國語·楚語上》左史倚相云：衛武公年九十五，猶箴儆於國，言「無謂我老耄而舍我，必恭恪於朝，朝夕以交戒我」，於是作〈懿戒〉以自儆。後代學者，咸認為〈懿戒〉即〈大雅〉之〈抑〉詩。朱熹註〈抑〉詩亦云：「衛武公作此詩，使人日誦於其側以自警。」〈抑〉詩所言，頗多為政箴言，如：「訏謨定命，遠猶辰告。敬慎威儀，維民之則」，言為政不為一身謀、不為一時計，而是顧慮天下、為長久之計。敬慎威儀，然後可以為天下法。又如：「肆皇天弗尚，如彼泉流，無淪胥以亡。夙興夜寐，洒掃庭內，維民之章。脩爾車馬，弓矢戎兵，用戒戎作，用逷蠻方。」據朱註，前三句言尚天命，天所不尚，淪陷滅亡將如泉流般容易。故必須「內自庭除之近，外及蠻方之遠，細而寢興洒埽之常，大而車馬戎兵之變，慮無不周，備無不飭」。兢兢業業，謹慎治國，這是衛武公對自己的告誡，也是後代君臣需謹記在心的施政箴言。

五、關乎德行修養、蘊含義理者

〈抑〉詩所言，固多為政之忠告，但也頗多關於德行、修養的金科玉律。如「慎爾出話，敬爾威儀，無不柔嘉。白圭之玷，尚可磨也；斯言之玷，不可為也」，強調要謹言，言語之失，難以補救。「相在爾室，尚不愧于屋漏」，言不僅在人人易見之顯處，在獨處、無人得見時，也要能持心端正。兩句化為「不愧屋漏」的成語，成為處世之格言。慎言、不愧屋漏，是對施政君臣的叮嚀，也是個人修身養性的提醒。由於關乎政教，又關乎德行修養，使得〈抑〉詩在鄉、會試出題共有 20 次之多。

〈衛風·淇奧〉是衛人美衛武公之德而作，三章分別以綠竹始生、茂盛、極盛，美衛武公修德有進無已，及和易而中節、寬綽無斂束、無適而非禮等德行。如「有匪君子，如切如磋，如琢如磨」、「有匪君子，如金如錫，如圭如璧」、「寬兮綽兮，猗重較兮。善戲謔兮，不為虐兮」，至今仍是膾炙人口、讚美德行的佳言、名句，鄉會試共出了 25 次，在〈國風〉中出題次數名列第二，僅次於〈七月〉。

〈曹風・鳲鳩〉在鄉、會試共出題 19 次，在〈國風〉中僅次於〈七月〉、〈淇奧〉，與〈芣苢〉並列第三。此詩四章首句皆用「鳲鳩在桑」起興：

> 鳲鳩在桑，其子七兮。淑人君子，其儀一兮；其儀一兮，心如結兮。
> 鳲鳩在桑，其子在梅。淑人君子，其帶伊絲；其帶伊絲，其弁伊騏。
> 鳲鳩在桑，其子在棘。淑人君子，其儀不忒；其儀不忒，正是四國。
> 鳲鳩在桑，其子在榛。淑人君子，正是國人；正是國人，胡不萬年！

以鳲鳩飼子，平均如一，以況君子用心均平專一。因君子有常度而其心專一，故其儀不差忒，能正國人、能正四國。獲得考官出題重視，除因有「胡不萬年」之頌讚吉祥語，君子用心均平專一、以身作則的德行，也值得推重。

〈伐檀〉共三章，章末以詠歎君子「不素餐兮」、「不素食兮」、「不素飧兮」作結，朱熹言此乃美君子不素餐、不空食之作，雖「欲自食其力而不可得矣，然其志則自以為不耕則不可以得禾，不獵則不可以得獸，是以甘心窮餓而不悔也」。在鄉、會試中，共出題 9 次。

〈唐風〉為晉詩，朱熹言晉國土瘠民貧，晉人勤儉質樸，「憂深思遠，有堯之遺風」。〈唐風〉中最能表現勤儉質樸、憂深思遠者，莫過〈蟋蟀〉一詩了。此詩三章複沓，意頗雷同：

> 蟋蟀在堂，歲聿其莫。今我不樂，日月其除。無已大康，職思其居。
> 好樂無荒，良士瞿瞿。
> 蟋蟀在堂，歲聿其逝。今我不樂，日月其邁。無已大康，職思其外。
> 好樂無荒，良士蹶蹶。
> 蟋蟀在堂，役車其休。今我不樂，日月其慆。無已大康，職思其憂。
> 好樂無荒，良士休休。

詩中的晉人，雖有及時行樂的念頭，然憂深思遠，方燕樂而又遽相戒：雖不可不為樂，但是否太過度？互相警惕必須能好樂而無荒，才不至於危亡。朱熹對

此詩的解釋，頗為詳細，讚美「唐俗勤儉，故其民間終歲勞苦，不敢少休，及其歲晚務閒之時，乃敢相與燕飲為樂。……其民俗之厚，而前聖遺風之遠如此」。這種憂深思遠的思維，在〈豳風・鴟鴞〉「迨天之未陰雨，徹彼桑土，綢繆牖戶」中，[19]以未雨綢繆來反映。此種憂患意識，屢出現在經書中，適用於小我之個人、家庭，也適用於社稷、國家，故為考官所看重，使得〈蟋蟀〉詩在鄉、會試出題，也有 8 次之多。

又如〈小雅・鶴鳴〉詩：

> 鶴鳴于九皋，聲聞于野。魚潛在淵，或在于渚。樂彼之園，爰有樹檀，
> 其下維蘀。它山之石，可以為錯。
> 鶴鳴于九皋，聲聞于天。魚在于渚，或潛在淵。樂彼之園，爰有樹檀，
> 其下維穀。它山之石，可以攻玉。

詩僅兩章，每章 9 句，形式複沓，字句、意義多相近。然歷來釋義，頗多紛歧。今人解此詩，多將前 7 句視為對景物的描繪，[20]若有蘊含義理，也多僅見

---

[19] 〈豳風・鴟鴞〉鄉、會試共出了 6 次，其中試題出現「迨天之未陰雨，徹彼桑土，綢繆牖戶」者，就有 4 次：萬曆 2 年會試、成化 7 年浙江鄉試、正德 14 年應天鄉試、萬曆 25 年應天鄉試；可見此三句是出題的重點。

[20] 今人解此詩，亦有以比體解者，認為此詩寫景的全部或部分詩句，另有寄託。然亦有不少學者，僅就字面直釋，如陳子展云：「〈鶴鳴〉，似是一篇〈小園賦〉，為後世田園山水一派詩之濫觴。」陳子展：《詩經直解》（臺北：書林出版公司，1992 年 8 月），頁 617。陳說影響很大，如以下諸人論述，皆依循陳說，認為這些詩句是對園林景色的描寫。許振軒云：「與其說這首詩像〈小園賦〉，不如說它像〈小園鳥瞰圖〉。」說見金啟華等主編：《詩經鑑賞辭典》（合肥：安徽文藝出版社，1990 年 2 月），頁 468。孫達云：「這是讚揚一個林園自然環境極其優美的詩。」孫達：《詩經白話譯詮》（武昌：華中師範大學出版社，1994 年 5 月），頁 328。唐莫堯認為〈鶴鳴〉詩旨、主題是「讚美園林之盛」、「讚揚園林池沼美好的詩」。唐莫堯：《詩經新注全譯》（成都：巴蜀書社，1998 年 8 月），頁 368。徐培均：「就詩論詩，不妨認為這是一首即景抒情小詩。……形成一幅遠古詩人漫遊荒野的圖畫。」說見姜亮夫等撰：《先秦詩鑑賞辭典》（上海：上海辭書出版社，1998 年 12 月），頁 373。

於兩章的末兩句:「它山之石,可以為錯」、「它山之石,可以攻玉」。然朱熹以為是此詩是比體,是「陳善納誨之辭」,極為詳細的闡釋其涵義。解第一章:

> 蓋鶴鳴于九皋而聲聞于野,言誠之不可揜也。魚潛在淵而或在于渚,言理之無定在也。園有樹檀而其下維蘀,言愛當知其惡也。他山之石而可以為錯,言憎當知其善也。由是四者引而伸之,觸類而長之,天下之理其庶幾乎!

第二章則引程子曰,來申論「它山之石,可以攻玉」之理:

> 程子曰:「玉之溫潤,天下之至美也。石之粗厲,天下之至惡也。然兩玉相磨不可以成器,以石磨之,然後玉之為器得以成焉。猶君子之與小人處也,橫逆侵加,然後脩省畏避,動心忍性,增益預防,而義理生焉,道德成焉。」

由於朱註的解釋,將〈鶴鳴〉的義理,發揮得如此詳盡淋漓,連看似寫景的句子,都蘊含、寄託著深刻的道理,句句都可出題,因此雖篇幅不長、文句簡要,但在鄉、會試出題,共達 17 次之多。

第七章　鄉會試罕見出題的詩篇

　　在第六章中，雖分五類來說明考官出題的傾向，但可看出這五類間不免會有所交集。例如：一首描寫文王、宣王、周公等聖君賢臣的詩中，內容可能牽涉戰爭、農事等，兼有對其德行、施政的肯定，同時又少不了若干頌美的詩句。一首祭祀詩中，或祭祀先公先王、或祈求豐收，也常涉及德行、施政、農事，及頌禱、祈福等內容。大抵看來，頻見出題者，多因內容於這五類的著墨特別多，如果篇幅夠長，加上內容字字珠璣，富涵義理，又扣緊政教、頻見頌美之詞，就會成為出題次數位居前列的名篇，如〈七月〉、〈天保〉、〈卷阿〉、〈殷武〉等詩即是。

　　反觀未被出題，不受考官青睞的詩篇，常是因為內容並非頌美、祝福，而是淒苦、喪亂、怨刺、不吉；或者只是小我、男女之感情——這些既不關乎聖君、賢臣、君子等榜樣，也不關乎國家軍事、農事、祭祀等大事；也未蘊含可推崇的德行、值得闡揚的義理等，雖無違礙，但作為掄才的試題，意義不大。

第一節　未見出題的〈風〉詩與「淫詩」

　　合觀鄉、會試，未見出題的〈國風〉篇目如下：

表 1：鄉、會試〈國風〉未曾出題篇目

國風	未出題／原篇數	未出題詩篇
〈周南〉	3／11	〈卷耳〉、〈桃夭〉、〈汝墳〉。
〈召南〉	5／14	〈行露〉、〈殷其靁〉、〈摽有梅〉、〈江有汜〉、〈野有死麕〉。

〈邶風〉	18／19	〈柏舟〉、〈綠衣〉、〈燕燕〉、〈日月〉、〈終風〉、〈擊鼓〉、〈凱風〉、〈匏有苦葉〉、〈谷風〉、〈式微〉、〈旄丘〉、〈簡兮〉、〈泉水〉、〈北門〉、〈北風〉、〈靜女〉、〈新臺〉、〈二子乘舟〉。
〈鄘風〉	8／10	〈柏舟〉、〈牆有茨〉、〈君子偕老〉、〈桑中〉、〈鶉之奔奔〉、〈蝃蝀〉、〈相鼠〉、〈載馳〉。
〈衛風〉	9／10	〈考槃〉、〈碩人〉、〈氓〉、〈竹竿〉、〈芄蘭〉、〈河廣〉、〈伯兮〉、〈有狐〉、〈木瓜〉。
〈王風〉	10／10	〈黍離〉、〈君子于役〉、〈君子陽陽〉、〈揚之水〉、〈中谷有蓷〉、〈兔爰〉、〈葛藟〉、〈采葛〉、〈大車〉、〈丘中有麻〉。
〈鄭風〉	18／21	〈將仲子〉、〈叔于田〉、〈大叔于田〉、〈清人〉、〈遵大路〉、〈有女同車〉、〈山有扶蘇〉、〈蘀兮〉、〈狡童〉、〈褰裳〉、〈丰〉、〈東門之墠〉、〈風雨〉、〈子衿〉、〈揚之水〉、〈出其東門〉、〈野有蔓草〉、〈溱洧〉。
〈齊風〉	8／11	〈還〉、〈東方之日〉、〈東方未明〉、〈南山〉、〈盧令〉、〈敝笱〉、〈載驅〉、〈猗嗟〉。
〈魏風〉	4／7	〈汾沮洳〉、〈陟岵〉、〈十畝之間〉、〈碩鼠〉。
〈唐風〉	10／12	〈山有樞〉、〈揚之水〉、〈椒聊〉、〈綢繆〉、〈杕杜〉、〈羔裘〉、〈鴇羽〉、〈無衣〉、〈葛生〉、〈采苓〉。
〈秦風〉	4／10	〈車鄰〉、〈黃鳥〉、〈晨風〉、〈權輿〉。
〈陳風〉	10／10	〈宛丘〉、〈東門之枌〉、〈衡門〉、〈東門之池〉、〈東門之楊〉、〈墓門〉、〈防有鵲巢〉、〈月出〉、〈株林〉、〈澤陂〉。
〈檜風〉	4／4	〈羔裘〉、〈素冠〉、〈隰有萇楚〉、〈匪風〉。
〈曹風〉	2／4	〈候人〉、〈下泉〉。
〈豳風〉	1／7	〈破斧〉。

十五〈國風〉中,〈王風〉、〈陳風〉、〈檜風〉,在鄉、會試中,一題都未曾出。除了〈周南〉、〈召南〉、〈豳風〉,考官出題的比例較高外,其他多僅是寥寥一、二篇曾被出題。〈國風〉160篇中,共有114篇,未曾在鄉、會試中出過題,由於詩篇數過多,無法一一討論,以下姑舉〈國風〉之

〈鄘風〉10 篇為例，來說明、分析。[1]

詩　篇	會試題數	鄉試題數	詩　　旨
〈柏舟〉	0	0	衛世子共伯早死，共姜守義，父母欲奪其志嫁之，共姜作此自誓。
〈牆有茨〉	0	0	衛宣公卒，惠公幼，其庶兄頑烝於宣姜，詩人作詩刺之。
〈君子偕老〉	0	0	刺宣姜徒有美色、服飾之盛，而不善、失德。
〈桑中〉	0	0	詩言將與所思之人相期會，刺衛俗淫亂。
〈鶉之奔奔〉	0	0	衛人刺宣姜與頑非匹耦而相從。
〈定之方中〉	2	8	衛文公營立宮室，國人悅之，作詩美之。
〈蝃蝀〉	0	0	言淫奔之人，思男女之欲，不守貞信之節，刺淫奔之詩。
〈相鼠〉	0	0	刺無儀、無止、無禮之人。
〈干旄〉	1	4	衛大夫乘車馬以見賢者，賢者言將如何答其禮意之勤。
〈載馳〉	0	0	許穆夫人閔衛之亡，將唁衛侯，許大夫告不可歸之義，乃作此詩，自言其意。

在這 10 篇中，描寫賢君衛文王營建宮室的〈定之方中〉，以及衛大夫好賢的〈干旄〉，出題較多，是可以理解的。怨刺詩一向罕少出題，何況〈相鼠〉責備其人無禮，口吻極為嚴厲。「不死何為」、「不死何俟」、「胡不遄死」，殊失溫柔敦厚之道，不宜出題讓考生描摹其憤怒。〈柏舟〉、〈載馳〉兩詩，就詩旨來看不壞，或言守貞，或憫衛亡，但內容仍局限於小我，且情緒偏向負面、愁苦，非頌美，故也不為出題所重。

〈牆有茨〉、〈君子偕老〉、〈桑中〉、〈鶉之奔奔〉、〈蝃蝀〉，朱熹解作淫奔之作，或刺淫之詩者，皆未出題。而且，不只是〈鄘風〉，除〈二南〉少數詩篇外，凡〈風〉詩中，涉及男女情事，近於淫詩者，皆與出題絕緣。

1　選擇〈鄘風〉來討論，乃因：一、詩篇數適中；二、非頻見出題，也非全不出題；三、詩旨、內容尚稱多元。

　　朱熹「淫詩說」是其《詩經》學重要的創說，但到底所指的淫詩有那幾篇？共幾首？朱熹不曾具體指出，後世對淫詩的認定也頗有出入。稍晚於朱熹的王柏（1197－1274），認為童子誦讀淫詩，將「導其邪思，非所以為訓」，欲刪去 31 篇淫詩，以「洗千古之蕪穢」。所列舉的淫詩篇目如下：〈野有死麕〉、〈靜女〉、〈桑中〉、〈氓〉、〈有狐〉、〈丘中有麻〉、〈將仲子〉、〈遵大路〉、〈有女同車〉、〈山有扶蘇〉、〈蘀兮〉、〈狡童〉、〈褰裳〉、〈東門之墠〉、〈丰〉、〈風雨〉、〈子衿〉、〈野有蔓草〉、〈溱洧〉、〈大車〉、〈晨風〉、〈東方之日〉、〈綢繆〉、〈葛生〉、〈東門之池〉、〈東門之枌〉、〈東門之楊〉、〈防有鵲巢〉、〈月出〉、〈株林〉、〈澤陂〉。[2]

　　元代馬端臨（1254－1323）則言朱熹所謂的淫詩有 24 篇，其中：〈靜女〉、〈桑中〉、〈丘中有麻〉、〈將仲子〉、〈遵大路〉、〈有女同車〉、〈山有扶蘇〉、〈蘀兮〉、〈狡童〉、〈褰裳〉、〈東門之墠〉、〈丰〉、〈風雨〉、〈子衿〉、〈野有蔓草〉、〈溱洧〉、〈東方之日〉、〈東門之池〉、〈東門之楊〉、〈月出〉等 20 篇的篇目與王柏同。捨棄王柏也視作淫詩的〈野有死麕〉等 11 篇，[3]再補入〈衛風‧木瓜〉、〈王風‧采葛〉、〈鄭風‧揚之水〉、〈鄭風‧出其東門〉等 4 篇。[4]

　　當今學者，對淫詩共幾篇？是指那幾篇？說法也不一。趙明媛以為有 22 篇，黃忠慎以為有 23 篇，曹虹以為有 26 篇，何定生以為有 27 篇，趙制陽、檀作文以為有 28 篇，程元敏、莫礪鋒、鄒其昌、文鈴蘭、陳明義等，以為有 30 篇。[5]眾說紛紜，互有出入，此皆緣於對淫詩的判定，到底是朱熹有言及淫

---

[2]　南宋‧王柏：《詩疑》（《續修四庫全書》影印清康熙刻《通志堂經解》本），卷 1，頁 16－17。王柏行文中雖言淫詩「三十有二篇」，但所列舉的淫詩篇目只有 31 篇。

[3]　11 篇之篇目如下：〈野有死麕〉、〈氓〉、〈有狐〉、〈大車〉、〈晨風〉、〈綢繆〉、〈葛生〉〈東門之枌〉、〈防有鵲巢〉、〈株林〉、〈澤陂〉。

[4]　元‧馬端臨：《文獻通考》（《景印文淵閣四庫全書》本），卷 178，頁 18。

[5]　參程元敏：《王柏之詩經學》（臺北：嘉新水泥公司文化基金會，1968 年 10 月），頁 82－85。趙明媛：《姚際恆詩經通論研究》（桃園：中央大學中國文學研究所博士論

奔者才算，或者依據朱熹對淫詩的判斷，概括其原則來類推亦可？兼以解讀朱熹的釋義，各有體會，詩義之闡釋有異，且對言及男女之情者就是淫詩嗎？什麼程度才算淫詩？學者有不同的看法，在界定淫詩時，標準也不一。

　　譬如〈召南・野有死麕〉一篇，單就文本來看，「有女懷春，吉士誘之」，「舒而脫脫兮，無感我帨兮，無使尨也吠」語，比起〈鄭風〉、〈衛風〉被朱熹視為淫詩之作，有過之而無不及。然而朱熹在〈詩集傳序〉中強調：「〈周南〉、〈召南〉，親被文王之化以成德，而人皆有以得其性情之正，故其發於言者，樂而不過於淫，哀而不及於傷，是以二篇獨為〈風〉詩之正經。」因襲《詩序》的解說，認定〈周南〉、〈召南〉是受文王之化的「正經」，無邪淫之詩，故對其中言男女之情詩，仍多往文王之化解釋。說〈野有死麕〉是「南國被文王之化，女子有貞潔自守，不為強暴所汙者，故詩人因所見以興其事而美之」之作，故並未視作淫詩。而王柏卻將其歸入淫詩之列。朱、王兩人的出入不僅止於此，除〈野有死麕〉外，〈晨風〉、〈綢繆〉、〈葛生〉、〈株林〉，這些朱熹並未視作淫詩者，王柏都列入淫詩的篇目中；反觀〈木瓜〉、〈采葛〉、〈揚之水〉、〈叔于田〉4 篇，朱熹視作淫詩，王柏卻不以為是淫詩。[6]王柏師事朱熹再傳弟子何基（1188－1268），朱、王兩人學術有著傳承的關係，都有如此出入，也難怪後人在討論、認定淫詩篇目時，議論紛紛。

　　筆者無意陷入淫詩辨證的糾纏裡，廣納曾被歸入、指涉為淫詩的篇目共

文，2000 年 12 月，岑溢成指導），頁 236－242；黃忠慎：《朱子詩經學新探》（臺北：五南圖書出版公司，2002 年 1 月），頁 59－118，〈貽誤後學乎？可以養心乎？——朱子「淫詩說」理論的再探〉；頁 213－218，〈朱子對所謂「淫詩」的解題〉；檀作文：《朱熹詩經學研究》（北京：學苑出版社，2003 年 8 月），頁 90－96；鄒其昌：《朱熹詩經詮釋學美學研究》（北京：商務印書館，2004 年 7 月），頁 111；陳明義：《朱熹詩經學與詩經漢學傳統異同之研究》（臺北：花木蘭文化出版社，2008 年 9月），頁 454。筆者僅羅列以上文獻所述及諸家之論，對此議題提出見解的，定不僅止於此。

6　參程元敏：《王柏之詩經學》，頁 86－87。

36 篇，羅列於下：[7]

〈國風〉	詩　篇
〈召南〉	〈野有死麕〉。
〈邶風〉	〈靜女〉。
〈鄘風〉	〈桑中〉。
〈衛風〉	〈氓〉、〈有狐〉、〈木瓜〉。
〈王風〉	〈采葛〉、〈大車〉、〈丘中有麻〉。
〈鄭風〉	〈將仲子〉、〈叔于田〉、〈遵大路〉、〈有女同車〉、〈山有扶蘇〉、〈蘀兮〉、〈狡童〉、〈褰裳〉、〈丰〉、〈東門之墠〉、〈風雨〉、〈子衿〉、〈揚之水〉、〈出其東門〉、〈野有蔓草〉、〈溱洧〉。
〈齊風〉	〈東方之日〉。
〈唐風〉	〈綢繆〉、〈葛生〉。
〈秦風〉	〈晨風〉。
〈陳風〉	〈東門之枌〉、〈東門之池〉、〈東門之楊〉、〈防有鵲巢〉、〈月出〉、〈株林〉、〈澤陂〉。

這 36 篇牽涉男女情意、曾被指為淫詩者，在明代鄉、會試出題時，沒有一篇曾被出題。

所謂見賢思齊，見不賢而內自省，即使是淫奔之詩，也可作為負面教材，也存在著教化的作用。朱熹曰：「彼雖以有邪之思作之，而我以無邪之思讀之。則彼之自狀其醜者，乃所以為吾警懼懲創之資耶！」[8]釋「思無邪」一語，又云：「凡詩之言，善者可以感發人之善心，惡者可以懲創人之逸志，其

---

[7]　36 篇，其中 32 篇篇目參黃忠慎〈朱子對所謂「淫詩」的解題〉一文中，作者認為是淫詩的 23 篇，及另外前人宣稱是淫詩，被作者所排除的 9 篇；再補入王柏所列 31 篇中，不為黃文列入討論之〈野有死麕〉、〈綢繆〉、〈葛生〉、〈晨風〉4 篇。

[8]　南宋‧朱熹：〈讀呂氏詩記桑中篇〉，《晦庵集》（《景印文淵閣四庫全書》本），卷 70，頁 1。

用歸於使人得其情性之正而已。」[9]惡者，可告誡讀者當引以為鑑，故淫詩中也有至道。朱熹正是藉此以教化，何以不能出題？這與八股文文體的特色大有關係，以下將從小題文「褻而不經」一類的特質、引來的批評談起，以詳加說明。

筆者在〈明清科舉八股小題文研究〉中，[10]曾指出八股文有大題文和小題文之分，鄉、會試常出大題，小題則常用於小考中。小題出題有兩大類，一是割裂不全，這點較廣為人知，如截上、截下、上偏下全、上全下偏、截搭題等。另有一類屬「褻而不經」的小題，「如鑽穴、踰牆、殺雞、攘羊之類」，[11]就算題目完整，而或因非出於聖賢之口，或因無冠冕大道理可闡發者，亦是小題之屬。黃越（1653－1727）言小題：「或虛縮則半面也，或割截則罄折傴仰也；……忽而讒諛婉媚，則小人、女子也。」又分論大、小題的風格、性質，言：「大題如廟堂物色，垂紳正笏，端坐拱立，嚴整而不可犯也」，「小題則自王公貴人，下至山農野老、販夫牧豎，而無不繪也；自清廟明堂，以至水邊林下、擊劍扛鼎、雞鳴狗盜而無不繪也。」[12]以讒諛婉媚之小人女子、山農野老、販夫牧豎、擊劍扛鼎、雞鳴狗盜者為題，顛覆了「代聖立言」、明道闡聖的嚴肅，皆屬小題「褻而不經」一類。

縱使制義題目非出自聖賢之口，所言亦非至理，在代言處亦必須極力揣摩其口吻、心曲，「獷黠滑稽，便變駿豎，無所不效焉」。[13]晚清唐才常（1867－1900）因此質疑時文何來「端趨向、正人心」的作用：

---

9 南宋・朱熹：《四書章句集注・論語集注》（臺北：漢京文化事業有限公司，1987 年 10 月），卷 1，頁 53，〈為政〉。

10 侯美珍：〈明清科舉八股小題文研究〉，《臺大中文學報》第 25 期（2006 年 12 月），頁 153－198。

11 清・魏禧：〈制科策中〉，清・魏禧撰，胡守仁等校點：《魏叔子文集》（北京：中華書局，2003 年 6 月），頁 184，「褻而不經」句下魏禧自注。

12 清・黃越：〈甲戌房書小題商序〉，《退谷文集》（《四庫全書存目叢書》影印清雍正 5 年〔1727〕光裕堂刻本），卷 7，頁 35。

13 清・董棨：〈十二科小題觀略序〉，收入於國立中央圖書館編：《國立中央圖書館善本序跋集錄・集部》（七）（臺北：國立中央圖書館，1994 年 4 月），頁 229。

　　　即其言出自王孫賈、陽貨之流，必益窮形盡相，曲摹宵人腑臟，以售其
　　　奸，而後目之曰佳文。則所為端趨向、正人心者安在？[14]

袁枚（1716－1798）亦言：「如作王孫賈，便極言媚竈之妙；作淳于髡、微生
畝，便極詆孔孟之非。」[15]舉所言微生畝一例以明之，《論語・憲問》：「微
生畝謂孔子曰：『丘何為是栖栖者與？無乃為佞乎？』孔子曰：『非敢為佞
也，疾固也。』」題若出自微生畝語，則必須代微生畝發言，依此段文義，只
能揣摩其口吻責孔子「佞」。紀昀（1724－1805）亦嘗言：「既以魔語命題，不
得不隨之作魔語，譬如八股以『若是乎從者之廋也』命題，不得不肖或人口氣
誣孟子門人作賊也。」[16]如此「極詆孔孟之非」，則不僅「褻而不經」，甚至
有侮聖之嫌了。

　　王夫之（1619－1692）云：「逆惡頑夫語，覆載不容，而為之引伸，心先喪
矣。俗劣有司以命題試士，無行止措大因習為之，備極凶悖。如〈孰謂鄹人之
子知禮乎〉、〈謨蓋都君咸我績〉之類，何忍把筆長言？」[17]又指出：「萬曆
後作小題文字，有諧謔失度，浮豔不雅者」，責周延儒（1593－1643）「以一代
典制文字引伸聖言者，而作〈豈不爾思〉、〈踰東家牆〉等淫穢之詞，其無所
忌憚如此。」[18]周氏兩文今未見，〈踰東家牆〉題目出自《孟子・告子下》：
「踰東家牆而摟其處子，則得妻；不摟，則不得妻，則將摟之乎？」依經文作
〈踰東家牆〉文，不流於淫穢也難。

14　清・唐才常：〈時文流毒中國論〉，《覺顛冥齋內言》（《續修四庫全書》影印清光緒
　　24 年〔1898〕長沙刻本），卷 4，頁 2。

15　清・袁枚：〈答戴敬咸進士論時文〉，清・袁枚撰，清・胡光斗箋釋：《小倉山房尺牘
　　箋釋》（臺北：廣文書局，1978 年 7 月），卷 3，頁 3。

16　清・梁章鉅撰，陳居淵點校：《試律叢話》（上海：上海書店，2001 年 12 月，與《制
　　義叢話》合刊），卷 2，頁 538，引紀昀《我法集》語。題見《孟子・盡心下》。

17　清・王夫之：《夕堂永日緒論外編》，第 50 條，《船山全書》（15）（長沙：嶽麓書
　　社，1995 年 6 月），頁 867。前者見《論語・八佾》，有人質疑孔子不知禮；後者見
　　《孟子・萬章上》，舜之弟象自言，策劃填井活埋舜皆為己功。

18　清・王夫之：《夕堂永日緒論外編》，第 48 條，頁 866。

　　國君、朝廷設科取士的本意，如明太祖（1328－1398）言：「特設科舉，以起懷才抱道之士。務在經明行修，博通古今，文質得中，名實相稱。」[19]清高宗（1711－1799）說：「國家以經義取士，使多士由聖賢之言，體聖賢之心，正欲使之為聖賢之徒。」[20]試以制義，「代聖立言」，正是要藉由體會孔孟之心的過程，使讀書人趨向聖賢，考「褻而不經」的小題文，作制藝而揣摩逆惡頑夫語，或淪為穢褻、不能卒讀，顯然與設科取士之本意背道而馳。

　　再以周延儒（1593－1643）〈豈不爾思〉題為例，此題出自《論語·子罕》：

> 「唐棣之華，偏其反而。豈不爾思？室是遠而。」子曰：「未之思也，夫何遠之有？」

所引詩句，與〈鄭風·東門之墠〉頗為相近：

> 東門之墠，茹藘在阪。其室則邇，其人甚遠。
> 東門之栗，有踐家室。豈不爾思？子不我即。

〈國風〉中言男女之情者，大膽、露骨的程度，同於或較〈東門之墠〉「豈不爾思」甚者，所在多有，以此出題、作文，必然招致「淫穢」、「無所忌憚」的批評。在小考、小題文中如此出題、作文，尚且不容，更何況是鄉、會試？

　　再回頭重新討論〈鄘風·柏舟〉何以未見出題，此詩乃衛世子共伯之妻共姜守貞、自誓不嫁之作，就詩旨來看，並無可議處。不出題除因〈柏舟〉純屬共姜小我之情感，比不上〈雅〉、〈頌〉詩篇常言及國家大事來得重要外，歸

---

19 明·李景隆等撰：《明太祖實錄》（臺北：中央研究院歷史語言研究所，1966 年），卷 52，頁 5。

20 清·勒德洪奉敕撰：《大清高宗純皇帝實錄》（臺北：華文書局，1969 年），卷 129，頁 17，乾隆 5 年（1740）10 月丙寅上諭。

納詩中的重點有二個：一是對共伯的傾心愛慕、堅貞不移，故言「實維我儀」、「實維我特」、「之死矢靡它」、「之死矢靡慝」；一是對父母不諒解的埋怨，故兩章末皆以「母也天只！不諒人只！」作結。前者容易流於露骨、淫穢；後者容易演變成通篇都是共姜在指責父母，流於不孝。這樣的詩句，不好出題，也讓作文者很為難。

考官出題必須兼顧詩旨及詩句兩方面，故〈周南〉、〈召南〉雖被《詩序》、鄭玄《詩譜》視為「正詩」、「正風」，朱熹〈詩集傳序〉也譽之為「詩之正經」，詩旨都被朱熹往文王之化的方向解釋，但卻不是篇篇可以出題，倘若出〈野有死麕〉「有女懷春，吉士誘之」題，或「舒而脫脫兮，無感我帨兮，無使尨也吠」題，如何下筆？

是故，霍韜（1487－1540）等人，雖對出題偏重不滿，一再強調要從變〈風〉、變〈雅〉中出題，但若用男女情意之描寫、淫奔之詩句為題，考生在制義中大肆發揮「豈不爾思」，很容易流於傷雅、害道，這是從三百篇出題，無法迴避的困境，也是〈國風〉未被出題的詩篇，始終居高不下的原因。

第二節　未見出題的〈雅〉、〈頌〉怨刺詩

相較於〈國風〉未被出題主要是情詩、淫詩較多，少數是因怨刺、因愁苦，因描寫的較偏小我而非國政，〈雅〉、〈頌〉未被出題者，主要多為怨刺、喪亂之詩。詩篇不多，參考朱熹《詩序辨說》及《詩集傳》對各篇之釋義，將全部未出題各篇詩旨，羅列於下。

表 2：鄉、會試〈雅〉、〈頌〉未曾出題篇目

	詩　篇	詩　　　　旨
小雅	〈四牡〉	勞使臣之詩，使臣為王事奔走，不遑養其父母，國君設其情以勞之。
	〈杕杜〉	勞還役之詩，征夫以王事出而未還時，貽妻子、父母之憂。
	〈沔水〉	憂亂之詩，兄弟、諸友無肯念亂者。
	〈祈父〉	軍士怨於久役，無所止居，不得奉養父母而呼告祈父之作。

	〈黃鳥〉	民適異國，不得其所，故作此詩。
	〈我行其野〉	民適異國，依其婚姻，而不見收恤，故作此詩。
	〈十月之交〉	日食等災異迭起，上天示警，刺幽王莫懲，皇父等群小亂政。
	〈雨無正〉	饑饉之後，群臣離散，近臣憂心國事，憂讒畏譏之作。
	〈小弁〉	幽王娶申后，生太子宜臼，後惑於褒姒，黜申后、逐宜臼。宜臼被廢，作此以抒怨。
	〈巧言〉	大夫傷於讒，斥責讒言致亂，故作是詩。
	〈何人斯〉	責讒人如鬼蜮譖己。
	〈巷伯〉	因讒言遭宮刑而為巷伯者，作此詩以發洩憤懣。
	〈谷風〉	朋友相怨之詩，責對方忘大德而思小怨。
	〈蓼莪〉	人民勞苦，孝子不得終養父母，而作此詩。
	〈四月〉	遭亂自傷之詩。
	〈北山〉	大夫行役而作此詩，責役使不均，使己勞於王事，貽父母之憂。
	〈無將大車〉	行役勞苦而憂思者之作。
	〈鼓鍾〉	朱註言：「此詩之義，有不可知者。」
	〈車舝〉	此燕樂新婚之詩。
	〈青蠅〉	詩人以王好聽讒言，故以青蠅比之，戒王勿聽讒言。
	〈菀柳〉	王者暴虐、貪縱無極，諸侯不朝而作此詩。
	〈都人士〉	亂離之後，歎息不復見昔日都邑之盛、人物儀容之美。
	〈白華〉	幽王娶申后，又得褒姒，申后被黜作此詩。
	〈漸漸之石〉	將帥出征，經歷險遠，不堪勞苦而作此詩。
	〈苕之華〉	詩人遭逢周室之衰，因之以饑饉，憫時自言心之憂傷。
	〈何草不黃〉	周室將亡，征役不息，行者苦之而作。
大雅	〈蕩〉	詩人知厲王之將亡，故為此詩託於文王，嗟歎殷紂暴虐聚斂。
	〈桑柔〉	芮伯刺厲王而作，言厲王肆行暴虐、使貪人為政，以敗其成業。
	〈瞻卬〉	刺幽王嬖褒姒，任奄人以致亂、朝政大壞。
	〈召旻〉	刺幽王任用小人，以致饑饉侵削、國政日蹙。
周頌	〈小毖〉	成王除喪，既朝於廟而作。言方幼沖，未堪多難，請群臣協助。

合計〈雅〉、〈頌〉未被出題者一共 31 首：〈小雅〉有 26 首、〈大雅〉4 首、〈周頌〉1 首。

　　上述〈小雅〉、〈大雅〉未被出題者，《詩序》多言是「刺幽王」、少數是「刺宣王」之作。然因部分詩篇時代背景的線索不明，故朱熹之釋義，對《詩序》將詩篇背景定位為幽王、宣王時期的說法，多有保留。但由於詩中多有對喪亂的描寫、對朝政的憂心、對讒言和暴政的指斥，故朱註也多解作怨刺詩，這點和《詩序》是相同的。

　　如〈小雅〉之〈十月之交〉描寫日食等災變：「燁燁震電，不寧不令。百川沸騰，山冢崒崩。高岸為谷，深谷為陵。哀今之人，胡憯莫懲！」指責百姓因災變受苦，幽王卻毫無自省，這些固然是天災，又何嘗不是人禍？故又言：「下民之孽，匪降自天；噂沓背憎，職競由人。」再如〈雨無正〉詩，開頭就言：「浩浩昊天，不駿其德。降喪饑饉，斬伐四國。」饑饉也是因朝政大壞，「亂世昏主，惡忠直而好諛佞」之故，[21]故詩又言：「凡百君子，莫肯用訊；聽言則答，譖言則退。哀哉不能言！匪舌是出，維躬是瘁。哿矣能言，巧言如流，俾躬處休。」直斥昏君，不能聽忠言，以致讒佞之巧言橫行，君子受譖，只得離居隱退。〈小雅〉之〈蓼莪〉詩，對一向重視孝道的儒者、士人而言，是三百篇中極為有名的詩作，但因內容為敘述百姓勞苦，以致孝子不得終養父母的喪亂心聲，而未被出題。

　　再舉〈大雅〉兩首為例，〈桑柔〉詩充斥著對喪亂的描寫、對國政的憂心，對生逢亂世的怨怒，如以下這些句子：「民靡有黎，具禍以燼」、「我生不辰，逢天僤怒。自西徂東，靡所定處」、「天降喪亂，滅我立王」、「哀恫中國，具贅卒荒」、「大風有隧，貪人敗類。聽言則對，誦言如醉」，句句措辭強烈。〈瞻卬〉詩是指責幽王寵愛褒姒，以致任由閹人亂國之作。對朝政敗壞著墨頗多，如二、三章云：

　　　　人有土田，女反有之；人有民人，女覆奪之。此宜無罪，女反收之；
　　　　彼宜有罪，女覆說之。哲夫成城，哲婦傾城。懿厥哲婦，為梟為鴟。
　　　　婦有長舌，維厲之階。亂匪降自天，生自婦人。匪教匪誨，時維婦寺。

21　《詩集傳・雨無正》，第 5 章朱熹註語。

直斥褒姒與閹人是亂源所在。

縱觀這 31 首中，多數為關乎怨刺、喪亂的詩作。〈小弁〉、〈白華〉乃申后怨己因褒姒而被廢；〈巧言〉、〈何人斯〉、〈巷伯〉、〈青蠅〉等，描寫讒言為禍。〈沔水〉、〈黃鳥〉、〈我行其野〉、〈蓼莪〉、〈四月〉、〈都人士〉、〈苕之華〉等，則自傷遭逢憂亂，不能安居、不得奉養父母。〈祈父〉、〈北山〉、〈無將大車〉、〈漸漸之石〉、〈何草不黃〉諸詩，乃將帥、大夫、行者怨征役不息、行役勞苦之作。至於憂心國政、描寫天災人禍、斥責昏君佞臣的就更多了，如〈十月之交〉、〈雨無正〉、〈菀柳〉、〈蕩〉、〈桑柔〉、〈瞻卬〉、〈召旻〉等詩作皆是。〈谷風〉是怨朋友忘大德、思小怨，不是好題，沒出題也不令人意外。其餘需特別討論的，僅剩〈小雅〉之〈四牡〉、〈杕杜〉、〈鼓鍾〉、〈車舝〉及〈周頌・小毖〉5 首。

〈四牡〉、〈杕杜〉，詩旨為勞使臣、勞還役，乃國君能體恤使臣、征夫為王事忙碌，不遑養其父母，故國君探其情而代言之。朱熹之釋義，顯然是受《詩序》：「〈四牡〉，勞使臣之來也」、「〈杕杜〉，勞還役也」之影響，故仍強調乃賢君之代言，而非行役者自訴勞苦。觀此二詩之詩句，如〈四牡〉有「王事靡盬，我心傷悲」、「王事靡盬，不遑啟處」、「王事靡盬，不遑將父」、「王事靡盬，不遑將母」、「是用作歌，將母來諗」語；〈杕杜〉有「王事靡盬，繼嗣我日」、「女心傷止，征夫遑止」、「王事靡盬，我心傷悲」、「女心悲止，征夫歸止」、「王事靡盬，憂我父母，檀車幝幝，四牡痯痯」、「期逝不至，而多為恤」語，實與〈北山〉、〈無將大車〉、〈漸漸之石〉、〈何草不黃〉等怨歎行役勞苦之作無別。即使從國君體恤、感念使臣為王事奔走，以致貽父母、妻子之憂著墨，詩中描述的時局、衰颯的氣息，也非出題的好選擇。

〈小雅・鼓鍾〉，共四章、章五句，頗為簡短。詩中雖有「淑人君子，其德不回」的讚美，但亦有「憂心且傷」、「憂心且悲」、「憂心且妯」語，且朱註言：「此詩之義，有不可知者。」詩義不明，難以立論發揮，兼有「憂心且傷」等負面情緒的詩句，此大概是罕見出題之故。

〈車舝〉為燕樂新婚之詩，詞氣和平，並無喪亂、怨刺之意，何以未出

題？〈車舝〉與〈桃夭〉這首膾炙人口、祝福女嫁的詩篇情形頗為類似，就目前所搜得的鄉、會試題來看，〈桃夭〉、〈車舝〉皆未曾出題。〈桃夭〉詩，朱註云：「文王化之化自家而國，男女以正，婚姻以時。故詩人因所見以起興，而歎其女子之賢，知其必有以宜其室家也。」〈周南〉卷末，朱註又言：「〈桃夭〉、〈兔罝〉、〈芣苢〉則家齊而國治之效。」詩旨、詩句與〈車舝〉一樣，皆無可忌諱者。筆者推測，這兩首並非出題的禁忌，在永樂、正統年間孫鼎（1392－1457）所編科舉用書《新編詩義集說》中，〈桃夭〉、〈車舝〉皆有解說，[22]只有可能出題者，孫鼎才會擇錄註釋，以供應試考生參考。且考察徐光啟《詩經傳稿》，收有所作〈高山仰止，景行行止〉一文，[23]擇錄了〈車舝〉中頗具義理的兩句為題撰文。故〈桃夭〉、〈車舝〉在鄉、會試中，大概因為偏向小我的新婚喜樂，且為短章，關乎國政、可發揮義理的成分有限，應只是非熱門、不常出題而非不可出題。

　　〈周頌・小毖〉是〈三頌〉中，唯一未見出題者，詩云：

　　　　予其懲，而毖後患。莫予荓蜂，自求辛螫。肇允彼桃蟲，拚飛維鳥。
　　　　未堪家多難，予又集于蓼。

據朱註言，〈周頌〉之〈閔予小子〉、〈訪落〉、〈敬之〉、〈小毖〉，都是成王除喪朝廟之際所作，時成王年幼，方誅管、蔡，故四詩多有懲戒前事，以避後患，並盼群臣輔己之言。〈小毖〉言荓蜂辛螫、桃蟲維鳥兩事，乃隱喻管、蔡之禍，如遭毒蜂之螫，如小鳥翻飛成猛禽為害，此乃當懲者。「未堪家多難，予又集于蓼」，又自訴多難、處於辛苦之地。盼群臣協助之意，較其他

22　兩詩之解，見明・孫鼎：《新編詩義集說》（《續修四庫全書》影印「1935 年商務印書館影印《宛委別藏》影鈔明刻本」），卷 1，頁 2－3；卷 2，頁 61－62。此書未釋全經，所擇錄的詩篇、詩句，是常見出題者，詳第八章。

23　明・徐光啟：《詩經傳稿》，收入於上海市文物保管委員會主編：《徐光啟著譯集》第18、19 冊（上海：上海市文物保管委員會，1983 年，影印清康熙年間徐氏淵源堂家刻本），文見〈小雅〉卷，頁 44。

三詩，更為懇切，更加悽惻哀苦。孫鼎擇錄「予其懲，而毖後患。莫予荓蜂，自求辛螫。肇允彼桃蟲，拚飛維鳥」一段解說，[24]可見因其中隱含懲前毖後的道理，也偶會出題。但因篇幅極短，且流露出悲苦之音，也不是出題的上選，故較少出題。

雖說以「史」為鑑、以「詩」為鑑，但考官出上述偏向怨刺、喪亂的詩題，容易被大作文章，以為有意諷刺國君、朝政，詛咒國運。考官雖然極力擴大出題範圍，避熟題、防擬題，但無論如何也不願、不敢從這類詩篇中出題，這是可以理解的。此一情形，勢必造成命題範圍的局限，不會出題的詩篇，考生也心知肚明，也使選考《詩經》者，在備考時，要猜題、擬題並不難，毋需通讀全經。

第三節　考官出題的忌諱與頌美

筆者上述所論未見出題的詩篇，〈國風〉有114篇，〈雅〉、〈頌〉合計31篇，共 145 篇未曾出題。除〈周南〉3 首：〈卷耳〉、〈桃夭〉、〈汝墳〉；〈召南〉5 首：〈行露〉、〈殷其雷〉、〈摽有梅〉、〈江有汜〉、〈野有死麕〉為正〈風〉，〈周頌‧小毖〉不關正、變之外，其餘136篇皆為變〈風〉、變〈雅〉詩篇。且觀其詩旨、內容，常是變〈風〉、變〈雅〉的典型。在第五章探討試題的分布時，筆者曾羅列從成化時的曹安、莊泉、孫緒、尹襄、霍韜、李先芳、李維楨至明末顧炎武，諸人異口同聲指責考官不自變詩出題，以致考生不讀變〈風〉、變〈雅〉，這種以正、變概括出題現象的論述，不夠準確，曹安等人的呼籲，反映在考官出題時也未見改善，已如前述。諸人對不自變詩出題的抨擊，所指倘若為變〈風〉、變〈雅〉中，關乎男女的淫詩、喪亂、怨刺之詩不出，那倒近乎事實。

鄉、會試考官出題，動見觀瞻，容易被放大檢視，甚至做過度解讀。一向不乏因出題、試錄文字而惹禍之例。景泰 7 年（1456）大學士陳循（1385－

24　明‧孫鼎：《新編詩義集說》，卷4，頁39。

1462）奏言：

> 洪武三十年，禮部會試貢士，考官劉三吾等，出題有譏諷朝廷及凶惡
> 字，并考試有不公，御史劾奏，治以重罪。……永樂七年，禮部會試貢
> 士，鄒緝等出題，有《孟子節文》及《尚書·洪範》九疇，偏經論題，
> 被御史劾奏，亦罪考官。……今年順天府鄉試，復蹈前弊，小錄有凶惡
> 犯諱之字，如《四書》題「人欲自絕，何傷於日月」等論，《易》題故
> 犯宣宗章皇帝御諱，策題則言正統無有等語，……而所答策亦多凶惡犯
> 諱之字，何以刊行四方？[25]

從洪武 30 年（1397）、永樂 7 年（1409）會試，至景泰 7 年順天鄉試，皆曾因
出題、試場文字有譏諷、凶惡、犯諱等問題，而使考官罹禍。田藝衡云：「文
章賈禍，不惟古人詩詞為然，雖我朝時義，亦有自罹其災者」，續言：

> 世宗之時，亦有以程式獲罪者，如山東試錄以「無為而治者，其舜也
> 與」之文，結用「作聰明亂舊章」等語，皇上震怒，以為誹謗，而御史
> 逮捕，卒斃杖下。其後又有斥罷試官者，有停止會舉者。于是監臨官慮
> 犯忌諱，必擇好題過為逢迎，甚至斷章取義，不成文理。[26]

所指乃嘉靖 22 年（1543）山東鄉試一事，該科鄉試錄今猶見存，[27]《四書》首

---

[25] 明·張元忭：《館閣漫錄》（《四庫全書存目叢書》影印明不二齋刻本），卷 3，頁 36
－37。按：因景泰 7 年順天鄉試，王文（1393－1457）之子王倫、陳循之子陳瑛落榜，
故王、陳兩人奏言閱卷有弊。

[26] 明·田藝衡：〈非文事〉，《留青日札》（《續修四庫全書》影印明萬曆 37 年
〔1609〕刻本），卷 37，頁 4。按：田藝衡生卒年不詳，父田汝成（1503－1557），為
嘉靖 5 年（1526）進士。

[27] 《嘉靖二十二年山東鄉試錄》（華盛頓：美國國會圖書館藏嘉靖刻本，見國家圖書館
「古籍影像檢索系統」http://rarebook.ncl.edu.tw/rbook/hypage.cgi）。

題出〈子曰：無為而治者，其舜也與！夫何為哉？恭己正南面而已矣〉一題，該篇程文大結內有「嘗謂繼體之君，未嘗無可承之法，天下亦未嘗有無才之世，但德非至聖，未免作聰明以亂舊章，好自用而不能任人」等語，時葉經（1505－1543）為巡按山東監察御史，任鄉試監臨官。明世宗（1507－1567）閱試錄大怒，以為譏訕，遂遭杖斃。[28]

　　對山東鄉試出「無為而治」題一事的詮解，馮夢龍（1574－1646）《智囊補》以為是因「無為」兩字乃無所作為，故惹禍：

> 嘉靖初，講官顧鼎臣講《孟子》「咸丘蒙」章至放勳徂落語，侍臣皆驚，顧徐云：「堯是時已百有二十歲矣。」眾心始安。[29]

此則後附按語云：

> 世宗多忌諱，是時科場出題，務擇佳語。如《論語》「無為而治」節、《孟子》「我非堯舜之道」二句題，主司皆獲譴，疑「無為」非有為，「我非堯舜」四字，似謗語也。又命內侍讀鄉試錄，題是〈仁以為己任，不亦重乎〉。上忽問：「下文云何？」內侍對曰「下文是『興于詩』」云云。此內侍亦有智。[30]

28　葉經任監臨官，程文雖署解元許邦才作，然當時多為主司代作，楊爵為葉經作傳，云：「或言山東試錄，皆叔明手自更定，亦未知是否。」參明‧楊爵：〈御史葉經傳〉，收入於明‧焦竑：《國朝獻徵錄》（《續修四庫全書》影印明萬曆 44 年〔1616〕徐象樗曼山館刻本），卷65，頁23－25。

29　《孟子‧萬章上》引〈堯典〉曰：「二十有八載，放勳乃徂落，百姓如喪考妣。」朱熹註云：「舜攝位二十八年而堯死也。」

30　明‧馮夢龍：《智囊補》（《四庫全書存目叢書》影印明積秀堂刻本），卷 20，頁 11－12，〈語智部‧善言‧顧鼎臣〉。「我非堯舜之道」，見《孟子‧公孫丑下》；「仁以為己任，不亦重乎」，見《論語‧泰伯》：「曾子曰：『士不可以不弘毅，任重而道遠。仁以為己任，不亦重乎？死而後已，不亦遠乎？』」

所記略異，但皆可反映出世宗多忌諱，故出題考官、經筵講官必須審慎選擇吉祥的經文、佳句。嘉靖朝出題多忌諱，沈德符（1578－1624）《萬曆野獲編》也有記載：

> 高中元主乙丑會試，《孟》題有二「夷」字，犯上所諱，賴首揆徐存齋力解而止，人皆能言之。然實以首題為「綏之斯來」二句，則下文有「其死也哀」，為上深怒，謂有意詛呪。忽問徐此題全文，令具以對。徐云：「臣老耄健忘，止記上文有臣名與字，『猶天之不可階而升』，差能記憶耳。」上意頓釋，不復治。使其具述諱語，高無死所矣。[31]

高拱（1512－1578）是嘉靖 44 年（1565）會試主考，今會試錄仍見存，[32]第三題如下：

> 《詩》曰：「天生蒸民，有物有則。民之秉夷，好是懿德。」孔子曰：「為此詩者，其知道乎！故有物必有則，民之秉夷也，故好是懿德。」[33]

乃出自《孟子·告子上》，有兩「夷」字。第一題〈綏之斯來，動之斯和〉兩句題，出自《論語·子張》：

> 陳子禽謂子貢曰：「子為恭也，仲尼豈賢於子乎？」子貢曰：「君子一言以為知，一言以為不知，言不可不慎也。夫子之不可及也，猶天之不可階而升也。夫子之得邦家者，所謂立之斯立，道之斯行，綏之斯來，動之斯和。其生也榮，其死也哀。如之何其可及也！」

---

31 明·沈德符：《萬曆野獲編》（北京：中華書局，1997 年 10 月），卷 15，頁 386，〈乙丑會試題〉條。按：徐階（1503－1583），字子升，別號存齋。

32 該科試錄，見收於《天一閣藏明代科舉錄選刊·會試錄》中。

33 引〈大雅·烝民〉詩句，傳世《孟子》版本，「蒸民」、「秉夷」，或作「烝民」、「秉彝」。

「綏之斯來，動之斯和」二句並無問題，只因下文有「其死也哀」，就被國君認為有意詛咒。沈德符這筆記載，讓我們理解到考官出題的危險，及謹慎考量的必要。不僅包含題面，還包含前後文，甚至還包含在當下的政治氛圍中，觀題者可能的聯想，才能避免給人羅織罪名的可能。

高啟愚[34]為萬曆 7 年（1579）應天鄉試主考，《四書》第一道，出了〈舜亦以命禹〉五字題，題目出自《論語‧堯曰》：

> 堯曰：「咨！爾舜！天之曆數在爾躬。允執其中。四海困窮，天祿永終。」舜亦以命禹。

萬曆 12 年（1584）丁此呂[35]上奏，重提 5 年前的舊事，言高啟愚該次命題，為阿附張居正（1525-1582），有勸進受禪之意，指責：「夫以臣代君，固臣子所不忍言也。乃公然以此命題，是可忍孰不可忍乎！……招權納賄，一切尚可鼇也；至挈二百年大公之鉅典，為奸人媚竈之資，則紀綱法度，將無復有可守者矣。」[36]群臣陸續上奏，議論紛紛。[37]由於張居正生前，位高權重，「每事輒

34　高啟愚為嘉靖 44 年（1565）進士。

35　丁此呂為萬曆 5 年（1577）進士。

36　明‧丁此呂：〈黨惡輩奸欺君亂政乞賜顯逐以彰國法疏〉，收入於明‧吳亮輯：《萬曆疏鈔》（《續修四庫全書》影印明萬曆 37 年〔1609〕刻本），卷 34，頁 8。丁此呂時任山東道監察御史，萬曆 12 年上疏。

37　明‧吳亮輯：《萬曆疏鈔》，收有多篇萬曆 12 年間的奏疏，如李植〈大臣傾陷言官乞洞察以定國是疏〉（卷 6，頁 8-10）、江東之〈大臣巧塞言路先顯斥以定國是疏〉（卷 6，頁 11-14）、王士性〈乞容狂直察邪媚以定國是疏〉（卷 6，頁 18-20）、汪應蛟〈僭陳國是乞處分以服人心疏〉（卷 6，頁 24-26）、鍾宇淳〈乞辨忠邪容慧直以定國是疏〉（卷 6，頁 27-29）、劉一相〈邪臣附勢獻諛乞賜究處以正法紀疏〉（卷 19，頁 51-54）。以上多斥責高啟愚出題獻媚，或言其出題曖昧、不當，亦有認為高啟愚並無勸進張居正的意圖，如王世貞云：「高啟愚之試士，遂以舜命禹題，非必有他意也。而諸當事者，紛紛目啟愚勸進矣。」見明‧王世貞：《嘉靖以來首輔傳》（《景印文淵閣四庫全書》本），卷 8，頁 12。清‧萬斯同：《明史》（《續修四庫全書》影印清抄本），卷 311，總頁 401-402，申時行傳中言：「後生靡然爭以摘發居正為

以舜禹自比」，當時阿附者亦常引舜禹歸美之。[38]而功令所尊的朱熹《四書集註》對此段經文釋義云：「此堯命舜而禪以帝位之辭，……舜後遜位於禹亦以此辭命之。」[39]高啟愚此題出得頗為曖昧，令人生疑。在張居正萬曆 10 年去世之後，舉朝為清除餘黨，爭言其罪時，重新檢視高啟愚萬曆 7 年所出〈舜亦以命禹〉題，遂使高啟愚百口莫辯，因此削籍還里，奪三代之誥命。

由諸人事例、前車之鑑看來，出題豈可不慎？由是之故，遂產生田藝衡所說的「監臨官慮犯忌諱，必擇好題過為逢迎」的現象，[40]萬曆年間陳師亦言嘉靖初年後「棘闈命題、程文多方顧忌，有不可言者矣，毋亦獻諛成風歟？」[41]沈德符亦云：「世宗朝語涉忌諱有屬禁，鄉會試命題，莫非諛詞，至癸丑《孟》題五百餘歲而巧極矣。」[42]癸丑指嘉靖 32 年（1553）會試，該科會試錄仍見存，[43]《四書》所出《孟子》題為：

> 由堯舜至於湯，五百有餘歲；若禹、皋陶則見而知之；若湯，則聞而知之。由湯至於文王，五百有餘歲，若伊尹、萊朱則見而知之；若文王，則聞而知之。由文王至於孔子，五百有餘歲，若太公望、散宜生則見而知之；若孔子，則聞而知之。

題出自《孟子‧盡心下》，參考朱熹註，大概是指出題者，藉以諛美嘉靖朝之君臣，能善繼堯、舜、禹、湯之志業。該科《四書》首題為〈大哉！堯之為君

奇，……御史丁此呂謂侍郎高啟愚典試南京，以舜命禹為題勸進居正。帝手疏示時行，時行曰：此呂以曖昧陷人大辟，恐讒言接踵而至，非清明之朝所宜有。」

[38] 參明‧李植：〈大臣傾陷言官乞洞察以定國是疏〉，收入於明‧吳亮輯：《萬曆疏鈔》，卷 6，頁 8。

[39] 南宋‧朱熹：《四書章句集注‧論語集注》，卷 10，〈堯曰〉，頁 193。

[40] 明‧田藝衡：〈非文事〉，《留青日札》，卷 37，頁 4。

[41] 明‧陳師：《禪寄筆談》（《四庫全書存目叢書》影印明萬曆 21 年〔1593〕自刻本），卷 2，頁 43。

[42] 明‧沈德符：《萬曆野獲編》，卷 15，頁 387，〈出題有他意〉。

[43] 收入於《天一閣藏明代科舉錄選刊‧會試錄》。

也！巍巍乎！唯天為大，唯堯則之！蕩蕩乎，民無能名焉！〉題出自《論語·泰伯》，也有阿諛獻媚之嫌。

出頌美的好題，由本書第六章所述，已知這本是向來的慣例、趨勢，即使到了清朝也是如此。所以清廷再三呼籲考官出題勿冠冕吉祥，以免宿構之文倖獲，不能拔擢真才。如康熙 52 年（1713）上諭：「近見鄉會試，皆擇取冠冕吉祥語出題，每多宿搆倖獲，致讀書通經之士漸少，今後闈中題目應不拘忌諱，庶難豫作揣摩，實學自出。」雍正 13 年（1735）10 月，上諭：「鄉、會兩試考官每因避忌字樣，必擇取經書中吉祥之語為題，遂使士子易為揣摩，倩人代作，臨場鈔寫，以致薄植之少年，得以倖取科名；而績學之老生，無由展抒底蘊。」[44]

文獻中對嘉靖、晚明考官出題獻媚的記述特別多，應是與政治混亂、明世宗崇奉道教、迷信，特多忌諱有關，主司出題也因而「多所瞻顧」，沈德符指出這種出題情形所導致的流弊：

> 至嘉靖末年，時文冗濫，千篇一律，記誦稍多，即掇第如寄，而無賴孝廉，久棄帖括者，盡抄小本，挾以入試。時世宗忌諱既繁，主司出題，多所瞻顧，士子易以揣摩，其射覆未有不合者。至壬戌而瀾倒極矣。[45]

考官既然多出阿諛、頌美題，考生更容易猜題鎖定了，可事先預作、懷挾入場。壬戌，指嘉靖 41 年（1562）會試，該科會試錄仍見存，[46]《四書》三題分別為：

〈事君能致其身〉（《論語·學而》）

---

[44] 分見清·清高宗敕撰：《欽定大清會典則例》（《景印文淵閣四庫全書》本），卷 66，〈禮部·貢舉上〉，頁 6、9。

[45] 明·沈德符：《萬曆野獲編》，卷 16，頁 413，〈會場搜檢〉條。

[46] 收入於《天一閣藏明代科舉錄選刊·會試錄》。

〈悠久無疆〉（《中庸》）

〈文王以民力為臺、為沼，而民歡樂之，謂其臺曰：「靈臺。」謂其沼曰：「靈沼。」〉（《孟子‧梁惠王上》）

諸經亦多頌美、吉祥之詞，如《詩經》4 題：

于以盛之？維筐及筥。于以湘之？維錡及釜。（〈召南‧采蘋〉）

似續妣祖，築室百堵，西南其戶。爰居爰處，爰笑爰語。（〈小雅‧斯干〉）

顯顯令德，宜民宜人，受祿于天。（〈大雅‧假樂〉）

以介眉壽，永言保之，思皇多祜。（〈周頌‧載見〉）

天啟年間，魏忠賢（1568－1627）得勢之際，因天啟 4 年（1624）甲子科鄉試錄「語多觸忌」，主司因此遭到懲罰，遂使天啟 7 年（1627）鄉試，出題極意獻媚。趙維寰云：

甲子科各省鄉試錄，語多觸忌，魏璫一切繩之。如陳子壯、方逢年、顧錫疇、章允儒輩幾二十人，前後俱削奪，自是丁卯諸典試者，出題屬詞皆極意獻媚，如吾浙首題「巍巍乎惟天為大」，巍者，魏也。《孟》義題〈靈臺〉「靈沼」，以擬生祠也；應天題「莫不尊親」，以建祠為尊親也；順天《尚書》題「我二人共貞」，以周公擬璫也。諸如此類，未易縷指。其不為觸忌，亦不為獻媚者，獨江西、福建二三錄耳。嗟乎！是錄也，毋論不可傳世，即藏之家，可令孝子慈孫見乎？[47]

---

47 明‧趙維寰：〈媚錄〉，《雪廬焚餘稿》（《四庫禁燬書叢刊》影印明崇禎刊本），卷 10，頁 5。所引諸試題，依序分見《論語‧泰伯》、《孟子‧梁惠王上》、《中庸》、《尚書‧洛誥》。趙維寰，生卒年不詳，為萬曆 28 年（1600）順天解元，以文體太奇被劾。

趙維寰並云：「天啟六、七年間，諸媚璫者，獵級而上。」[48]助長了獻媚的風氣，敗壞士風。吳應箕（1594-1645）言崇禎 6 年（1633）應天鄉試所取非人，不厭士心，制義首題意在頌美國君「生而知之」：

> 主考丁進、蔣德璟大干物議，國中口語藉藉所不忍聞。……時首場題為「生而知之者上也」，所取士多切君德說。自丁卯媚璫後，科場題不獻譽人主，則歸美大臣，此世道人心之憂也。[49]

指出天啟 7 年「媚璫」之後遺症，「科場題不獻譽人主，則歸美大臣」。《日知錄》中〈題切時事〉一則，也載錄了藉出題頌美、譏刺時事之例。[50]不論是獻媚或譏刺，由於是藉經文隱喻，倘非處在當下的氛圍中，不易揣測。到底是出題者本有此言外之意，或觀題者自生附會，也頗有模糊的空間。

　　透過以上的介紹，了解考官出題為眾人所矚目，甚至會過度解讀。出題有種種的顧忌，稍一不慎，即可能罹禍，其它國君或不似嘉靖皇帝特多忌諱，但也絕非全無忌諱。遂使得考官或為了阿諛，或為了自保，紛紛出「獻譽人主」、「歸美大臣」之頌美題。故曹安諸人指責考官不自變詩出題，以致考生不讀變〈風〉、變〈雅〉，呼籲要從變詩出題的主張，始終未能獲得考官認同。隆慶 2 年（1568）提學御史周弘祖亦曾上奏「試題須善惡並陳，以革剽竊之習」。[51]也不曾真正落實，正是因為在現實層面是難以實踐的。丘濬說：「經書題目無甚凶惡字面，不必迴避。」[52]反過來說，倘有凶惡字面者，皆當

48　明‧趙維寰：〈速化〉，《雪廬焚餘稿》，卷10，頁4。

49　明‧吳應箕：〈科舉〉，《留都見聞錄》（臺北：新文豐出版公司，1989 年《叢書集成續編》影印《貴池先哲遺書》本），卷上，頁14。丁卯，指天啟 7 年。

50　清‧顧炎武撰，清‧黃汝成集釋：〈題切時事〉，《日知錄集釋（全校本）》（上海：上海古籍出版社，2006 年13 月），卷16，頁949-950。

51　明‧俞汝楫：〈嚴考貢責成〉，《禮部志稿》（《景印文淵閣四庫全書》本），卷69，頁41-42。周弘祖為嘉靖38 年（1559）進士。

52　明‧丘濬：《大學衍義補》（《景印文淵閣四庫全書》本），卷26，頁23。

捨棄。連諭令考官不應出熟題、出題應「不拘忌諱」的康熙皇帝，有時也說：
「經書內有不可出之題，試官自然不出。」[53]可見，經書中本來就有凶惡、不
可出的內容。

　　制義是掄才之體裁，當然要出與政教有關者，以情詩、淫詩之經文命題，
滿紙男女情愛，既不關乎政教，又易流於淫穢，自然不宜出題。科舉考試是眾
所矚目之事，出題必須謹慎。由前文中對這些喪亂、怨刺、凶惡不吉詩篇的舉
例，對詩篇詩旨、內容的介紹，亦可明白考官必然會記取前人因出題、試場文
字而惹禍的教訓，終究不敢由此出題，以避免不測。

---

[53] 清·王先謙：《東華錄》（《續修四庫全書》影印清光緒 10 年〔1884〕長沙王氏刻
本），〈康熙九十二〉，頁8，康熙52 年（1713）上諭。

第八章　考官出題偏重的影響

第一節　《詩經》出題集中造成選考者多

　　為金榜題名而努力的考生，始終關注著考試的動態、出題的傾向。《詩經》出題的偏重，一定會造成考生選經、讀經、備考的效應。文獻中屢屢言及選考《詩經》者偏多，筆者在第二章中，曾引晚明何三畏、劉康祉、李雯諸人所論，或言選考《詩經》者佔考生一半，或言佔十分之七，可見選考《詩經》者之多。而根據吳宣德、王紅春所作〈明代會試試經考略〉一文的統計，選考《易經》、《尚書》、《詩經》、《春秋》、《禮記》的錄取百分比，分別為：25.9%、23.2%、34.6%、8.6%、7.5%，可見會試以《詩經》錄中者遠逾他經，鄉試雖未經全面統計，但會試與考者，本是來自南、北直隸及各布政司中式的舉人，也可約略反映舉人、生員等為應試準備的考生，必然也有較高的比例是選考《詩經》。加上明中葉後，鄉試考官對諸經錄取的調控，當《詩經》選考者眾多，錄取率也會刻意壓低。因此可以推論，除明代初期外，當時攻讀《詩經》的應試者，定逾 34.6%，佔極高的比例。即使到了清代，仍持續不衰，《詩經》依然是考生選擇專經時，最受歡迎的。[1]

　　選考《詩經》者多，這固然與《詩經》字數不多、為韻語，琅琅上口，多為《四書》引用，文辭優美、平易近人等因素有關。而《詩經》出題集中，不

---

[1] 據順治初年所規定的各區鄉試各經中額，除江南、浙江、江西，《易經》稍逾《詩經》外，其他地區，各經中額，皆是《詩經》最多。參清・杜受田等修，英匯等纂：〈附分經定額舊案〉，《欽定科場條例》（《續修四庫全書》影印清咸豐 2 年〔1852〕刻本），卷19，頁29－30。

必通讀全經，要猜題、擬題並不難，備考最容易，這也是吸引考生選考的一大誘因。

　　經前幾章的討論，已知《詩經》有大半是不出題、不考的，讓考生備考的負擔減輕，筆者認為這是導致選考《詩經》者眾多的原因之一。然而，選考其他諸經，難道就不存在刪經不讀的「優惠」嗎？以下將就其他諸經出題偏重狀況，略作討論，以與《詩經》進行比較。

　　就目前所搜得的文獻看來，明代學者在論述科舉流弊、抨擊刪經不讀現象時，最常言及的是不讀變〈風〉、變〈雅〉，以及不讀喪禮。如以下諸人所說，皆涉及對不讀變〈風〉、變〈雅〉、喪禮的批評：

1. 明中葉曹安云：「《周易》人多讀《本義》不讀《傳》，不知《傳》義不可缺，《書》讀《禹貢節要》，《詩》不讀變〈風〉〈雅〉，《春秋》不詳崩薨卒葬，《禮記》〈喪服大記〉等，多不考。」[2]

2. 莊㫤（1437－1499）抨擊考官：「《五經》、《四書》擇題而出，變〈風〉、變〈雅〉，學《詩》者不知；喪弔哭祭，學《禮》者不知；崩薨卒喪，學《春秋》者不知。」[3]

3. 孫緒（1474－1547）云：「業《書》者讀〈禹貢〉，惟讀《便蒙》；業《易》者類不讀程《傳》，業《春秋》者，胡《傳》外，問之諸傳，茫然不知。《詩》之〈變風〉，《禮》之〈檀弓〉、喪禮諸篇，不讀者尤多。」[4]

4. 尹襄（1485－1527）云：「《易》棄程《傳》而不誦，《詩》略變〈風〉、變〈雅〉而不講，《禮》不習喪服，《春秋》避崩薨，近利之計，靡所不

2　明・曹安：《讕言長語》（《景印文淵閣四庫全書》本），不分卷，頁 5。曹安，生卒年不詳，《總目》言其為正統 9 年（1444）舉人，《讕言長語》自序署成化 22 年（1486）。

3　明・莊㫤：〈送戴侍御提學陝西序〉，《定山集》（臺北：新文豐出版公司，1989年，《叢書集成續編》影印《金陵叢書》本），卷 6，頁 7－8。

4　明・孫緒：〈無用閒談〉，《沙溪集》（《景印文淵閣四庫全書》本），卷 12，頁 2－3。

至。」[5]

5. 霍韜（1487－1540）嘉靖 8 年（1529）任會試副主考時，為矯時弊，特別聲明：「變詩、喪禮，至道攸寓，特以命題，不復拘忌。」[6]

6. 李維楨（1570－1624）：「近來士子不務實學。如《易》之悔吝凶咎，《書》之〈金縢〉、〈顧命〉，《詩》之變〈風〉、變〈雅〉，《春秋》崩薨卒葬，《禮記》奔喪問喪，以為諱而不談。」[7]

以上諸人所論，亦偶有言及《易經》、《尚書》者。論及《易經》，多側重批評考生讀朱熹《周易本義》而不讀程頤（1033－1107）《周易程氏傳》。[8]論及《尚書》，重在批評考生多讀《禹貢節要》、《便蒙》等提供捷得之便的科舉用書，[9]對考官出《易經》、《尚書》題的取捨、經文的刪汰，僅李維楨略微帶及。

明代學者抨擊備考刪經、不讀全經時，常以《詩》不讀變〈風〉、變

5　明・尹襄：〈送古田司訓謝德宣序〉，《巽峰集》（《四庫全書存目叢書》影印清光緒 7 年〔1881〕永錫堂刻本），卷 9，頁 24。

6　明・李開先撰，卜鍵箋校：〈霍公墓誌銘〉，《李開先全集》（北京：文化藝術出版社，2004 年 8 月），〈閒居集〉之七，頁 569。並見明・焦竑：《玉堂叢語》（北京：中華書局，1997 年 12 月），卷 6，頁 212。

7　明・李維楨：〈陝西學政〉，《大泌山房集》（《四庫全書存目叢書》影印明萬曆 39 年〔1611〕刻本），卷 134，頁 4。

8　顧炎武亦云：「後來士子厭《程傳》之多，棄去不讀，專用《本義》。」清・顧炎武撰，清・黃汝成集釋：《日知錄集釋（全校本）》（上海：上海古籍出版社，2006 年），卷 1，頁 4，〈朱子周易本義〉條。

9　《便蒙》為鄉塾教材、科舉用書常見書名，不知何指。《禹貢節要》亦有多本，清・朱彝尊：《經義考》（《景印文淵閣四庫全書》本），卷 94，頁 5－6，列《禹貢節要》一卷，林洪撰；清・沈翼機、嵇曾筠等纂：《（雍正）浙江通志》（《景印文淵閣四庫全書》本），卷 241，頁 32，有「《禹貢節要》一卷」，下註：「《（萬曆）壽昌縣志》，洪祚著，字天祐。」清・沈青崖、劉於義等纂：《（雍正）陝西通志》（《景印文淵閣四庫全書》本），卷 74，頁 33，有《禹貢節要》，下註：「《禹貢節要》，光祿少卿盩厔王元正撰。」按：明・孫緒：《沙溪集》，卷 12，頁 3，又云：「弘治間，又刻《禹貢節要》與《便蒙》同附入《書傳》共成一書，而蔡《傳》遂廢。」可見所指《禹貢節要》，應成書於弘治年間，或弘治之前者。

〈雅〉，以及《禮》不讀喪禮為例，應是兩經刪經不讀的情形特別嚴重，故最為人矚目。《禮記》不考喪禮，似由來已久。魏了翁（1178－1237）為衛湜[10]《禮記集說》作序，已言：

> 自列於科目，博士諸生，亦不過習其句讀，以為利祿計。至金陵王氏，又罷《儀禮》取士，僅存《周官》、《戴記》之科，而士習於《禮》者滋鮮。就《戴記》而言，如〈檀弓〉、喪禮諸篇，既指為凶事，罕所記省，則其所業，僅一、二十篇耳。[11]

《禮記》共 49 篇，[12]如僅誦讀一、二十篇，則不及四成，刪去不讀者六成有餘。又，清初朱彝尊（1629－1709）云：「習《禮》者，恒刪去經文之大半。」[13]李紱（1675－1750）亦云：「《禮記》則喪禮盡遭刪削，即記誦亦不能及半。」[14]喪禮在全經中所佔比例如何呢？是否《禮記》所刪去不讀的喪禮，多達一半，或一半以上？

清初朱建子云：

> 夫《禮經》凡四十九篇，而專言喪禮者十有三：〈檀弓〉、〈曾子問〉、〈喪服小記〉、〈雜記〉、〈喪大記〉、〈奔喪〉、〈問喪〉、〈服問〉、〈間傳〉、〈三年問〉、〈喪服四制〉。其他〈曲禮〉、

10　衛湜，生卒年不詳，為南宋淳熙 11 年（1184）狀元衛涇（1159－1226）之弟。

11　南宋‧魏了翁：〈禮記集說序〉，收入於南宋‧衛湜：《禮記集說》（《景印文淵閣四庫全書》本），卷前，頁 1。此序後署寶慶元年（1225）作。

12　《禮記》雖有 49 篇，但其中〈中庸〉、〈大學〉已歸入《四書》中出題，許多《禮記》科舉用書，常捨此兩篇不錄、不注。

13　清‧朱彝尊：〈經書取士議〉，《曝書亭集》（《景印文淵閣四庫全書》本），卷 60，頁 7。

14　清‧李紱：〈答方閣學問三禮書目〉，《穆堂類稿》（《續修四庫全書》影印清道光 11 年〔1831〕奉國堂刻本），卷 43，頁 20。

〈王制〉、〈禮器〉、〈玉藻〉、〈大傳〉、〈少儀〉諸篇，亦多言及喪禮焉。[15]

朱建子所列舉的喪禮篇目僅 11 篇，但〈檀弓〉、〈雜記〉各分上下兩篇，故專言喪禮者佔 13 篇。考察筆者所掌握的明代《禮記》試題，含：60 科會試、共 233 道題；各科各區鄉試 335 種、共 1338 道題，[16]經統計後，未曾出題及出題極少的篇章如下：

篇名	檀弓上	檀弓下	曾子問	明堂位	喪服小記	雜記上	雜記下	喪大記	奔喪	問喪	服問	間傳	三年問	喪服四制
會試	0	0	0	0	0	0	0	0	0	0	0	0	0	0
鄉試	0	2	0	1	0	0	2	0	0	0	0	0	0	0

上列鄉、會試未被出題、罕見出題的 14 篇中，〈明堂位〉乃記魯國明堂之制，雜記魯禘所用之禮樂器物，言及成王以周公有勳勞於天下，「命魯公世世祀周公以天子之禮樂」云云。治《禮》之學者，以為所記誇大魯國禮樂之盛，周公為人臣而僭用天子之禮樂，以為多誣、多臆說、為陋儒所記而不可取，[17]故出題可取材者有限，雖罕少出題，但與喪禮無關。鄉、會試皆未曾出題者有

15　清·朱建子：〈自序〉，《喪服制考》（《四庫全書存目叢書》影印清鈔本），卷前，總頁 137。按：後署康熙 48 年（1709）作，其人生卒年不詳，為朱彝尊之從子。

16　所據明代《禮記》鄉、會試試題來源，與《詩經》試題相近，不贅述。

17　宋楊簡言「〈明堂位〉多誣」、「〈明堂位〉之誣誤多矣」，參宋·楊簡：〈家記三·論春秋禮樂〉，《慈湖遺書》（《景印文淵閣四庫全書》本），卷 9，頁 30；宋·楊簡《慈湖詩傳》（《景印文淵閣四庫全書》本），卷 19，頁 16，〈閟宮〉註。明代功令所尊陳澔《禮記集說》，註〈明堂位〉中有「此記者之妄」、「皆臆說」、「先儒以為近誣」、「大抵此篇多誣」等語。元·陳澔：《禮記集說》（北京：中國書店，1994 年 6 月），頁 273－279。明之學者如王世貞，言此篇為「周衰陋儒為之」；楊慎則以為是「魯之陋儒欲尊宗國」所作。明·王世貞：〈成王賜伯禽天子禮樂辨上〉，《弇州山人四部稿》（《景印文淵閣四庫全書》本），卷 111，頁 1。明·楊慎：〈魯之郊禘辨〉，《升菴集》（《景印文淵閣四庫全書》本），卷 5，頁 10。

11 篇，全出自喪禮。專論喪禮的 13 篇中，僅有〈檀弓下〉、〈雜記下〉分別在鄉試中各出兩題，而且都是無關凶諱者。[18]顯然備考時喪禮大致可略過，只要稍注意其中少數無關凶諱的段落即可。顧炎武（1613－1682）云：

> 又聞嘉靖以前，學臣命《禮記》題，有出〈喪服〉以試士子之能記否者。百年以來，〈喪服〉等篇皆刪去不讀，今則並〈檀弓〉不讀矣。[19]

言嘉靖以前有提學官，以《禮記》中的喪禮考試士子。提學巡行各地主持歲考、科考等，大多以《四書》命題考試，[20]試以專經，又冒大不諱，從喪禮中出題，應屬偶見，而非常態。總之，專言喪禮的 13 篇或不考，或極少出題，加上如〈曲禮〉、〈王制〉等其他篇章，亦間或言及喪禮，倘不讀喪禮，《禮記》備考約減少了三成左右的分量。任啟運（1670－1744）所言：「《記》四十九篇，言喪、祭蓋半，而喪居三之一。」[21]可能較精確、近乎實情些。

　　《詩經》的情形已如前述，合觀鄉、會試未出過題的有 145 篇，雖未出題的以〈國風〉短章居多，但出過題的 160 篇中，有不少詩篇夾雜怨刺，僅局部出題，粗估《詩經》至少有四成左右不考。就比例來看，《詩經》似稍逾《禮

---

18 成化 7 年（1471）浙江、正德 11 年（1516）應天鄉試，自〈雜記下〉以下段落中出題：「百日之蜡，一日之澤，非爾所知也。張而不弛，文武弗能也。一張一弛，文武之道也。」嘉靖 22 年（1543）四川、萬曆 7 年（1579）江西鄉試，自〈檀弓下〉以下段落中出題：「晉人謂文子知人。文子其中退然如不勝衣，其言吶吶然如不出諸其口；所舉於晉國管庫之士七十有餘家。」皆無關凶諱。

19 清・顧炎武撰，清・黃汝成集釋：《日知錄集釋（全校本）》，卷 16，頁 945，〈擬題〉條。

20 朱彝尊指出南宋《四書》地位之提升，至元代「則舍《五經》而專治《四書》矣。明代因之，學使者校士，以及府州縣試，專以《四書》發題，惟鄉、會試有經義四道，然亦先《四書》而後經。」清・朱彝尊：〈經書取士議〉，《曝書亭集》（《景印文淵閣四庫全書》本），卷 60，頁 7。

21 清・任啟運：〈禮記章句自敘〉，《禮記章句》（《四庫全書存目叢書》影印清乾隆 38 年〔1773〕刻本），卷前，頁 1。

記》。兩者在抨擊刪經不讀時，常同時被提起，大約是相較他經，刪經不讀的情況比較嚴重，加上「不讀喪禮」的敘述，易說明、概括，且養生送死是人倫所重，孟子甚至說：「養生者，不足以當大事，惟送死可以當大事。」（《孟子‧離婁下》）故在抨擊科舉流弊時，舉不讀喪禮為證，力道十足，特別能命中要害。

　　由於《禮記》有 99,020 字，是諸經字數最多的，存在「病於浩博、難於師傳」的情形，[22]雖刪去三成喪禮文字，再扣掉被劃入《四書》的〈中庸〉、〈大學〉兩篇不計，略去罕少出題的〈明堂位〉，猶有六萬字左右，依然遠逾《詩經》39,224 字、《尚書》25,700 字、《周易》24,207 字。明代考試《春秋》，所尊者為胡《傳》，胡《傳》經文有 16,558 字，傳有 131,908 字，《春秋》經文本來就不多，再去掉崩薨卒葬不考，所餘經文更少，部分經文有經無傳，可出題的範圍更窄，因此《春秋》出題較特別，常纂輯數處的經文搭配為一題，題目變化多，揣測題目意旨如射覆，頗為困擾考生，已在第二章詳述過了，所以雖去掉《春秋》崩薨卒葬的經文不考，不能逕自解釋為可以減輕考生備考的負擔。至於《周易》、《尚書》的刪經情形，委實不能與《詩經》、《禮記》並駕。

　　對於《周易》、《尚書》，李維楨僅泛言「《易》之悔吝凶咎，《書》之〈金縢〉、〈顧命〉」，諱而不談。顧炎武對《易經》、《尚書》考官出題的偏重取捨，說得更為清楚、具體：

> 《書》則刪去〈五子之歌〉、〈湯誓〉、〈盤庚〉、〈西伯戡黎〉、〈微子〉、〈金縢〉、〈顧命〉、〈康王之誥〉、〈文侯之命〉等篇不讀，《詩》則刪去淫〈風〉、變〈雅〉不讀。《易》則刪去〈訟〉、〈否〉、〈剝〉、〈遯〉、〈明夷〉、〈睽〉、〈蹇〉、〈困〉、

---

[22] 明‧薛應旂：〈代禮記正蒙序〉，《方山薛先生全集》（《續修四庫全書》影印明嘉靖刻本），卷 3，頁 3。

〈旅〉等卦不讀，止記其可以出題之篇，及此數十題之文而已。[23]

顧炎武具體指出的「《易》則刪去〈訟〉、〈否〉、〈剝〉、〈遯〉、〈明夷〉、〈睽〉、〈蹇〉、〈困〉、〈旅〉等卦不讀」，敘述仍不夠準確，〈否〉、〈剝〉、〈睽〉各出過 1 題，尤其〈蹇〉卦出過 3 題，應屬局部可出題者。筆者據所搜集的明代《易經》題，含：會試 64 科、249 題，鄉試 339 種、1348 題，[24]統計得出以下 16 卦出題次數偏少：

卦名	屯	訟	小畜	否	蠱	噬嗑	剝	大過	遯	明夷	睽	困	革	歸妹	旅	小過
會試	0	0	0	1	0	0	0	1	0	0	0	0	0	0	0	0
鄉試	1	0	0	0	0	2	1	0	0	0	0	1	0	0	0	1

因諸卦多為「悔吝凶咎」的內容，故未見出題，或極少出題。[25]這 16 卦看似佔了 64 卦的 25%，然而，《易經》在明代科舉考試尊朱熹《周易本義》，《周易》有 64 卦，又有〈十翼〉，通行的《周易本義》四卷本，已將〈文言〉、〈彖傳〉、〈象傳〉析入各卦中，[26]但還有〈繫辭〉上下、〈說卦〉、〈序卦〉、〈雜卦〉也是考試範圍。即使忽略這 16 卦的卦爻辭、〈象傳〉、

---

[23] 清・顧炎武撰，清・黃汝成集釋：《日知錄集釋（全校本）》，卷 16，頁 945−946，〈擬題〉條。

[24] 所據明代《周易》鄉、會試試題來源，與《詩經》試題相近，不贅述。

[25] 晚清謝章鋌（1820−1903）批評應試考生：「讀《易》不讀〈屯〉、〈蒙〉諸卦。」舉例不佳，清代對《易經》出題的偏重、避忌，與明代應無殊異，〈屯〉卦在明代鄉試出過 1 次，較罕出題，但〈蒙〉卦在會試出過 1 次，在鄉試出過 7 次，並非極罕見出題。見清・謝章鋌：《賭棋山莊筆記・圍爐瑣憶一》（臺北：文海出版社，1975 年，《近代中國史料叢刊續編》影印清光緒 24 年〔1898〕刊本，收入於《賭棋山莊全集》），頁 18。

[26] 《周易本義》有 12 卷本、4 卷本，明代考生多讀將〈文言〉、〈彖傳〉、〈象傳〉析入卦中的 4 卷本。參清・顧炎武撰，清・黃汝成集釋：《日知錄集釋（全校本）》，卷 1，頁 3−6，〈朱子周易本義〉條。以及南宋・朱熹撰，廖名春點校：《周易本義》（北京：中華書局，2009 年 11 月），卷前，頁 1−14，廖名春所撰〈前言〉。

〈象傳〉不讀，最多也僅刪去全經的二成左右。

明代科舉考試選考《尚書》，功令規定用蔡沈（1167－1230）《書集傳》。顧炎武說：「《書》則刪去〈五子之歌〉、〈湯誓〉、〈盤庚〉、〈西伯戡黎〉、〈微子〉、〈金縢〉、〈顧命〉、〈康王之誥〉、〈文侯之命〉等篇不讀。」點到的篇目有 9 篇，但〈盤庚〉分成上、中、下三篇，以篇數計有 11 篇。筆者據所搜集的明代《尚書》題：含會試 62 科、233 題，鄉試 336 種、1338 題，[27]將顧炎武所論及的，以及在鄉、會試中出題次數偏少的，一共 21 篇，列表如下：

篇名	甘誓	五子之歌	湯誓	盤庚上	盤庚中	盤庚下	高宗肜日	西伯戡黎	微子	泰誓上	泰誓中	泰誓下	牧誓	金縢	多士	蔡仲之命	顧命	康王之誥	文侯之命	費誓	秦誓
會試	0	0	0	1	1	1	0	0	0	0	0	0	0	0	1	0	0	1	1	0	0
鄉試	0	2	0	5	1	2	0	0	0	2	1	1	0	1	1	0	2	7	5	2	0

由上表，可見顧炎武所言，不太準確，容易誤導今人。除〈甘誓〉、〈高宗肜日〉等多篇從未出題、出題極少的篇章，顧炎武未言及外，所舉刪去不讀的例子，如〈湯誓〉、〈西伯戡黎〉、〈微子〉確實皆未出題；〈五子之歌〉、〈盤庚〉中下兩篇、〈金縢〉、〈顧命〉也偏少。這些不出、罕出的篇章，內容或指斥桀、紂之暴政，或涉及喪亂、死亡，大多不宜出題。但顧氏所言〈盤庚〉上、〈康王之誥〉、〈文侯之命〉，鄉、會試合計，分別出過 6 次、8 次、6 次，以出題次數來看，不算是出題熱門，但也非可刪去不讀者。舉〈盤庚〉三篇為例，內容乃記述殷王盤庚遷殷之際，對臣民的告誡，曉諭遷都之利與不遷之害。其中言及不遷之害處，較涉喪亂不吉，其他告誡處，或亦有為政至理，可見〈盤庚〉只是局部不出，並非全然不出。

《尚書》共有 58 篇，鄉、會試皆未見出題的有 8 篇，合計只出過 1 題、2 題的，則有 9 篇——這 9 篇出題數極少，應該僅是部分不考，而非全部可以不

---

[27] 所據明代《尚書》鄉、會試試題來源，與《詩經》試題相近，不贅述。

讀。即使以 17 篇計，也僅佔《尚書》全經的三成。

通觀諸經，唯有《禮記》的刪經情形，稍可與《詩經》比並。《詩經》原就有文義簡明、篇幅不大、韻文形式易背誦、常為《四書》所引述、富文采等吸引考生選考的因素。再加上考官出題偏重〈雅〉、〈頌〉，喜出頌美、與政教相關的詩篇，出題範圍易掌握、易擬題，而許多詩篇不會出題，可略去不讀，使其成為備考最為容易的選擇，也是考生選考《詩經》較多的原因。

第二節　科舉用書反映考官出題的取捨

以《詩經》錄中者多，意謂著治《詩》者多，使得《詩經》的普及、傳播比其他諸經廣泛，科舉用書也比他經來得多。且不少詩篇不出題，也必然左右考生讀經之取捨，考官出題既偏好出頌美、冠冕、與政教有關的詩篇，以致許多言情、怨刺、喪亂之詩，形同具文，考官並不會從中出題、士子也毋需費心準備，科舉用書必然也要跟著調整。在考察《詩經》鄉、會試題的分布、偏重後，對於《詩經》科舉用書的刪存、取捨之緣由，更容易了然於心。

如徐光啟（1562－1633）《詩經傳稿》，[28]收徐氏所作的 93 篇《詩經》義，包括：〈國風〉26 篇、〈小雅〉20 篇、〈大雅〉21 篇、〈三頌〉26 篇（篇目詳見附錄四）。四大類原有詩篇多寡不等，所收《詩經》義篇數，何以接近均等？如〈國風〉一類詩篇，原多達 160 首詩，而只收 26 篇《詩經》義，比例何其少？許多〈國風〉詩篇都未有撰作，何以〈鄘風·定之方中〉就作了3 篇？

又如清初陸師（1667－1722）《陸麟度詩經真稿》，[29]目錄所列有 87 篇，

---

[28] 明·徐光啟：《詩經傳稿》，收入於上海市文物保管委員會主編：《徐光啟著譯集》第 18、19 冊（上海：上海市文物保管委員會，1983 年，影印清康熙年間徐氏淵源堂家刻本）。

[29] 清·陸師：《陸麟度詩經真稿》（濟南：齊魯書社，2008 年，《歷代詩經版本叢刊》影印清乾隆 26 年〔1761〕經國堂刻本）。卷前有吳啟昆序，作於康熙 39 年（1700）。此書〈國風〉缺收 2 篇，〈小雅〉缺收 3 篇，〈大雅〉缺收 4 篇，〈三頌〉缺收 4 篇，

包括：〈國風〉23 篇、〈小雅〉21 篇、〈大雅〉22 篇、〈三頌〉21 篇（篇目詳見附錄五），情況與《詩經傳稿》如出一轍，皆是四大類幾乎等量、平均，〈國風〉原有詩篇雖多，但《詩經》義也僅有 23 篇。但其中〈豳風·七月〉就有 7 篇制義，〈大雅·卷阿〉、〈商頌·長發〉，也都各有 4 篇制義。

　　經過鄉、會試試題的彙整、統計、考察後，上述這些疑惑，皆可冰釋。完全皆肇因於考官出題本有偏重，故在兩部《詩經》義選集中，也呈現輕〈國風〉，重〈大雅〉、〈三頌〉，及言男女情意、喪亂、不吉、怨刺者多不出，而重〈定之方中〉、〈七月〉、〈卷阿〉、〈長發〉等熱門出題詩篇的現象。

　　以顧起元（1565－1628）《爾雅堂家藏詩說》一書為例，《續修四庫全書總目提要》中所載倫明（1875－1944）撰寫的提要云：「然頗善體貼詩意，如說〈行露〉，謂雀角二句辭意，……其詞如此。書中不乏妙義，殆如吳淇《選詩定論》之類，所不同者，彼以說漢魏六朝之詩，而此則以說三百篇耳。」[30]提要指出顧書如吳淇（1615－1675）《六朝選詩定論》，[31]以解讀一般詩歌的方式來闡釋《三百篇》云云——這是誤解。顧氏在〈爾雅堂家藏詩說序〉中，已明白道出此書為舉業而作。[32]且考《爾雅堂家藏詩說》亦未遍解 305 篇，未作解說者有以下諸篇：

　　〈鄘風〉：〈牆有茨〉、〈桑中〉。
　　〈鄭風〉：〈山有扶蘇〉、〈蘀兮〉、〈狡童〉、〈褰裳〉、〈風雨〉、
　　　　　　　〈野有蔓草〉、〈溱洧〉、〈東方之日〉。
　　〈小雅〉：〈小弁〉、〈巧言〉、〈何人斯〉、〈巷伯〉、〈谷風〉、
　　　　　　　〈蓼莪〉、〈大東〉、〈四月〉、〈北山〉、〈無將大車〉、
　　　　　　　〈小明〉。

　　共缺 13 篇，故收文 74 篇。

30　中國科學院圖書館整理：《續修四庫全書總目提要·經部》（北京：中華書局，1993
　　年 7 月），頁 325，〈爾雅堂詩說〉條。

31　清·吳淇：《六朝選詩定論》（《四庫全書存目叢書·補編》影印清刻本）。

32　明·顧起元：〈爾雅堂家藏詩說序〉，《爾雅堂家藏詩說》（《四庫禁燬書叢刊》影印
　　明萬曆 34 年〔1606〕刻本），卷前，頁 1－4。

為何以上 21 篇無注，而〈大雅〉、〈三頌〉全都有注？蓋因考官較常從〈大雅〉、〈三頌〉出題，這 21 篇或為「淫詩」，或為喪亂、怨刺之作，非考官出題所重，由於顧氏此書是道地的科舉用書，故解說的繁簡、取捨，也必然扣緊了應考需要，與考官出題的偏重一致。

　　就本文前面所述之鄉、會試未被出題者甚多，何以顧起元僅闕此 21 篇無注？筆者仔細考察過顧書，有些鄉、會試未出之題，顧書雖未刪，但僅聊備一格，說解多簡略，而常出的詩篇，說解則較詳。有些科舉用書，雖鄉、會試罕出之詩篇，亦留存、註解，甚至全部保留了 305 篇。這可能是編者考慮到小試出題範圍較廣，較鄉、會試冷僻，[33]亦或認為不考的詩篇中，不乏雋永之作、如〈蓼莪〉之類的名篇，也是士子學習、讀經之基本。再加上，科舉用書的編纂者，也常是熟讀儒典的讀書人，多少會受到當時觀念、輿論的制約，對「刪經」之舉，有所顧忌，[34]所以有些科舉用書，還是保留 305 篇的經文，如清初趙燦英《詩經集成》，自序云：

> 今所懸諸學宮，學士所習為舉子業者，又皆盛時和平溫厚之詩，其于淫〈風〉變〈雅〉似可弗論。然《詩》者，發乎情，止乎禮義，三百五篇既為大聖人所刪定，解《詩》者亦何可有所詳畧于其間乎？[35]

33　縣、府、院試，及月課、季考、歲考、科考，出題向來較鄉、會試難。所試雖以《四書》義為主，但偶會出本經義及二、三場的論策等。萬曆年間余寅任陝西提學，所作〈問乾州十學教官〉文中，質疑諸生作義，對〈檜風‧素冠〉第三章「聊與子如一兮」的詮解不當，要求「諸博士深於〈風〉〈雅〉者，其條析之以復我」，與諸教官商榷詩義。據筆者所掌握，〈素冠〉在鄉、會試中，未曾出過題。由此可見，小試出題範圍，當較鄉、會試更廣些。文見明‧余寅：《宦曆漫紀》（臺北：國家圖書館，據內閣文庫藏明天啟元年〔1621〕刊本影印），卷4，頁7。

34　儒者以為諸經為孔子所刪定，不容後人妄為刪節、選評，故割經裂傳者，常遭「侮經」的抨擊。參侯美珍：〈明清八股取士與經書評點的興起〉，《經學研究集刊》第 7 期（2009 年 11 月），頁 137－162。

35　清‧趙燦英：〈序〉，《詩經集成》（《四庫全書存目叢書》影印清康熙 29 年〔1690〕金陵陳君美刻本），卷前，頁 5－6。趙燦英，生卒年不詳，應為康熙年間人。

雖是科舉用書，也明知出題多取歌頌盛世、和平溫厚之詩，但又尊崇經書為聖人所刪定，不敢有所刪裁，仍錄 305 篇。又如晚明何大掄《詩經默雷》，由卷前凡例云：

> 國朝經義取士，《詩》居其一。然理學真統，由來以紫陽為正宗，生今之世，用今之禮，其不倍朱《傳》者，明乎不敢反古之道也，故首尊朱。……詩家所貴，最取詞華，率俚無文，色澤安在？如只訓句訓字，則有舊時句解可參；演章演節，亦有昔日鰲頭可印，總無當于時趨也。今採其詞句雅麗，宛如八股式樣，萬一臨場操觚，少加潤色，則句句靈通，字字琢練，滿紙盡燦珠璣，不必另為捃摭。無論幼學者可廣識議，而老成者亦資筆鋒。[36]

由其尊朱、尊《詩集傳》，採「詞句雅麗，宛如八股式樣」者，以供考場運用的敘述，可確知為科舉用書，然而仍全錄 305 篇，但細審其解說，仍可區別繁、簡之不同。如〈鄭風〉多「淫詩」，其中只有〈緇衣〉、〈羔裘〉、〈女曰雞鳴〉詩，曾出過題，尤其是後兩首，在鄉試出題次數各有 12、11 次之多。考何大掄解〈羔裘〉篇幅達 3 頁餘、解〈女曰雞鳴〉4 頁餘，其他〈遵大路〉、〈蘀兮〉、〈狡童〉、〈褰裳〉等不出題的「淫詩」，卻常不足 1 頁，甚至僅有半頁。[37]

　　經過鄉、會試考題的整理，藉由統計、了解考官出題偏重，對於判定一部《詩經》古籍是否為科舉用書，也多了一個考察的視角；對於科舉用書刪存、取捨、繁簡不一的現象，也能有適切而合理的解釋。下文將進一步以永樂、正

---

[36] 明·何大掄：〈凡例〉，《詩經默雷》（濟南：齊魯書社，2008 年，《歷代詩經版本叢刊》影印明末刻本），卷前，頁 1-2。何大掄，生卒年不詳，此書卷前何三省（1611-1674）〈詩經默雷序〉署崇禎 4 年（1632）作，言何大掄是其侄子。

[37] 嘉靖 44 年（1565）進士許天贈所作《詩經正義》（《四庫全書存目叢書》影印明萬曆刻本）亦同乎此，〈鄭風〉之〈緇衣〉約 2 頁餘，〈羔裘〉3 頁，〈女曰雞鳴〉4 頁，其餘不考的情詩，或半頁或僅 1 頁。

統年間孫鼎（1392－1457）所編科舉用書《新編詩義集說》為例，**38**來加以說明。選擇此書詳論，乃因其編輯方式，最能藉以觀察科舉用書與出題之間的呼應關係。

第三節　孫鼎《詩義集說》與科舉

《續修四庫全書總目提要》所收張壽林（1907－？）撰寫的提要，言孫鼎此書「不盡釋全經。……惟其所纂輯皆明人說詩之書，往往敷衍語氣，為時文之用，亦多迂腐之論，是不免白璧之微瑕。」**39**張壽林並未身歷科舉，僅交代「不盡釋全經」，卻未能說明其故。「所纂輯皆明人說詩之書」的敘述亦誤，孫鼎纂輯所取材者，只有《詩解頤》的作者朱善（1340－1413）為元末明初人，其餘如彭士奇《詩經主意》、謝升孫《詩義斷法》、林泉生《詩義矜式》、曹居貞《詩義發揮》都為元人之作。**40**

張壽林又批評《詩義集說》「尤多迂腐之論」，大概是因書中所擇詩篇、所釋經文多關政教及歌頌聖君賢臣者，而非言情之作的緣故。且如釋〈小雅‧隰桑〉「心乎愛矣，遐不謂矣？中心藏之，何日忘之？」等段落，今人或解為情詩，孫書所纂解說，亦多由好賢之深刻、企慕之長久立論，**41**將詩篇說得道貌岸然，故招致張壽林「迂腐」的批評。但此書既為科舉用書，本當立足於《詩集傳》上詮解經文，以供寫作《詩經》義取資，功令規定如此，《詩義集

---

38 明‧孫鼎：《新編詩義集說》（《續修四庫全書》影印「1935 年商務印書館影印《宛委別藏》影鈔明刻本」）。為省篇幅，行文中將《新編詩義集說》簡稱為《詩義集說》。

39 中國科學院圖書館整理：《續修四庫全書總目提要‧經部》（北京：中華書局，1993 年 7 月），頁 318。又，夏傳才、董治安：《詩經要籍提要》（北京：學苑出版社，2003 年 8 月），頁 366，亦撰有此書之提要，可參照。

40 參張祝平：〈八股文探源——《詩義集說》中元代「股體」詩義著者考略〉，《歷史檔案》2012 年第 1 期，頁 80－86。據此文所考，彭、謝、林三人，分別為元泰定元年（1324）、泰定 4 年（1327）、天曆 2 年（1329）進士，曹居貞入明時已有 52 歲，主要活動在元代，故皆屬元人。又《詩義集說》所引《詩經旨要》作者佚名，無法進一步考察。

41 明‧孫鼎：《詩義集說》，卷 2，頁 67－68。

說》並不特別道學、迂腐。而「不盡釋全經」，確實如此，孫鼎一書未遍解305篇，但擇錄125篇中部分經文釋義。考其對305篇的取捨、擇錄經文的情形、解說的繁簡，與筆者透過明代鄉、會試出題的考察頗有一致之處。

孫書編輯方式乃節錄一段經文，後附以諸家之解，或簡或繁，或長或短，末尾並標明纂錄所取材之原書書名。每段經文之後，所附解說的則數亦不一，以一、二則較常見。但亦有如〈小雅・靈臺〉，在「經始靈臺，經之營之。庶民攻之，不日成之。經始勿亟，庶民子來」一段經文後，所附解說多達五則，並用簡稱方式，於每一則末標註書名：《解頤》、《矜式》、《斷法》、《旨要》、《發揮》，[42]標示資料來源，乃纂錄自此五書的解說。

各卷類別、解說詩篇情形、所佔篇幅頁數如下：

卷次	類　別	原有詩篇數／解說篇數	所佔篇幅
卷 1	〈國風〉	160／22	共 28 頁
卷 2	〈小雅〉	74／37	共 68 頁
卷 3	〈大雅〉	31／26	共 127 頁
卷 4	〈頌〉	40／40	逾 90 頁

所佔篇幅頁數是依古籍版心頁數計得，由以上數據，〈國風〉所佔篇幅極少，僅有 28 頁，[43]〈國風〉160 篇，僅解 22 篇，篇幅又少，可見最受忽略。且〈風〉詩的解說一般皆極簡要，獨考試熱門的詩篇如〈七月〉、〈淇奧〉等特詳，而〈國風〉中之「淫詩」，皆未錄、未解。

孫書解說最重〈三頌〉，每篇皆有擇錄經文解說，次為〈大雅〉，31 篇中有解說者 26 篇；再次為〈小雅〉，74 篇中有解說者 37 篇。〈大雅〉諸詩較長，且與文王有關詩篇，頻見出題者，解說更詳細，故〈大雅〉篇幅佔 127 頁，是最多的。〈三頌〉多達 90 頁，但末頁只標「下闕」，並無解說文字。最末一首為〈殷武〉，為考試熱門出題詩篇，孫書只錄經文至第三章「天命多

---

[42] 指朱善《詩解頤》、林泉生《詩義矜式》、謝升孫《詩斷法》、佚名《詩經旨要》、曹居貞《詩義發揮》五書。

[43] 事實上解說僅有 27 頁，頁 28 空白，只標「新編詩義集說卷一」。

辟，……稼穡匪解」止，解說只存一行，後闕。不管是〈殷武〉未及詳解的第三章，或未論及的第四、五、六章，皆是鄉、會試出題所重，若書籍完整無闕，理應有 92、93 頁左右。

本書附錄三有鄉、會試出題與孫鼎《詩義集說》纂錄經文的對照，用以呈現 305 篇鄉、會試出題次數，並與《詩義集說》各篇纂錄經文則數比較，以明科舉用書的編纂受到出題偏重的影響。可以看出凡鄉、會試出題頻繁的詩篇，《詩義集說》對該詩篇擇錄經文、解說的則數也愈多；反之，未嘗出題者，《詩義集說》則逕自捨棄、跳過，不加擇錄、解說。

限於篇幅，以下僅取〈大雅〉31 篇，[44]彙整各篇鄉、會試出題數、孫鼎擇錄經文及解說則數，纂成下表以供對照：

篇　　名	會試出題數	鄉試出題數	孫鼎擇錄經文則數	孫鼎纂錄解說則數
〈文王〉	6	21	13	24
〈大明〉	6	13	11	14
〈緜〉	1	7	16	28
〈棫樸〉	2	11	7	14
〈旱麓〉	1	6	10	17
〈思齊〉	2	14	9	13
〈皇矣〉	4	19	15	28
〈靈臺〉	3	3	6	13
〈下武〉	4	18	9	20
〈文王有聲〉	6	20	13	24
〈生民〉	2	16	8	19
〈行葦〉	1	6	5	10
〈既醉〉	4	20	10	13
〈鳧鷖〉	0	1	1	2
〈假樂〉	3	24	7	18
〈公劉〉	1	8	11	26

---

[44] 不取〈國風〉、〈小雅〉是因詩篇數多，太佔篇幅，而〈三頌〉多為考試所重，孫鼎全有解說。不如取〈大雅〉，詩篇不多，有常考、偶考、不考之別，較方便說明。

〈泂酌〉	0	4	2	4
〈卷阿〉	6	40	14	25
〈民勞〉	0	1	2	2
〈板〉	2	6	7	7
〈蕩〉	0	0	0	0
〈抑〉	5	15	18	26
〈桑柔〉	0	0	0	0
〈雲漢〉	1	2	0	0
〈崧高〉	2	14	12	21
〈烝民〉	3	27	22	32
〈韓奕〉	2	2	5	9
〈江漢〉	5	28	14	22
〈常武〉	0	8	7	10
〈瞻卬〉	0	0	0	0
〈召旻〉	0	0	0	0

　　從上表中可見，孫鼎所輯經文、前人解說則數的有無、多寡，除與詩篇長短有關外，也與該詩在考試時的重要性、出題與否密切相關。[45]通觀來看，凡鄉、會試熱門的出題詩篇，如〈文王〉、〈緜〉、〈皇矣〉、〈文王有聲〉、〈卷阿〉、〈抑〉、〈崧高〉、〈烝民〉、〈江漢〉等，孫鼎纂錄的經文、解說就更多、更詳實。相反的，〈蕩〉、〈桑柔〉、〈瞻卬〉、〈召旻〉等，幾乎全篇皆涉及喪亂、怨刺、不吉，鄉、會試不曾出題者，孫鼎也未有纂錄。

第四節　孫鼎擇錄的經文與出題

　　介於全詩皆為頌美、可出的內容，和全詩皆喪亂、怨刺、不吉者之間，或有一些詩篇，其詩旨雖非頌美，內容也存在不適合出題的描寫，有喪亂、怨

---

[45] 倘微有出入處，必須要考量到鄉、會試的試題搜羅是不完全的，未能百分之百反映出題的狀況，且以整個明代為試題搜集範圍。而孫鼎是永樂、正統年間的人，所編科舉用書是為當時的考生而設，故應會出現少數詩篇在孫鼎時並不被考官重視，亦為孫鼎纂錄時所忽略，但之後，為避熟題、防擬題，也曾被出題的現象。

刺、不吉的詩句，或詩句內容多非富涵義理、屬較無關緊要者，但其中亦有部分詩句，頗富哲理、攸關政教，考官或從中擇部分段落出題。以下先舉〈大雅·板〉為例，來比較孫鼎擇錄經文的情形與出題間的關係。

此詩分 8 章，孫鼎僅擇錄第 2、3、6、7、8 章中部分段落解說，總共有 7 段經文，第 7、8 章經文有重複擇錄的情形，所擇錄段落如下：

章　次	經　　文
第 2 章	辭之輯矣，民之洽矣；辭之懌矣，民之莫矣。
第 3 章	先民有言：詢于芻蕘。
第 6 章	天之牖民，如壎如箎，如璋如圭，如取如攜。攜無曰益，牖民孔易。
第 7 章	价人維藩，大師維垣，大邦維屏，大宗維翰。懷德維寧，宗子維城。無俾城壞，無獨斯畏。
第 7 章	价人維藩，大師維垣，大邦維屏，大宗維翰。懷德維寧，宗子維城。
第 8 章	敬天之怒，無敢戲豫；敬天之渝，無敢馳驅。昊天曰明，及爾出王；昊天曰旦，及爾游衍。
第 8 章	敬天之怒，無敢戲豫；敬天之渝，無敢馳驅。

經統計，〈板〉詩在會試出題 2 次，鄉試出題 6 次，題目分別出自第 2、6、7、8 章：

章　次	題　　目	科年、地區
第 2 章	辭之輯矣，民之洽矣；辭之懌矣，民之莫矣。	嘉靖 25 年順天
第 6 章	天之牖民，如壎如箎，如璋如圭，如取如攜。攜無曰益，牖民孔易。	嘉靖 16 年浙江
第 7 章	价人維藩，大師維垣，大邦維屏，大宗維翰。懷德維寧，宗子維城。	正德 9 年會試
第 7 章	大師維垣。	天啟元年山西
第 8 章	敬天之怒，無敢戲豫；敬天之渝，無敢馳驅。昊天曰明，及爾出王；昊天曰旦，及爾游衍。	萬曆 46 年福建
第 8 章	敬天之怒，無敢戲豫；敬天之渝，無敢馳驅。	萬曆 37 年順天
第 8 章	昊天曰明，及爾出王；昊天曰旦，及爾游衍。	弘治 12 年會試 嘉靖 13 年應天

這些出題的段落，皆不出孫鼎所擇經文的範疇之中。內容是對於如何施政的告誡，言要敬天，要戒慎勿戲豫，要辭輯而懌，要獲价人、大師等之佐助，才可安邦定國。鄉、會試 8 次的出題中，自第 7 章出題 2 次，自第 8 章出題 4 次，而孫鼎一書，在第 7、8 章處，特別重複經文段落、解釋特詳，與出題的偏重扣合。**46**

朱熹釋〈板〉詩，修正《詩序》以為是凡伯刺厲王的說法，認為與〈民勞〉詩相類，皆為同列相戒之作，但憂時感事，責之益深。〈板〉詩各章經文如下：

章　次	經　　文
第 1 章	**上帝板板，下民卒癉。出話不然，為猶不遠。靡聖管管，不實于亶。猶之未遠，是用大諫。**
第 2 章	**天之方難，無然憲憲；天之方蹶，無然泄泄。辭之輯矣，民之洽矣；辭之懌矣，民之莫矣。**
第 3 章	**我雖異事，及爾同寮。我即爾謀，聽我囂囂。我言維服，勿以為笑。** 先民有言：詢于芻蕘。
第 4 章	**天之方虐，無然謔謔。老夫灌灌，小子蹻蹻。匪我言耄，爾用憂謔。多將熇熇，不可救藥。**
第 5 章	**天之方懠，無為夸毗。威儀卒迷，善人載尸。民之方殿屎，則莫我敢葵。喪亂蔑資，曾莫惠我師。**
第 6 章	天之牖民，如壎如篪，如璋如圭，如取如攜。攜無曰益，牖民孔易。**民之多辟，無自立辟。**
第 7 章	价人維藩，大師維垣，大邦維屏，大宗維翰。懷德維寧，宗子維城。無俾城壞，無獨斯畏。
第 8 章	敬天之怒，無敢戲豫；敬天之渝，無敢馳驅。昊天曰明，及爾出王；昊天曰旦，及爾游衍。

---

46 稍有出入者，僅見於孫鼎擇錄了第 3 章「先民有言：詢于芻蕘」兩句解說，但不見出題。有可能是此兩句前後經文並非出題的好選擇，較不便連出，故出題次數較少，因而未見錄。

加粗黑處為孫鼎未擇錄解說、試題未出者，內容多為言及災禍以相誡的敘述，如「下民卒癉」、「天之方難」、「天之方蹶」、「喪亂蔑資」等；或告誡措辭強烈，近於責備、怒斥者，如「老夫灌灌，小子蹻蹻。匪我言耄，爾用憂謔。多將熇熇，不可救藥」、「民之多辟，無自立辟」等。就〈板〉詩來看，大概有一半以上的經文、範圍，是考試不會出的。

　　大抵上，明中葉前，應該更容易備考，只要讀重要的詩篇，重要的段落，可能出題的範圍、題目量較少；愈至晚明，出題的範圍益擴大，又常出一、二句的短題，可出題目數量變多了。在前文第五章，透過所能搜得的鄉、會試題統計，探究 305 篇中，曾出題、未出題的情形，發現鄉、會試合計，出過題的有 160 篇，未出過的有 145 篇。以篇數計，曾出題者僅佔全經的 52.5%。倘若就篇幅來考量，由於出過題者，〈雅〉、〈頌〉詩居多，而〈雅〉、〈頌〉通常篇幅也較長，所以篇數／篇幅之比例並不完全一致，以篇幅計，出過題者，應當超過 52.5%、甚至逾 60%。由於鄉、會試錄文獻傳世有限，當然也可能會有少數出過題而遺漏者。但又必須考慮：號稱出過題的 160 篇，有些並非是大道理、大題目，有些在明中、晚期才出現在試題範疇中；有些詩篇雖被出過一、兩題，其實是偶然一見，考生可以不以為意；還有更多類似〈板〉詩者，雖長篇，但偏向局部出題，備考時大可僅擇局部鑽研。孫鼎一書的編纂、擇錄，即反映了此種作法，如此看來，雖出過題的有 160 篇、篇數逾半，說士子讀《詩經》備考，只約略讀了半部《詩經》，還是可以成立的。

　　類似這種偶被出題、局部出題的情形，以孫鼎一書纂輯的經文、解說和試題出題狀況對照，可看出其實還不少，再舉數例以觀之。

一、〈小雅·棠棣〉

常棣之華，鄂不韡韡。凡今之人，莫如兄弟。（1章）

死喪之威，兄弟孔懷。原隰裒矣，兄弟求矣。（2章）

脊令在原，兄弟急難。每有良朋，況也永歎。（3章）

兄弟鬩于牆，外禦其務。每有良朋，烝也無戎。（4章）

喪亂既平，既安且寧；雖有兄弟，不如友生。（5章）

　　儐爾籩豆，飲酒之飫。兄弟既具，和樂且孺。（6章）

　　妻子好合，如鼓瑟琴。兄弟既翕，和樂且湛。（7章）

　　宜爾室家，樂爾妻帑。是究是圖，亶其然乎？（8章）

詩分 8 章，朱熹註言此詩 2 至 4 章，「專以死喪急難鬩鬩之事為言，其志切，其情哀，乃處兄弟之變」者，認為「此詩蓋周公既誅管、蔡而作」。孫鼎捨棄詩中不測、急難、死喪之敘述，僅取第 6 至 8 章，關於兄弟和樂的描寫來解說。[47] 此詩會試未出題，僅嘉靖 7 年浙江鄉試出過 1 次，題為〈宜爾室家，樂爾妻帑。是究是圖，亶其然乎？〉從第 8 章出題。由詩篇內容，孫鼎的纂錄及鄉、會試出題狀況，可知此詩並不常出題，考生備考只需偏重後三章。

二、〈小雅・采薇〉

　　采薇采薇！薇亦作止。曰歸曰歸！歲亦莫止。靡室靡家，玁狁之故；不遑啟居，玁狁之故。（1章）

　　采薇采薇！薇亦柔止。曰歸曰歸！心亦憂止。憂心烈烈，載飢載渴；我戍未定，靡使歸聘。（2章）

　　采薇采薇！薇亦剛止。曰歸曰歸！歲亦陽止。王事靡盬，不遑啟處；憂心孔疚，我行不來。（3章）

　　彼爾維何？維常之華。彼路斯何？君子之車。戎車既駕，四牡業業；豈敢定居，一月三捷。（4章）

　　駕彼四牡，四牡騤騤；君子所依，小人所腓。四牡翼翼，象弭魚服；豈不日戒，玁狁孔棘。（5章）

　　昔我往矣，楊柳依依；今我來思，雨雪霏霏。行道遲遲，載渴載飢；我心傷悲，莫知我哀！（6章）

詩分 6 章，朱熹註言此詩為「遣戍役之詩」，書寫戍人因玁狁侵陵而不遑啟

47　明・孫鼎：《詩義集說》，卷 2，頁 7-8。

居，戍事未已，王事靡盬，歸期遙遠而憂勞益甚之作。此詩孫鼎僅擇錄第 4章，[48] 會試未出題，鄉試出題 10 次，共有 8 次從第 4 章出題：

科年、地區	題　　目
弘治 14 年福建 隆慶 4 年陝西	豈敢定居，一月三捷。（4 章）
弘治 17 年山東	不遑啟居，玁狁之故。（1 章）
正德 8 年山西	憂心孔疚，我行不來。彼爾維何？維常之華。彼路斯何？君子之車。戎車既駕，四牡業業；豈敢定居，一月三捷。駕彼四牡，四牡騤騤；君子所依，小人所腓。四牡翼翼，象弭魚服；豈不日戒，玁狁孔棘。（3 章末兩句至 5 章）
正德 11 年江西	彼爾維何？維常之華。彼路斯何？君子之車。戎車既駕，四牡業業；豈敢定居，一月三捷。駕彼四牡，四牡騤騤；君子所依，小人所腓。四牡翼翼，象弭魚服；豈不日戒，玁狁孔棘。（4、5 章）
嘉靖 34 年河南 嘉靖 37 年山東 隆慶 4 年山西	彼爾維何？維常之華。彼路斯何？君子之車。戎車既駕，四牡業業；豈敢定居，一月三捷。（4 章）
隆慶 4 年順天	戎車既駕，四牡業業；豈敢定居，一月三捷。（4 章）
萬曆 7 年陝西	靡室靡家，玁狁之故；不遑啟居，玁狁之故。采薇采薇！薇亦柔止。曰歸曰歸！心亦憂止。憂心烈烈，載飢載渴；我戍未定，靡使歸聘。采薇采薇！薇亦剛止。曰歸曰歸！歲亦陽止。王事靡盬，不遑啟處；憂心孔疚，我行不來。（1 章後 4 句至 3 章）

全詩多為描寫景物的興句，或是遠戍、勞役、懷鄉的憂思，僅第 4 章描寫車馬壯盛，竭力奉公，忠於王事，情緒比較振奮。其中「一月三捷」一句，一月間三戰三捷的祝頌，是此詩出題時最頻見者，共出現 8 次。徐光啟《詩經傳稿》所收 93 篇《詩經》義中，2 篇題目出自〈采薇〉者，命題分別為：〈彼爾維何？維常之華。彼路斯何？君子之車。戎車既駕，四牡業業；豈敢定居，一月三捷〉、〈一月三捷。駕彼四牡，四牡騤騤；君子所依，小人所腓。四牡翼

48　明‧孫鼎：《詩義集說》，卷 2，頁 13。

翼，象弭魚服；豈不日戒〉，[49]兩題都包括「一月三捷」語，這並非偶然，顯然這句祝頌吉祥語，就是出題的熱門焦點所在。雖〈采薇〉末章「昔我往矣，楊柳依依；今我來思，雨雪霏霏」等，是膾炙人口的段落，[50]但未見出題，這種藉景抒情的詩句，雖措辭優美，但因偏向悲傷的負面情緒，多未受出題者青睞。由詩篇內容，孫鼎的擇錄及出題狀況，可知此詩雖也曾出題，但考生備考只需偏重第 4 章。

三、〈小雅・出車〉

我出我車，于彼牧矣！自天子所，謂我來矣！召彼僕夫，謂之載矣！
王事多難，維其棘矣！（1 章）
我出我車，于彼郊矣！設此旐矣，建彼旄矣！彼旟旐斯，胡不旆旆？
憂心悄悄，僕夫況瘁。（2 章）
王命南仲，往城于方；出車彭彭，旂旐央央。天子命我，城彼朔方。
赫赫南仲，玁狁于襄。（3 章）
昔我往矣，黍稷方華；今我來思，雨雪載塗。王事多難，不遑啟居。
豈不懷歸？畏此簡書。（4 章）
喓喓草蟲，趯趯阜螽。未見君子，憂心忡忡；既見君子，我心則降。
赫赫南仲，薄伐西戎。（5 章）
春日遲遲，卉木萋萋；倉庚喈喈，采蘩祁祁。執訊獲醜，薄言還歸。
赫赫南仲，玁狁于夷。（6 章）

詩分 6 章，朱熹註言此詩為「勞還率之詩」，追述其始受命出征之時，描述出征過程的勞苦、室家感時物之變而思念征人。孫鼎僅擇錄第 3、6 章。[51]會試

---

49 明・徐光啟：《詩經傳稿》，卷前，目次。

50 《世說新語・文學》載謝過特別稱賞〈采薇〉「昔我往矣，楊柳依依；今我來思，雨雪霏霏」詩句。

51 明・孫鼎：《詩義集說》，卷2，頁 7－8。

出題 2 次，鄉試出題 14 次，合計 16 次。其中，從第 3、6 章出題共 14 次。

科年、地區	題　　目
成化 8 年會試	我出我車，于彼郊矣！設此旐矣，建彼旄矣！彼旟旐斯，胡不旆旆？憂心悄悄，僕夫況瘁。王命南仲，往城于方；出車彭彭，旂旐央央。天子命我，城彼朔方。赫赫南仲，玁狁于襄。（2、3 章）
成化 22 年河南	自天子所，謂我來矣。（1 章）
弘治 2 年廣東	天子命我，城彼朔方。赫赫南仲，玁狁于襄。（3 章）
弘治 11 年陝西	天子命我，城彼朔方。（3 章）
弘治 14 年順天 嘉靖 31 年山西 嘉靖 38 年會試	王命南仲，往城于方；出車彭彭，旂旐央央。天子命我，城彼朔方。赫赫南仲，玁狁于襄。（3 章）
弘治 17 年浙江	昔我往矣，黍稷方華，今我來思，雨雪載途。王事多難，不遑啟居。豈不懷歸？畏此簡書。喓喓草蟲，趯趯阜螽。未見君子，憂心忡忡。既見君子，我心則降。赫赫南仲，薄伐西戎。（4、5 章）
嘉靖 10 年湖廣	赫赫南仲，玁狁于夷。（3 章）
嘉靖 13 年河南 嘉靖 40 年貴州	春日遲遲，卉木萋萋；倉庚喈喈，采蘩祁祁。執訊獲醜，薄言還歸。赫赫南仲，玁狁于夷。（6 章）
嘉靖 25 年山西	天子命我，城彼朔方。赫赫南仲，玁狁于襄。（3 章）
嘉靖 31 年湖廣	出車彭彭，旂旐央央。天子命我，城彼朔方。（3 章）
嘉靖 40 年江西 嘉靖 43 年江西	春日遲遲，卉木萋萋；倉庚喈喈，采蘩祁祁。執訊獲醜，薄言還歸。（6 章）
萬曆 7 年江西	春日遲遲，卉木萋萋；倉庚喈喈，采蘩祁祁。（6 章）

此詩內容及情調與〈采薇〉相近。亦多描寫景物，傳達季節、時序之變遷，雖以王事為念，但又夾雜了出征行役之苦、懷鄉的憂思。孫鼎僅擇錄第 3、6 章，出題也偏重第 3、6 章，因這兩章中，有「赫赫南仲，玁狁于襄」、「執訊獲醜，薄言還歸。赫赫南仲，玁狁于夷」等，關乎平定玁狁、獲勝凱旋的形容。由詩篇內容，孫鼎的擇錄及出題狀況，可知此詩雖也常出題，但考生備考只需偏重第 3、6 章。

第九章　結　論

　　本書以明代鄉、會試《詩經》試題的整理為基礎，藉由明代會試 61 科、237 道試題，以及 337 種鄉試錄、1340 道試題，一共合計 1577 道試題，為主要研究的對象，藉以考察明代鄉、會試《詩經》的出題情況。

　　在第一章〈前言〉中，首先論述科舉在清末內憂外患的時局中，因弊端叢生、飽受抨擊，而遭廢止。民初以來，時局動盪，加上沿襲對科舉的負面成見，科舉學的發展並不順遂。直至近二、三十年，研究著作才稍多，近十餘年，學者的提倡，以及科舉學術研討會陸續召開，帶動了研究的熱潮，中文學門也有更多的學者投入科舉文學的研究。其中研究小說、戲劇、詩文中的科舉敘述者較多，研究制義者較少，大概是因制義較難，不似小說等容易入門、有趣；同時也因制義是科舉遭詬責、廢止的罪魁，惡名昭彰，長期被鄙視、忽略之故。筆者認為，科舉文獻中，承載著不少與經學相關的訊息，尤其是制義，以經文為題，闡述經義，與經學關係最為密切。考試影響學習、教育，古今不二。透過試題來了解考官出題的情形，進一步考察出題對士子讀經、科舉用書的影響，這是本書擇題的立意、企圖所在。在科舉學領域，以往對考官出題的探討，著墨不足，在明代《詩經》學領域中，對於《詩經》與科舉間的關聯、互動，也缺乏研究，本書立足於《詩經》鄉、會試試題搜集、整理上，運用統計法和歷史文獻分析法，結合科舉視角的考察，更能反映眾多應試考生與《詩經》的關係，呈現明代士子學習、備考階段，對《詩經》學的接受。對明代科舉學、《詩經》學而言，皆有彌補先前研究不足的作用。

　　在第二章〈明代科舉與經學〉中，首先概介明代鄉、會試考試，沿襲元代皇慶 2 年（1313）之制，明初諸經考試，功令規定多兼重諸家及古註疏。而在永樂 12 年（1414）下令纂修《大全》後，功令所尊註解，趨向獨尊一家，《四

書》、《周易》、《詩經》尊朱熹註，《書經》尊蔡沈《書集傳》，《春秋》尊胡安國《春秋胡氏傳》、《禮記》尊陳澔《禮記集說》。關於取士宜試以經義或詩賦，雖有過爭辯，但北宋以後科場考試皆重經書，固然是因儒家思想為學術主流，朝廷也尊崇儒家學說；同時，也冀望士子的品德在備考讀經的過程獲得涵養，期能拔擢德才兼備之士，為國所用。這也是雖有三場考試，而偏重制義之故。考試制義，含人人必考的《四書》三題，《五經》則任考生各擇一經，出四題。在此章中，引述了吳宣德對明代 64 科會試登科錄之統計，明代進士《五經》錄中的比例，以《詩經》佔 34.6%最高，其次是《易經》佔25.9%、《尚書》佔 23.2%，而《春秋》、《禮記》殿居四、五，僅佔 8.6%、7.5%。如何正確解讀《詩經》佔「34.6%」，這牽涉鄉、會試考官分經取中的執行。

　　據嘉靖 31 年（1552）江西鄉試及崇禎 9 年（1636）順天鄉試考官所言，兩次考試中，《詩經》等熱門選經，為 50 取 1，而孤經則約 20 取 1，顯示鄉試存在各經錄取率不同的現象。《詩經》自明初後，常居熱門選經之冠、亞，就鄉、會試整體來看，是選經最多的，故考官或抑制其錄取率；而為鼓勵對《春秋》、《禮記》的修習，在鄉試中對兩經優取，錄取率常是《詩經》的一倍。這種調控，僅鄉試有跡可循，有文獻可以為證，目前仍無法證明會試各經錄取有經調控。正統元年（1436）會試副主考陳循所言錄取是「每經七取其一」，且正德 12 年（1517）會試《詩經》錄中者雖最多，但錄取率尚略高於總錄取率，並未受到抑制。又，筆者統計萬曆初年前後諸科鄉試各經錄中的比例，取與和會試數值相較，無不扣合，《詩》、《易》熱門選經未受抑制、也未見孤經有「優取」。依目前考察所得的訊息顯示，會試各經錄取率似為均等的。

　　至於鄉試對各經錄取的調控始於何時，筆者以為可能是正德、嘉靖年間開始較積極、長期的調控，故嘉靖初年後的會試數據，呈現熱門選經稍受抑制，孤經修習偏少的趨勢也稍獲減緩。由於各區選經情形，雖《詩》、《易》居多、孤經偏少是常態，但選經多寡之懸殊，不同時期、各區仍存在出入，在試錄存世有限，缺乏應試者選經人數的線索下，無法考察鄉試確實的調控情形，要確切逆推當時應試選考諸經的比例，也有其困難。然而，既已知《詩經》的

錄中，在鄉試曾遭抑制，則會試《詩經》錄中 34.6% 的比例，透露出的訊息是：明初以後，天下考生選考《詩經》的平均比例，必然超過 34.6%，遠遠領先其他四經。

何以選考《五經》分布如此不均？這牽涉備考難易。《禮記》關乎儀節、制度，頗有難度，且字數多、浩繁吃力；《春秋》得熟悉史事與微言大義，兼有合題、搭題、傳題等特殊命題方式，備考不易。故兩經號稱「孤經」，選考者極少。《尚書》、《易經》雖內容或艱深，或玄奧，但字數不多，故有較多的人選考。《詩經》字數雖略多於《尚書》、《易經》，但文義易明、韻文好記誦、常為《四書》所引述、富文采，備考最為簡易，故選考者最多。但《詩經》卷多難售，也是最難考中的，本來選考眾多，競爭就較為激烈。再者，也因考官刻意調控，抑制《詩經》錄取率之故。所以，明中葉以後，反映在會試諸經錄中的數據上，各科皆呈現穩定、波動很小的狀態。

本書之立論，乃立足於試題的整理與統計上，故在第三章〈鄉會試錄與試題的搜集〉中，詳細說明試題的來源。試題大都直接輯自鄉、會試錄，而鄉、會試錄的查抄，主要倚重 1969 年臺灣學生書局編印的《明代登科錄彙編》，還有 2007、2010 年出版的《天一閣藏明代科舉錄選刊‧會試錄》、《鄉試錄》，以及姜亞沙等主編《中國科舉錄彙編》。部分傳世而未印行的鄉、會試錄，收藏在臺北、北京、南京、上海、常熟、吉林、淄博等多處圖書館者，筆者一一說明查抄、收錄情形。且交代鄉、會試錄以外，見諸《皇明貢舉考》、文集中零星的試題。並藉由統計表彙整，反映明代各時期各科鄉、會試題收錄情形。各科鄉、會試《詩經》試題的詳細內容，參附錄一、二。

第四章〈《詩經》試題長短的變化〉，藉由統計，以說明鄉、會試《詩經》義題目長短的演變。整體來看，明初 4 題題目長度較為中庸、平均，沒有極長、極短的題目。而正統、景泰時開始出現逾 10 句的長題、2 句的短題，兩者同時成長。至成化、弘治年間，出現更多懸殊、偏鋒的長、短題。長、短題在明中葉所佔的出題比例皆頗高，相互抵銷之下，使得明中葉與明初之平均句數、字數相差並不大。而長題在成化前後達到高峰後，此後逐漸減少；短題則愈至晚明愈頻見。約在萬曆中葉後，題目更趨簡短，長題已不多見。今所見

萬曆末年、天啟、崇禎的試題，多以 1、2 句題居多，因此晚明的平均句數、字數也更少。鄉、會試比較，會試短題、長題皆較鄉試略少，應是與會試性質更嚴肅、慎重，故出題也較謹慎，更趨於保守、中庸有關。

　　今日尚能得見的鄉、會試錄，大多得諸於范欽天一閣的收藏，范氏於萬曆 13 年（1585）去世，此後的試錄傳世驟減，筆者所能搜得的晚明試題樣本亦不多，故輔以晚明徐光啟《詩經傳稿》所收作於萬曆年間的 93 篇《詩經》義來觀察。《詩經傳稿》亦是短題居多，二句題達半數，平均句數僅 4.8 句、平均字數 19.3 字。與萬曆時期鄉、會試出題的統計數據接近。再參以康熙時期陸師《陸麟度詩經真稿》，所收《詩經》義 87 篇，並無 10 句以上的長題，1 句題有 15 題，2 句題 49 題，兩者合計，佔 73.5% 的比例，平均句數只有 2.3 句、平均字數只有 9.1 字，試題趨短的現象，更甚徐光啟《詩經傳稿》，可見晚明試題一直有往短題發展的趨勢。《詩經》試題由明初的中庸，到中葉的偏長或偏短，到晚明短題居多，主要皆是為避舊文、防擬題，增加試題數量、提高考試的難度，以利甄別。一般來說，題目長度中庸者，素材不多不少，又有舊文，多在考生試前猜題所掌握的範圍中，胸有成竹，應較好作。長題必須善概括，不能遺漏；短題內容涵蓋較少，易捉襟見肘，較長題更難。倘若出〈豳風・七月〉「八月在宇」一句，考生也習以為見、應付裕如，以至難分高下時，那只好出更難的小題、截搭題了。文獻中屢屢推崇萬曆小題名家輩出，晚明文集中也收錄了許多小題文集序，可見小題在萬曆時臻於極盛，競為小題而至窮工極巧。從萬曆鄉、會試題演變成競趨短題來看，可見小題、截搭題乃是在萬曆時期多出短題的背景下，順勢發展、壯盛。

　　第五章探討《詩經》義出題的分布。《詩經》分〈國風〉、〈小雅〉、〈大雅〉、〈頌〉4 大類，考官出題，以 4 類各出 1 題者，最為常見，會試多達 35 科，佔了 60% 之比例，鄉試多達 307 種，比例高達 92%。偶有 4 題中出了 2 道〈小雅〉、〈大雅〉、〈頌〉題者，但從沒有 4 題中出 2 題〈國風〉及於同一類中出 3 題的現象。明中葉以前，同一類出 2 題者較常出現；晚明更重視出題在 4 類中的平均分配，比從前更常自〈國風〉中出題，也是為了增加可出試題量，儘量少出〈雅〉、〈頌〉熟題，以避免考生擬題，是為了提高考

試難度、鑑別度而做的調整。以鄉、會試比較，鄉試更常見於 4 類中各出 1 題、更常從〈國風〉出題，故各類中出題較平均些，而會試出題則較鄉試略偏重〈雅〉、〈頌〉。

305 篇在會試出過題的有 103 篇，未出的有 202 篇；鄉試出過題的有 157 篇，未出的有 148 篇。鄉、會試合觀，出過題的有 160 篇，未出過的有 145 篇。以篇數計，曾出題者僅佔全經的 52.5%，可見出題頗集中。從各類出題的次數來觀察，顯然考官重〈雅〉、〈頌〉甚於〈國風〉；重〈大雅〉甚於〈小雅〉；〈三頌〉中，考官明顯最重〈商頌〉，在兼顧出題次數及原有詩篇數、篇幅長短的考量下，〈魯頌〉和〈周頌〉受考官重視的程度，應在伯仲之間。

明中葉始，屢有針對考官不考、故士子不讀變詩的批評。經統計，鄉、會試合計，變詩總出題數有 637 題，竟較正詩 537 題更多。且如名列鄉、會試較常出題前 30 篇中的〈國風〉：〈周南・芣苢〉、〈周南・樛木〉、〈衛風・淇奧〉、〈秦風・小戎〉、〈曹風・鳲鳩〉、〈豳風・七月〉等 6 詩，除〈芣苢〉、〈樛木〉之外，其餘皆為變〈風〉，顯然考官並非不出變詩。由於《毛詩》系統的正、變詩之分，頗為牽強，就統計數據來看，以詩之正、變來概括、說明出題的情形，也是不準確的。但考官出題確實明顯偏重正詩，因《詩經》中被歸為正詩的才 59 篇，變詩多達 206 篇，約為正詩 3.5 倍，而出題總數僅是「小勝」正詩，不成比例。且未曾出過題的，共 145 篇中，除 8 篇為〈周南〉、〈召南〉，1 篇為〈周頌・小毖〉外，其他 136 篇，皆為變詩，於此可知變詩在出題時較被忽略的事實。

透過第六章〈鄉會試常見出題的詩篇〉之考察，已知 305 篇中，會試曾出題者只有 103 篇，再統計會試較頻出題、達 3 次者，只有 30 篇。而僅這 30 篇會試就共出過 141 次，佔總出題數 237 的 59.5%。鄉試曾出題者只有 157 篇，而出題較多的前 30 篇、達 14 次者，約佔 51.8%。可見《詩經》出題確實很集中，擬題容易。

進一步分析這些熱門的出題詩篇，概括詩作的內容，常包含以下五類的成分，一為祝福、頌美、吉祥者。詩作中有「天子萬年」、「君子萬年」、「以介眉壽」等祝頌、吉祥語，為考官出題的上選。如〈小雅・天保〉一詩，鄉、

會試出題次數，分別高居第二、第三，即是由於此詩為受賜之臣對君王的祝頌，全詩遍布著「受天百祿」、「降爾遐福」、「詒爾多福」、「萬壽無疆」等吉祥的詩句。二為關乎聖君、賢臣者。如與文王相關的〈周南〉、〈召南〉，〈大雅・文王之什〉等詩作。此外，如〈豳風〉記述周公，〈大雅〉之〈崧高〉、〈烝民〉、〈江漢〉描寫宣王時的賢臣申伯、仲山甫、召穆公等，亦常出題。三為祭拜祖先、神明的詩篇。祭祀詩在〈周頌〉與〈商頌〉中頻見，因祭祀常是為了祈福，故詩中多祝福、吉祥語。或為祭祀文王、武王、殷高宗等祖先、聖君的內容，常包含推崇、頌揚祖先之濬哲、聖君之德行和功業的描寫，故為考官所重。四為關乎軍事、農事等政教者。科舉考試旨在為國掄才，故宜試以與政教有關的內容，戰爭詩必須是描寫同心作戰、凱旋而歸的詩作，如宣王時的〈六月〉命尹吉甫帥師伐玁狁，〈采芑〉命方叔南征蠻荊等。以及〈甫田〉、〈大田〉〈生民〉、〈臣工〉、〈載芟〉等，涉及耕種、豐收等農事之作。五為關乎德行修養、蘊含義理者。如〈淇奧〉是衛人美衛武公之德，也是君子修養之圭臬，〈鳲鳩〉美君子用心均一，〈伐檀〉詠歎君子「不素餐」，〈抑〉詩「白圭之玷，尚可磨也；斯言之玷，不可為也」，強調要謹言；「相在爾室，尚不愧于屋漏」，言獨處也要持心端正，都是儒家所推崇的德行和觀念。

　　合計鄉、會試，出題之冠是〈七月〉，在會試時出題 8 次，鄉試竟多達 86 次，比起鄉試出題亞軍〈天保〉的 41 次，遙遙領先一倍以上。此乃因明中葉後，考官傾向於 4 類中各出 1 題時，〈國風〉因多為言情、怨刺詩，出題可取材範圍較〈雅〉、〈頌〉少得多，篇幅又常見短章，易犯重複。〈七月〉篇幅較長，且內容關乎周公輔成王，是賢臣的典範，多言農事，也有「萬壽無疆」之吉祥祝頌語，故出題次數居冠。

　　如果昔人所批評的不讀變〈風〉、變〈雅〉，所指稱的是不考、不讀變詩中常見的喪亂、怨刺、言情之作，那倒是近乎實情。在第七章中，筆者探討鄉、會試罕見出題詩篇，不受考官青睞的緣由，通常是因為內容並非頌美、祝福，而是淒苦、喪亂、怨刺、不吉；或者只是小我、男女之感情，既不關乎聖君、賢臣、君子等榜樣，也不關乎國家軍事、農事、祭祀等大事；也未蘊含可

推崇的德行、值得闡揚的義理等。或許內容並無違礙，但作為掄才的試題，意義不大。

十五〈國風〉中，〈王風〉、〈陳風〉、〈檜風〉，在鄉、會試中，一題都未曾出。除了〈周南〉、〈召南〉、〈豳風〉，考官出題的比例較高外，其他多僅是寥寥一、二篇曾出過題。〈國風〉160 篇中，計有 114 篇，未曾在鄉、會試中出過題，多數是描寫男女感情之作，少數是因怨刺、因愁苦，因較偏小我而非國政之故。朱熹指出〈國風〉中存在著「淫詩」，經筆者考察，曾被指涉為淫詩的〈風〉詩，皆不曾出題。雖淫詩可作為負面教材，或作為警懼懲創之資，但就如同考「褻而不經」的小題會遭到詬責一樣，以男女情意之描寫、淫奔之詩句命題，考生在制義中代為「立言」，大肆發揮「豈不爾思」，「有女懷春，吉士誘之」，很容易流於傷雅、害道，故〈國風〉未被出題的詩篇，始終居高不下。

〈雅〉、〈頌〉未被出題者一共 31 首，含：〈小雅〉26 首、〈大雅〉4 首、〈周頌〉1 首。大都是對喪亂的描寫、對朝政的憂心、對讒言和暴政的指斥，多被朱熹解為怨刺、喪亂之作。考官出此等怨刺、喪亂的詩題，容易罹禍，以為有意諷刺國君、朝政，詛咒國運。出吉祥冠冕的好題，本是科場出題慣例，科舉是眾所關注的大事，考官出題也為人矚目，甚至會被過度解讀。加上嘉靖皇帝多忌諱，以致屢屢有考官因試錄文字、因出題而受到懲戒，甚至喪命。逐使得考官或為阿諛，或為自保，紛紛出「獻譽人主」、「歸美大臣」之題。故晚明的文獻中，有不少對考官藉出題獻媚國君、權臣的批評。

考官雖然極力擴大出題範圍，避熟題、防擬題，但制義是掄才之體，當然要出與政教有關者，以情詩、淫詩命題，滿紙男女情愛，既不關乎政教，又易流於淫穢，自然不宜出題。考官出題必須謹慎，不願或不敢冒險從喪亂、怨刺、凶惡不吉的詩篇中出題，這也是可以理解的。此種情形，勢必造成命題範圍的局限，不會出題的詩篇，考生也心知肚明，也使選考《詩經》者，在備考時，要猜題、擬題並不難，毋需通讀全經。

第八章論述考官出題偏重的影響。不管是文獻所載，或吳宣德的統計，選考《詩經》皆是諸經中最多的。前人推論何以選考《詩經》者較多，也曾提

到：《詩經》字數不多、為韻語，琅琅上口，易了解和記誦，且文辭優美、平易近人、常為《四書》引述等。筆者認為，以上諸說，都有道理、都有影響，但《詩經》出題集中，不必通讀全經，要猜題、擬題並不難，備考最容易，這也是吸引考生選考的一大誘因。也可以說：由於考官出題過於集中、偏重，導致選考《詩經》容易擬題，備考簡易，因而選考者也最為踴躍。

比較其他諸經，雖也有因考官出題偏重，導致考生刪去部分內容不讀的批評，但《詩經》約刪去四成，是出題最集中、偏重最明顯，擬題最容易的。《春秋》經文去掉崩薨卒葬不考，不能逕自解釋成減輕了考試的負擔，因可出經文更少，故《春秋》出題常纂輯數處的經文搭配為一題，揣測題目意旨如同射覆，更加困擾考生。經筆者統計，《周易》悔吝凶咎不考者，佔全經二成左右。《尚書》共有 58 篇，內容或指斥桀、紂之暴政，或涉及喪亂、死亡，鄉、會試罕見出題者，約僅佔《尚書》二成餘，不及三成。《禮記》刪去不考的喪禮，約佔三成左右，差可與《詩經》比並。但《禮記》本來就浩博，刪去喪禮不讀，再扣除劃入《四書》的〈大學〉、〈中庸〉兩篇，以及備受質疑的〈明堂位〉，猶有約六萬字，考生備考仍極吃力，遠不如《詩經》簡易。

考官出題的偏重，必然左右考生讀經之取捨，科舉用書的編纂者，也必須因詩篇出題冷熱之不同，而隨之調整，以迎合科場的需要。將鄉、會試考題整理、統計、了解考官出題偏重後，對於判定是否為《詩經》科舉用書，多了一個考察的視角；對於科舉用書刪存、取捨、繁簡不一的現象，也能有適切而合理的解釋。

如顧起元《爾雅堂家藏詩說》為一科舉用書，未遍解 305 篇，因考官較常從〈大雅〉、〈三頌〉出題，故〈大雅〉、〈三頌〉全都有解說，而未作解說的 21 篇，皆出自〈國風〉、〈小雅〉，多為言情的「淫詩」，或為喪亂、怨刺之作，非考官出題範圍。《詩經》義的選本，也反映了出題的偏重，如徐光啟《詩經傳稿》收了 3 篇〈定之方中〉制義，清初陸師《陸麟度詩經真稿》收了 7 篇〈七月〉制義，而多數的〈國風〉詩篇卻一篇也無。何大掄《詩經默雷》是部科舉講章，雖全錄 305 篇，但細觀諸詩的解說，仍有繁簡之異。如〈鄭風〉不出題的「淫詩」，僅半頁、不足一頁，而常考題〈緇衣〉、〈羔

袠〉、〈女曰雞鳴〉詩，皆詳細解說。

　　孫鼎《新編詩義集說》亦是為備考而纂輯的科舉用書，由附錄三，以孫書擇錄的經文則數，和鄉、會試出題次數對照，可看出其一致性。孫書最重〈三頌〉，每篇皆有擇錄經文解說，次為〈大雅〉，31 篇中有解說者 26 篇；再次為〈小雅〉，74 篇中有解說者 37 篇。〈國風〉有 160 篇，僅解 22 篇，最被忽略。且〈國風〉中涉男女感情的「淫詩」，皆未纂錄解說，考試熱門的詩篇如〈淇奧〉、〈七月〉，如〈雅〉、〈頌〉中的〈文王〉、〈緜〉、〈皇矣〉、〈文王有聲〉、〈卷阿〉、〈抑〉、〈崧高〉、〈烝民〉、〈江漢〉、〈載芟〉、〈泮水〉、〈閟宮〉、〈長發〉等，孫鼎纂錄的解說就更多、更詳實了。相反的，〈國風〉、〈小雅〉中許多言情、悲苦、怨刺之作，及〈大雅〉之〈蕩〉、〈桑柔〉、〈瞻卬〉、〈召旻〉等，幾乎全篇皆涉及喪亂、怨刺、不吉，鄉、會試不曾出題者，孫鼎也略去不解。

　　再觀〈小雅・采薇〉一詩，乃描寫戍人因玁狁侵陵而不遑啟居，歸期遙遠而憂勞益甚之作。末章「昔我往矣，楊柳依依；今我來思，雨雪霏霏」，是膾炙人口的詩句，但考試不出，也不受孫鼎青睞。第 4 章較振奮人心，是考試出題偏重所在，章末有「豈敢定居，一月三捷」語，更是出題焦點，孫鼎也僅纂錄、解說第 4 章。此詩雖多次出題，但考生備考只需偏重第 4 章。其他關於寫景及憂勞益甚處，並不會出題。於此也可見，介於全詩頌美、可出，和全詩喪亂、怨刺不可出之間，或有部分詩篇，其詩旨雖非頌美，內容也存在不適合出題的描寫，或較無關緊要者……，但倘其中有部分詩句，頗富義理，考官或從中擇部分經文出題。故號稱出過題的詩篇中，並不盡然需要全面鑽研，僅需擇要致力，其中有些部分還是可以忽略的。孫鼎一書，正印證了這種現象，也反映了科舉用書，如何幫助士子用最省力的方式博得功名。

　　鄉、會試分三場，本被視為是本末賅備、體用兼具，「盡善」、「至備」的制度。[1]科場所重的制義，本質乃闡釋經義之體，對傳統士人而言，其價值

1　參侯美珍：〈明清科舉取士「重首場」現象的探討〉，《臺大中文學報》第 23 期（2005 年 12 月），頁 338。

無庸置疑，如張師繹（？－1632）言制義：「上足擬經，次不失漢晉義疏；博足輔史，精而雋者，直追諸子之微言。」[2]張溥（1601－1641）言：「今日時義固《六經》苗裔。」[3]吳肅公（1626－1699）云：「制舉之文，非徒以為絢而已，代聖賢之吻煩，以宣經籍之義蘊，凡以翼道而彰世存教云爾。」[4]皆給予制義極高的評價。而盡善的制度、翼道的文體，在實施過程中，仍難免弊端。

透過本書諸章所論，可見科舉甄別人才，試以制義，本有尊經之意，也期待士子在讀經備考的沈潛中，獲得經書的陶冶。但考生以博取功名為目標，以青雲捷徑為上策。選經趨易避難，但以中式為念，考試不出者不讀，書坊充斥著刪本經書、提供捷得的新科利器，士人咸為功名所驅，埋首於講章、程墨之中，如黃宗羲（1610－1695）所云：「士子所讀之書，闈牘房稿、行卷社義，牛毛蠶子，未足喻其瑣碎，揣摩風氣，摘索標題，以備荒速之用。科復一科，經史都為倚閣。」[5]此乃緣自科舉競爭的激烈，出題益加僻難所致。雖晚明科場弊端滋生，出題的困境昭然，有識之士也迭有批評，如文震孟（1574－1636）云：「自帖括訓詁之學興，學者習專經而無通覽」，以致「經術不明，而經綸無具，進修無本，國隙屢啟，民風靡媮」。[6]黃淳耀（1605－1645）亦慨嘆國家之以制義取士，本欲「明經」，但「吾觀今之經義，則其弊適足以晦經」。[7]顧炎武的諸多抨擊，更是後人耳熟能詳的。此為立制之初，始料所未及；也是

---

2 明·張師繹：〈陳大士四書藝序〉，《月鹿堂文集》（《四庫未收書輯刊》影印清道光6年〔1826〕蝶花樓刻本），卷3，頁19。按：張師繹為萬曆26年（1598）進士。

3 明·張溥：〈莊叔飛稿序〉，《七錄齋詩文合集》（《續修四庫全書》影印明崇禎9年〔1636〕刻本），〈近稿〉，卷6，頁25。

4 清·吳肅公：〈會藝序 代〉，《街南文集》（《四庫禁燬書叢刊》影印清康熙28年〔1689〕吳承勵刻本），卷8，頁10－11。

5 清·黃宗羲撰：〈董巽子墓誌銘〉，沈善洪主編：《黃宗羲全集（增訂版）》（杭州：浙江古籍出版社，2005年1月）（十），頁492－494。

6 明·文震孟：〈五經總類序〉，《藥園文集》（北京：中華全國圖書館文獻縮微複製中心，2001年，《羅氏雪堂藏書遺珍》影印明稿本），卷12，總頁398－399。

7 明·黃淳耀：〈科舉論上〉，《陶菴全集》（《景印文淵閣四庫全書》本），卷3，頁3。

有識之士雖提出批評，卻始終難以妥善解決的。

如魏禧（1624-1681）痛斥八股科舉之失，言「以八股可觀德，則姦偽輩出；以八股可徵才，則迂陋已甚；以八股可明理，則聖學實昌明於宋儒，未嘗有八股也」，主張仍以《四書》、《五經》命題，但廢八股改以論策行文。[8] 其實是倒果為因了，正是因為科舉競爭激烈，才會使一般的經義論說，演變成拘於格式的八股，出題由章句成段的大題目，演變為瑣碎的短題、小題。試以論策，難斷高低，並不能解決問題。

康熙 2 年（1663）在朝野抨擊八股不能得人的氛圍下，康熙下令停止八股取士改試論策，但旋即又於康熙 8 年（1669）恢復首場考八股。康熙初年的實踐，印證了魏禧之議，對解決科舉的弊端，徒勞無功。乾隆初，舒赫德（1710-1777）上奏抨擊八股空言、抄襲，倡議應改革考試內容。禮部議覆云：「夫時藝取士，自明至今殆四百年，人知其弊而守之不變者，非不欲變，誠以變之而未有良法美意以善其後。」[9] 此委為實情。

在未有更理想的制度可以取代的情況下，清廷仍不得不繼續沿用明制取士，稍作修正，也只是盡量完善制度、試圖減少流弊而已。「明經」還是「晦經」的質問，對多數功名念頭盈胸的士子而言，不過是遙遠得彷彿不存在的回音。競趨科場一途的情勢沒有改變，明代所曾出現的弊端和抨擊，也終將伴隨著科舉，如影隨形。

---

8 清‧魏禧：〈論治四則〉，收入於清‧賀長齡、魏源等編：《皇朝經世文編》（北京：中華書局，1992 年 4 月，影印清光緒 12 年〔1886〕思補樓重校本），卷 11，頁 32。

9 乾隆三年禮部議覆：〈議時文取士疏〉，收入於清‧賀長齡、魏源等編：《皇朝經世文編》，卷 57，頁 43。

附錄一：
明代會試《詩經》義試題彙整

編輯說明

一、本附錄共收錄明代 61 科會試、237 道《詩經》義試題。主要藉由《明代登科錄彙編》、[1]《天一閣藏明代科舉錄選刊・會試錄》、[2]《中國科舉錄彙編》、[3]《皇明貢舉考》、[4]《皇明程世錄》[5]所收錄之會試錄整理，資料出處分別以《登科錄》、《天一閣》、《科舉錄》、《貢舉考》、《程世錄》簡稱，不再出註。抄錄自各圖書館館藏試錄等其他資料者，方另加註腳說明出處。

二、不少未刊行的會試錄，收藏在各地多處圖書館古籍室，承蒙諸多師友協助查抄。陸續曾煩勞吉林大學歷史系高福順教授、華東師範大學中文系彭國忠教授及對外漢語學院語言學及應用語言學碩士生蔡雨玲、武漢大學文學院陳水雲教授及博士生吳妮妮、北京大學中國語文學系博士生黃雅詩及吳沂澐、（廣州）中山大學中文系柯玉蘊及王文琳、南京大學文學院古代文

---

1 學生書局編輯部輯：《明代登科錄彙編》（臺北：臺灣學生書局，1969 年 12 月）。

2 寧波市天一閣博物館整理：《天一閣藏明代科舉錄選刊・會試錄》（寧波：寧波出版社，2007 年）。

3 姜亞沙等主編：《中國科舉錄彙編》（北京：全國圖書館文獻縮微複製中心，2010 年）。

4 張朝瑞：《皇明貢舉考》（《續修四庫全書》影印明萬曆刻本）。

5 佚名編：《皇明程世錄》（南京：南京圖書館藏，明抄本）。

學專業碩士生毛林萍、浙江大學新聞系朱詩琪及中文系戚圓圓、胡凌燕、陳逸舟，以及南開大學中文系劉岩、臺北市立大學中國語文學系博士生何淑蘋、臺北大學古典文獻學研究所碩士李侑儒等人協助，謹此致謝。

科別 資料出處	試題	出處	正變	句數	字數
洪武 4 年 《天一閣》	釐爾圭瓚，秬鬯一卣，告于文人。錫山土田，于周受命，自召祖命。虎拜稽首，天子萬年。	大雅・江漢	變	8	32
建文 2 年 《登科錄》	蓼彼蕭斯，零露湑兮。既見君子，我心寫兮。燕笑語兮，是以有譽處兮。	小雅・蓼蕭	正	6	26
	比于文王，其德靡悔。既受帝祉，施于孫子。	大雅・皇矣	正	4	16
	無封靡于爾邦，維王其崇之。念茲戎功，繼序其皇之。	周頌・烈文	／	4	20
	思樂泮水，薄采其芹。魯侯戾止，言觀其旂。其旂茷茷，鸞聲噦噦。無小無大，從公于邁。	魯頌・泮水	／	8	32
永樂 13 年 《貢舉考》6	蓼彼蕭斯，零露濃濃。既見君子，鞗革沖沖，和鸞雝雝，萬福攸同。	小雅・蓼蕭	正	6	24
	文王有聲，遹駿有聲，遹求厥寧，遹觀厥成。文王烝哉！	大雅・ 文王有聲	正	5	20
	崧高維嶽，駿極于天。維嶽降神，生甫及申。維申及甫，維周之翰。四國于蕃，四方于宣。	大雅・崧高	變	8	32
	昔有成湯，自彼氐羌，莫敢不來享，莫敢不來王。曰商是常。	商頌・殷武	／	5	22
宣德 5 年 《天一閣》	有匪君子，如金如錫，如圭如璧。	衛風・淇奧	變	3	12
	上天同雲，雨雪雰雰。益之以霡霂，既優既渥，既霑既足，生我百穀。	小雅・信南山	變	6	25
	文王孫子，本支百世。凡周之士，不顯亦世。世之不顯，厥猶翼翼。思皇多士，生此王國。	大雅・文王	正	8	32
	虎拜稽首，對揚王休。作召公考，天子萬壽。明明天子，令聞不已；矢其文德，洽此四國。	大雅・江漢	變	8	32

6　《永樂十三年會試錄》（上海：上海圖書館藏，明嘉靖 11 年〔1532〕禮部刊本）。

宣德 8 年《天一閣》	琴瑟擊鼓，以御田祖，以祈甘雨，以介我稷黍，以穀我士女。	小雅·甫田	變	5	22
	相在爾室，尚不愧于屋漏。無曰不顯，莫予云覯。神之格思，不可度思。	大雅·抑	變	6	26
	匪且有且，匪今斯今，振古如茲。	周頌·載芟	／	3	12
	猗與那與！置我鞉鼓。奏鼓簡簡，衎我烈祖。湯孫奏假，綏我思成。	商頌·那	／	6	24
正統元年《天一閣》	似續妣祖，築室百堵，西南其戶。爰居爰處，爰笑爰語。	小雅·斯干	變	5	20
	帝謂文王：無然畔援，無然歆羨，誕先登于岸。	大雅·皇矣	正	4	17
	嗟嗟保介，維莫之春。亦又何求？如何新畬。於皇來牟，將受厥明。明昭上帝，迄用康年。	周頌·臣工	／	8	32
	有客宿宿，有客信信。言授之縶，以縶其馬。	周頌·有客	／	4	16
正統 4 年《天一閣》	飲御諸友，炰鱉膾鯉。侯誰在矣？張仲孝友。	小雅·六月	變	4	16
	虞芮質厥成，文王蹶厥生。	大雅·緜	正	2	10
	慎爾出話，敬爾威儀，無不柔嘉。白圭之玷，尚可磨也；斯言之玷，不可為也。	大雅·抑	變	7	28
	武王載斾，有虔秉鉞。如火烈烈，則莫我敢曷。	商頌·長發	／	4	17
正統 7 年《天一閣》	二之日其同，載纘武功，言私其豵，獻豜于公。	豳風·七月	變	4	17
	菁菁者莪，在彼中陵。既見君子，錫我百朋。	小雅·菁菁者莪	正	4	16
	經始靈臺，經之營之。庶民攻之，不日成之。經始勿亟，庶民子來。王在靈囿，麀鹿攸伏；麀鹿濯濯，白鳥翯翯。王在靈沼，於牣魚躍。	大雅·靈臺	正	12	48
	文王既勤止，我應受之，敷時繹思。我徂維求定。	周頌·賚	／	4	18
正統 10 年《登科錄》《天一閣》	肅肅兔罝，椓之丁丁。赳赳武夫，公侯干城。肅肅兔罝，施於中逵。赳赳武夫，公侯好仇。肅肅兔罝，施于中林。赳赳武夫，公侯腹心。	周南·兔罝	正	12	48

	豐水東注，維禹之績。四方攸同，皇王維辟。皇王烝哉！鎬京辟廱，自西自東，自南自北，無思不服。皇王烝哉！	大雅·文王有聲	正	10	40
	其告維何？籩豆靜嘉。朋友攸攝，攝以威儀。威儀孔時，君子有孝子。孝子不匱，永錫爾類。	大雅·既醉	正	8	33
	設業設虡，崇牙樹羽，應田縣鼓，鞉磬柷圉。既備乃奏，簫管備舉。喤喤厥聲，肅雝和鳴，先祖是聽。我客戾止，永觀厥成。	周頌·有瞽	／	11	44
正統13年《天一閣》	吉蠲為饎，是用孝享；禴祠烝嘗，于公先王。君曰卜爾，萬壽無疆。神之弔矣，詒爾多福；民之質矣，日用飲食。群黎百姓，徧為爾德。	小雅·天保	正	12	48
	戎車既安，如輊如軒。四牡既佶，既佶且閑。薄伐玁狁，至于大原。文武吉甫，萬邦為憲。	小雅·六月	變	8	32
	亹亹文王，令聞不已。陳錫哉周，侯文王孫子。文王孫子，本支百世。凡周之士，不顯亦世。	大雅·文王	正	8	33
	自今以始，歲其有。君子有穀，詒孫子。于胥樂兮。	魯頌·有駜	／	5	18
景泰2年《天一閣》	二之日鑿冰沖沖，三之日納于凌陰，四之日其蚤，獻羔祭韭。九月肅霜，十月滌場。朋酒斯饗，曰殺羔羊。躋彼公堂，稱彼兕觥，萬壽無疆。	豳風·七月	變	11	51
	方叔元老，克壯其猶。方叔率止，執訊獲醜。戎車嘽嘽，嘽嘽焞焞，如霆如雷。顯允方叔，征伐玁狁，蠻荊來威。	小雅·采芑	變	10	40
	作召公考，天子萬壽。	大雅·江漢	變	2	8
	時邁其邦，昊天其子之，實右序有周。薄言震之，莫不震疊。懷柔百神，及河喬嶽。允王維后。明昭有周，式序在位。載戢干戈，載櫜弓矢。我求懿德，肆于時夏，允王保之。	周頌·時邁	／	15	62

景泰 5 年 《天一閣》	四牡孔阜，六轡在手。騏駵是中，騧驪是驂。龍盾之合，鋈以觼軜。言念君子，溫其在邑。方何為期？胡然我念之？	秦風・小戎	變	10	41
	式勿從謂，無俾大怠。匪言勿言，匪由勿語。由醉之言，俾出童羖。三爵不識，矧敢多又！	小雅・賓之初筵	變	8	32
	帝作邦作對，自大伯王季。	大雅・皇矣	正	2	10
	敦商之旅，克咸厥功。王曰叔父，建爾元子，俾侯于魯。大啟爾宇，為周室輔。乃命魯公，俾侯于東；錫之山川，土田附庸。	魯頌・閟宮	／	11	44
天順元年 《天一閣》	天保定爾，以莫不興；如山如阜，如岡如陵，如川之方至，以莫不增。吉蠲為饎，是用孝享；禴祠烝嘗，于公先王。君曰卜爾，萬壽無疆。	小雅・天保	正	12	49
	大侯既抗，弓矢斯張。射夫既同，獻爾發功。發彼有的，以祈爾爵。籥舞笙鼓，樂既和奏。烝衎烈祖，以洽百禮。百禮既至，有壬有林。錫爾純嘏。	小雅・賓之初筵	變	13	52
	既見君子，德音孔膠。	小雅・隰桑	變	2	8
	思文后稷，克配彼天。立我烝民，莫匪爾極。	周頌・思文	／	4	16
天順 4 年 《天一閣》	我馬維駒，六轡如濡。載馳載驅，周爰咨諏。我馬維騏，六轡如絲。載馳載驅，周爰咨謀。我馬維駱，六轡沃若。載馳載驅，周爰咨度。我馬維駰，六轡既均。載馳載驅，周爰咨詢。	小雅・皇皇者華	正	16	64
	豐水有芑，武王豈不仕？詒厥孫謀，以燕翼子。武王烝哉！	大雅・文王有聲	正	5	21
	維仲山甫，柔亦不茹，剛亦不吐。	大雅・烝民	變	3	12
	不僭不濫，不敢怠遑。	商頌・殷武	／	2	8
天順 7 年 《天一閣》	言私其豵，獻豜于公。	豳風・七月	變	2	8
	既明且哲，以保其身。夙夜匪解，以事一人。人亦有言：柔則茹之，剛則吐之。維仲山甫，柔亦不茹，剛亦不吐。	大雅・烝民	變	10	40

	韓侯入覲，以其介圭，入覲于王。王錫韓侯：淑旂綏章，簟茀錯衡，玄袞赤舄，鉤膺鏤鍚，鞹鞃淺幭，鞗革金厄。韓侯出祖，出宿于屠。顯父餞之，清酒百壺。其殽維何？炰鼈鮮魚。其蔌維何？維筍及蒲。其贈維何？乘馬路車。	大雅·韓奕	變	20	80
	既備乃奏，簫管備舉。喤喤厥聲，肅雝和鳴，先祖是聽。我客戾止，永觀厥成。	周頌·有瞽	／	7	28
成化 2 年《天一閣》	湛湛露斯，匪陽不晞。厭厭夜飲，不醉無歸。湛湛露斯，在彼豐草。厭厭夜飲，在宗載考。	小雅·湛露	正	8	32
	無念爾祖，聿脩厥德。永言配命，自求多福。	大雅·文王	正	4	16
	君子萬年，介爾昭明。昭明有融，高朗令終。	大雅·既醉	正	4	16
	侯主侯伯，侯亞侯旅，侯彊侯以。有嗿其饁，思媚其婦，有依其士。有略其耜，俶載南畝，播厥百穀，實函斯活。驛驛其達，有厭其傑，厭厭其苗，緜緜其麃。載穫濟濟，有實其積，萬億及秭，為酒為醴，烝畀祖妣，以洽百禮。	周頌·載芟	／	20	80
成化 5 年《貢舉考》《程世錄》	瞻彼淇奧，綠竹猗猗。有匪君子，如切如磋，如琢如磨。瑟兮僩兮，赫兮咺兮。有匪君子，終不可諼兮。	衛風·淇奧	變	9	37
	勉勉我王，綱紀四方。	大雅·棫樸	正	2	8
	豐水東注，維禹之績。四方攸同，皇王維辟。皇王烝哉！鎬京辟雍，自西自東，自南自北，无思不服。皇王烝哉！	大雅·文王有聲	正	10	40
	駉駉牡馬，在坰之野。薄言駉者，有駰有騢，有驔有魚，以車祛祛。思無邪，思馬斯徂。	魯頌·駉	／	8	31
成化 8 年《天一閣》	我出我車，于彼郊矣！設此旐矣，建彼旄矣！彼旟旐斯，胡不旆旆？憂心悄悄，僕夫況瘁。王命南仲，往城于方；出車彭彭，旂旐央央。天子命我，城彼朔方。赫赫南仲，玁狁于襄。	小雅·出車	正	16	64
	戚戚兄弟，莫遠具爾。或肆之筵，或授之几。肆筵設席，授几有緝御。或獻或酢，洗爵奠斝。醓醢以薦，或燔或炙。嘉殽脾臄，或歌或咢。	大雅·行葦	正	12	49

	文武受命，召公維翰。無曰予小子，召公是似。肇敏戎公，用錫爾祉。釐爾圭瓚，秬鬯一卣，告于文人。錫山土田，于周受命，自召祖命。	大雅·江漢	變	12	49
	於乎不顯！文王之德之純。	周頌·維天之命	／	2	10
成化 11 年《科舉錄》	躋彼公堂，稱彼兕觥，萬壽無疆。	豳風·七月	變	3	12
	南有樛木，甘瓠纍之。君子有酒，嘉賓式燕綏之。	小雅·南有嘉魚	正	4	18
	維熊維羆，男子之祥。	小雅·斯干	變	2	8
	至于文武，纘大王之緒。致天之屆，于牧之野。無貳無虞，上帝臨女。敦商之旅，克咸厥功。王曰叔父，建爾元子，俾侯于魯；大啟爾宇，為周室輔。	魯頌·閟宮	／	13	53
成化 14 年《貢舉考》《程世錄》	淑人君子，其儀一兮；其儀一兮，心如結兮。	曹風·鳲鳩	變	4	16
	魚潛在淵，或在于渚。	小雅·鶴鳴	變	2	8
	篤公劉，逝彼百泉，瞻彼溥原。迺陟南岡，乃覯于京。京師之野，于時處處，于時廬旅。于時言言，于時語語。篤公劉，于京斯依。蹌蹌濟濟，俾筵俾几。既登乃依，乃造其曹；執豕于牢，酌之用匏。食之飲之，君之宗之。	大雅·公劉	正	20	78
	燕及皇天，克昌厥後。	周頌·雝	／	2	8
	彼其之子，邦之彥兮。	鄭風·羔裘	變	2	8
	夜如何其？夜未央。庭燎之光。君子至止，鸞聲將將。	小雅·庭燎	變	5	19
	有命自天，命此文王。于周于京。纘女維莘，長子維行。篤生武王。	大雅·大明	正	6	24
成化 17 年《天一閣》	嗟嗟烈祖！有秩斯祜，申錫無疆，及爾斯所。既載清酤，賚我思成。亦有和羹，既戒既平。鬷假無言，時靡有爭。綏我眉壽，黃者無疆。約軧錯衡，八鸞鶬鶬，以假以享。我受命溥將。自天降康，豐年穰穰。來假來饗，降福無疆。顧予烝嘗，湯孫之將。	商頌·烈祖	／	22	89

成化20年《天一閣》	王在在鎬，有那其居。	小雅・魚藻	變	2	8
	受天之祜，四方來賀。於萬斯年，不遐有佐。	大雅・下武	正	4	16
	夙興夜寐，洒掃庭內，維民之章。脩爾車馬，弓矢戎兵，用戒戎作，用逷蠻方。	大雅・抑	變	7	28
	敬之敬之，天維顯思。命不易哉！	周頌・敬之	／	3	12
成化23年《天一閣》	定之方中，作于楚宮。揆之以日，作于楚室。	鄘風・定之方中	變	4	16
	之子于征，有聞無聲。允矣君子，展也大成。	小雅・車攻	變	4	16
	王在靈囿，麀鹿攸伏；麀鹿濯濯，白鳥翯翯。王在靈沼，於牣魚躍。	大雅・靈臺	正	6	24
	有娀方將，帝立子生商。玄王桓撥，受小國是達，受大國是達。率履不越，遂視既發。相土烈烈，海外有截。帝命不違，至于湯齊。湯降不遲，聖敬日躋。昭假遲遲，上帝是祗。帝命式于九圍。	商頌・長發	／	16	69
弘治3年《世科錄》[7]	眾維魚矣，實維豐年。	小雅・無羊	變	2	8
	王配于京，世德作求。永言配命，成王之孚。成王之孚，下土之式。永言孝思，孝思維則。	大雅・下武	正	8	32
	天命匪懈。桓桓武王，保有厥士，于以四方，克定厥家。	周頌・桓	／	5	20
	公車千乘，朱英綠縢，二矛重弓。公徒三萬，貝冑朱綅，烝徒增增。	魯頌・閟宮	／	6	24
弘治6年[8]	淑人君子，正是國人。	曹風・鳲鳩	變	2	8
	隰桑有阿，其葉有沃。既見君子，云何不樂？隰桑有阿，其葉有幽。既見君子，德音孔膠。心乎愛矣，遐不謂矣？中心藏之，何日忘之？	小雅・隰桑	變	12	48
	實墉實壑，實畝實籍。獻其貔皮，赤豹黃羆。	大雅・韓奕	變	4	16

---

[7]　此科《皇明貢舉考》、《皇明程世錄》皆僅收第 2、4 題，此據佚名輯：《李氏世科錄》（臺北：中央研究院傅斯年圖書館藏，明刊本）所收之《弘治三年會試錄》，《詩經》4 題完整留存。第 3 題試錄作「天命匪懈」，《詩經》傳本多用「解」字。

[8]　《弘治六年會試錄》（華盛頓：美國國會圖書館藏明弘治間刻本，見國家圖書館古籍影像檢索系統：http://rarebook.ncl.edu.tw/rbook/hypage.cgi）。

	我其夙夜，畏天之威，于時保之。	周頌・我將	／	3	12
弘治 9 年《貢舉考》《程世錄》	靈雨既零，命彼倌人。星言夙駕，說于桑田。	鄘風・定之方中	變	4	16
	靺韐有奭，以作六師。	小雅・瞻彼洛矣	變	2	8
	爾土宇昄章，亦孔之厚矣。	大雅・卷阿	正	2	10
	不競不絿，不剛不柔，敷政優優，百祿是遒。	商頌・長發	／	4	16
弘治 12 年《天一閣》	孑孑干旄，在浚之城。素絲祝之，良馬六之。彼姝者子，何以告之？	鄘風・干旄	變	6	24
	織文鳥章，白旆央央。元戎十乘，以先啟行。戎車既安，如輊如軒。四牡既佶，既佶且閑。薄伐玁狁，至于大原。	小雅・六月	變	10	40
	昊天曰明，及爾出王；昊天曰旦，及爾游衍。	大雅・板	變	4	16
	設業設虡，崇牙樹羽，應田縣鼓，鞉磬柷圉。既備乃奏，簫管備舉。	周頌・有瞽	／	6	24
弘治 15 年《登科錄》	麟之趾，振振公子。于嗟麟兮！麟之定，振振公姓。于嗟麟兮！麟之角，振振公族。于嗟麟兮！	周南・麟之趾	正	9	33
	我覯之子，維其有章矣。	小雅・裳裳者華	變	2	9
	不解于位，民之攸墍。	大雅・假樂	正	2	8
	天命多辟，設都于禹之績。歲事來辟。	商頌・殷武	／	3	14
弘治 18 年《天一閣》	羔羊之皮，素絲五紽。退食自公，委蛇委蛇。	召南・羔羊	正	4	16
	雖無予之，路車乘馬；又何予之？玄袞及黼。	小雅・采菽	變	4	16
	豈弟君子，四方為綱。	大雅・卷阿	正	2	8
	敬之敬之，天維顯思。命不易哉！無曰高高在上。陟降厥士，日監在茲。	周頌・敬之	／	6	26
正德 3 年《科舉錄》	坎坎伐輻兮，寘之河之側兮，河水清且直猗。不稼不穡，胡取禾三百億兮？不狩不獵，胡瞻爾庭有縣特兮？彼君子兮，不素食兮！	魏風・伐檀	變	9	48
	上天同雲，雨雪雰雰。益之以霢霂，既優既渥，既霑既足，生我百穀。	小雅・信南山	變	6	25

	天監有周，昭假于下。保茲天子，生仲山甫。	大雅·烝民	變	4	16
	武丁孫子，武王靡不勝。龍旂十乘，大糦是承。邦畿千里，維民所止，肇域彼四海。四海來假，來假祁祁。[9]景員維河，殷受命咸宜，百祿是何。	周頌·敬之	／	12	51
正德6年《天一閣》	遡洄從之，道阻且長；遡游從之，宛在水中央。	秦風·蒹葭	變	4	17
	經始靈臺，經之營之。庶民攻之，不日成之。經始勿亟，庶民子來。	大雅·靈臺	正	6	24
	日就月將，學有緝熙于光明。	周頌·敬之	／	2	11
	天命降監，下民有嚴。不僭不濫，不敢怠遑。	商頌·殷武	／	4	16
正德9年《天一閣》	求之不得，寤寐思服。	周南·關雎	正	2	8
	羣黎百姓，徧為爾德。	小雅·天保	正	2	8
	价人維藩，大師維垣，大邦維屏，大宗維翰。懷德維寧，宗子維城。	大雅·板	變	6	24
	儀式刑文王之典，日靖四方。伊嘏文王，既右享之。	周頌·我將	／	4	19
正德12年《天一閣》	相彼鳥矣，猶求友聲；矧伊人矣，不求友生？	小雅·伐木	正	4	16
	彤弓弨兮，受言藏之。我有嘉賓，中心貺之。鐘鼓既設，一朝饗之。	小雅·彤弓	正	6	24
	穆穆文王，於緝熙敬止。	大雅·文王	正	2	9
	綏萬邦，屢豐年，天命匪解。桓桓武王，保有厥士，于以四方，克定厥家。於昭于天。	周頌·桓	／	8	30
正德15年《科舉錄》	鳲鳩在桑，其子在棘。淑人君子，其儀不忒；其儀不忒，正是四國！鳲鳩在桑，其子在榛。淑人君子，正是國人；正是國人，胡不萬年！	曹風·鳲鳩	變	12	48
	如跂斯翼，如矢斯棘；如鳥斯革，如翬斯飛。君子攸躋。殖殖其庭，有覺其楹。噲噲其正，噦噦其冥。君子攸寧。	小雅·斯干	變	10	40
	豈弟君子，神所勞矣。	大雅·旱麓	正	2	8

9　試錄原作「祁祁」，《詩經》傳本或作「祈祈」。

	玄王桓撥，受小國是達，受大國是達。率履不越，遂視既發。	商頌・長發	／	5	22
嘉靖2年《天一閣》	螽斯羽，詵詵兮。宜爾子孫，振振兮。	周南・螽斯	正	4	13
	天保定爾，俾爾戩穀；罄無不宜，受天百祿。降爾遐福，維日不足。	小雅・天保	正	6	24
	雝雝在宮，肅肅在廟。不顯亦臨，無射亦保。	大雅・思齊	正	4	16
	帝命不違，至於湯齊。湯降不遲，聖敬日躋。昭假遲遲，上帝是祇。帝命式于九圍。	商頌・長發	／	7	30
嘉靖5年《貢舉考》	蟋蟀在堂，歲聿其逝。今我不樂，日月其邁。無已大康，職思其外。好樂無荒，良士蹶蹶。	唐風・蟋蟀	變	8	32
	吉蠲為饎，是用孝享；禴祠烝嘗，于公先王。	小雅・天保	正	4	16
	鳳凰于飛，翽翽其羽，亦傅于天。藹藹王多吉人，維君子命，媚于庶人。鳳凰鳴矣，于彼高岡。梧桐生矣，于彼朝陽。菶菶萋萋，雝雝喈喈。君子之車，既庶且多；君子之馬，既閑且馳。	大雅・卷阿	正	16	66
	念茲皇祖，陟降庭止。	周頌・閔予小子	／	2	8
嘉靖8年《天一閣》	鴻雁于飛，肅肅其羽。之子于征，劬勞于野。爰及矜人，哀此鰥寡。鴻雁于飛，集于中澤。之子于垣，百堵皆作。雖則劬勞，其究安宅。	小雅・鴻雁	變	12	48
	大姒嗣徽音，則百斯男。	大雅・思齊	正	2	9
	鞫哉庶正，疚哉冢宰。趣馬師氏，膳夫左右；靡人不周，無不能止。	大雅・雲漢	變	6	24
	維莫之春。亦又何求？如何新畬。於皇來牟，將受厥明。明昭上帝，迄用康年。	周頌・臣工	／	7	28
嘉靖11年《天一閣》	朱芾斯皇，室家君王。	小雅・斯干	變	2	8
	不識不知，順帝之則。	大雅・皇矣	正	2	8
	顒顒卬卬，如圭如璋，令聞令望。豈弟君子，四方為綱。	大雅・卷阿	正	5	20
	邦畿千里，維民所止，肇域彼四海。	商頌・玄鳥	／	3	13

嘉靖14年[10]	二之日鑿冰沖沖，三之日納于凌陰，四之日其蚤，獻羔祭韭。	豳風‧七月	變	4	23
	籥舞笙鼓，樂既和奏。烝衎烈祖，以洽百禮。百禮既至，有壬有林。錫爾純嘏，子孫其湛。其湛曰樂，各奏爾能。賓載手仇，室人入又，酌彼康爵，以奏爾時。	小雅‧賓之初筵	變	14	56
	其類維何？室家之壼。君子萬年，永錫祚胤。	大雅‧既醉	正	4	16
	陟彼景山，松柏丸丸。是斷是遷，方斲是虔。松桷有梴，旅楹有閑，寢成孔安！	商頌‧殷武	／	7	28
嘉靖17年《貢舉考》	俴駟孔群，厹矛鋈錞，蒙伐有苑。虎韔鏤膺，交韔二弓，竹閉緄縢。	秦風‧小戎	變	6	24
	祭以清酒，從以騂牡，享于祖考。執其鸞刀，以啟其毛，取其血膋。是烝是享，苾苾芬芬，祀事孔明。先祖是皇，報以介福，萬壽無疆。	小雅‧信南山	變	12	48
	伴奐爾游矣，優游爾休矣。豈弟君子，俾爾彌爾性，似先公酋矣。爾土宇昄章，亦孔之厚矣。豈弟君子，俾爾彌爾性，百神爾主矣。爾受命長矣，茀祿爾康矣。豈弟君子，俾爾彌爾性，純嘏爾常矣。	大雅‧卷阿	正	15	72
	無競維人，四方其訓之。不顯維德，百辟其刑之。	周頌‧烈文	／	4	18
嘉靖20年《登科錄》	坎坎伐檀兮，寘之河之干兮，河水清且漣猗。不稼不穡，胡取禾三百廛兮？不狩不獵，胡瞻爾庭有縣貆兮？彼君子兮，不素餐兮！	魏風‧伐檀	變	9	48
	永錫爾極，時萬時億。	小雅‧楚茨	變	2	8
	有命自天，命此文王。于周于京。	大雅‧大明	正	3	12
	撻彼殷武，奮伐荊楚，罙入其阻，裒荊之旅。有截其所，湯孫之緒。維女荊楚，居國南鄉。昔有成湯，自彼氐羌，莫敢不來享，莫敢不來王。曰商是常。	商頌‧殷武	／	13	54

嘉靖 23 年《天一閣》	如金如錫，如圭如璧。	衛風・淇奧	變	2	8
	彼有不穫穉，此有不斂穧；彼有遺秉，此有滯穗。	小雅・大田	變	4	18
	假樂君子，顯顯令德。宜民宜人，受祿于天。保右命之，自天申之。	大雅・假樂	正	6	24
	自彼成康，奄有四方，斤斤其明。	周頌・執競	／	3	12
嘉靖 26 年《天一閣》	麟之趾，振振公子。于嗟麟兮！	周南・麟之趾	正	3	11
	天保定爾，俾爾戩穀；罄無不宜，受天百祿。降爾遐福，維日不足。	小雅・天保	正	6	24
	神之格思，不可度思，矧可射思？	大雅・抑	變	3	12
	奏鼓簡簡，衎我烈祖。	商頌・那	／	2	8
嘉靖 29 年《天一閣》	君曰卜爾，萬壽無疆。	小雅・天保	正	2	8
	織文鳥章，白旆央央。元戎十乘，以先啟行。戎車既安，如輕如軒。四牡既佶，既佶且閑。薄伐玁狁，至于大原。	小雅・六月	變	10	40
	卬盛于豆，于豆于登。其香始升，上帝居歆。	大雅・生民	正	4	16
	載穫濟濟，有實其積，萬億及秭。為酒為醴，烝畀祖妣，以洽百禮。有飶其香，邦家之光。有椒其馨，胡考之寧。	周頌・載芟	／	10	40
嘉靖 32 年《天一閣》	采采芣苢，薄言采之；采采芣苢，薄言有之。采采芣苢，薄言掇之；采采芣苢，薄言捋之。采采芣苢，薄言袺之；采采芣苢，薄言襭之。	周南・芣苢	正	12	48
	維其有之，是以似之。	小雅・裳裳者華	變	2	8
	維此文王，小心翼翼，昭事上帝，聿懷多福，厥德不回，以受方國。	大雅・大明	正	6	24
	壽考且寧，以保我後生。	商頌・殷武	／	2	9
嘉靖 35 年《天一閣》	四牡孔阜，六轡在手。騏騮是中，騧驪是驂。龍盾之合，鋈以觼軜。	秦風・小戎	變	6	24
	君子萬年，保其家邦。	小雅・瞻彼洛矣	變	2	8

	鳳凰鳴矣，于彼高岡。梧桐生矣，于彼朝陽，菶菶萋萋，雝雝喈喈。	大雅・卷阿	正	6	24
	夙夜基命宥密。於緝熙，單厥心。	周頌・昊天有成命	／	3	12
嘉靖38年《登科錄》《天一閣》	為此春酒，以介眉壽。	豳風・七月	變	2	8
	王命南仲，往城于方；出車彭彭，旂旐央央。天子命我，城彼朔方。赫赫南仲，玁狁于襄。	小雅・出車	正	8	32
	聿脩厥德。永言配命，自求多福。	大雅・文王	正	3	12
	明昭上帝，迄用康年。	周頌・臣工	／	2	8
嘉靖41年《登科錄》《天一閣》	于以盛之？維筐及筥。于以湘之？維錡及釜。	召南・采蘋	正	4	16
	似續妣祖，築室百堵，西南其戶。爰居爰處，爰笑爰語。	小雅・斯干	變	5	20
	顯顯令德。宜民宜人，受祿于天。	大雅・假樂	正	3	12
	以介眉壽。永言保之，思皇多祜。	周頌・載見	／	3	12
嘉靖44年《天一閣》	載玄載黃，我朱孔陽。	豳風・七月	變	2	8
	眾維魚矣，旐維旟矣。大人占之：眾維魚矣，實維豐年；旐維旟矣，室家溱溱。	小雅・無羊	變	7	28
	鎬京辟廱，自西自東，自南自北，無思不服。	大雅・文王有聲	正	4	16
	濬哲維商，長發其祥。	商頌・長發	／	2	8
隆慶2年《登科錄》	有嚴有翼，共武之服。共武之服，以定王國。	小雅・六月	變	4	16
	儀刑文王，萬邦作孚。	大雅・文王	正	2	8
	三后在天，王配于京。王配于京，世德作求。永言配命，成王之孚。成王之孚，下土之式。永言孝思，孝思維則。媚茲一人，應侯順德。永言孝思，昭哉嗣服。	大雅・下武	正	14	56
	敷天之下，裒時之對，時周之命。	周頌・般	／	3	12
隆慶5年《天一閣》	如切如磋，如琢如磨。瑟兮僩兮，赫兮咺兮。	衛風・淇奧	變	4	16
	既見君子，德音孔膠。心乎愛矣，遐不謂矣？中心藏之，何日忘之？	小雅・隰桑	變	6	24
	小心翼翼，昭事上帝。	大雅・大明	正	2	8

	自彼氐羌，莫敢不來享，莫敢不來王。曰商是常。	商頌・殷武	／	4	18
萬曆2年《天一閣》	迨天之未陰雨，徹彼桑土，綢繆牖戶。	豳風・鴟鴞	變	3	14
	駕彼四牡，四牡奕奕。赤芾金舄，會同有繹。	小雅・車攻	變	4	16
	明明天子，令聞不已。	大雅・江漢	變	2	8
	肇禋。迄用有成，維周之禎。	周頌・維清	／	3	10
萬曆5年《天一閣》《貢舉考》[11]	羔羊之皮，素絲五紽。退食自公，委蛇委蛇。	召南・羔羊	正	4	16
	嗟爾君子，無恆安處。靖共爾位，正直是與。神之聽之，式穀以女。	小雅・小明	變	6	24
	其胤維何，天被爾祿，君子萬年，景命有僕。其僕維何，釐爾女士，釐爾女士，從以孫子。	大雅・既醉	正	8	32
	天命降監，下民有嚴。不僭不濫，不敢怠遑。命于下國，封建厥福。	商頌・殷武	／	6	24
萬曆8年《天一閣》《貢舉考》	葛之覃兮，施于中谷，維葉萋萋。黃鳥于飛，集于灌木，其鳴喈喈。	周南・葛覃	正	6	24
	之屏之翰，百辟為憲。不戢不難，受福不那。兕觥其觩，旨酒思柔。彼交匪敖，萬福來求。	小雅・桑扈	變	8	32
	誕我祀如何？或舂或揄，或簸或蹂；釋之叟叟，烝之浮浮。載謀載惟，取蕭祭脂，取羝以軷，載燔載烈，以興嗣歲。	大雅・生民	正	10	41
	宣哲維人，文武維后。燕及皇天，克昌厥後。	周頌・雝	／	4	16
萬曆11年《貢舉考》	翹翹錯薪，言刈其楚。之子于歸，言秣其馬。漢之廣矣，不可泳思。江之永矣，不可方思。翹翹錯薪，言刈其蔞。之子于歸，言秣其駒。漢之廣矣，不可泳思。江之永矣，不可方思。	周南・漢廣	正	?[12]	?
	戎車既安，如輊如軒。四牡既佶，既佶且閑。薄伐玁狁，至于大原。文武吉甫，萬邦為憲。吉甫燕喜，既多受祉。來歸自鎬，我行永久。飲御諸友，炰鱉膾鯉。侯誰在矣？張仲孝友。	小雅・六月	變	16	64

---

[11] 萬曆5年會試錄缺試題頁，只選2篇程文，藉《皇明貢舉考》補題。

[12] 《皇明貢舉考》載「翹翹錯薪言刈　方思」，由於第二、三章首尾文字相同，未明其所指起訖為何。

	明明在下，赫赫在上。天難忱斯，不易維王。	大雅·大明	正	4	16
	有鱣有鮪，鰷鱨鰋鯉。	周頌·潛	／	2	8
萬曆14年《登科錄》	鳲鳩在桑，其子七兮。淑人君子，其儀一兮；其儀一兮，心如結兮。	曹風·鳲鳩	變	6	24
	約之閣閣，椓之橐橐，風雨攸除，鳥鼠攸去，君子攸芋。	小雅·斯干	變	5	20
	追琢其章，金玉其相。勉勉我王，綱紀四方。	大雅·棫樸	正	4	16
	自古在昔，先民有作。溫恭朝夕，執事有恪。顧予烝嘗，湯孫之將。	商頌·那	／	6	24
萬曆26年[13]	春日載陽，有鳴倉庚。	豳風·七月	變	2	8
	慎爾優游，勉爾遁思。皎皎白駒，在彼空谷。生芻一束，其人如玉。毋金玉爾音，而有遐心。	小雅·白駒	變	8	33
	文王嘉止，大邦有子。大邦有子，俔天之妹。文定厥祥，親迎于渭。造舟為梁，不顯其光。	大雅·大明	正	8	32
	既載清酤，賚我思成。	商頌·烈祖	／	2	8
萬曆29年《登科錄》[14]	訏謨定命。	大雅·抑	變	1	4
	天命降監，下民有嚴。不僭不濫，不敢怠遑。命于下國，封建厥福。商邑翼翼，四方之極。赫赫厥聲，濯濯厥靈。壽考且寧，以保我後生。	商頌·殷武	／	12	49
萬曆32年[15]	宜爾子孫，振振兮。	周南·螽斯	正	2	7
	如跂斯翼，如矢斯棘；如鳥斯革，如翬斯飛。君子攸躋。	小雅·斯干	變	5	20
	王配于京，世德作求。永言配命，成王之孚。	大雅·下武	正	4	16

13　《萬曆二十六年會試錄》（上海：上海圖書館藏，明刻本）。

14　《萬曆二十九年會試錄》，吉林大學圖書館有藏本，不提供調閱。《明代登科彙編》，缺試題，從程文中錄題。

15　《萬曆三十二年會試錄》，吉林大學圖書館有藏本，不提供調閱。明·徐光啟：《詩經傳稿》，收入於上海市文物保管委員會主編：《徐光啟著譯集》第 18、19 冊（上海：上海市文物保管委員會，1983 年，影印清康熙年間徐氏淵源堂家刻本），收有「會墨」4 篇，即徐光啟萬曆 32 年會試所作《詩》義 4 篇。

	公車千乘，朱英綠縢，二矛重弓。公徒三萬，貝胄朱綬，烝徒增增。戎狄是膺，荊舒是懲，則莫我敢承。俾爾昌而熾，俾爾壽而富。黃髮台背，壽胥與試。俾爾昌而大，俾爾耆而艾。萬有千歲，眉壽無有害。	魯頌·閟宮	／	17	74
萬曆41年[16]	如金如錫。	衛風·淇奧	變	1	4
	君子有徽猷。	小雅·角弓	變	1	5
	錫爾介圭，以作爾寶。	大雅·崧高	變	2	8
	於赫湯孫，穆穆厥聲。	商頌·那	／	2	8
萬曆47年《登科錄》[17]	遹觀厥成。	大雅·文王有聲	正	1	4
	式固爾猶，淮夷卒獲。翩彼飛鴞，集于泮林，食我桑黮，懷我好音。	魯頌·泮水	／	6	24

---

[16] 《萬曆四十一年會試錄》（北京：北京大學圖書館藏，明萬曆刻本）。

[17] 萬曆 47 年會試錄，缺試題頁，從程文中錄題。

附錄二：
明代鄉試《詩經》義試題彙整

編輯說明

一、本附錄共收錄明代 337 種鄉試、1340 道《詩經》義試題。主要藉由《天一閣藏明代科舉錄選刊・鄉試錄》[1]所收錄之鄉試錄整理，凡出自此叢書者，不另加註說明。抄錄自其他叢書、各圖書館館藏試錄等資料，方另加註腳說明出處。

二、不少未刊行的鄉試錄，收藏在各地多處圖書館古籍室，承蒙諸多師友協助查抄。陸續曾煩勞吉林大學歷史系高福順教授、華東師範大學中文系彭國忠教授及對外漢語學院語言學及應用語言學碩士生蔡雨玲、武漢大學文學院陳水雲教授及博士生吳妮妮、北京大學中國語文學系博士生黃雅詩及吳沂澐、（廣州）中山大學中文系柯玉蘊及王文琳、南京大學文學院古代文學專業碩士生毛林萍、浙江大學新聞系朱詩琪及中文系戚圓圓、胡凌燕、陳逸舟，以及南開大學中文系劉岩、臺北市立大學中國語文學系博士生何淑蘋、臺北大學古典文獻學研究所碩士李侑儒等人協助，謹此致謝。

---

[1] 寧波市天一閣博物館整理：《天一閣藏明代科舉錄選刊・鄉試錄》（寧波：寧波出版社，2010 年）。

科別	試題	出處	正變	句數	字數
建文元年應天[2]	訏謨定命，遠猶辰告。敬慎威儀，維民之則。	大雅·抑	變	4	16
	既明且哲，以保其身。夙夜匪懈，以事一人。	大雅·烝民	變	4	16
	緇衣之宜兮，敝予又改為兮。適子之館兮，還予授子之粲[3]兮。	鄭風·緇衣	變	4	23
	南山有杞，北山有李。樂只君子，民之父母。樂只君子，德音不已。	小雅·南山有臺	正	6	24
永樂12年福建[4]	瞻彼洛矣，維水泱泱。君子至止，福祿既同。君子萬年，保其家邦。	小雅·瞻彼洛矣	變	6	24
	王公伊濯，維豐之垣。四方攸同，王后維翰。王后烝哉！	大雅·文王有聲	正	5	20
	思文后稷，克配彼天。立我烝民，莫匪爾極。貽我來牟，帝命率育，無此疆爾界，陳常于時夏。	周頌·思文	／	8	34
	玄王桓撥，受小國是達，受大國是達。率履不越，遂視既發。相土烈烈，海外有截。	商頌·長發	／	7	30
永樂18年浙江	天保定爾，俾爾戩穀；罄無不宜，受天百祿。降爾遐福，維日不足。	小雅·天保	正	6	24
	鳶飛戾天，魚躍于淵。豈弟君子，遐不作人？	大雅·旱麓	正	4	16
	鎬京辟廱，自西自東，自南自北，無思不服。皇王烝哉！	大雅·文王有聲	正	5	20
	無競維人，四方其訓之。不顯維德，百辟其刑之。於乎前王不忘。	周頌·烈文	／	5	24
宣德元年福建	篤公劉，逝彼百泉，瞻彼溥原。迺陟南岡，乃覯于京。京師之野，于時處處，于時廬旅。于時言言，于時語語。	大雅·公劉	正	10	39
	作召公考，天子萬壽。	大雅·江漢	變	2	8

2　按：建文元年應天鄉試錄，有兩種版本，南京圖書館為明刻本，題作《京闈小錄》，上海圖書館清抄本題作《建文元年京闈小錄》。

3　試題頁作「餐」，程文作「粲」，《詩經》傳本多作「粲」。

4　按：此科命名為《永樂十二年福建鄉闈小錄》，程文排序先《四書》，續以《詩經》、《書經》、《禮記》、《易經》、《春秋》為次，與後世鄉試錄有所不同。

	載見辟王，曰求厥章。龍旂陽陽，和鈴央央，鞗革有鶬，休有烈光。率見昭考，以孝以享，以介眉壽。永言保之，思皇多祜。	周頌・載見	／	11	44
	自天降康，豐年穰穰。來假來饗，降福無疆。顧予烝嘗，湯孫之將。	商頌・烈祖	／	6	24
景泰元年順天[5]	不稼不穡，胡取禾三百廛兮？不狩不獵，胡瞻爾庭有縣貆兮？彼君子兮，不素餐兮！	魏風・伐檀	變	6	31
	樂只君子，天子命之；樂只君子，福祿申之。	小雅・采菽	變	4	16
	肆戎疾不殄，烈假不瑕。不聞亦式，不諫亦入。肆成人有德，小子有造。	大雅・思齊	正	6	26
	無封靡于爾邦，維王其崇之。念茲戎功，繼序其皇之。	周頌・烈文	／	4	20
景泰元年應天	終南何有？有紀有堂。君子至止，黻衣繡裳，佩玉將將，壽考不忘。	秦風・終南	變	6	24
	有嚴有翼，共武之服。共武之服，以定王國。	小雅・六月	變	4	16
	信彼南山，維禹甸之。畇畇原隰，曾孫田之。我疆我理，南東其畝。上天同雲，雨雪雰雰。益之以霢霂，既優既渥，既霑既足，生我百穀。	小雅・信南山	變	12	49
	明明魯侯，克明其德，既作泮宮，淮夷攸服。矯矯虎臣，在泮獻馘。	魯頌・泮水	／	6	24
景泰4年福建	鳲鳩在桑，其子七兮。淑人君子，其儀一兮；其儀一兮，心如結兮。	曹風・鳲鳩	變	6	24
	勉勉我王，綱紀四方。	大雅・棫樸	正	2	8
	申伯信邁，王餞于郿。申伯還南，謝于誠歸。王命召伯，徹申伯土疆，以峙其粻，式遄其行。	大雅・崧高	變	8	33
	庸鼓有斁，萬舞有奕。我有嘉客，亦不夷懌。自古在昔，先民有作。溫恭朝夕，執事有恪。顧予烝嘗，湯孫之將。	商頌・那	／	10	40

　錄自佚名輯：《李氏世科錄》（臺北：中央研究院傅斯年圖書館藏，明刊本）所收之
　　《景泰元年順天府鄉試錄》。

天順 3 年 江西	既見君子，庶幾說懌。	小雅·頍弁	變	2	8
	既醉而出，並受其福。醉而不出，是謂伐德。 飲酒孔嘉，維其令儀。	小雅·賓之初筵	變	6	24
	截彼淮浦，王師之所。王旅嘽嘽，如飛如翰， 如江如漢。如山之苞，如川之流。緜緜翼翼， 不測不克，濯征徐國。	大雅·常武	變	10	40
	秋而載嘗，夏而楅衡。白牡騂剛，犧尊將將。 毛炰胾羹，籩豆大房；萬舞洋洋，孝孫有慶。 俾爾熾而昌，俾爾壽而臧。保彼東方，魯邦是 常。	魯頌·閟宮	／	12	50
天順 6 年 應天[6]	媚茲一人，應侯順德。永言孝思，昭哉嗣服。 昭茲來許，繩其祖武。於萬斯年，受天之祜。	大雅·下武	正	8	32
	在彼無惡，在此無斁。庶幾夙夜，以永終譽。	周頌·振鷺	／	4	16
天順 6 年 山東	十月蟋蟀，入我牀下。穹窒熏鼠，塞向墐戶。 嗟我婦子，曰為改歲，入此室處。	豳風·七月	變	7	28
	有兔斯首，炮之燔之。君子有酒，酌言獻之。 有兔斯首，燔之炙之。君子有酒，酌言酢之。 有兔斯首，燔之炮之。君子有酒，酌言酬之。	小雅·瓠葉	變	12	48
	于周受命，自召祖命。	大雅·江漢	變	2	8
	於皇來牟，將受厥明。明昭上帝，迄用康年。	周頌·臣工	／	4	16
天順 6 年 山西	南有樛木，葛藟纍之。樂只君子，福履綏之。 南有樛木，葛藟荒之。樂只君子，福履將之。 南有樛木，葛藟縈之。樂只君子，福履成之。	周南·樛木	正	12	48
	汎汎楊舟，載沉載浮。既見君子，我心則休。	小雅·菁菁者莪	正	4	16
	王命申伯，式是南邦，因是謝人，以作爾庸。	大雅·崧高	變	4	16
	以似以續，續古之人。	周頌·良耜	／	2	8
天順 6 年 浙江	如月之恆，如日之升；如南山之壽。	小雅·天保	正	3	13
	文王受命，有此武功；既伐于崇，作邑于豐。 文王烝哉！築城伊淢，作豐伊匹，匪棘其欲， 遹追來孝。王后烝哉！	大雅·文王有聲	正	10	40

6　《詩經》試題頁缺頁，故僅自程文錄兩題。

	載穫濟濟，有實其積，萬億及秭。為酒為醴，烝畀祖妣，以洽百禮。有飶其香，邦家之光。有椒其馨，胡考之寧？匪且有且，匪今斯今，振古如茲。	周頌·載芟	／	13	52
	古帝命武湯，正域彼四方。方命厥后，奄有九有。商之先后，受命不殆，在武丁孫子。武丁孫子，武王靡不勝。龍旂十乘，大糦是承。	商頌·玄鳥	／	11	48
成化元年山東[7]	孑孑干旄，在浚之郊。素絲紕之，良馬四之。彼姝者子，何以畀之？孑孑干旟，在浚之都。素絲組之，良馬五之。彼姝者子，何以予之？孑孑干旌，在浚之城。素絲祝之，良馬六之。彼姝者子，何以告之？	鄘風·干旄	變	18	72
	天立厥配，受命既固。	大雅·皇矣	正	2	8
	蓺之荏菽，荏菽旆旆，禾役穟穟，麻麥幪幪，瓜瓞唪唪。誕后稷之穡，有相之道。茀厥豐草，種之黃茂。	大雅·生民	正	9	37
	率履不越，遂視既發。相土烈烈，海外有截。帝命不違，至於湯齊。湯降不遲。	商頌·長發	／	7	28
成化元年四川	俟我於著乎而，充耳以素乎而，尚之以瓊華乎而。	齊風·著	變	3	19
	我任我輦，我車我牛。我行既集，蓋云歸哉！我徒我御，我師我旅。我行既集，蓋云歸處！肅肅謝功，召伯營之；烈烈征師，召伯成之。原隰既平，泉流既清。召伯有成，王心則寧。	小雅·黍苗	變	16	64
	萋萋萋萋，雝雝喈喈。君子之車，既庶且多；君子之馬，既閑且馳。矢詩不多，維以遂歌。	大雅·卷阿	正	8	32
	思樂泮水，薄采其藻。魯侯戾止，其馬蹻蹻。其馬蹻蹻，其音昭昭。載色載笑，匪怒伊教。	魯頌·泮水	／	8	32

7　錄自《天一閣藏明代科舉錄選刊·鄉試錄》，學生書局編輯部輯：《明代登科錄彙編》
　　（臺北：臺灣學生書局，1969 年 12 月），冊 2，亦有收錄。

成化4年應天	豈曰無衣？與子同袍。王于興師，修我戈矛，與子同仇。豈曰無衣？與子同澤。王于興師，修我戈戟，與子偕作。豈曰無衣？與子同裳。王于興師，修我甲兵，與子偕行。	秦風·無衣	變	15	60
	之子于狩，言韔其弓；之子于釣，言綸之繩。其釣維何？維魴及鱮。維魴及鱮，薄言觀者。	小雅·采綠	變	8	32
	孝子不匱，永錫爾類。其類維何？室家之壼。君子萬年，永錫祚胤。其胤維何？天被爾祿。君子萬年，景命有僕。其僕維何？釐爾女士。釐爾女士，從以孫子。	大雅·既醉	正	14	56
	匪且有且，匪今斯今，振古如茲。	周頌·載芟	／	3	12
成化4年浙江[8]	人之好我，示我周行。呦呦鹿鳴，食野之蒿。我有嘉賓，德音孔昭。視民不恌，君子是則是傚。	小雅·鹿鳴	正	8	34
	比于文王，其德靡悔。既受帝祉，施于孫子。	大雅·皇矣	正	4	16
	綏萬邦，屢豐年，天命匪解。桓桓武王，保有厥士，于以四方，克定厥家。於昭于天，皇以間之。	周頌·桓	／	9	34
	商之先后，受命不殆，在武丁孫子。	商頌·玄鳥	／	3	13
成化4年廣東	顯允方叔，征伐玁狁，蠻荊來威。	小雅·采芑	變	3	12
	受天之祜，四方來賀。	大雅·下武	正	2	8
	何求為我？以戾庶正。	大雅·雲漢	變	2	8
	皇皇后帝，皇祖后稷，享以騂犧。是饗是宜，降福既多。周公皇祖，亦其福女。秋而載嘗，夏而楅衡。白牡騂剛，犧尊將將。毛炰胾羹，籩豆大房；萬舞洋洋，孝孫有慶。	魯頌·閟宮	／	15	60
成化7年應天[9]	鴛鴦于飛，畢之羅之。君子萬年，福祿宜之。鴛鴦在梁，戢其左翼。君子萬年，宜其遐福。	小雅·鴛鴦	變	16	64

8　錄自姜亞沙等主編：《中國科舉錄彙編》（北京：全國圖書館文獻縮微複製中心，2010年），冊2。

9　試題頁殘毀嚴重，〈鴛鴦〉、〈殷武〉據程文錄題；試題頁〈卷阿〉一題，無法辨識試題是否迄止於「媚于庶人」。

	乘馬在廄，摧之秣之。君子萬年，福祿艾之。 乘馬在廄，秣之摧之。君子萬年，福祿綏之。				
	鳳凰于飛，翽翽其羽，亦傅于天。藹藹王多吉 人，維君子命，媚于庶人。……	大雅·卷阿	正	?	?
	商邑翼翼，四方之極。	商頌·殷武	／	2	8
成化7年 陝西	馨無不宜，受天百祿。降爾遐福，維日不足。	小雅·天保	正	4	16
	有俶其城，寢廟既成，既成藐藐；王錫申伯， 四牡蹻蹻，鉤膺濯濯。王遣申伯，路車乘馬。 我圖爾居，莫如南土。錫爾介圭，以作爾寶。	大雅·崧高	變	12	48
	徐方既同，天子之功。	大雅·常武	變	2	8
	不僭不濫，不敢怠遑。命于下國，封建厥福。 商邑翼翼，四方之極。赫赫厥聲，濯濯厥靈。	商頌·殷武	／	8	32
成化7年 湖廣	瑟兮僩兮，赫兮咺兮。	衛風·淇奧	變	2	8
	薄伐玁狁，至于大原。文武吉甫，萬邦為憲。 吉甫燕喜，既多受祉。來歸自鎬，我行永久。 飲御諸友，炰鱉膾鯉。侯誰在矣？張仲孝友。	小雅·六月	變	12	48
	穆穆皇皇，宜君宜王。不愆不忘，率由舊章。 威儀抑抑，德音秩秩。無怨無惡，率由群匹。	大雅·假樂	正	8	32
	夙夜基命宥密。於緝熙，單厥心，肆其靖之。	周頌· 昊天有成命	／	4	16
成化7年 浙江	迨天之未陰雨，徹彼桑土，綢繆牖戶。	豳風·鴟鴞	變	3	14
	藹藹王多吉士，維君子使，媚于天子。	大雅·卷阿	正	3	14
	賦政于外，四方爰發。肅肅王命，仲山甫將 之；邦國若否，仲山甫明之。	大雅·烝民	變	6	26
	式固爾猶，淮夷卒獲。翩彼飛鴞，集于泮林， 食我桑黮，懷我好音。憬彼淮夷，來獻其琛： 元龜象齒，大賂南金。	魯頌·泮水	／	10	40
成化7年 廣東	要之襋之，好人服之。好人提提，宛然左辟。	魏風·葛屨	變	4	16
	維其有章矣，是以有慶矣。	小雅·裳裳者華	變	2	10
	清酒既載，騂牡既備。以享以祀，以介景福。 瑟彼柞棫，民所燎矣。豈弟君子，神所勞矣。 莫莫葛藟，施于條枚。豈弟君子，求福不回。	大雅·旱麓	正	12	48

	俾民稼穡。有稷有黍，有稻有秬。奄有下土，纘禹之緒。后稷之孫，實維大王；居岐之陽，實始翦商。至于文武，纘大王之緒。	魯頌・閟宮	／	11	45
成化7年廣西[10]	遊于北園，四馬既閑。輶車鸞鑣，載獫歇驕。	秦風・駟驖	變	4	16
	蓼彼蕭斯，零露湑兮。既見君子，我心寫兮。燕笑語兮，是以有譽處兮。	小雅・蓼蕭	正	6	26
	天生烝民，有物有則。民之秉彝，好是懿德。天監有周，昭假于下。保茲天子，生仲山甫。仲山甫之德，柔嘉維則。令儀令色，小心翼翼。	大雅・烝民	變	12	49
	實維阿衡，實左右商王。	商頌・長發	／	2	9
成化10年順天	麟之趾，振振公子。于嗟麟兮！麟之定，振振公姓。于嗟麟兮！麟之角，振振公族。于嗟麟兮！	周南・麟之趾	正	9	33
	朱芾斯皇，室家君王。	小雅・斯干	變	2	8
	王命仲山甫：式是百辟，纘戎祖考，王躬是保，出納王命。王之喉舌，賦政于外，四方爰發。肅肅王命，仲山甫將之。	大雅・烝民	變	10	42
	明明魯侯，克明其德，既作泮宮，淮夷攸服。矯矯虎臣，在泮獻馘；淑問如皋陶，在泮獻囚。濟濟多士，克廣德心。桓桓于征，狄彼東南。烝烝皇皇，不吳不揚。不告于訩，在泮獻功。	魯頌・泮水	／	16	65
成化10年應天	淑人君子，其帶伊絲；其帶伊絲，其弁伊騏。	曹風・鳲鳩	變	4	16
	四鍭如樹，序賓以不侮。曾孫維主，酒醴維醹，酌以大斗，以祈黃耇。黃耇台背。	大雅・行葦	正	7	29
	穆穆皇皇，宜君宜王。不愆不忘，率由舊章。威儀抑抑，德音秩秩。無怨無惡，率由群匹。	大雅・假樂	正	8	32
	有截其所，湯孫之緒。維女荊楚，居國南鄉。昔有成湯，自彼氐羌，莫敢不來享，莫敢不來	商頌・殷武	／	18	76

---
10 錄自《明代登科錄彙編》，冊3。

	王。曰商是常。天命多辟，設都于禹之績。歲事來辟，勿予禍適。稼穡匪解。天命降監，下民有嚴。不僭不濫，不敢怠遑。				
成化 10 年山東	公孫碩膚，赤舄几几。	豳風・狼跋	變	2	8
	天保定爾，以莫不興；如山如阜，如岡如陵，如川之方至，以莫不增。吉蠲為饎，是用孝享；禴祠烝嘗，于公先王。君曰卜爾，萬壽無疆。	小雅・天保	正	12	49
	矢詩不多，維以遂歌。	大雅・卷阿	正	2	8
	有駜有駜，駜彼乘黃。夙夜在公，在公明明。振振鷺，鷺于下。鼓咽咽，醉言舞。于胥樂兮。有駜有駜，駜彼乘牡。夙夜在公，在公飲酒。振振鷺，鷺于飛。鼓咽咽，醉言歸。于胥樂兮。有駜有駜，駜彼乘駽。夙夜在公，在公載燕。自今以始，歲其有。君子有穀，詒孫子。于胥樂兮。	魯頌・有駜	／	27	98
成化 10 年陝西	君子來朝，何錫予之？雖無予之，路車乘馬；又何予之？玄袞及黼。觱沸檻泉，言采其芹。君子來朝，言觀其旂。其旂淠淠，鸞聲嘒嘒。載驂載駟，君子所屆。赤芾在股，邪幅在下。彼交匪紓，天子所予。	小雅・采菽	變	18	72
	凡周之士，不顯亦世。世之不顯，厥猶翼翼。	大雅・文王	正	4	16
	肆筵設席，授几有緝御。或獻或酢，洗爵奠斝。醓醢以薦，或燔或炙。嘉殽脾臄，或歌或咢。敦弓既堅，四鍭既鈞；舍矢既均，序賓以賢。敦弓既句，既挾四鍭；四鍭如樹，序賓以不侮。	大雅・行葦	正	16	66
	是斷是度，是尋是尺。	魯頌・閟宮	／	2	8
成化 10 年江西	蠶月條桑，取彼斧斨，以伐遠揚，猗彼女桑。七月鳴鵙，八月載績，載玄載黃，我朱孔陽，為公子裳。四月秀葽，五月鳴蜩。八月其穫，十月隕蘀。一之日于貉，取彼狐狸，為公子裘。	豳風・七月	變	16	65

	鍾鼓既設，一朝右之。	小雅·彤弓	正	2	8
	王命召虎，式辟四方，徹我疆土。匪疚匪棘，王國來極。	大雅·江漢	變	5	20
	昔有成湯，自彼氐羌，莫敢不來享，莫敢不來王。曰商是常。天命多辟，設都于禹之績。歲事來辟，勿予禍適。稼穡匪解。天命降監，下民有嚴。不僭不濫，不敢怠遑。命于下國，封建厥福。	商頌·殷武	／	16	68
成化10年浙江	稱彼兕觥，萬壽無疆。	豳風·七月	變	2	8
	皇皇者華，于彼原隰。駪駪征夫，每懷靡及。我馬維駒，六轡如濡。載馳載驅，周爰咨諏。我馬維騏，六轡如絲。載馳載驅，周爰咨謀。我馬維駱，六轡沃若。載馳載驅，周爰咨度。我馬維駰，六轡既均。載馳載驅，周爰咨詢。	小雅·皇皇者華	正	20	80
	經營四方，告成于王。四方既平，王國庶定。時靡有爭，王心載寧。江漢之滸，王命召虎，式辟四方，徹我疆土。匪疚匪棘，王國來極。于疆于理，至于南海。王命召虎，來旬來宣。	大雅·江漢	變	16	64
	眉壽保魯；居常與許，復周公之宇。魯侯燕喜，令妻壽母，宜大夫庶士，邦國是有。	魯頌·閟宮	／	7	30
成化10年廣東	曰為改歲，入此室處。	豳風·七月	變	2	8
	工祝致告，徂賚孝孫。苾芬孝祀，神嗜飲食。卜爾百福，如幾如式。既齊既稷，既匡既敕。永錫爾極，時萬時億。禮儀既備，鍾鼓既戒。孝孫徂位，工祝致告。	小雅·楚茨	變	14	56
	鳳凰于飛，翽翽其羽，亦集爰止。藹藹王多吉士，維君子使，媚于天子。鳳凰于飛，翽翽其羽，亦傅于天。藹藹王多吉人，維君子命，媚于庶人。鳳凰鳴矣，于彼高岡。梧桐生矣，于彼朝陽。	大雅·卷阿	正	16	68
	學有緝熙于光明。	周頌·敬之	／	1	7
成化13年順天	九月築場圃，十月納禾稼。黍稷重穋，禾麻菽麥。嗟我農夫，我稼既同，上入執宮功。晝爾	豳風·七月	變	22	99

于茅，宵爾索綯；亟其乘屋，其始播百穀。二之日鑿冰沖沖，三之日納于凌陰，四之日其蚤，獻羔祭韭。九月肅霜，十月滌場。朋酒斯饗，曰殺羔羊。躋彼公堂，稱彼兕觥，萬壽無疆。				
我田既臧，農夫之慶。	小雅・甫田	變	2	8
豈弟君子，民之父母。	大雅・泂酌	正	2	8
猗與那與！置我鞉鼓。奏鼓簡簡，衎我烈祖。湯孫奏假，綏我思成。鞉鼓淵淵，嘒嘒管聲。既和且平，依我磬聲。於赫湯孫，穆穆厥聲。庸鼓有斁，萬舞有奕。我有嘉客，亦不夷懌。自古在昔，先民有作。溫恭朝夕，執事有恪。顧予烝嘗，湯孫之將。	商頌・那	／	22	88
緇衣之宜兮，敝予又改為兮。適子之館兮，還予授子之粲兮。緇衣之好兮，敝予又改造兮。適子之館兮，還予授子之粲兮。緇衣之蓆兮，敝予又改作兮。適子之館兮，還予授子之粲兮。	鄭風・緇衣	變	12	69
維其有之，是以似之。	小雅・裳裳者華	變	2	8
鳳凰鳴矣，于彼高岡。梧桐生矣，于彼朝陽。菶菶萋萋，雝雝喈喈。	大雅・卷阿	正	6	24
無競維人，四方其訓之。不顯維德，百辟其刑之。	周頌・烈文	／	4	18
有嚴有翼，共武之服。共武之服，以定王國。玁狁匪茹，整居焦穫。侵鎬及方，至于涇陽。織文鳥章，白旆央央。元戎十乘，以先啟行。戎車既安，如輊如軒。四牡既佶，既佶且閑。薄伐玁狁，至于大原。文武吉甫，萬邦為憲。	小雅・六月	變	20	80
假樂君子，顯顯令德。宜民宜人，受祿于天。保右命之，自天申之。干祿百福，子孫千億。穆穆皇皇，宜君宜王。不愆不忘，率由舊章。威儀抑抑，德音秩秩。無怨無惡，率由群匹。受福無疆，四方之綱。之綱之紀，燕及朋友。百辟卿士，媚于天子。不解于位，民之攸墍。	大雅・假樂	正	24	96

成化 13 年 應天（位於「緇衣之宜兮…」至「不顯維德，百辟其刑之。」諸列左側）

成化 13 年 江西（位於「有嚴有翼…」及「假樂君子…」諸列左側）

	揉此萬邦，聞于四國。	大雅・崧高	變	2	8
	帝命式于九圍。受小球大球，為下國綴旒，何天之休。不競不絿，不剛不柔，敷政優優，百祿是遒。受小共大共，為下國駿厖，何天之龍？敷奏其勇。不震不動，不戁不竦，百祿是總。武王載旆，有虔秉鉞。如火烈烈，則莫我敢曷。	商頌・長發	／	19	83
成化 13 年 浙江	晝爾于茅，宵爾索綯；亟其乘屋，其始播百穀。二之日鑿冰沖沖，三之日納于凌陰，四之日其蚤，獻羔祭韭。	國風・七月	變	8	40
	保茲天子，生仲山甫。仲山甫之德，柔嘉維則。令儀令色，小心翼翼；古訓是式，威儀是力。天子是若，明命使賦。王命仲山甫：式是百辟，纘戎祖考，王躬是保，出納王命。王之喉舌，賦政于外，四方爰發。	大雅・烝民	變	18	74
	假以溢我，我其收之。駿惠我文王，曾孫篤之。	周頌・維天之命	／	4	17
	有駜有駜，駜彼乘黃。夙夜在公，在公明明。振振鷺，鷺于下。鼓咽咽，醉言舞。于胥樂兮。有駜有駜，駜彼乘牡。夙夜在公，在公飲酒。振振鷺，鷺于飛。鼓咽咽，醉言歸。于胥樂兮。有駜有駜，駜彼乘駶。夙夜在公，在公載燕。自今以始，歲其有。君子有穀，詒孫子。于胥樂兮。	魯頌・有駜	／	27	98
成化 16 年 順天	方叔涖止，其車三千，師干之試。	小雅・采芑	變	3	12
	文王受命，有此武功。	大雅・文王有聲	正	2	8
	令儀令色，小心翼翼；古訓是式，威儀是力。天子是若，明命使賦。	大雅・烝民	變	6	24
	假哉皇考，綏予孝子。宣哲維人，文武維后。燕及皇天，克昌厥後。綏我眉壽，介以繁祉。既右烈考，亦右文母。	周頌・雝	／	10	40
成化 16 年 應天	樂只君子，福履成之。	周南・樛木	正	2	8
	如山如阜，如岡如陵，如川之方至，以莫不增。	小雅・天保	正	4	17

	君子萬年，景命有僕。	大雅・既醉	正	2	8
	古帝命武湯，正域彼四方。方命厥后，奄有九有。商之先后，受命不殆，在武丁孫子。武丁孫子，武王靡不勝。龍旂十乘，大糦是承。邦畿千里，維民所止，肇域彼四海。四海來假，來假祁祁。*11*景員維河，殷受命咸宜，百祿是何。	商頌・玄鳥	／	19	82
成化16年山東	淑人君子，其儀不忒；其儀不忒，正是四國。	曹風・鳲鳩	變	4	16
	俾爾單厚，何福不除？	小雅・天保	正	2	8
	亹亹申伯，王纘之事。于邑于謝，南國是式。	大雅・崧高	變	4	16
	王釐爾成，來咨來茹。嗟嗟保介，維莫之春。亦又何求？如何新畬？於皇來牟，將受厥明。明昭上帝，迄用康年。命我眾人，庤乃錢鎛，奄觀銍艾。	周頌・臣工	／	13	52
成化16年湖廣	一之日于貉，取彼狐狸，為公子裘。二之日其同，載纘武功，言私其豵，獻豜于公。五月斯螽動股，六月莎雞振羽。七月在野，八月在宇，九月在戶，十月蟋蟀，入我床下。穹窒熏鼠，塞向墐戶。嗟我婦子，曰為改歲，入此室處。六月食鬱及薁，七月亨葵及菽，八月剝棗，十月穫稻。為此春酒，以介眉壽。七月食瓜，八月斷壺，九月叔苴。采荼薪樗，食我農夫。	豳風・七月	變	30	130
	允矣君子，展也大成。	小雅・車攻	變	2	8
	申伯信邁，王餞于郿。申伯還南，謝于誠歸。王命召伯，徹申伯土疆，以峙其粻，式遄其行。申伯番番，既入于謝，徒御嘽嘽。周邦咸喜，戎有良翰。不顯申伯，王之元舅，文武是憲。	大雅・崧高	變	16	65
	既右烈考，亦右文母。	周頌・雝	／	2	8

---

11 試錄原作「祁祁」，《詩經》傳本或作「祈祈」。

成化 16 年 浙江	我徂東山，慆慆不歸。我來自東，零雨其濛。 我東曰歸，我心西悲。制彼裳衣，勿士行枚。 蜎蜎者蠋，烝在桑野。敦彼獨宿，亦在車下。	豳風・東山	變	12	48
	天保定爾，亦孔之固；俾爾單厚，何福不除？ 俾爾多益，以莫不庶。天保定爾，俾爾戩穀； 罄無不宜，受天百祿。降爾遐福，維日不足。 天保定爾，以莫不興；如山如阜，如岡如陵， 如川之方至，以莫不增。	小雅・天保	正	18	73
	濟濟多士，文王以寧。	大雅・文王	正	2	8
	畟畟良耜，俶載南畝，播厥百穀，實函斯活。 或來瞻女，載筐及筥。其饟伊黍，其笠伊糾， 其鎛斯趙，以薅荼蓼。荼蓼朽止，黍稷茂止。 穫之挃挃，積之栗栗。其崇如墉，其比如櫛。 以開百室。百室盈止，婦子寧止。殺時犉牡， 有捄其角。以似以續，續古之人。	周頌・良耜	／	23	92
成化 19 年 山東[12]	以為酒食，以饗以祀，以妥以侑，以介景福。	小雅・楚茨	變	4	16
	王公伊濯，維豐之垣。四方攸同，王后維翰。 王后烝哉！豐水東注，維禹之績。四方攸同， 皇王維辟。皇王烝哉！	大雅・文王有聲	正	10	40
	既明且哲，以保其身。夙夜匪解，以事一人。	大雅・烝民	變	4	16
	念茲戎功，繼序其皇之。	周頌・烈文	／	2	9
成化 19 年 浙江	瞻彼淇奧，綠竹猗猗。有匪君子，如切如磋， 如琢如磨。瑟兮僩兮，赫兮咺兮。有匪君子， 終不可諼兮。瞻彼淇奧，綠竹青青。有匪君 子，充耳琇瑩。會弁如星。瑟兮僩兮，赫兮咺 兮。有匪君子，終不可諼兮。瞻彼淇奧，綠竹 如簀。有匪君子，如金如錫，如圭如璧。寬兮 綽兮，猗重較兮。善戲謔兮，不為虐兮。	衛風・淇奧	變	27	110
	民之質矣，日用飲食。羣黎百姓，徧為爾德。	小雅・天保	正	4	16

12　錄自佚名輯：《李氏世科錄》所收之《成化十九年山東鄉試錄》。

	錫爾介圭，以作爾寶。往近王舅，南土是保。申伯信邁，王餞于郿。申伯還南，謝于誠歸。王命召伯，徹申伯土疆，以峙其粻，式遄其行。申伯番番，既入于謝，徒御嘽嘽。周邦咸喜，戎有良翰。	大雅・崧高	變	17	69
	文王既勤止，我應受之，敷時繹思。我徂維求定，時周之命。於繹思。	周頌・賚	／	6	25
成化22年 山西	蜉蝣之羽，衣裳楚楚。心之憂矣，於我歸處。	曹風・蜉蝣	變	4	16
	燕笑語兮，是以有譽處兮。	小雅・蓼蕭	正	2	10
	篤公劉，于京斯依。蹌蹌濟濟，俾筵俾几。既登乃依，乃造其曹；執豕于牢，酌之用匏。食之飲之，君之宗之。篤公劉，既溥既長。既景迺岡，相其陰陽，觀其流泉。其軍三單，度其隰原，徹田為糧。度其夕陽，豳居允荒。	大雅・公劉	正	20	78
	我龍受之，蹻蹻王之造。	周頌・酌	／	2	9
成化22年 河南	瞻彼淇奧，綠竹猗猗。有匪君子，如切如磋，如琢如磨。瑟兮僩兮，赫兮咺兮。有匪君子，終不可諼兮。瞻彼淇奧，綠竹青青。有匪君子，充耳琇瑩。會弁如星。瑟兮僩兮，赫兮咺兮。有匪君子，終不可諼兮。瞻彼淇奧，綠竹如簀。有匪君子，如金如錫，如圭如璧。寬兮綽兮，猗重較兮。善戲謔兮，不為虐兮。	衛風・淇奧	變	27	110
	自天子所，謂我來矣。	小雅・出車	正	2	8
	保右命之，自天申之。	大雅・假樂	正	2	8
	載芟載柞，其耕澤澤。千耦其耘，徂隰徂畛。侯主侯伯，侯亞侯旅，侯彊侯以。有嗿其饁，思媚其婦，有依其士。有略其耜，俶載南畝，播厥百穀，實函斯活。驛驛其達，有厭其傑，厭厭其苗，緜緜其麃。載穫濟濟，有實其積，萬億及秭。為酒為醴，烝畀祖妣，以洽百禮。有飶其香，邦家之光。有椒其馨，胡考之寧？	周頌・載芟	／	28	112
成化22年 浙江	平王之孫，齊侯之子。	召南・何彼襛矣	正	2	8
	之子于苗，選徒囂囂。建旐設旄，搏獸于敖。	小雅・車攻	變	24	96

	駕彼四牡，四牡奕奕。赤芾金舄，會同有繹。決拾既佽，弓矢既調。射夫既同，助我舉柴。四黃既駕，兩驂不猗。不失其馳，舍矢如破。蕭蕭馬鳴，悠悠旆旌。徒御不驚，大庖不盈。之子于征，有聞無聲。允矣君子，展也大成。			
	文王有聲，遹駿有聲，遹求厥寧，遹觀厥成。文王烝哉！	大雅‧文王有聲	正	5	20
	思媚其婦，有依其士。	周頌‧載芟	／	2	8
成化22年廣東	天保定爾，以莫不興；如山如阜，如岡如陵，如川之方至，以莫不增。	小雅‧天保	正	6	25
	鎬京辟廱，自西自東，自南自北，無思不服。皇王烝哉！考卜維王，宅是鎬京。維龜正之，武王成之。武王烝哉！豐水有芑，武王豈不仕？詒厥孫謀，以燕翼子。武王烝哉！	大雅‧文王有聲	正	15	61
	即有邰家室。誕降嘉種，維秬維秠，維糜維芑。恆之秬秠，是穫是畝；恆之糜芑，是任是負，以歸肇祀。誕我祀如何？或舂或揄，或簸或蹂；釋之叟叟，烝之浮浮。載謀載惟，取蕭祭脂，取羝以軷，載燔載烈。以興嗣歲。卬盛于豆，于豆于登。其香始升，上帝居歆。胡臭亶時。后稷肇祀，庶無罪悔，以迄于今。	大雅‧生民	正	27	110
	我將我享，維羊維牛，維天其右之。	周頌‧我將	／	3	13
弘治2年山東[13]	琴瑟在御，莫不靜好。	鄭風‧女曰雞鳴	變	2	8
	吉日維戊，既伯既禱。田車既好，四牡孔阜，升彼大阜，從其群醜。吉日庚午，既差我馬。獸之所同，麀鹿麌麌。漆沮之從，天子之所。瞻彼中原，其祁孔有。儦儦俟俟，或群或友。悉率左右，以燕天子。既張我弓，既挾我矢；發彼小豝，殪此大兕。以御賓客，且以酌醴。	小雅‧吉日	變	24	96
	柔亦不茹，剛亦不吐。	大雅‧烝民	變	2	8

13　錄自《明代登科錄彙編》，冊3。

	於皇時周，陟其高山。墮山喬嶽，允猶翕河。敷天之下，裒時之對，時周之命。	周頌・般	／	7	28
弘治2年 江西	女曰雞鳴，士曰昧旦。子興視夜，明星有爛，將翱將翔，弋鳧與鴈。弋言加之，與子宜之。宜言飲酒，與子偕老。琴瑟在御，莫不靜好。知子之來之，雜佩以贈之。知子之順之，雜佩以問之。知子之好之，雜佩以報之。	鄭風・女曰雞鳴	變	18	78
	有馮有翼，有孝有德，以引以翼。豈弟君子，四方為則。顒顒卬卬，如圭如璋，令聞令望。豈弟君子，四方為綱。鳳凰于飛，翽翽其羽，亦集爰止。藹藹王多吉士，維君子使，媚于天子。	大雅・卷阿	正	16	66
	文武受命，召公維翰。無曰予小子，召公是似。	大雅・江漢	變	4	17
	不顯不承，無射於人斯。	周頌・清廟	／	2	9
弘治2年 湖廣[14]	無已大康，職思其外。	唐風・蟋蟀	變	2	8
	彼有不穫穉，此有不斂穧；彼有遺秉，此有滯穗。	小雅・大田	變	4	18
	肆成人有德，小子有造。	大雅・思齊	正	2	9
	或來瞻女，載筐及筥。其饟伊黍，其笠伊糾，其鎛斯趙，以薅荼蓼。荼蓼朽止，黍稷茂止。穫之挃挃，積之栗栗。其崇如墉，其比如櫛。以開百室。百室盈止，婦子寧止。	周頌・良耜	／	15	60
弘治2年 廣東	蟋蟀在堂，歲聿其莫。今我不樂，日月其除。無已大康，職思其居。好樂無荒，良士瞿瞿。蟋蟀在堂，歲聿其逝。今我不樂，日月其邁。無已大康，職思其外。好樂無荒，良士蹶蹶。	唐風・蟋蟀	變	16	64
	天子命我，城彼朔方。赫赫南仲，玁狁于襄。	小雅・出車	正	4	16
	以篤周祜，以對于天下。	大雅・皇矣	正	2	9
	上帝是祗。帝命式于九圍。	商頌・長發	／	2	10

---

14 錄自《明代登科錄彙編》，冊3。

弘治5年 順天	為絺為綌，服之無斁。	周南‧葛覃	正	2	8
	德音孔昭。視民不恌。	小雅‧鹿鳴	正	2	8
	鳳凰鳴矣，于彼高岡。梧桐生矣，于彼朝陽。 菶菶萋萋，雝雝喈喈。	大雅‧卷阿	正	6	24
	思文后稷，克配彼天。立我烝民，莫匪爾極。 貽我來牟，帝命率育，無此疆爾界，陳常于時 夏。	周頌‧思文	／	8	34
弘治5年 應天15	無已大康，職思其外。	唐風‧蟋蟀	變	2	8
	湛湛露斯，在彼豐草。厭厭夜飲，在宗載考。	小雅‧湛露	正	4	16
	恆之秬秠，是穫是畝；恆之穈芑，是任是負， 以歸肇祀。誕我祀如何？或舂或揄，或簸或 蹂；釋之叟叟，烝之浮浮。載謀載惟，取蕭祭 脂，取羝以軷，載燔載烈。以興嗣歲。卬盛于 豆，于豆于登。其香始升，上帝居歆。胡臭亶 時。后稷肇祀，庶無罪悔，以迄于今。	大雅‧生民	正	23	93
	湯降不遲，聖敬日躋。昭假遲遲，上帝是祗。	商頌‧長發	／	4	16
弘治5年 山西	七月流火，九月授衣。	豳風‧七月	變	2	8
	既優既渥，既霑既足。	小雅‧信南山	變	2	8
	維此王季，帝度其心，貊其德音。其德克明， 克明克類，克長克君。王此大邦，克順克比。 比于文王，其德靡悔。既受帝祉，施于孫子。	大雅‧皇矣	正	12	48
	喤喤厥聲，肅雝和鳴，先祖是聽。	周頌‧有瞽	／	3	12
弘治5年 江西	有渰萋萋，興雨祁祁；雨我公田，遂及我私。 彼有不穫稚，此有不斂穧；彼有遺秉，此有滯 穗：伊寡婦之利。	小雅‧大田	變	9	39
	肆不殄厥慍，亦不隕厥問，柞棫拔矣，行道兌 矣。混夷駾矣，維其喙矣。虞芮質厥成，文王 蹶厥生。予曰有疏附，予曰有先後，予曰有奔 奏，予曰有禦侮。	大雅‧緜	正	12	56
	昭茲來許，繩其祖武。於萬斯年，受天之祜。	大雅‧下武	正	4	16

15　錄自《明代登科錄彙編》，冊4。

	儀式刑文王之典，日靖四方。伊嘏文王，既右享之。	周頌・我將	／	4	19
弘治5年 湖廣	采采芣苢，薄言采之；采采芣苢，薄言有之。	周南・芣苢	正	4	16
	乃生男子，載寢之床，載衣之裳，載弄之璋。	小雅・斯干	變	4	16
	作邑于豐。文王烝哉！築城伊淢，作豐伊匹，匪棘其欲，遹追來孝。	大雅・文王有聲	正	6	24
	如火烈烈，則莫我敢曷。	商頌・長發	／	2	9
弘治5年 浙江**16**	不忮不求，何用不臧。	邶風・雄雉	變	2	8
	薄言采芑，于彼新田，於此中鄉。方叔涖止，其車三千。旂旐央央，方叔率止。約軝錯衡，八鸞瑲瑲。服其命服，朱芾斯皇，有瑲蔥珩。鴥彼飛隼，其飛戾天，亦集爰止。方叔涖止，其車三千。師干之試，方叔率止。鉦人伐鼓，陳師鞠旅。顯允方叔，伐鼓淵淵，振旅闐闐。	小雅・采芑	變	24	96
	詒厥孫謀，以燕翼子。	大雅・文王有聲	正	2	8
	於皇來牟，將受厥明，明昭上帝，迄用康年，命我眾人，庤乃錢鎛，奄觀銍艾。	周頌・臣工	／	7	28
弘治5年 廣西	赳赳武夫，公侯腹心。	周南・兔罝	正	2	8
	我車既攻，我馬既同。四牡龐龐，駕言徂東。	小雅・車攻	變	4	16
	赫赫明明，王命卿士，南仲大祖，大師皇父。整我六師，以脩我戎。既敬既戒，惠此南國。王謂尹氏，命程伯休父，左右陳行，戒我師旅：率彼淮浦，省此徐土，不留不處，三事就緒。	大雅・常武	變	16	65
	有飶其香，邦家之光。	周頌・載芟	／	2	8
弘治8年 山東	知子之來之，雜佩以贈之。知子之順之，雜佩以問之。知子之好之，雜佩以報之。	鄭風・女曰雞鳴	變	6	30
	雨我公田，遂及我私。	小雅・大田	變	2	8
	威儀抑抑，德音秩秩。無怨無惡，率由羣匹。受福無疆，四方之綱。之綱之紀，燕及朋友。	大雅・假樂	正	12	48

16　《弘治五年浙江鄉試錄》（上海：上海圖書館藏，明弘治刻本）。

	百辟卿士，媚于天子。不解于位，民之攸塈。				
	天命降監，下民有嚴。	商頌・殷武	／	2	8
弘治8年 河南	七月流火，九月授衣。春日載陽，有鳴倉庚。女執懿筐，遵彼微行，爰求柔桑。春日遲遲，采蘩祁祁。女心傷悲，殆及公子同歸？七月流火，八月萑葦。蠶月條桑，取彼斧斨，以伐遠揚，猗彼女桑。七月鳴鵙，八月載績，載玄載黃，我朱孔陽，為公子裳。	豳風・七月	變	22	90
	爾公爾侯，逸豫無期。	小雅・白駒	變	2	8
	匪棘其欲，遹追來孝。	大雅・文王有聲	正	2	8
	維天之命，於穆不已。於乎不顯！文王之德之純。	周頌・維天之命	／	4	18
弘治8年 陝西	知子之來之，雜佩以贈之。知子之順之，雜佩以問之。知子之好之，雜佩以報之。	鄭風・女曰雞鳴	變	6	30
	其車三千，師干之試。	小雅・采芑	變	2	8
	經營四方，告成于王。四方既平，王國庶定。時靡有爭，王心載寧。江漢之滸，王命召虎，式辟四方，徹我疆土。匪疚匪棘，王國來極。于疆于理，至于南海。王命召虎，來旬來宣；文武受命，召公維翰。無曰予小子，召公是似。肇敏戎公，用錫爾祉。釐爾圭瓚，秬鬯一卣，告于文人。錫山土田，于周受命，自召祖命。	大雅・江漢	變	28	113
	昊天有成命，二后受之。成王不敢康，夙夜基命宥密。於緝熙，單厥心，肆其靖之。	周頌・ 昊天有成命	／	7	30
弘治8年 福建	采采芣苢，薄言采之；采采芣苢，薄言有之。	周南・芣苢	正	4	16
	君子萬年，保其家邦。	小雅・瞻彼洛矣	變	2	8
	既醉以酒，爾殽既將。君子萬年，介爾昭明。昭明有融，高朗令終。令終有俶，公尸嘉告。其告維何？籩豆靜嘉。朋友攸攝，攝以威儀。威儀孔時，君子有孝子。孝子不匱，永錫爾類。其類維何？室家之壼。君子萬年，永錫祚胤。	大雅・既醉	正	20	81

	鐘鼓喤喤，磬筦將將。	周頌・執競	／	2	8
弘治8年 廣東	東方明矣，朝既昌矣。匪東方則明，月出之光。	齊風・雞鳴	變	4	17
	他山之石，可以攻玉。	小雅・鶴鳴	變	2	8
	無矢我陵，我陵我阿；無飲我泉，我泉我池！	大雅・皇矣	正	4	16
	薄言震之，莫不震疊。	周頌・時邁	／	2	8
弘治11年 順天	肅肅宵征，夙夜在公。寔命不同！	召南・小星	正	3	12
	天保定爾，以莫不興；如山如阜，如岡如陵，如川之方至，以莫不增。	小雅・天保	正	6	25
	維仲山甫，柔亦不茹，剛亦不吐。	大雅・烝民	變	3	12
	受命咸宜，百祿是何。	商頌・玄鳥	／	2	8
弘治11年 應天[17]	求之不得，寤寐思服。悠哉悠哉！輾轉反側。	周南・關雎	正	4	16
	信彼南山，維禹甸之。畇畇原隰，曾孫田之。我疆我理，南東其畝。	小雅・信南山	變	6	24
	何求為我？以戾庶正。	大雅・雲漢	變	2	8
	有客有客，亦白其馬。有萋有且，敦琢其旅。有客宿宿，有客信信。言授之縶，以縶其馬。薄言追之，左右綏之。既有淫威，降福孔夷。	周頌・有客	／	12	48
弘治11年 河南	我覯之子，袞衣繡裳。	豳風・九罭	變	2	8
	鐘鼓既設，舉醻逸逸。	小雅・賓之初筵	變	2	8
	王猶允塞，徐方既來。徐方既同，天子之功。四方既平，徐方來庭。徐方不回，王曰還歸。	大雅・常武	變	8	32
	烈文辟公，錫茲祉福，惠我無疆，子孫保之。無封靡於爾邦，維王其崇之。念茲戎功，繼序其皇之。無競維人，四方其訓之。不顯維德，百辟其刑之。於乎前王不忘。	周頌・烈文	／	13	60
弘治11年 陝西	遡洄從之，道阻且長；遡游從之，宛在水中央。	秦風・蒹葭	變	4	17

17　明・何大成輯：《戊午鄉試題名錄》，收入於明・唐寅：《唐伯虎先生全集・唐伯虎外編續刻》（臺北：臺灣學生書局，1979年，《歷代畫家詩文集》影印明萬曆42年〔1614〕刊本），卷12，頁1–2。錄有弘治11年應天府鄉試試題及榜單，唐寅為該科解元。

	天子命我,城彼朔方。	小雅・出車	正	2	8
	雝雝在宮,肅肅在廟。	大雅・思齊	正	2	8
	奄有下國,俾民稼穡。有稷有黍,有稻有秬。奄有下土,纘禹之緒。后稷之孫,實維大王;居岐之陽,實始翦商。至于文武,纘大王之緒。致天之屆,于牧之野。無貳無虞,上帝臨女。敦商之旅,克咸厥功。王曰叔父,建爾元子,俾侯于魯,大啟爾宇,為周室輔。	魯頌・閟宮	/	23	93
弘治11年湖廣	如金如錫,如圭如璧。	衛風・淇奧	變	2	8
	我有嘉賓,德音孔昭。	小雅・鹿鳴	正	2	8
	上天之載,無聲無臭。儀刑文王,萬邦作孚。	大雅・文王	正	4	16
	俾侯于魯,大啟爾宇,為周室輔。	魯頌・閟宮	/	3	12
弘治11年福建	二之日鑿冰沖沖,三之日納于凌陰,四之日其蚤,獻羔祭韭。九月肅霜,十月滌場。朋酒斯饗,曰殺羔羊。躋彼公堂,稱彼兕觥,萬壽無疆。	豳風・七月	變	11	51
	大田多稼,既種既戒,既備乃事。以我覃耜,俶載南畝。播厥百穀,既庭且碩,曾孫是若。	小雅・大田	變	8	32
	明明在下,赫赫在上。	大雅・大明	正	2	8
	儀式刑文王之典,日靖四方。	周頌・我將	/	2	11
弘治14年順天	喓喓草蟲,趯趯阜螽。未見君子,憂心忡忡。亦既見止,亦既覯止,我心則降!	召南・草蟲	正	7	28
	王命南仲,往城于方;出車彭彭,旂旐央央。天子命我,城彼朔方。赫赫南仲,玁狁于襄。	小雅・出車	正	8	32
	濟濟辟王,左右趣之。濟濟辟王,左右奉璋。奉璋峨峨,髦士攸宜。淠彼涇舟,烝徒楫之。周王于邁,六師及之。倬彼雲漢,為章于天。周王壽考,遐不作人?追琢其章,金玉其相。勉勉我王,綱紀四方。	大雅・棫樸	正	18	72
	無競維人,四方其訓之。不顯維德,百辟其刑之。於乎前王不忘。	周頌・烈文	/	5	24

弘治14年 應天**18**	鴥彼飛隼，其飛戾天，亦集爰止。方叔蒞止， 其車三千，師干之試。方叔率止，鉦人伐鼓， 陳師鞠旅。顯允方叔，伐鼓淵淵，振旅闐闐。	小雅・采芑	變	12	48
	中心藏之，何日忘之？	小雅・隰桑	變	2	8
	鳶飛戾天，魚躍于淵。豈弟君子，遐不作人？	大雅・旱麓	正	4	16
	受小球大球，為下國綴旒，何天之休。不競不 絿，不剛不柔，敷政優優，百祿是遒。受小共 大共，為下國駿厖，何天之龍？敷奏其勇。不 震不動，不戁不竦，百祿是總。	商頌・長發	／	14	60
弘治14年 河南	望楚與堂，景山與京。	鄘風・定之方中	變	2	8
	賓之初筵，左右秩秩，籩豆有楚，殽核維旅。 酒既和旨，飲酒孔偕，鐘鼓既設，舉醻逸逸。 大侯既抗，弓矢斯張。射夫既同，獻爾發功。 發彼有的，以祈爾爵。	小雅・賓之初筵	變	14	56
	穆穆文王，於緝熙敬止。假哉天命。	大雅・文王	正	3	13
	以介眉壽。永言保之，思皇多祜。烈文辟公， 綏以多福，俾緝熙于純嘏。	周頌・載見	／	6	26
弘治14年 江西	游環脅驅，陰靷鋈續。	秦風・小戎	變	2	8
	自古有年。今適南畝，或耘或耔，黍稷薿薿。	小雅・甫田	變	4	16
	陟我高岡。無矢我陵，我陵我阿；無飲我泉， 我泉我池。	大雅・皇矣	正	5	20
	我龍受之，蹻蹻王之造。	周頌・酌	／	2	9
弘治14年 福建	羔裘如濡，洵直且侯。彼其之子，舍命不渝。 羔裘豹飾，孔武有力。彼其之子，邦之司直。 羔裘晏兮，三英粲兮。彼其之子，邦之彥兮。	鄭風・羔裘	變	12	48
	豈敢定居，一月三捷。	小雅・采薇	正	2	8
	卬盛于豆，于豆于登。其香始升，上帝居歆。	大雅・生民	正	4	16
	既作泮宮，淮夷攸服。	魯頌・泮水	／	2	8
弘治14年 雲貴	升彼虛矣，以望楚矣。望楚與堂，景山與京。 降觀于桑。卜云其吉，終焉允臧。靈雨既零，	鄘風・定之方中	變	14	56

	命彼倌人。星言夙駕，說于桑田。匪直也人，秉心塞淵，騋牝三千。				
	伐鼓淵淵，振旅闐闐。	小雅・采芑	變	2	8
	申伯番番，既入于謝，徒御嘽嘽。周邦咸喜，戎有良翰。不顯申伯，王之元舅，文武是憲。	大雅・崧高	變	8	32
	儀式刑文王之典，日靖四方。	周頌・我將	／	2	11
弘治17年順天	雞既鳴矣，朝既盈矣。匪雞則鳴，蒼蠅之聲。東方明矣，朝既昌矣。匪東方則明，月出之光。	齊風・雞鳴	變	8	33
	我田既臧，農夫之慶。	小雅・甫田	變	2	8
	君子萬年，介爾昭明。	大雅・既醉	正	2	8
	有來雝雝，至止肅肅。相維辟公，天子穆穆。	周頌・雝	／	4	16
弘治17年山東[19]	不稼不穡，胡取禾三百廛兮？不狩不獵，胡瞻爾庭有懸[20]貆兮？	魏風・伐檀	變	4	23
	不遑啟居，玁狁之故。	小雅・采薇	正	2	8
	袞職有闕，維仲山甫補之。	大雅・烝民	變	2	10
	孔曼且碩，萬民是若。	魯頌・閟宮	／	2	8
弘治17年陝西	二之日鑿冰沖沖，三之日納于凌陰。	豳風・七月	變	2	14
	既立之監，或佐之史。	小雅・賓之初筵	變	2	8
	文武受命，召公維翰。無曰予小子，召公是似。肇敏戎公，用錫爾祉。釐爾圭瓚，秬鬯一卣，告于文人。錫山土田，于周受命，自召祖命。	大雅・江漢	變	12	49
	奄有四方，斤斤其明。	周頌・執競	／	2	8
弘治17年浙江[21]	曷不肅雝，王姬之車。	召南・何彼襛矣	正	2	8
	昔我往矣，黍稷方華，今我來思，雨雪載途。王事多難，不遑啟居。豈不懷歸？畏此簡書。	小雅・出車	正	16	64

19　《弘治十七年山東鄉試錄》（上海：上海圖書館藏，明嘉靖 37 年〔1558〕游居敬、呂時中刻本）。

20　試錄原作「懸」，《詩經》傳本多作「縣」。

21　《弘治十七年浙江鄉試錄》（上海：上海圖書館藏，清影明弘治抄本）。

	喓喓草蟲，趯趯阜螽。未見君子，憂心忡忡。既見君子，我心則降。赫赫南仲，薄伐西戎。				
	天監在下，有命既集。	大雅・大明	正	2	8
	古帝命武湯，正域彼四方。	商頌・玄鳥	／	2	10
正德2年順天	有匪君子，如金如錫，如圭如璧。	衛風・淇奧	變	3	12
	既見君子，樂且有儀。	小雅・菁菁者莪	正	2	8
	文王陟降，在帝左右。	大雅・文王	正	2	8
	龍旂陽陽，和鈴央央，鞗革有鶬。	周頌・載見	／	3	12
正德2年應天	淑人君子，其儀一兮；其儀一兮，心如結兮。	曹風・鳲鳩	變	4	16
	濟濟蹌蹌，絜爾牛羊，以往烝嘗。或剝或亨，或肆或將。祝祭于祊，祀事孔明。先祖是皇，神保是饗。孝孫有慶，報以介福，萬壽無疆。執爨踖踖，為俎孔碩。或燔或炙，君婦莫莫。為豆孔庶，為賓為客。獻酬交錯，禮儀卒度，笑語卒獲。神保是格，報以介福，萬壽攸酢。	小雅・楚茨	變	24	96
	干祿百福，子孫千億。穆穆皇皇，宜君宜王。	大雅・假樂	正	4	16
	允也天子，降予卿士：實維阿衡，實左右商王。	商頌・長發	／	4	17
正德2年山西	有敦瓜苦，烝在栗薪。自我不見，于今三年。	豳風・東山	變	4	16
	疆場翼翼，黍稷或彧。曾孫之穡，以為酒食。畀我尸賓，壽考萬年。	小雅・信南山	變	6	24
	思齊大任，文王之母。	大雅・思齊	正	2	8
	允也天子，降于卿士。	商頌・長發	／	2	8
正德2年河南	采采芣苢，薄言采之；采采芣苢，薄言有之。采采芣苢，薄言掇之；采采芣苢，薄言捋之。采采芣苢，薄言袺之；采采芣苢，薄言襭之。	周南・芣苢	正	12	48
	天保定爾，亦孔之固；俾爾單厚，何福不除？俾爾多益，以莫不庶。	小雅・天保	正	6	24
	虎拜稽首，天子萬年。	大雅・江漢	變	2	8
	憬彼淮夷，來獻其琛。	魯頌・泮水	／	2	8
正德2年江西	彼姝者子，何以畀之？	鄘風・干旄	變	2	8
	如月之恒，如日之升；如南山之壽。	小雅・天保	正	3	13

	天監有周，昭假于下。保茲天子，生仲山甫。	大雅・烝民	變	4	16
	濟濟多士，克廣德心。桓桓于征，狄彼東南。烝烝皇皇，不吳不揚。不告于訩，在泮獻功。角弓其觩，束矢其搜。戎車孔博，徒御無斁。既克淮夷，孔淑不逆。式固爾猶，淮夷卒獲。翩彼飛鴞，集于泮林，食我桑黮，懷我好音。憬彼淮夷，來獻其琛：元龜象齒，大賂南金。	魯頌・泮水	／	24	96
正德2年浙江[22]	采采芣苢，薄言采之；采采芣苢，薄言有之。采采芣苢，薄言掇之；采采芣苢，薄言捋之。采采芣苢，薄言袺之；采采芣苢，薄言襭之。	周南・芣苢	正	12	48
	蓼彼蕭斯，零露瀼瀼。既見君子，為龍為光。其德不爽，壽考不忘。蓼彼蕭斯，零露泥泥。既見君子，孔燕豈弟。宜兄宜弟，令德壽豈。	小雅・蓼蕭	正	12	48
	其詩孔碩，其風肆好。	大雅・崧高	變	2	8
	於赫湯孫，穆穆厥聲。	商頌・那	／	2	8
正德2年廣東	螽斯羽，詵詵兮。宜爾子孫振振兮。	周南・螽斯	正	3	13
	來歸自鎬，我行永久。	小雅・六月	變	2	8
	君子萬年，介爾昭明。	大雅・既醉	正	2	8
	於穆清廟，肅雝顯相。濟濟多士，秉文之德。對越在天，駿奔走在廟。不顯不承，無射於人斯。	周頌・清廟	／	8	34
正德2年廣西	羔裘如濡，洵直且侯。彼其之子，舍命不渝。羔裘豹飾，孔武有力。彼其之子，邦之司直。羔裘晏兮，三英粲兮。彼其之子，邦之彥兮。	鄭風・羔裘	變	12	48
	鶴鳴于九皋，聲聞于天。	小雅・鶴鳴	變	2	9
	文王有聲，遹駿有聲，遹求厥寧，遹觀厥成。文王烝哉！	大雅・文王有聲	正	5	20
	訪予落止，率時昭考。	周頌・訪落	／	2	8
正德2年雲貴	其儀一兮，心如結兮。	曹風・鳲鳩	變	2	8
	樂只君子，天子葵之。	小雅・采菽	變	2	8

<hr>

22　錄自《中國科舉錄彙編》，冊3。

	其胤維何？天被爾祿。君子萬年，景命有僕。 其僕維何？釐爾女士。釐爾女士，從以孫子。	大雅・既醉	正	8	32
	令妻壽母，宜大夫庶士，邦國是有。	魯頌・閟宮	／	3	13
正德5年 順天	婉兮孌兮，總角丱兮。未幾見兮，突而弁兮。	齊風・甫田	變	4	16
	左之左之，君子宜之。右之右之，君子有之。 維其有之，是以似之。	小雅・裳裳者華	變	6	24
	鎬京辟廱，自西自東，自南自北，無思不服。 皇王烝哉！	大雅・文王有聲	正	5	20
	帝命式于九圍。	商頌・長發	／	1	6
正德5年 應天	躋彼公堂，稱彼兕觥，萬壽無疆。	豳風・七月	變	4	12
	民之質矣，日用飲食。群黎百姓，徧為爾德。	小雅・天保	正	4	16
	文王孫子，本支百世。凡周之士，不顯亦世。	大雅・文王	正	4	16
	駿發爾私，終三十里。亦服爾耕，十千維耦。	周頌・噫嘻	／	4	16
正德5年 浙江	無已大康，職思其居。好樂無荒，良士瞿瞿。	唐風・蟋蟀	變	4	16
	樂只君子，殿天子之邦。	小雅・采菽	變	2	9
	帝謂文王：無然畔援，無然歆羨，誕先登于岸。密人不恭，敢距大邦，侵阮徂共。王赫斯怒，爰整其旅，以按徂旅，以篤于周祜，以對于天下。	大雅・皇矣	正	12	51
	豐年多黍多稌，亦有高廩，萬億及秭。為酒為醴，烝畀祖妣，以洽百禮。降福孔皆。	周頌・豐年	／	7	30
正德5年 福建	南有樛木，葛藟纍之。樂只君子，福履綏之。 南有樛木，葛藟荒之。樂只君子，福履將之。 南有樛木，葛藟縈之。樂只君子，福履成之。	周南・樛木	正	12	48
	誰謂爾無羊？三百維群。誰謂爾無牛？九十其犉。	小雅・無羊	變	4	18
	敦彼行葦，牛羊勿踐履。方苞方體，維葉泥泥。戚戚兄弟，莫遠具爾。或肆之筵，或授之几。	大雅・行葦	正	8	33
	濬哲維商，長發其祥。	商頌・長發	／	2	8
正德5年 廣東	于以盛之？維筐及筥。于以湘之？維錡及釜。	召南・采蘋	正	4	16
	南有嘉魚，烝然汕汕。君子有酒，嘉賓式燕以衎。	小雅・南有嘉魚	正	4	18

	江漢湯湯，武夫洸洸。經營四方，告成于王。四方既平，王國庶定。時靡有爭，王心載寧。江漢之滸，王命召虎，式辟四方，徹我疆土。匪疚匪棘，王國來極。于疆于理，至于南海。王命召虎，來旬來宣；文武受命，召公維翰。無曰予小子，召公是似。肇敏戎公，用錫爾祉。釐爾圭瓚，秬鬯一卣，告于文人。錫山土田，于周受命，自召祖命。	大雅・江漢	變	30	121
	載戢干戈，載櫜弓矢。	周頌・時邁	／	2	8
正德 8 年順天	緇衣之宜兮，敝予又改為兮。適子之館兮，還予授子之粲兮。	鄭風・緇衣	變	4	23
	生芻一束，其人如玉。	小雅・白駒	變	2	8
	如飛如翰，如江如漢。如山之苞，如川之流。緜緜翼翼，不測不克。	大雅・常武	變	6	24
	不顯不承，無射於人斯。	周頌・清廟	／	2	9
正德 8 年應天	七月流火，九月授衣。一之日觱發，二之日栗烈；無衣無褐，何以卒歲？三之日于耜，四之日舉趾。同我婦子，饁彼南畝，田畯至喜。	豳風・七月	變	11	48
	比物四驪，閑之維則。維此六月，既成我服。我服既成，于三十里。王于出征，以佐天子。	小雅・六月	變	8	32
	質爾人民，謹爾侯度，用戒不虞。	大雅・抑	變	3	12
	古帝命武湯，正域彼四方。方命厥后，奄有九有。商之先后，受命不殆，在武丁孫子。武丁孫子，武王靡不勝。龍旂十乘，大糦是承。邦畿千里，維民所止，肇域彼四海。	商頌・玄鳥	／	14	61
正德 8 年山東	葛之覃兮，施于中谷，維葉萋萋。黃鳥于飛，集于灌木，其鳴喈喈。葛之覃兮，施于中谷，維葉莫莫。是刈是濩，為絺為綌，服之無斁。言告師氏，言告言歸。薄汙我私，薄澣我衣。害澣害否？歸寧父母。	周南・葛覃	正	18	72
	有酒湑我，無酒酤我。坎坎鼓我，蹲蹲舞我。迨我暇矣，飲此湑矣。	小雅・伐木	正	6	24
	追琢其章，金玉其相。勉勉我王，綱紀四方。	大雅・棫樸	正	4	16

	文王既勤止，我應受之，敷時繹思。我徂維求定。	周頌・賚	／	4	18
正德8年山西	知子之好之，雜佩以報之。	鄭風・女曰雞鳴	變	2	10
	憂心孔疚，我行不來。彼爾維何？維常之華。彼路斯何？君子之車。戎車既駕，四牡業業；豈敢定居，一月三捷。駕彼四牡，四牡騤騤；君子所依，小人所腓。四牡翼翼，象弭魚服；豈不日戒，玁狁孔棘。	小雅・采薇	正	18	72
	三后在天，王配于京。	大雅・下武	正	2	8
	允文允武，昭假烈祖。靡有不孝，自求伊祜。	魯頌・泮水	／	4	16
正德8年河南	二之日其同，載纘武功，言私其豵，獻豜于公。	豳風・七月	變	4	17
	眾維魚矣，實維豐年；旐維旟矣，室家溱溱。	小雅・無羊	變	4	16
	鳳凰鳴矣，于彼高岡。梧桐生矣，于彼朝陽。菶菶萋萋，雝雝喈喈。君子之車，既庶且多；君子之馬，既閑且馳。	大雅・卷阿	正	10	40
	休矣皇考，以保明其身。	周頌・訪落	／	2	9
正德8年四川	于以采蘋？南澗之濱。于以采藻？于彼行潦。	召南・采蘋	正	4	16
	駪駪征夫，每懷靡及。	小雅・皇皇者華	正	2	8
	君子之車，既庶且多；君子之馬，既閑且馳。	大雅・卷阿	正	4	16
	我將我享，維羊維牛，維天其右之。儀式刑文王之典，日靖四方。伊嘏文王，既右享之。我其夙夜，畏天之威，于時保之。	周頌・我將	／	10	44
正德8年浙江	南有樛木，葛藟纍之。樂只君子，福履綏之。南有樛木，葛藟荒之。樂只君子，福履將之。南有樛木，葛藟縈之。樂只君子，福履成之。	周南・樛木	正	12	48
	爰居爰處，爰笑爰語。	小雅・斯干	變	2	8
	考卜維王，宅是鎬京。維龜正之，武王成之。	大雅・文王有聲	正	4	16
	念茲皇祖，陟降庭止。維予小子，夙夜敬止。	周頌・閔予小子	／	4	16
正德8年福建	俟我於著乎而，充耳以素乎而，尚之以瓊華乎而。俟我於庭乎而，充耳以青乎而，尚之以瓊瑩乎而。俟我於堂乎而，充耳以黃乎而，尚之以瓊英乎而。	齊風・著	變	9	57

	民之質矣，日用飲食。	小雅‧天保	正	2	8
	實方實苞，實種實襃，實發實秀，實堅實好，實穎實栗。	大雅‧生民	正	5	20
	載戢干戈，載櫜弓矢。我求懿德，肆于時夏。	周頌‧時邁	／	4	16
正德8年 廣西	葛之覃兮，施于中谷，維葉莫莫。是刈是濩，為絺為綌，服之無斁。	周南‧葛覃	正	6	24
	我有嘉賓，鼓瑟吹笙。吹笙鼓簧，承筐是將。	小雅‧鹿鳴	正	4	16
	文王受命，有此武功；既伐于崇，作邑于豐。文王烝哉！	大雅‧文王有聲	正	5	20
	薄言震之，莫不震疊。懷柔百神，及河喬嶽。	周頌‧時邁	／	4	16
正德11年 順天	無以我公歸兮，無使我心悲兮。	豳風‧九罭	變	2	12
	鶴鳴于九皋，聲聞于野。魚潛在淵，或在于渚。樂彼之園，爰有樹檀，其下維蘀。他山之石，可以為錯。	小雅‧鶴鳴	變	9	37
	帝謂文王：無然畔援，無然歆羨，誕先登于岸。	大雅‧皇矣	正	4	17
	夙夜基命宥密。於緝熙，單厥心。	周頌‧昊天有成命	／	3	12
正德11年 應天	有杕之杜，生于道左。彼君子兮，噬肯適我。中心好之，曷飲食之？	唐風‧有杕之杜	變	6	24
	維南有箕，不可以簸揚；維北有斗，不可以挹酒漿。維南有箕，載翕其舌；維北有斗，西柄之揭。	小雅‧大東	變	8	35
	匪手攜之，言示之事；匪面命之，言提其耳。	大雅‧抑	變	4	16
	明明魯侯，克明其德，既作泮宮，淮夷攸服。矯矯虎臣，在泮獻馘；淑問如皋陶，在泮獻囚。濟濟多士，克廣德心。桓桓于征，狄彼東南。烝烝皇皇，不吳不揚。不告于訩，在泮獻功。角弓其觩，束矢其搜。戎車孔博，徒御無斁。既克淮夷，孔淑不逆。式固爾猶，淮夷卒獲。翩彼飛鴞，集于泮林，食我桑黮，懷我好音。憬彼淮夷，來獻其琛：元龜象齒，大賂南金。	魯頌‧泮水	／	32	129

正德11年 山東	淑人君子，其帶伊絲；其帶伊絲，其弁伊騏。	曹風·鳲鳩	變	4	16
	如跂斯翼，如矢斯棘。如鳥斯革，如翬斯飛。	小雅·斯干	變	4	16
	奕奕梁山，維禹甸之，有倬其道。韓侯受命， 王親命之：纘戎祖考。無廢朕命，夙夜匪解， 虔共爾位。朕命不易，榦不庭方，以佐戎辟。 四牡奕奕，孔脩且張，韓侯入覲，以其介圭， 入覲于王。王錫韓侯：淑旂綏章，簟茀錯衡， 玄袞赤舄，鉤膺鏤鍚，鞹鞃淺幭，鞗革金厄。	大雅·韓奕	變	24	96
	明昭有周，式序在位。	周頌·時邁	／	2	8
正德11年 山西	鳲鳩在桑，其子七兮。淑人君子，其儀一兮； 其儀一兮，心如結兮。	曹風·鳲鳩	變	6	24
	倬彼甫田，歲取十千。我取其陳，食我農人， 自古有年。今適南畝，或耘或耔，黍稷薿薿。 攸介攸止，烝我髦士。	小雅·甫田	變	10	40
	經營四方，告成于王。	大雅·江漢	變	2	8
	宣哲維人，文武維后。	周頌·雝	／	2	8
正德11年 陝西	有敦瓜苦，烝在栗薪。自我不見，于今三年。	豳風·東山	變	4	16
	鶴鳴于九皋，聲聞于天。魚在于渚，或潛在 淵。樂彼之園，爰有樹檀，其下維穀。他山之 石，可以攻玉。	小雅·鶴鳴	變	9	37
	食之飲之，君之宗之。	大雅·公劉	正	2	8
	四海來假，來假祈祈。景員維河，殷受命咸 宜，百祿是何。	商頌·玄鳥	／	5	21
正德11年 江西	龍盾之合，鋈以觼軜。	秦風·小戎	變	2	8
	彼爾維何？維常之華。彼路斯何？君子之車。 戎車既駕，四牡業業；豈敢定居，一月三捷。 駕彼四牡，四牡騤騤；君子所依，小人所腓。 四牡翼翼，象弭魚服；豈不日戒，玁狁孔棘。	小雅·采薇	正	16	64
	顒顒卬卬，如圭如璋，令聞令望。	大雅·卷阿	正	4	12
	宣哲維人，文武維后。燕及皇天，克昌厥後。	周頌·雝	／	4	16
正德11年 湖廣	俴駟孔群，厹矛鋈錞，蒙伐有苑。虎韔鏤膺， 交韔二弓，竹閉緄縢。	秦風·小戎	變	6	24
	蕭蕭謝功，召伯營之；烈烈征師，召伯成之。	小雅·黍苗	變	4	16

威儀孔時，君子有孝子。孝子不匱，永錫爾類。	大雅‧既醉	正	4	17
燕及皇天，克昌厥後。	周頌‧雝	／	2	8
予室翹翹，風雨所漂搖。予維音嘵嘵。	豳風‧鴟鴞	變	3	14
之子于苗，選徒囂囂。建旐設旄，搏獸于敖。	小雅‧車攻	變	4	16
自西徂東，周爰執事。乃召司空，乃召司徒，俾立室家。其繩則直，縮版以載，作廟翼翼。捄之陾陾，度之薨薨，築之登登，削屢馮馮。百堵皆興，鼛鼓弗勝。迺立皋門，皋門有伉；迺立應門，應門將將。迺立冢土，戎醜攸行。肆不殄厥慍，亦不隕厥問，柞棫拔矣，行道兌矣。混夷駾矣，維其喙矣。	大雅‧緜	正	26	106
成王不敢康，夙夜基命宥密。	周頌‧昊天有成命	／	2	11
我送舅氏，曰至渭陽。何以贈之？路車乘黃。我送舅氏，悠悠我思。何以贈之？瓊瑰玉佩。	秦風‧渭陽	變	8	32
眾維魚矣，旐維旟矣。	小雅‧無羊	變	2	8
作之屛之，其菑其翳；脩之平之，其灌其栵；啟之辟之，其檉其椐；攘之剔之，其檿其柘。	大雅‧皇矣	正	8	32
受小國是達，受大國是達。	商頌‧長發	／	2	10
迨天之未陰雨，徹彼桑土，綢繆牖戶。今女下民，或敢侮予。	豳風‧鴟鴞	變	5	22
有嚴有翼，共武之服。共武之服，以定王國。	小雅‧六月	變	4	16
有馮有翼，有孝有德，以引以翼。豈弟君子，四方為則。	大雅‧卷阿	正	5	20
天命降監，下民有嚴。不僭不濫，不敢怠遑。命于下國，封建厥福。	商頌‧殷武	／	6	24
蠶月條桑，取彼斧斨，以伐遠揚，猗彼女桑。	豳風‧七月	變	4	16
百禮既至，有壬有林。	小雅‧賓之初筵	變	2	8

其中各題組行首標示：
正德11年 浙江[23]、正德11年 福建、正德14年 應天、正德14年 山東[24]

23　錄自《明代登科錄彙編》，冊 5。

24　錄自《明代登科錄彙編》，冊 6。

	仲山甫出祖，四牡業業，征夫捷捷，每懷靡及。四牡彭彭，八鸞鏘鏘，王命仲山甫，城彼東方。四牡騤騤，八鸞喈喈，仲山甫徂齊，式遄其歸。吉甫作誦，穆如清風。仲山甫永懷，以慰其心。	大雅・烝民	變	16	68
	於乎皇考！永世克孝。	周頌・閔予小子	／	2	8
正德 14 年山西	三之日于耜，四之日舉趾。同我婦子，饁彼南畝，田畯至喜。	豳風・七月	變	5	22
	君子至止，言觀其旂。	小雅・庭燎	變	2	8
	於論鼓鍾，於樂辟廱。鼉鼓逢逢，矇瞍奏公。	大雅・靈臺	正	4	16
	受小球大球，為下國綴旒，何天之休。不競不絿，不剛不柔，敷政優優，百祿是遒。受小共大共，為下國駿厖，何天之龍？敷奏其勇。不震不動，不戁不竦，百祿是總。	商頌・長發	／	14	60
正德 14 年河南	維鵲有巢，維鳩居之。之子于歸，百兩御之。維鵲有巢，維鳩方之。之子于歸，百兩將之。維鵲有巢，維鳩盈之。之子于歸，百兩成之。	召南・鵲巢	正	12	48
	天保定爾，俾爾戩穀；罄無不宜，受天百祿。降爾遐福，維日不足。	小雅・天保	正	6	24
	明明在下，赫赫在上。	大雅・大明	正	2	8
	載見辟王，曰求厥章。	周頌・載見	／	2	8
正德 14 年湖廣	何彼襛矣？華如桃李。平王之孫，齊侯之子。其釣維何？維絲伊緡。齊侯之子，平王之孫。	召南・何彼襛矣	正	8	32
	六月棲棲，戎車既飭。四牡騤騤，載是常服。獫狁孔熾。我是用急。王于出征，以匡王國。比物四驪，閑之維則。維此六月，既成我服。我服既成，于三十里。王于出征，以佐天子。	小雅・六月	變	16	64
	王之藎臣，無念爾祖。	大雅・文王	正	2	8
	黃髮台背，壽胥與試。	魯頌・閟宮	／	2	8
正德 14 年廣東	葛之覃兮，施于中谷，維葉萋萋。黃鳥于飛，集于灌木，其鳴喈喈。	周南・葛覃	正	6	24
	吉甫燕喜，既多受祉。來歸自鎬，我行永久。飲御諸友，炰鱉膾鯉。侯誰在矣？張仲孝友。	小雅・六月	變	8	32

	明明天子，令聞不已。	大雅·江漢	變	2	8
	於皇來牟，將受厥明。明昭上帝，迄用康年。	周頌·臣工	／	4	16
正德14年廣西	知子之來之，雜佩以贈之。知子之順之，雜佩以問之。知子之好之，雜佩以報之。	鄭風·女曰雞鳴	變	6	30
	既見君子，錫我百朋。	小雅·菁菁者莪	正	2	8
	受福無疆，四方之綱。	大雅·假樂	正	2	8
	在彼無惡，在此無斁。庶幾夙夜，以永終譽。	周頌·振鷺	／	4	16
嘉靖元年應天[25]	赳赳武夫，公侯腹心。	周南·兔罝	正	2	8
	孔惠孔時，維其盡之。子子孫孫，勿替引之。	小雅·楚茨	變	4	16
	文武受命，召公維翰。無曰予小子，召公是似。肇敏戎公，用錫爾祉。釐爾圭瓚，秬鬯一卣，告于文人。錫山土田，于周受命，自召祖命。虎拜稽首，天子萬年。虎拜稽首，對揚王休。作召公考，天子萬壽。	大雅·江漢	變	18	73
	商邑翼翼，四方之極。赫赫厥聲，濯濯厥靈。	商頌·殷武	／	4	16
嘉靖元年山西	蠶月條桑，取彼斧斨，以伐遠揚，猗彼女桑。	豳風·七月	變	4	16
	我有嘉賓，鼓瑟鼓琴。鼓瑟鼓琴，和樂且湛。我有旨酒，以燕樂嘉賓之心。	小雅·鹿鳴	正	6	27
	釐爾女士，從以孫子。	大雅·既醉	正	2	8
	我將我享，維羊維牛，維天其右之。儀式刑文王之典，日靖四方。伊嘏文王，既右享之。	周頌·我將	／	7	32
嘉靖元年河南	九月築場圃，十月納禾稼。黍稷重穋，禾麻菽麥。嗟我農夫，我稼既同，上入執宮功。晝爾于茅，宵爾索綯。亟其乘屋，其始播百穀。	豳風·七月	變	11	48
	樂只君子，天子命之；樂只君子，福祿申之。	小雅·采菽	變	4	16
	威儀抑抑，德音秩秩。無怨無惡，率由羣匹。受福無疆，四方之綱。	大雅·假樂	正	6	24
	敬之敬之，天維顯思。命不易哉！	周頌·敬之	／	3	12
嘉靖元年江西	何彼襛矣？唐棣之華。曷不肅雝？王姬之車。	召南·何彼襛矣	正	4	16
	鶴鳴于九皋，聲聞于野。魚潛在淵，或在于	小雅·鶴鳴	變	18	74

25　錄自《明代登科錄彙編》，冊6。

渚。樂彼之園，爰有樹檀，其下維蘀。他山之石，可以為錯。鶴鳴于九皋，聲聞于天。魚在于渚，或潛在淵。樂彼之園，爰有樹檀，其下維穀。他山之石，可以攻玉。				
四方既平，王國庶定。時靡有爭，王心載寧。	大雅·江漢	變	4	16
亦有和羹，既戒既平。鬷假無言，時靡有爭。	商頌·烈祖	／	4	16
嘉靖元年浙江[26]	九月築場圃，十月納禾稼，黍稷重穋，禾麻菽麥。嗟我農夫，我稼既同，上入執宮功。晝爾于茅，宵爾索綯，亟其乘屋，其始播百穀。	豳風·七月	變	11	48
	我心寫兮，是以有譽處兮。	小雅·裳裳者華	變	2	10
	相在爾室，尚不愧于屋漏，無曰不顯，莫予云覯。神之格思，不可度思，矧可射思。	大雅·抑	變	7	30
	商邑翼翼，四方之極。	商頌·殷武	／	2	8
嘉靖元年雲貴	于以采蘩？于沼于沚。于以用之？公侯之事。	召南·采蘩	正	4	16
	樂只君子，德音是茂。	小雅·南山有臺	正	2	8
	既燕于宗，福祿攸降。公尸燕飲，福祿來崇。	大雅·鳧鷖	正	4	16
	帝命式于九圍。	商頌·長發	／	1	6
嘉靖4年順天	南有樛木，葛藟纍之。樂只君子，福履綏之。	周南·樛木	正	4	16
	呦呦鹿鳴，食野之苹。我有嘉賓，鼓瑟吹笙。吹笙鼓簧，承筐是將。人之好我，示我周行。	小雅·鹿鳴	正	8	32
	文王孫子，本支百世。	大雅·文王	正	2	8
	嗟嗟烈祖！有秩斯祜。申錫無疆，及爾斯所。	商頌·烈祖	／	4	16
嘉靖4年山東	七月流火，八月萑葦。蠶月條桑，取彼斧斨，以伐遠揚，猗彼女桑。七月鳴鵙，八月載績，載玄載黃，我朱孔陽，為公子裳。	豳風·七月	變	11	44
	我有嘉賓，德音孔昭。視民不恌，君子是則是傚。	小雅·鹿鳴	正	4	18
	古訓是式，威儀是力。	大雅·烝民	變	2	8
	於皇來牟，將受厥明。明昭上帝，迄用康年。	周頌·臣工	／	4	16

<hr>

26　《嘉靖元年浙江鄉試錄》（上海：上海圖書館藏，明嘉靖刻本）。

嘉靖4年陝西	被之僮僮，夙夜在公。被之祁祁，薄言還歸。	召南·采蘩	正	4	16
	既見君子，德音孔膠。	小雅·隰桑	變	2	8
	伴奐爾游矣，優游爾休矣。豈弟君子，俾爾彌爾性，似先公酋矣。爾土宇昄章，亦孔之厚矣。豈弟君子，俾爾彌爾性，百神爾主矣。爾受命長矣，茀祿爾康矣。豈弟君子，俾爾彌爾性，純嘏爾常矣。	大雅·卷阿	正	15	72
	駿發爾私，終三十里。亦服爾耕，十千維耦。	周頌·噫嘻	／	4	16
嘉靖4年江西	關關雎鳩，在河之洲。窈窕淑女，君子好逑。	周南·關雎	正	4	16
	鴥彼飛隼，其飛戾天，亦集爰止。方叔涖止，其車三千，師干之試。方叔率止，鉦人伐鼓，陳師鞠旅。顯允方叔，伐鼓淵淵，振旅闐闐。	小雅·采芑	變	12	48
	受天之祐。受天之祐，四方來賀。	大雅·下武	正	3	12
	穆穆魯侯，[27]敬明其德。敬慎威儀，維民之則。	魯頌·泮水	／	4	16
嘉靖4年浙江[28]	蠶月條桑，取彼斧斨，以伐遠揚，猗彼女桑。七月鳴鵙，八月載績。	豳風·七月	變	6	24
	之屏之翰，百辟為憲。不戢不難，受福不那。	小雅·桑扈	變	4	16
	無怨無惡，率由羣匹。	大雅·假樂	正	2	8
	商之先后，受命不殆，在武丁孫子。武丁孫子，武王靡不勝。龍旂十乘，大糦是承。邦畿千里，維民所止，肇域彼四海。四海來假，來假祈祈。景員維河，殷受命咸宜，百祿是何。	商頌·玄鳥	／	15	64
嘉靖4年雲貴	寬兮綽兮，猗重較兮。	衛風·淇奧	變	2	8
	鴥彼飛隼，其飛戾天，亦集爰止。方叔涖止，其車三千，師干之試。方叔率止，鉦人伐鼓，陳師鞠旅。顯允方叔，伐鼓淵淵，振旅闐闐。	小雅·采芑	變	12	48
	夙興夜寐，洒埽廷[29]內，維民之章。	大雅·抑	變	3	12

27　試錄原作「穆穆來侯」，應作「穆穆魯侯」。

28　《嘉靖四年浙江鄉試錄》（北京：北京圖書館藏，明嘉靖刻本）。

29　《詩經》傳本，「廷」或作「庭」。

	維清緝熙，文王之典。肇禋。迄用有成，維周之禎。	周頌・維清	／	5	18
嘉靖7年 順天	淑人君子，其帶伊絲；其帶伊絲，其弁伊騏。	曹風・鳲鳩	變	4	16
	受天百祿，降爾遐福，維日不足。	小雅・天保	正	3	12
	溫溫恭人，維德之基。其維哲人，告之話言，順德之行。	大雅・抑	變	5	20
	思樂泮水，薄采其芹。魯侯戾止，言觀其旂。 其旂筏筏，鸞聲噦噦。無小無大，從公于邁。 思樂泮水，薄采其藻。魯侯戾止，其馬蹻蹻。 其馬蹻蹻，其音昭昭。載色載笑，匪怒伊教。	魯頌・泮水	／	16	64
嘉靖7年 應天	被之僮僮，夙夜在公。被之祁祁，薄言還歸。	召南・采蘩	正	4	16
	君子萬年，宜其遐福。	小雅・鴛鴦	變	2	8
	媚茲一人，應侯順德。永言孝思，昭哉嗣服。	大雅・下武	正	4	16
	鞉鼓淵淵，嘒嘒管聲。既和且平，依我磬聲。 於赫湯孫，穆穆厥聲。庸鼓有斁，萬舞有奕。 我有嘉客，亦不夷懌。	商頌・那	／	10	40
嘉靖7年 山東	寬兮綽兮，猗重較兮。	衛風・淇奧	變	2	8
	樂只君子，民之父母；樂只君子，德音不已。	小雅・南山有臺	正	4	16
	文王在上，於昭于天，周雖舊邦，其命維新。 有周不顯，帝命不時。文王陟降，在帝左右。	大雅・文王	正	8	32
	既右烈考，亦右文母。	周頌・雝	／	2	8
嘉靖7年 河南	南有樛木，葛藟纍之。樂只君子，福履綏之。 南有樛木，葛藟荒之。樂只君子，福履將之。 南有樛木，葛藟縈之。樂只君子，福履成之。	周南・樛木	正	12	48
	神之聽之，終和且平。	小雅・伐木	正	2	8
	維此文王，小心翼翼。昭事上帝，聿懷多福。 厥德不回，以受方國。	大雅・大明	正	6	24
	思無邪，思馬斯徂。	魯頌・駉	／	2	7
嘉靖7年 江西	維鵲有巢，維鳩居之。之子于歸，百兩御之。 維鵲有巢，維鳩方之。之子于歸，百兩將之。 維鵲有巢，維鳩盈之。之子于歸，百兩成之。	召南・鵲巢	正	12	48
	蓼彼蕭斯，零露泥泥。既見君子，孔燕豈弟。 宜兄宜弟，令德壽豈。	小雅・蓼蕭	正	6	24

	文王在上，於昭于天，周雖舊邦，其命維新。有周不顯，帝命不時。	大雅・文王	正	6	24
	烈文辟公，錫茲祉福，惠我無疆，子孫保之。	周頌・烈文	／	4	16
嘉靖7年湖廣	知子之來之，雜佩以贈之。	鄭風・女曰雞鳴	變	2	10
	鶴鳴于九皋，聲聞于野。魚潛在淵，或在于渚。樂彼之園，爰有樹檀，其下維蘀。他山之石，可以為錯。	小雅・鶴鳴	變	9	37
	釐爾圭瓚，秬鬯一卣，告于文人。錫山土田，于周受命，自召祖命。虎拜稽首，天子萬年。虎拜稽首，對揚王休。作召公考，天子萬壽。明明天子，令聞不已；矢其文德，洽此四國。	大雅・江漢	變	16	64
	受小球大球，為下國綴旒，何天之休。	商頌・長發	／	3	14
嘉靖7年浙江[30]	葛之覃兮，施于中谷，維葉莫莫。是刈是濩，為絺為綌，服之無斁。	周南・葛覃	正	6	24
	宜爾室家，樂爾妻帑。是究是圖，亶其然乎？	小雅・常棣	正	4	16
	追琢其章，金玉其相。勉勉我王，綱紀四方。	大雅・棫樸	正	4	16
	紹庭上下，陟降厥家。休矣皇考，以保明其身。	周頌・訪落	／	4	17
嘉靖7年福建	是刈是濩，為絺為綌，服之無斁。	周南・葛覃	正	3	12
	鶴鳴于九皋，聲聞于野。魚潛在淵，或在于渚。樂彼之園，爰有樹檀，其下維蘀。他山之石，可以為錯。	小雅・鶴鳴	變	9	37
	穆穆皇皇，宜君宜王。	大雅・假樂	正	2	8
	天作高山，大王荒之。彼作矣，文王康之。彼徂矣，岐有夷之行。子孫保之。	周頌・天作	／	7	27
嘉靖10年順天[31]	菁菁者莪，在彼中陵。既見君子，錫我百朋。	小雅・菁菁者莪	正	4	16
	樂彼之園，爰有樹檀，其下維蘀。	小雅・鶴鳴	變	3	12
	豈弟君子，民之父母。	大雅・泂酌	正	2	8

30　錄自《天一閣藏明代科舉錄選刊・鄉試錄》，《明代登科錄彙編》，冊7，亦有收錄。

31　錄自《明代登科錄彙編》，冊7。

	我將我享，維羊維牛，維天其右之。儀式刑文王之典，日靖四方。伊嘏文王，既右享之。我其夙夜，畏天之威，于時保之。	周頌・我將	／	10	44
嘉靖10年 應天[32]	瞻彼淇奧，綠竹如簀。有匪君子，如金如錫，如圭如璧。寬兮綽兮，猗重較兮。善戲謔兮，不為虐兮。	衛風・淇奧	變	9	36
	吉蠲為饎，是用孝享。禴祠烝嘗，于公先王。君曰卜爾，萬壽無疆。	小雅・天保	正	6	24
	君子之車，既庶且多。君子之馬，既閑且馳。矢詩不多，維以遂歌。	大雅・卷阿	正	6	24
	立我烝民，莫匪爾極。貽我來牟，帝命率育。	周頌・思文	／	4	16
嘉靖10年 山西[33]	瞻彼淇奧，綠竹如簀。有匪君子，如金如錫，如圭如璧。寬兮綽兮，猗重較兮。善戲謔兮，不為虐兮。	衛風・淇奧	變	9	36
	既見君子，為龍為光。	小雅・蓼蕭	正	2	8
	於萬斯年，受天之祐。	大雅・下武	正	2	8
	無此疆爾界，陳常于時夏。	周頌・思文	／	2	10
嘉靖10年 河南[34]	維鵲有巢，維鳩居之。之子于歸，百兩御之。維鵲有巢，維鳩方之。之子于歸，百兩將之。維鵲有巢，維鳩盈之。之子于歸，百兩成之。	召南・鵲巢	正	12	48
	魚麗于罶，鱨鯊。君子有酒，旨且多。魚麗于罶，魴鱧。君子有酒，多且旨。魚麗于罶，鰋鯉。君子有酒，旨且有。	小雅・魚麗	正	12	39
	其胤維何？天被爾祿。君子萬年，景命有僕。其僕維何？釐爾女士。釐爾女士，從以孫子。	大雅・既醉	正	8	32
	方命厥后，奄有九有。商之先后，受命不殆，在武丁孫子。	商頌・玄鳥	／	5	21

32　《嘉靖十年應天府鄉試錄》（常熟：常熟圖書館藏，明嘉靖刻本）。

33　錄自《明代登科錄彙編》，冊 7。

34　《嘉靖十年河南鄉試錄》（臺北：中央研究院傅斯年圖書館藏，明嘉靖 10 年〔1531〕刊本）。

嘉靖10年湖廣	躋彼公堂，稱彼兕觥，萬壽無疆。	豳風・七月	變	3	12
	赫赫南仲，玁狁于夷。	小雅・出車	正	2	8
	王赫斯怒，爰整其旅，以按徂旅，以篤于周祜，以對于天下。	大雅・皇矣	正	5	22
	喤喤厥聲，肅雝和鳴，先祖是聽。我客戾止，永觀厥成。	周頌・有瞽	／	5	20
嘉靖10年雲貴35	樂只君子，福履綏之。	周南・樛木	正	2	8
	我車既攻，我馬既同。四牡龐龐，駕言徂東。	小雅・車攻	變	4	16
	誕后稷之穡，有相之道。茀厥豐草，種之黃茂。實方實苞，實種實褎，實發實秀，實堅實好，實穎實栗，即有邰家室。	大雅・生民	正	10	42
	我龍受之，蹻蹻王之造。載用有嗣，實維爾公允師。	周頌・酌	／	4	19
嘉靖13年順天	定之方中，作于楚宮。揆之以日，作于楚室。	鄘風・定之方中	變	4	16
	瞻彼洛矣，維水泱泱。君子至止，福祿如茨。韎韐有奭，以作六師。瞻彼洛矣，維水泱泱。君子至止，鞞琫有珌。君子萬年，保其家室。瞻彼洛矣，維水泱泱。君子至止，福祿既同。君子萬年，保其家邦。	小雅・瞻彼洛矣	變	18	72
	王猶允塞，徐方既來。徐方既同，天子之功。	大雅・常武	變	4	16
	天命玄鳥，降而生商。宅殷土芒芒。古帝命武湯，正域彼四方。	商頌・玄鳥	／	5	23
嘉靖13年應天	十月蟋蟀，入我牀下。穹窒熏鼠，塞向墐戶。嗟我婦子，曰為改歲，入此室處。六月食鬱及薁，七月亨葵及菽，八月剝棗，十月穫稻。為此春酒，以介眉壽。	豳風・七月	變	13	56
	心乎愛矣，遐不謂矣？中心藏之，何日忘之？	小雅・隰桑	變	4	16
	昊天曰明，及爾出王；昊天曰旦，及爾游衍。	大雅・板	變	4	16

35　錄自《明代登科錄彙編》，冊8。

	我將我享，維羊維牛，維天其右之。儀式刑文王之典，日靖四方。伊嘏文王，既右享之。[36] 我其夙夜，畏天之威，于時保之。	周頌・我將	／	10	44
嘉靖 13 年河南	有杕之杜，生于道左。彼君子兮，噬肯適我。中心好之，曷飲食之？	唐風・有杕之杜	變	6	24
	春日遲遲，卉木萋萋；倉庚喈喈，采蘩祁祁。執訊獲醜，薄言還歸。赫赫南仲，玁狁于夷。	小雅・出車	正	8	32
	賦政于外，四方爰發。	大雅・烝民	變	2	8
	喤喤厥聲，肅雝和鳴，先祖是聽。我客戾止，永觀厥成。	周頌・有瞽	／	5	20
嘉靖 13 年江西	羔裘如濡，洵直且侯。彼其之子，舍命不渝。羔裘豹飾，孔武有力。彼其之子，邦之司直。羔裘晏兮，三英粲兮。彼其之子，邦之彥兮。	鄭風・羔裘	變	12	48
	子孫其湛。其湛曰樂，各奏爾能。賓載手仇，室人入又，酌彼康爵，以奏爾時。	小雅・賓之初筵	變	7	28
	相在爾室，尚不愧于屋漏。	大雅・抑	變	2	10
	侯主侯伯，侯亞侯旅，侯彊[37]侯以。有嗿其饁，思媚其婦，有依其士。有略其耜，俶載南畝。	周頌・載芟	／	8	32
嘉靖 13 年浙江	維鵲有巢，維鳩居之。之子于歸，百兩御之。維鵲有巢，維鳩方之。之子于歸，百兩將之。維鵲有巢，維鳩盈之。之子于歸，百兩成之。	召南・鵲巢	正	12	48
	飲之食之，教之誨之，命彼後車，謂之載之。	小雅・緜蠻	變	4	16
	帝謂文王：無然畔援，無然歆羨，誕先登于岸。	大雅・皇矣	正	4	17
	自古在昔，先民有作。溫恭朝夕，執事有恪。	商頌・那	／	4	16
嘉靖 13 年福建	南有樛木，葛藟纍之。樂只君子，福履綏之。南有樛木，葛藟荒之。樂只君子，福履將之。南有樛木，葛藟縈之。樂只君子，福履成之。	周南・樛木	正	12	48

---

36 試錄原作「亨之」，應作「享之」。

37 試錄原作「侯彊」，應作「侯彊」。

	瞻彼洛矣，維水泱泱。君子至止，福祿既同。君子萬年，保其家邦。	小雅·瞻彼洛矣	變	6	24
	肆筵設席，授几有緝御。或獻或酢，洗爵奠斝。醓醢以薦，或燔或炙。嘉殽脾臄，或歌或咢。	大雅·行葦	正	8	33
	日就月將，學有緝熙于光明。	周頌·敬之	／	2	11
嘉靖13年廣東	彼茁者葭，壹發五豝。于嗟乎騶虞！彼茁者蓬，壹發五豵。于嗟乎騶虞！	召南·騶虞	正	6	26
	樂只君子，邦家之基，樂只君子，萬壽無期。	小雅·南山有臺	正	4	16
	昭明有融，高朗令終。	大雅·既醉	正	2	8
	赫赫厥聲，濯濯厥靈。	商頌·殷武	／	2	8
嘉靖13年雲貴	樹之榛栗，椅桐梓漆，爰伐琴瑟。	鄘風·定之方中	變	3	12
	湛湛露斯，在彼杞棘。顯允君子，莫不令德。其桐其椅，其實離離。豈弟君子，莫不令儀。	小雅·湛露	正	8	32
	民之靡盈，誰夙知而莫成？	大雅·抑	變	2	10
	載穫濟濟，有實其積，萬億及秭。	周頌·載芟	／	3	12
嘉靖16年順天[38]	六月食鬱及薁，七月亨葵及菽，八月剝棗，十月穫稻，為此春酒，以介眉壽，七月食瓜，八月斷壺，九月叔苴，采荼薪樗，食我農夫。	豳風·七月	變	11	48
	倬彼甫田，歲取十千，我取其陳，食我農人，自古有年，今適南畝，或耘或耔。黍稷薿薿，攸介攸止，烝我髦士。	小雅·甫田	變	10	40
	爾受命長矣，茀祿爾康矣。	大雅·卷阿	正	2	10
	宣哲維人，文武維后，燕及皇天，克昌厥後。	周頌·雝	／	4	16
嘉靖16年應天	樂只君子，福履成之。	周南·樛木	正	2	8
	神之弔矣，詒爾多福；民之質矣，日用飲食。羣黎百姓，徧為爾德。	小雅·天保	正	6	24
	無競維人，四方其訓之；有覺德行，四國順之。訏謨定命，遠猶辰告。敬慎威儀，維民之則。	大雅·抑	變	8	33

	自堂徂基，自羊徂牛。鼐鼎及鼒。	周頌‧絲衣	／	3	12
嘉靖16年 山西	何彼穠矣？華如桃李。平王之孫，齊侯之子。其釣維何？維絲伊緡。齊侯之子，平王之孫。	召南‧何彼穠矣	正	8	32
	苾芬孝祀，神嗜飲食。卜爾百福，如幾如式。既齊既稷，既匡既敕。永錫爾極，時萬時億。	小雅‧楚茨	變	8	32
	或肆之筵，或授之几。	大雅‧行葦	正	2	8
	我受命溥將。自天降康，豐年穰穰。來假來饗，降福無疆。	商頌‧烈祖	／	5	21
嘉靖16年 河南	于以盛之？維筐及筥。于以湘之？維錡及釜。	召南‧采蘋	正	4	16
	方叔元老，克壯其猶。方叔率止，執訊獲醜。戎車嘽嘽，嘽嘽焞焞，如霆如雷。顯允方叔，征伐玁狁，蠻荊來威。	小雅‧采芑	變	10	40
	夙夜匪解，以事一人。	大雅‧烝民	變	2	8
	無封靡于爾邦，維王其崇之。念茲戎功，繼序其皇之。	周頌‧烈文	／	4	20
嘉靖16年 陝西	麟之趾，振振公子。于嗟麟兮！	周南‧麟之趾	正	3	11
	樂只君子，德音是茂。	小雅‧南山有臺	正	2	8
	何以舟之？維玉及瑤，鞞琫容刀。	大雅‧公劉	正	3	12
	是生后稷。降之百福，黍稷重穋，稙稚菽麥。奄有下國，俾民稼穡。有稷有黍，有稻有秬。奄有下土，纘禹之緒。	魯頌‧閟宮	／	10	40
嘉靖16年 四川	匪東方則明，月出之光。	齊風‧雞鳴	變	2	9
	苾芬孝祀，神嗜飲食。卜爾百福，如幾如式。既齊既稷，既匡既敕。永錫爾極，時萬時億。	小雅‧楚茨	變	8	32
	伴奐爾游矣，優游爾休矣。	大雅‧卷阿	正	2	10
	時邁其邦，昊天其子之，實右序有周。薄言震之，莫不震疊。懷柔百神，及河喬嶽。允王維后。明昭有周，式序在位。載戢干戈，載櫜弓矢。我求懿德，肆于時夏，允王保之。	周頌‧時邁	／	15	62
嘉靖16年 江西	樹之榛栗，椅桐梓漆，爰伐琴瑟。	鄘風‧定之方中	變	3	12
	似續妣祖，築室百堵，西南其戶。爰居爰處，爰笑爰語。	小雅‧斯干	變	5	20

	王命召虎，來旬來宣；文武受命，召公維翰。無曰予小子，召公是似。肇敏戎公，用錫爾祉。	大雅・江漢	變	8	33
	維女荊楚，居國南鄉。昔有成湯，自彼氐羌，莫敢不來享，莫敢不來王。曰商是常。	商頌・殷武	／	7	30
嘉靖16年浙江39	俴駟孔羣，厹矛鋈錞，蒙伐有苑。虎韔鏤膺，交韔二弓，竹閉緄縢。	秦風・小戎	變	6	24
	以我齊明，與我犧羊，以社以方。我田既臧，農夫之慶。琴瑟擊鼓，以御田祖，以祈甘雨，以介我稷黍，以穀我士女。	小雅・甫田	變	10	42
	天之牖民，如壎如篪，如璋如圭，如取如攜。攜無曰益，牖民孔易。	大雅・板	變	6	24
	壽考且寧，以保我後生。	商頌・殷武	／	2	9
嘉靖16年福建	葛之覃兮，施于中谷，維葉莫莫。是刈是濩，為絺為綌，服之無斁。	周南・葛覃	正	6	24
	皎皎白駒，在彼空谷。生芻一束，其人如玉。毋金玉爾音，而有遐心。	小雅・白駒	變	6	25
	亹亹文王，令聞不已。陳錫哉周，侯文王孫子。文王孫子，本支百世。凡周之士，不顯亦世。	大雅・文王	正	8	33
	宣哲維人，文武維后。燕及皇天，克昌厥後。	周頌・雝	／	4	16
嘉靖16年廣東	九月築場圃，十月納禾稼。黍稷重穋，禾麻菽麥。嗟我農夫，我稼既同，上入執宮功。晝爾于茅，宵爾索綯；亟其乘屋，其始播百穀。	豳風・七月	變	11	48
	夜如何其？夜未央。庭燎之光。君子至止，鸞聲將將。	小雅・庭燎	變	5	19
	比于文王，其德靡悔。既受帝祉，施于孫子。	大雅・皇矣	正	4	16
	以介眉壽。永言保之，思皇多祜。烈文辟公，綏以多福，俾緝熙于純嘏。	周頌・載見	／	6	26

39　錄自《中國科舉錄彙編》，冊5。

嘉靖16年 廣西	瞻彼淇奧，綠竹猗猗。有匪君子，如切如磋，如琢如磨。瑟兮僩兮，赫兮咺兮。有匪君子，終不可諼兮。	衛風·淇奧	變	9	37
	其旂淠淠，鸞聲嘒嘒。載驂載駟，君子所屆。	小雅·采菽	變	4	16
	君子之車，既庶且多；君子之馬，既閑且馳。	大雅·卷阿	正	4	16
	壽考且寧，以保我後生。	商頌·殷武	／	2	9
嘉靖16年 雲南	為絺為綌，服之無斁。	周南·葛覃	正	2	8
	瞻彼中原，其祁孔有。儦儦俟俟，或羣或友。悉率左右，以燕天子。既張我弓，既挾我矢；發彼小豝，殪此大兕。以御賓客，且以酌醴。	小雅·吉日	變	12	48
	王命召伯，定申伯之宅。登是南邦，世執其功。	大雅·崧高	變	4	17
	於皇武王，無競維烈。允文文王，克開厥後。嗣武受之，勝殷遏劉，耆定爾功。	周頌·武	／	7	28
嘉靖16年 貴州**40**	六月食鬱及薁，七月亨葵及菽，八月剝棗，十月穫稻。為此春酒，以介眉壽。七月食瓜，八月斷壺，九月叔苴。采荼薪樗，食我農夫。九月築場圃，十月納禾稼。黍稷重穋，禾麻菽麥。嗟我農夫，我稼既同，上入執宮功。晝爾于茅，宵爾索綯；亟其乘屋，其始播百穀。	豳風·七月	變	22	96
	樂只君子，民之父母；樂只君子，德音不已。	小雅·南山有臺	正	4	16
	芃芃棫樸，薪之槱之。濟濟辟王，左右趣之。	大雅·棫樸	正	4	16
	武丁孫子，武王靡不勝。龍旂十乘，大糦是承。邦畿千里，維民所止，肇域彼四海。	商頌·玄鳥	／	7	30
嘉靖19年 順天	春日載陽，有鳴倉庚。女執懿筐，遵彼微行，爰求柔桑。春日遲遲，采蘩祁祁。	豳風·七月	變	7	28
	皎皎白駒，在彼空谷。生芻一束，其人如玉。	小雅·白駒	變	4	16
	夙興夜寐，洒掃庭內，維民之章。脩爾車馬，弓矢戎兵，用戒戎作，用逷蠻方。	大雅·抑	變	7	28
	綏我眉壽，介以繁祉。既右烈考，亦右文母。	周頌·雝	／	4	16

---

40 錄自《明代登科錄彙編》，冊8。

嘉靖19年 應天[41]	無已大康，職思其居。好樂無荒，良士瞿瞿。	唐風‧蟋蟀	變	4	16
	樂只君子，殿天子之邦；樂只君子，萬福攸同。	小雅‧采菽	變	4	17
	文王有聲，遹駿有聲，遹求厥寧，遹觀厥成。文王烝哉！	大雅‧文王有聲	正	5	20
	侯主侯伯，侯亞侯旅，侯彊侯以。	周頌‧載芟	／	3	12
嘉靖19年 山東	六月食鬱及薁，七月亨葵及菽，八月剝棗，十月穫稻。為此春酒，以介眉壽。	豳風‧七月	變	6	28
	裳裳者華，芸其黃矣。我覯之子，維其有章矣。維其有章矣，是以有慶矣。	小雅‧裳裳者華	變	6	27
	豐水有芑，武王豈不仕？詒厥孫謀，以燕翼子。武王烝哉！	大雅‧文王有聲	正	5	21
	武丁孫子，武王靡不勝。龍旂十乘，大糦是承。	商頌‧玄鳥	／	4	17
嘉靖19年 河南	南有樛木，葛藟縈之。樂只君子，福履成之。	周南‧樛木	正	4	16
	我覯之子，維其有章矣。維其有章矣，是以有慶矣。	小雅‧裳裳者華	變	4	19
	成王之孚，下土之式。永言孝思，孝思維則。	大雅‧下武	正	4	16
	王釐爾成，來咨來茹。嗟嗟保介，維莫之春。亦又何求？如何新畬？於皇來牟，將受厥明。明昭上帝，迄用康年。命我眾人，庤[42]乃錢鎛，奄觀銍艾。	周頌‧臣工	／	13	52
嘉靖19年 四川	采采芣苢，薄言采之；采采芣苢，薄言有之。	周南‧芣苢	正	4	16
	薄伐玁狁，至于大原。文武吉甫，萬邦為憲。	小雅‧六月	變	4	16
	泂酌彼行潦，挹彼注茲，可以餴饎。豈弟君子，民之父母。泂酌彼行潦，挹彼注茲，可以濯罍。豈弟君子，民之攸歸。泂酌彼行潦，挹彼注茲，可以濯溉。豈弟君子，民之攸墍。	大雅‧泂酌	正	15	63
	天命多辟，設都于禹之績。歲事來辟，勿予禍適。稼穡匪解。	商頌‧殷武	／	5	22

41　錄自《明代登科錄彙編》，冊9。

42　試錄原作「庤」，應作「庤」。

嘉靖19年 江西	九月築場圃，十月納禾稼。黍稷重穋，禾麻菽麥。嗟我農夫，我稼既同，上入執宮功。晝爾于茅，宵爾索綯；亟其乘屋，其始播百穀。	豳風・七月	變	11	48
	永錫爾極，時萬時億。	小雅・楚茨	變	2	8
	仲山甫之德，柔嘉維則。令儀令色，小心翼翼；古訓是式，威儀是力。天子是若，明命使賦。王命仲山甫：式是百辟，纘戎祖考，王躬是保，出納王命。王之喉舌，賦政于外，四方爰發。	大雅・烝民	變	16	66
	對越在天，駿奔走在廟。	周頌・清廟	／	2	9
嘉靖19年 湖廣	我遘之子，籩豆有踐。	豳風・伐柯	變	2	8
	吉甫燕喜，既多受祉。來歸自鎬，我行永久。飲御諸友，炰鱉膾鯉。侯誰在矣？張仲孝友。	小雅・六月	變	8	32
	成王之孚，下土之式。永言孝思，孝思維則。	大雅・下武	正	4	16
	時邁其邦，昊天其子之，實右序有周。薄言震之，莫不震疊。懷柔百神，及河喬嶽。允王維后。明昭有周，式序在位。載戢干戈，載櫜弓矢。我求懿德，肆于時夏，允王保之。	周頌・時邁	／	15	62
嘉靖19年 廣東	春日載陽，有鳴倉庚。女執懿筐，遵彼微行，爰求柔桑。春日遲遲，采蘩祁祁。	豳風・七月	變	7	28
	物其多矣，維其嘉矣。物其旨矣，維其偕矣。物其有矣，維其時矣。	小雅・魚麗	正	6	24
	泂酌彼行潦，挹彼注茲，可以餴饎。豈弟君子，民之父母。泂酌彼行潦，挹彼注茲，可以濯罍。豈弟君子，民之攸歸。泂酌彼行潦，挹彼注茲，可以濯溉。豈弟君子，民之攸墍。	大雅・泂酌	正	15	63
	綏我眉壽，介以繁祉。既右烈考，亦右文母。	周頌・雝	／	4	16
嘉靖22年 順天	有匪君子，充耳琇瑩。會弁如星。	衛風・淇奧	變	3	12
	方叔率止，鉦人伐鼓，陳師鞠旅。顯允方叔，伐鼓淵淵，振旅闐闐。	小雅・采芑	變	6	24
	既醉以酒，既飽以德。君子萬年，介爾景福。既醉以酒，爾殽既將。君子萬年，介爾昭明。	大雅・既醉	正	8	32

	維天之命，於穆不已。於乎不顯！文王之德之純。假以溢我，我其收之。駿惠我文王，曾孫篤之。	周頌・維天之命	／	8	35
嘉靖22年應天	麟之趾，振振公子。于嗟麟兮！麟之定，振振公姓。于嗟麟兮！麟之角，振振公族。于嗟麟兮！	周南・麟之趾	正	9	33
	以我齊明，與我犧羊，以社以方。我田既臧，農夫之慶。琴瑟擊鼓，以御田祖，以祈甘雨，以介我稷黍，以穀我士女。	小雅・甫田	變	10	42
	矢詩不多，維以遂歌。	大雅・卷阿	正	2	8
	明昭有周，式序在位。載戢干戈，載櫜弓矢。我求懿德，肆于時夏，允王保之。	周頌・時邁	／	7	28
嘉靖22年山東[43]	采采芣苢，薄言袺之；采采芣苢，薄言襭之。	周南・芣苢	正	4	16
	赤芾在股，邪幅在下。彼交匪紓，天子所予。樂只君子，天子命之；樂只君子，福祿申之。	小雅・采菽	變	8	32
	白圭之玷，尚可磨也；斯言之玷，不可為也。	大雅・抑	變	4	16
	振鷺于飛，于彼西雝。我客戾止，亦有斯容。	周頌・振鷺	／	4	16
嘉靖22年河南	鳲鳩在桑，其子七兮。淑人君子，其儀一兮；其儀一兮，心如結兮。	曹風・鳲鳩	變	6	24
	以祈甘雨，以介我稷黍，以穀我士女。	小雅・甫田	變	3	14
	鎬京辟廱，自西自東，自南自北，無思不服。	大雅・文王有聲	正	4	16
	其笠伊糾，其鎛斯趙。	周頌・良耜	／	2	8
嘉靖22年四川	采采芣苢，薄言采之；采采芣苢，薄言有之。采采芣苢，薄言掇之；采采芣苢，薄言捋之。采采芣苢，薄言袺之；采采芣苢，薄言襭之。	周南・芣苢	正	12	48
	既見君子，為龍為光。其德不爽，壽考不忘。	小雅・蓼蕭	正	4	16
	乃召司空，乃召司徒，俾立室家。其繩則直，縮版以載，作廟翼翼。	大雅・緜	正	6	24
	不競不絿，不剛不柔。	商頌・長發	／	2	8

---

[43] 《嘉靖二十二年山東鄉試錄》（華盛頓：美國國會圖書館藏明嘉靖間刻本，見國家圖書館古籍影像檢索系統：http://rarebook.ncl.edu.tw/rbook/hypage.cgi）。

	黍稷重穋，禾麻菽麥。	豳風・七月	變	2	8
嘉靖22年 江西	四牡脩廣，其大有顒。薄伐玁狁，以奏膚公。有嚴有翼，共武之服。共武之服，以定王國。	小雅・六月	變	8	32
	鳳凰于飛，翽翽其羽，亦集爰止。藹藹王多吉士，維君子使，媚于天子。鳳凰于飛，翽翽其羽，亦傅于天。藹藹王多吉人，維君子命，媚于庶人。鳳凰鳴矣，于彼高岡。梧桐生矣，于彼朝陽。菶菶萋萋，雝雝喈喈。	大雅・卷阿	正	18	76
	約軧錯衡，八鸞鶬鶬，以假以享。我受命溥將。自天降康，豐年穰穰。來假來饗，降福無疆。	商頌・烈祖	／	8	33
嘉靖22年 湖廣	六月食鬱及薁，七月亨葵及菽，八月剝棗，十月穫稻。為此春酒，以介眉壽。七月食瓜，八月斷壺，九月叔苴。采荼薪樗，食我農夫。	豳風・七月	變	11	48
	無棄爾輔，員于爾輻，屢顧爾僕，不輸爾載。終踰絕險，曾是不意！	小雅・正月	變	6	24
	倬彼雲漢，為章于天。周王壽考，遐不作人？	大雅・棫樸	正	4	16
	我其夙夜，畏天之威，于時保之。	周頌・我將	／	3	12
嘉靖22年 浙江	二之日其同，載纘武功，言私其豵，獻豣于公。	豳風・七月	變	4	17
	樂只君子，邦家之基。	小雅・南山有臺	正	2	8
	篤公劉，于京斯依。蹌蹌濟濟，俾筵俾几。既登乃依，乃造其曹；執豕于牢，酌之用匏。食之飲之，君之宗之。	大雅・公劉	正	10	39
	聖敬日躋。昭假遲遲，上帝是祗。	商頌・長發	／	3	12
嘉靖22年 廣東	麟之趾，振振公子。于嗟麟兮！	周南・麟之趾	正	3	11
	伐鼓淵淵，振旅闐闐。	小雅・采芑	變	2	8
	君子之車，既庶且多；君子之馬，既閑且馳。	大雅・卷阿	正	4	16
	思文后稷，克配彼天。立我烝民，莫匪爾極。貽我來牟，帝命率育，無此疆爾界，陳常于時夏。	周頌・思文	／	8	34

嘉靖25年 順天	躋彼公堂，稱彼兕觥，萬壽無疆。	豳風・七月	變	3	12
	工祝致告，徂賚孝孫。苾芬孝祀，神嗜飲食。 卜爾百福，如幾如式。既齊既稷，既匡既敕。 永錫爾極，時萬時億。	小雅・楚茨	變	10	40
	辭之輯矣，民之洽矣；辭之懌矣，民之莫矣。	大雅・板	變	4	16
	綏我眉壽，介以繁祉。	周頌・雝	／	2	8
嘉靖25年 應天	鳲鳩在桑，其子七兮。淑人君子，其儀一兮； 其儀一兮，心如結兮。	曹風・鳲鳩	變	6	24
	之屏之翰，百辟為憲。不戢不難，受福不那。	小雅・桑扈	變	4	16
	勉勉我王，綱紀四方。	大雅・棫樸	正	2	8
	匪且有且，匪今斯今，振古如茲。	周頌・載芟	／	3	12
嘉靖25年 山西	孑孑干旄，在浚之郊。素絲紕之，良馬四之。 彼姝者子，何以畀之？	鄘風・干旄	變	6	24
	天子命我，城彼朔方。赫赫南仲，玁狁于襄。	小雅・出車	正	4	16
	有馮有翼，有孝有德，以引以翼。豈弟君子， 四方為則。顒顒卬卬，如圭如璋，令聞令望。 豈弟君子，四方為綱。鳳凰于飛，翽翽其羽， 亦集爰止。藹藹王多吉士，維君子使，媚于天 子。鳳凰于飛，翽翽其羽，亦傅于天。藹藹王 多吉人，維君子命，媚于庶人。鳳凰鳴矣，于 彼高岡。梧桐生矣，于彼朝陽。菶菶萋萋，雝 雝喈喈。	大雅・卷阿	正	28	116
	儀式刑文王之典，日靖四方。伊嘏文王，既右 享之。	周頌・我將	／	4	19
嘉靖25年 河南	蔽芾甘棠，勿翦勿伐，召伯所茇。	召南・甘棠	正	3	12
	天保定爾，以莫不興；如山如阜，如岡如陵， 如川之方至，以莫不增。	小雅・天保	正	6	25
	維秬維秠，維穈維芑。	大雅・生民	正	2	8
	貽我來牟，帝命率育，無此疆爾界，陳常于時 夏。	周頌・思文	／	4	18
嘉靖25年 四川	于以盛之？維筐及筥。于以湘之？維錡及釜。	召南・采蘋	正	4	16
	允矣君子，展也大成。	小雅・車攻	變	2	8

	荏菽旆旆，禾役穟穟，麻麥幪幪，瓜瓞唪唪。	大雅・生民	正	4	16
	商之先后，受命不殆，在武丁孫子。武丁孫子，武王靡不勝。龍旂十乘，大糦是承。邦畿千里，維民所止，肇域彼四海。四海來假，來假祁祁。景員維河，殷受命咸宜，百祿是何。	商頌・玄鳥	／	15	64
嘉靖25年 江西	春日載陽，有鳴倉庚。女執懿筐，遵彼微行，爰求柔桑。春日遲遲，采蘩祁祁。	豳風・七月	變	7	28
	赤芾金舄，會同有繹。	小雅・車攻	變	2	8
	既醉以酒，既飽以德。君子萬年，介爾景福。既醉以酒，爾殽既將。君子萬年，介爾昭明。	大雅・既醉	正	8	32
	商邑翼翼，四方之極。赫赫厥聲，濯濯厥靈。壽考且寧，以保我後生。	商頌・殷武	／	6	25
嘉靖25年 湖廣	充耳琇瑩，會弁如星。	衛風・淇奧	變	2	8
	我馬維駒，六轡如濡。載馳載驅，周爰咨諏。我馬維騏，六轡如絲。載馳載驅，周爰咨謀。我馬維駱，六轡沃若。載馳載驅，周爰咨度。我馬維駰，六轡既均。載馳載驅，周爰咨詢。	小雅・皇皇者華	正	16	64
	思皇多士，生此王國。王國克生，維周之楨。	大雅・文王	正	4	16
	明昭有周，式序在位。載戢干戈，載櫜弓矢。我求懿德，肆于時夏，允王保之。	周頌・時邁	／	7	28
嘉靖25年 浙江[44]	五月斯螽動股，六月莎雞振羽。七月在野，八月在宇，九月在戶，十月蟋蟀，入我牀下。	豳風・七月	變	7	32
	如月之恆，如日之升。	小雅・天保	正	2	8
	酒慰酒止，酒左酒右，酒疆酒理，酒宣酒畝。自西徂東，周爰執事。	大雅・緜	正	6	24
	有飶其香，邦家之光。有椒其馨，胡考之寧？	周頌・載芟	／	4	16
嘉靖25年 福建	采采芣苢，薄言采之；采采芣苢，薄言有之。采采芣苢，薄言掇之；采采芣苢，薄言捋之。采采芣苢，薄言袺之；采采芣苢，薄言襭之。	周南・芣苢	正	12	48
	有渰萋萋，興雨祁祁；雨我公田，遂及我私。	小雅・大田	變	4	16

---

[44] 錄自《中國科舉錄彙編》，冊5。

	申伯之德，柔惠且直。揉此萬邦，聞于四國。吉甫作誦，其詩孔碩，其風肆好，以贈申伯。	大雅‧崧高	變	8	32
	有飶其香，邦家之光。有椒其馨，胡考之寧？	周頌‧載芟	／	4	16
嘉靖 25 年廣東	南有樛木，葛藟纍之。樂只君子，福履綏之。南有樛木，葛藟荒之。樂只君子，福履將之。南有樛木，葛藟縈之。樂只君子，福履成之。	周南‧樛木	正	12	48
	蓼彼蕭斯，零露湑兮。既見君子，我心寫兮。燕笑語兮，是以有譽處兮。	小雅‧蓼蕭	正	6	26
	維玉及瑤，鞞琫容刀。	大雅‧公劉	正	2	8
	穫之挃挃，積之栗栗。其崇如墉，其比如櫛。	周頌‧良耜	／	4	16
嘉靖 25 年雲南	于以盛之？維筐及筥。于以湘之？維錡及釜。	召南‧采蘋	正	4	16
	牧人乃夢，眾維魚矣，旐維旟矣。大人占之：眾維魚矣，實維豐年；旐維旟矣，室家溱溱。	小雅‧無羊	變	8	32
	王遣申伯，路車乘馬。我圖爾居，莫如南土。錫爾介圭，以作爾寶。往近王舅，南土是保。	大雅‧崧高	變	8	32
	懷柔百神，及河喬嶽。	周頌‧時邁	／	2	8
嘉靖 25 年貴州	有匪君子，充耳琇瑩。會弁如星。	衛風‧淇奧	變	3	12
	濟濟蹌蹌，絜爾牛羊，以往烝嘗。或剝或亨，或肆或將。祝祭于祊，祀事孔明。先祖是皇，神保是饗。孝孫有慶，報以介福，萬壽無疆。	小雅‧楚茨	變	12	48
	王配于京，世德作求。永言配命，成王之孚。	大雅‧下武	正	4	16
	撻彼殷武，奮伐荊楚，罙入其阻，裒荊之旅。有截其所，湯孫之緒。	商頌‧殷武	／	6	24
嘉靖 28 年順天	十月穫稻。為此春酒，以介眉壽。	豳風‧七月	變	3	12
	瞻彼洛矣，維水泱泱。君子至止，福祿既同。君子萬年，保其家邦。	小雅‧瞻彼洛矣	變	6	24
	藹藹王多吉士，維君子使，媚于天子。	大雅‧卷阿	正	3	14
	約軧錯衡，八鸞鶬鶬，以假以享。我受命溥將。自天降康，豐年穰穰。來假來饗，降福無疆。	商頌‧烈祖	／	8	33

嘉靖28年應天[45]	彼茁者葭，壹發五豝。于嗟乎騶虞！彼茁者蓬，壹發五豵。于嗟乎騶虞！	召南·騶虞	正	6	26
	吉甫燕喜，既多受祉。來歸自鎬，我行永久。飲御諸友，炰鼈膾鯉。侯誰在矣？張仲孝友。	小雅·六月	變	8	32
	周王壽考，遐不作人？	大雅·棫樸	正	2	8
	不競不絿，不剛不柔。	商頌·長發	／	2	8
嘉靖28年山東	六月食鬱及薁，七月亨葵及菽，八月剝棗，十月穫稻。為此春酒，以介眉壽。七月食瓜，八月斷壺，九月叔苴。采荼薪樗，食我農夫。	豳風·七月	變	11	48
	俾爾戩穀；罄無不宜。	小雅·天保	正	2	8
	天生烝民，有物有則。民之秉彝，好是懿德。	大雅·烝民	變	4	16
	自堂徂基，自羊徂牛。鼐鼎及鼒。	周頌·絲衣	／	3	12
嘉靖28年山西	知子之來之，雜佩以贈之。知子之順之，雜佩以問之。知子之好之，雜佩以報之。	鄭風·女曰雞鳴	變	6	30
	大田多稼，既種既戒，既備乃事。以我覃耜，俶載南畝。播厥百穀，既庭且碩，曾孫是若。	小雅·大田	變	8	32
	天子是若，明命使賦。	大雅·烝民	變	2	8
	載見辟王，曰求厥章。龍旂陽陽，和鈴央央，鞗革有鶬，休有烈光。	周頌·載見	／	6	24
嘉靖28年河南	如切如磋，如琢如磨。瑟兮僩兮，赫兮咺兮。	衛風·淇奧	變	4	16
	約軝錯衡，八鸞瑲瑲。服其命服，朱芾斯皇。有瑲葱珩。	小雅·采芑	變	5	20
	顒顒卬卬，如圭如璋，令聞令望。	大雅·卷阿	正	3	12
	我將我享，維羊維牛，維天其右之。儀式刑文王之典，日靖四方。伊嘏文王，既右饗之。我其夙夜，畏天之威，于時保之。	周頌·我將	／	10	44
嘉靖28年陝西	樹之榛栗，椅桐梓漆，爰伐琴瑟。	鄘風·定之方中	變	3	12
	吉甫燕喜，既多受祉。來歸自鎬，我行永久。飲御諸友，炰鼈膾鯉。侯誰在矣？張仲孝友。	小雅·六月	變	8	32

---

[45] 錄自《天一閣藏明代科舉錄選刊·鄉試錄》，《明代登科錄彙編》，冊11、《中國科舉錄彙編》，冊5，均有收錄。

	于周受命，自召祖命。	大雅・江漢	變	2	8
	赫赫厥聲，濯濯厥靈。壽考且寧，以保我後生。	商頌・殷武	／	4	17
嘉靖28年浙江	羔羊之皮，素絲五紽。退食自公，委蛇委蛇。羔羊之革，素絲五緎。委蛇委蛇，自公退食。羔羊之縫，素絲五總。委蛇委蛇，退食自公。	召南・羔羊	正	12	48
	如竹苞矣，如松茂矣。	小雅・斯干	變	2	8
	瑟彼玉瓚，黃流在中。豈弟君子，福祿攸降。	大雅・旱麓	正	4	16
	湯孫奏假，綏我思成。鞉鼓淵淵，嘒嘒管聲。既和且平，依我磬聲。於赫湯孫，穆穆厥聲。	商頌・那	／	8	32
嘉靖28年福建	參差荇菜，左右采之。窈窕淑女，琴瑟友之。參差荇菜，左右芼之。窈窕淑女，鍾鼓樂之。	周南・關雎	正	8	32
	如松柏之茂，無不爾或承。	小雅・天保	正	2	10
	誕寘之隘巷，牛羊腓字之。誕寘之平林，會伐平林；誕寘之寒冰，鳥覆翼之。鳥乃去矣，后稷呱矣。實覃實訏，厥聲載路。	大雅・生民	正	10	44
	既右烈考，亦右文母。	周頌・雝	／	2	8
嘉靖28年廣東	四月秀葽，五月鳴蜩。八月其穫，十月隕蘀。	豳風・七月	變	4	16
	民之質矣，日用飲食。群黎百姓，徧為爾德。	小雅・天保	正	4	16
	虎拜稽首，天子萬年。	大雅・江漢	變	2	8
	受小球大球，為下國綴旒，何天之休。不競不絿，不剛不柔，敷政優優，百祿是遒。受小共大共，為下國駿厖，何天之龍？敷奏其勇。不震不動，不戁不竦，百祿是總。	商頌・長發	／	14	60
嘉靖28年廣西	四之日其蚤，獻羔祭韭。	豳風・七月	變	2	9
	樂具入奏，以綏後祿。	小雅・楚茨	變	2	8
	昭茲來許，繩其祖武。於萬斯年，受天之祐。受天之祐，四方來賀。於萬斯年，不遐有佐。	大雅・下武	正	8	32
	四海來假，來假祈祈。景員維河，殷受命咸宜，百祿是何。	商頌・玄鳥	／	5	21
嘉靖31年順天	羔裘晏兮，三英粲兮。彼其之子，邦之彥兮。	鄭風・羔裘	變	4	16
	君子萬年，宜其遐福。	小雅・鴛鴦	變	2	8

	有卷者阿，飄風自南。豈弟君子，來游來歌，以矢其音。	大雅・卷阿	正	5	20
	聖敬日躋，昭假遲遲，上帝是祗。	商頌・長發	／	3	12
嘉靖31年應天[46]	豈曰無衣？與子同澤。王于興師，脩我予戟，與子偕作。	秦風・無衣	變	5	20
	如月之恆，如日之升。	小雅・天保	正	2	8
	實方實苞，實種實襃，實發實秀，實堅實好，實穎實栗。	大雅・生民	正	5	20
	湯孫奏假，綏我思成。鞉鼓淵淵，嘒嘒管聲。既和且平，依我磬聲。於赫湯孫，穆穆厥聲。	商頌・那	／	8	32
嘉靖31年山東[47]	羔裘豹飾，孔武有力。彼其之子，邦之司直。	鄭風・羔裘	變	4	16
	駕彼四牡，四牡奕奕。赤芾金舄，會同有繹。	小雅・車攻	變	4	16
	顒顒卬卬，如圭如璋，令聞令望。豈弟君子，四方為綱。	大雅・卷阿	正	5	20
	穫之挃挃，積之栗栗。其崇如墉，其比如櫛。	周頌・良耜	／	4	16
嘉靖31年山西	黍稷重穋，禾麻菽麥。	豳風・七月	變	2	8
	王命南仲，往城于方；出車彭彭，旂旐央央。天子命我，城彼朔方。赫赫南仲，玁狁于襄。	小雅・出車	正	8	32
	君子萬年，介爾昭明。	大雅・既醉	正	2	8
	鞉鼓淵淵，嘒嘒管聲。既和且平，依我磬聲。	商頌・那	／	4	16
嘉靖31年河南	四月秀葽，五月鳴蜩。八月其穫，十月隕蘀。一之日于貉，取彼狐狸，為公子裘。二之日其同，載纘武功，言私其豵，獻豜于公。五月斯螽動股，六月莎雞振羽。七月在野，八月在宇，九月在戶，十月蟋蟀，入我牀下。穹窒熏鼠，塞向墐戶。嗟我婦子，曰為改歲，入此室處。	豳風・七月	變	23	98
	民之質矣，日用飲食。	小雅・天保	正	2	8
	鞹鞃淺幭，鞗革金厄。	大雅・韓奕	變	2	8

46　錄自《天一閣藏明代科舉錄選刊・鄉試錄》，《中國科舉錄彙編》，冊6，亦有收錄。
47　錄自《明代登科錄彙編》，冊11。

	以介眉壽。永言保之,思皇多祜。	周頌・載見	／	3	12
嘉靖31年 陝西	采采芣苢,薄言采之;采采芣苢,薄言有之。 采采芣苢,薄言掇之;采采芣苢,薄言捋之。 采采芣苢,薄言袺之;采采芣苢,薄言襭之。	周南・芣苢	正	12	48
	允矣君子,展也大成。	小雅・車攻	變	2	8
	受福無疆,四方之綱。	大雅・假樂	正	2	8
	武丁孫子,武王靡不勝。龍旂十乘,大糦是承。邦畿千里,維民所止,肇域彼四海。四海來假,來假祈祈。景員維河,殷受命咸宜,百祿是何。	商頌・玄鳥	／	12	51
嘉靖31年 江西	子子干旄,在浚之郊。素絲紕之,良馬四之。彼姝者子,何以畀之?子子干旟,在浚之都。素絲組之・良馬五之。彼姝者子,何以予之?子子干旌,在浚之城。素絲祝之,良馬六之。彼姝者子,何以告之?	鄘風・干旄	變	18	72
	君子萬年,福祿宜之。	小雅・鴛鴦	變	2	8
	實方實苞,實種實褎,實發實秀,實堅實好,實穎實栗。	大雅・生民	正	5	20
	鐘鼓喤喤,磬筦將將。	周頌・執競	／	2	8
嘉靖31年 湖廣	羔羊之皮,素絲五紽。退食自公,委蛇委蛇。 羔羊之革,素絲五緎。委蛇委蛇,自公退食。 羔羊之縫,素絲五總。委蛇委蛇,退食自公。	召南・羔羊	正	12	48
	出車彭彭,旂旐央央。天子命我,城彼朔方。	小雅・出車	正	4	16
	菶菶萋萋,雝雝喈喈。	大雅・卷阿	正	2	8
	夙夜基命宥密。於緝熙,單厥心。	周頌・ 昊天有成命	／	3	12
嘉靖31年 福建[48]	赳赳武夫,公侯腹心。	周南・兔罝	正	2	8
	天保定爾,亦孔之固;俾爾單厚,何福不除?俾爾多益,以莫不庶。	小雅・天保	正	6	24

---

[48] 錄自《明代登科錄彙編》,冊12。

	倬彼雲漢，為章于天。周王壽考，遐不作人？追琢其章，金玉其相。勉勉我王，綱紀四方。	大雅・棫樸	正	8	32
	莫敢不來享，莫敢不來王。	商頌・殷武	／	2	10
嘉靖31年廣東	采采芣苢，薄言掇之；采采芣苢，薄言捋之。	周南・芣苢	正	4	16
	曾孫來止，以其婦子，饁彼南畝。田畯至喜，攘其左右，嘗其旨否。禾易長畝，終善且有。曾孫不怒，農夫克敏。	小雅・甫田	變	10	40
	君子萬年，景命有僕。	大雅・既醉	正	2	8
	有飶其香，邦家之光。有椒其馨，胡考之寧？	周頌・載芟	／	4	16
嘉靖31年貴州	春日遲遲，采蘩祁祁。	豳風・七月	變	2	8
	天保定爾，以莫不興；如山如阜，如岡如陵，如川之方至，以莫不增。	小雅・天保	正	6	25
	仲山甫之德，柔嘉維則。令儀令色，小心翼翼；古訓是式，威儀是力。天子是若，明命使賦。	大雅・烝民	變	8	33
	我求懿德，肆于時夏。	周頌・時邁	／	2	8
嘉靖34年順天	何彼襛矣？唐棣之華。曷不肅雝？王姬之車。	召南・何彼襛矣	正	4	16
	今適南畝，或耘或耔，黍稷薿薿。攸介攸止，烝我髦士。以我齊明，與我犧羊，以社以方。我田既臧，農夫之慶。	小雅・甫田	變	10	40
	鳳凰于飛，翽翽其羽，亦集爰止。藹藹王多吉士，維君子使，媚于天子。	大雅・卷阿	正	6	26
	我受命溥將。自天降康，豐年穰穰。	商頌・烈祖	／	3	13
嘉靖34年應天[49]	瞻彼淇奧，綠竹猗猗。有匪君子，如切如磋，如琢如磨，瑟兮僴兮，赫兮咺兮。有匪君子，終不可諼兮。瞻彼淇奧，綠竹青青。有匪君子，充耳琇瑩，會弁如星，瑟兮僴兮，赫兮咺兮。有匪君子，終不可諼兮。瞻彼淇奧，綠竹如簀。有匪君子，如金如錫，如圭如璧，寬兮綽兮，猗重較兮，善戲謔兮，兮不為虐兮。	衛風・淇奧	變	27	111

49　《嘉靖三十四年應天府鄉試錄》（北京：北京圖書館藏，明嘉靖刻本）。

	允矣君子，展也大成。	小雅‧車攻	變	2	8
	虎拜稽首，天子萬年。虎拜稽首，對揚王休。作召公考，天子萬壽。	大雅‧江漢	變	6	24
	實維阿衡，實左右商王。	商頌‧長發	／	2	9
嘉靖34年山東	淑人君子，其帶伊絲；其帶伊絲，其弁伊騏。	曹風‧鳲鳩	變	4	16
	執爨踖踖，為俎孔碩。或燔或炙，君婦莫莫。為豆孔庶，為賓為客。獻酬交錯，禮義卒度，笑語卒獲。神保是格，報以介福，萬壽攸酢。	小雅‧楚茨	變	12	48
	王旅嘽嘽，如飛如翰，如江如漢。如山之苞，如川之流，緜緜翼翼，不測不克，濯征徐國。	大雅‧常武	變	8	32
	立我烝民，莫匪爾極。	周頌‧思文	／	2	8
嘉靖34年山西	三之日于耜，四之日舉趾。	豳風‧七月	變	2	10
	蓼彼蕭斯，零露湑兮。既見君子，我心寫兮。燕笑語兮，是以有譽處兮。	小雅‧蓼蕭	正	6	26
	濟濟多士，文王以寧。	大雅‧文王	正	2	8
	亦有和羹，既戒既平。	商頌‧烈祖	／	2	8
嘉靖34年河南	羔裘晏兮，三英粲兮。彼其之子，邦之彥兮。	鄭風‧羔裘	變	4	16
	彼爾維何？維常之華。彼路斯何？君子之車。戎車既駕，四牡業業；豈敢定居，一月三捷。	小雅‧采薇	正	8	32
	遹求厥寧，遹觀厥成。	大雅‧文王有聲	正	2	8
	自今以始，歲其有。君子有穀，詒孫子。	魯頌‧有駜	／	4	14
嘉靖34年陝西[50]	九月築場圃，十月納禾稼。黍稷重穋，禾麻菽麥。嗟我農夫，我稼既同，上入執宮功。晝爾于茅，宵爾索綯，亟其乘屋，其始播百穀。	豳風‧七月	變	11	48
	彼有不穫穉，此有不斂穧；彼有遺秉，此有滯穗。	小雅‧大田	變	4	18
	虎拜稽首，天子萬年。	大雅‧江漢	變	2	8
	聖敬日躋。昭假遲遲，上帝是祗。帝命式于九圍。	商頌‧長發	／	4	18

---

[50]　《嘉靖三十四年陝西鄉試錄》（華盛頓：美國國會圖書館藏明嘉靖間刻本，見國家圖書館古籍影像檢索系統：http://rarebook.ncl.edu.tw/rbook/hypage.cgi）。

	黍稷重穋，禾麻菽麥。	豳風・七月	變	2	8
嘉靖34年 雲南51	如山如阜，如岡如陵，如川之方至。	小雅・天保	正	3	13
	受福無疆，四方之綱。	大雅・假樂	正	2	8
	鞉鼓淵淵，嘒嘒管聲。既和且平，依我磬聲。	商頌・那	／	4	16
嘉靖34年 貴州	七月流火，八月萑葦。蠶月條桑，取彼斧斨，以伐遠揚，猗彼女桑。七月鳴鵙，八月載績，載玄載黃，我朱孔陽，為公子裳。	豳風・七月	變	11	44
	天保定爾，俾爾戩穀；罄無不宜，受天百祿。降爾遐福，維日不足。	小雅・天保	正	6	24
	昭明有融，高朗令終。	大雅・既醉	正	2	8
	執競武王，無競維烈。不顯成康？上帝是皇。	周頌・執競	／	4	16
嘉靖37年 順天	既優既渥，既霑既足，生我百穀。	小雅・信南山	變	3	12
	昭事上帝，聿懷多福。	大雅・大明	正	2	8
	虎拜稽首，天子萬年。	大雅・江漢	變	2	8
	日就月將，學有緝熙于光明。	周頌・敬之	／	2	11
嘉靖37年 應天	九月築場圃，十月納禾稼。黍稷重穋，禾麻菽麥。嗟我農夫，我稼既同，上入執宮功。晝爾于茅，宵爾索綯；亟其乘屋，其始播百穀。	豳風・七月	變	11	48
	他山之石，可以攻玉。	小雅・鶴鳴	變	2	8
	虎拜稽首，天子萬年。	大雅・江漢	變	2	8
	命于下國，封建厥福。	商頌・殷武	／	2	8
嘉靖37年 山東	采采芣苢，薄言采之；采采芣苢，薄言有之。	周南・芣苢	正	4	16
	彼爾維何？維常之華。彼路斯何？君子之車。戎車既駕，四牡業業；豈敢定居，一月三捷。	小雅・采薇	正	8	32
	於萬斯年，受天之祜。	大雅・下武	正	2	8
	設業設虡，崇牙樹羽，應田縣鼓，鞉磬柷圉。既備乃奏，簫管備舉。喤喤厥聲，肅雝和鳴。	周頌・有瞽	／	8	32
嘉靖37年 河南	我稼既同，上入執宮功。	豳風・七月	變	2	8
	戎車既安，如輊如軒。四牡既佶，既佶且閑。	小雅・六月	變	6	24

51　《嘉靖三十四年雲南鄉試錄》（華盛頓：美國國會圖書館藏明嘉靖間刻本，見國家圖書館古籍影像檢索系統：http://rarebook.ncl.edu.tw/rbook/hypage.cgi）。

	薄伐玁狁，至于大原。			
	倬彼雲漢，為章于天。周王壽考，遐不作人？追琢其章，金玉其相。勉勉我王，綱紀四方。	大雅・棫樸	正	8	32
	憬彼淮夷，來獻其琛：元龜象齒，大賂南金。	魯頌・泮水	／	4	16
嘉靖 37 年陝西	彼其之子，邦之彥兮。	鄭風・羔裘	變	2	8
	如跂斯翼，如矢斯棘；如鳥斯革，如翬斯飛。君子攸躋。	小雅・斯干	變	5	20
	君子萬年，介爾昭明。	大雅・既醉	正	2	8
	至于海邦。淮夷蠻貊，及彼南夷，莫不率從，莫敢不諾。	魯頌・閟宮	／	5	20
嘉靖 37 年江西[52]	我稼既同，上入執宮功。	豳風・七月	變	2	9
	我覯之子，維其有章矣。維其有章矣，是以有慶矣。	小雅・裳裳者華	變	4	19
	受天之祜，四方來賀。於萬斯年，不遐有佐。	大雅・下武	正	4	16
	綏萬邦，屢豐年。	周頌・桓	／	2	6
嘉靖 37 年湖廣	采采芣苢，薄言袺之；采采芣苢，薄言襭之。	周南・芣苢	正	4	16
	如跂斯翼，如矢斯棘；如鳥斯革，如翬斯飛。君子攸躋。	小雅・斯干	變	5	20
	虎拜稽首，天子萬年。	大雅・江漢	變	2	8
	豐年多黍多稌，亦有高廩，萬億及秭。為酒為醴，烝畀祖妣，以洽百禮。降福孔皆。	周頌・豐年	／	7	30
嘉靖 37 年浙江[53]	蠶月條桑，取彼斧斨，以伐遠揚，猗彼女桑。七月鳴鵙，八月載績。	豳風・七月	變	6	24
	卜爾百福，如幾如式。	小雅・楚茨	變	2	8
	夙夜匪解，以事一人。	大雅・烝民	變	2	8
	載見辟王，曰求厥章。龍旂陽陽，和鈴央央，鞗革有鶬，休有烈光。	周頌・載見	／	6	24

52 錄自《明代登科錄彙編》，冊 13。

53 《嘉靖三十七年浙江鄉試錄》（臺北：中央研究院傅斯年圖書館藏，明嘉靖 37 年〔1558〕刊本）。

嘉靖37年廣東*54*	瞻彼淇奧，綠竹如簀。有匪君子，如金如錫，如圭如璧。寬兮綽兮，猗重較兮。善戲謔兮，不為虐兮。	衛風・淇奧	變	9	36
	我馬維駒，六轡如濡。載馳載驅，周爰咨諏。我馬維騏，六轡如絲。載馳載驅，周爰咨謀。我馬維駱，六轡沃若。載馳載驅，周爰咨度。我馬維駰，六轡既均。載馳載驅，周爰咨詢。	小雅・皇皇者華	正	16	64
	于周受命，自召祖命。	大雅・江漢	變	2	8
	武丁孫子，武王靡不勝。龍旂十乘，大糦是承。邦畿千里，維民所止，肇域彼四海。	商頌・玄鳥	／	7	30
嘉靖40年江西	采采芣苢，薄言袺之；采采芣苢，薄言襭之。	周南・芣苢	正	4	16
	春日遲遲，卉木萋萋；倉庚喈喈，采蘩祁祁。執訊獲醜，薄言還歸。	小雅・出車	正	6	24
	君子萬年，介爾昭明。	大雅・既醉	正	2	8
	既和且平，依我磬聲。	商頌・那	／	2	8
嘉靖40年浙江	南有樛木，葛藟縈之。樂只君子，福履成之。	周南・樛木	正	4	16
	天保定爾，以莫不興；如山如阜，如岡如陵，如川之方至，以莫不增。	小雅・天保	正	6	25
	思皇多士，生此王國。王國克生，維周之楨。	大雅・文王	正	4	16
	既和且平，依我磬聲。	商頌・那	／	2	8
嘉靖40年廣東	七月食瓜，八月斷壺，九月叔苴。采荼薪樗，食我農夫。九月築場圃，十月納禾稼。黍稷重穋，禾麻菽麥。	豳風・七月	變	9	38
	卜爾百福，如幾如式。	小雅・楚茨	變	2	8
	天生烝民，有物有則。民之秉彝，好是懿德。	大雅・烝民	變	4	16
	我受命溥將。自天降康，豐年穰穰。	商頌・烈祖	／	3	13
嘉靖40年廣西	三之日于耜，四之日舉趾。同我婦子，饁彼南畝，田畯至喜。	豳風・七月	變	5	22
	民之質矣，日用飲食。羣黎百姓，徧為爾德。	小雅・天保	正	4	16

---

54 錄自《明代登科錄彙編》，冊14。

	萋萋萋萋，離離喈喈。君子之車，既庶且多；君子之馬，既閑且馳。	大雅・卷阿	正	6	24
	貽我來牟，帝命率育。	周頌・思文	／	2	8
嘉靖40年貴州	采采芣苢，薄言采之；采采芣苢，薄言有之。	周南・芣苢	正	4	16
	春日遲遲，卉木萋萋；倉庚喈喈，采蘩祁祁。執訊獲醜，薄言還歸。赫赫南仲，玁狁于夷。	小雅・出車	正	8	32
	君子萬年，介爾昭明。	大雅・既醉	正	2	8
	綏萬邦，屢豐年。	周頌・桓	／	2	6
嘉靖43年應天	交韔二弓，竹閉緄縢。	秦風・小戎	變	2	8
	鶴鳴于九皋，聲聞于野。魚潛在淵，或在于渚。樂彼之園，爰有樹檀，其下維蘀。他山之石，可以為錯。	小雅・鶴鳴	變	9	37
	君子萬年，介爾景福。	大雅・既醉	正	2	8
	莫敢不來享，莫敢不來王。	商頌・殷武	／	2	10
嘉靖43年山東	彼茁者葭，壹發五豝。于嗟乎騶虞！	召南・騶虞	正	3	13
	雨我公田，遂及我私。	小雅・大田	變	2	8
	王奮厥武，如震如怒。進厥虎臣，闞如虓虎。鋪敦淮濆，仍執醜虜。截彼淮浦，王師之所。	大雅・常武	變	8	32
	赫赫厥聲，濯濯厥靈。壽考且寧。	商頌・殷武	／	3	12
嘉靖43年山西	羔羊之皮，素絲五紽。退食自公，委蛇委蛇。羔羊之革，素絲五緎。委蛇委蛇，自公退食。羔羊之縫，素絲五總。委蛇委蛇，退食自公。	召南・羔羊	正	12	48
	殖殖其庭，有覺其楹。噲噲其正，噦噦其冥。君子攸寧。	小雅・斯干	變	5	20
	蓺之荏菽，荏菽旆旆，禾役穟穟，麻麥幪幪，瓜瓞唪唪。	大雅・生民	正	5	20
	莫敢不來享，莫敢不來王。曰商是常。	商頌・殷武	／	3	14
嘉靖43年河南	采荼薪樗，食我農夫。	豳風・七月	變	2	8
	祀事孔明。先祖是皇，神保是饗。孝孫有慶，報以介福，萬壽無疆。	小雅・楚茨	變	6	24
	其香始升，上帝居歆。	大雅・生民	正	2	8
	赫赫厥聲，濯濯厥靈。壽考且寧。	商頌・殷武	／	3	12

嘉靖43年 陝西[55]	龍盾之合，鋈以觼軜。	秦風‧小戎	變	2	8
	卜爾百福，如幾如式。	小雅‧楚茨	變	2	8
	釐爾圭瓚，秬鬯一卣，告于文人，錫山土田。 于周受命，自召祖命，虎拜稽首，天子萬年。 虎拜稽首，對揚王休，作召公考，天子萬壽。 明明天子，令聞不已，矢其文德，洽此四國。	大雅‧江漢	變	16	64
	莫敢不來享，莫敢不來王。	商頌‧殷武	／	2	10
嘉靖43年 四川[56]	七月鳴鵙，八月載績，載玄載黃，我朱孔陽， 為公子裳。四月秀葽，五月鳴蜩。八月其穫， 十月隕蘀。一之日于貉，取彼狐狸，為公子 裘。	豳風‧七月	變	12	49
	如月之恆，如日之升，如南山之壽。	小雅‧天保	正	3	13
	昭事上帝，聿懷多福。	大雅‧大明	正	2	8
	豐年多黍多稌，亦有高廩，萬億及秭。為酒為 醴，烝畀祖妣，以洽百禮。降福孔皆。	周頌‧豐年	／	7	30
嘉靖43年 江西	采采芣苢，薄言袺之；采采芣苢，薄言襭之。	周南‧芣苢	正	4	16
	春日遲遲，卉木萋萋；倉庚喈喈，采蘩祁祁。 執訊獲醜，薄言還歸。	小雅‧出車	正	6	24
	君子萬年，介爾昭明。	大雅‧既醉	正	2	8
	既和且平，依我磬聲。	商頌‧那	／	2	8
嘉靖43年 浙江[57]	采采芣苢，薄言袺之；采采芣苢，薄言襭之。	周南‧芣苢	正	4	16
	天保定爾，亦孔之固。	小雅‧天保	正	2	8
	釐爾圭瓚，秬鬯一卣，告于文人。錫山土田， 于周受命，自召祖命。虎拜稽首，天子萬年。	大雅‧江漢	變	8	32
	我龍受之，蹻蹻王之造。	周頌‧酌	／	2	9
嘉靖43年 福建	羔裘晏兮，三英粲兮。彼其之子，邦之彥兮。	鄭風‧羔裘	變	4	16
	君子萬年，福祿綏之。	小雅‧鴛鴦	變	2	8

55　《嘉靖四十三年陝西鄉試錄》（北京：北京圖書館藏，明刻本）。

56　錄自《明代登科錄彙編》，冊16。

57　《嘉靖四十三年浙江鄉試錄》（華盛頓：美國國會圖書館藏明嘉靖間刻本，見國家圖書
　　館古籍影像檢索系統：http://rarebook.ncl.edu.tw/rbook/hypage.cgi）。

	鳳凰于飛，翽翽其羽，亦集爰止。藹藹王多吉士，維君子使，媚于天子。鳳凰于飛，翽翽其羽，亦傅于天。藹藹王多吉人，維君子命，媚于庶人。鳳凰鳴矣，于彼高岡。梧桐生矣，于彼朝陽。菶菶萋萋，雝雝喈喈。	大雅・卷阿	正	18	76
	豐年多黍多稌，亦有高廩，萬億及秭。為酒為醴，烝畀祖妣，以洽百禮。降福孔皆。	周頌・豐年	／	7	30
嘉靖 43 年 廣東	采采芣苢，薄言有之。	周南・芣苢	正	2	8
	既齊既稷，既匡既敕。永錫爾極，時萬時億。	小雅・楚茨	變	4	16
	保茲天子，生仲山甫。仲山甫之德，柔嘉維則。令儀令色，小心翼翼；古訓是式，威儀是力。天子是若，明命使賦。王命仲山甫：式是百辟，纘戎祖考，王躬是保，出納王命。王之喉舌，賦政于外，四方爰發。	大雅・烝民	變	18	74
	聖敬日躋，昭假遲遲，上帝是祗。	商頌・長發	／	3	12
嘉靖 43 年 廣西	稱彼兕觥，萬壽無疆。	豳風・七月	變	2	8
	征伐玁狁，蠻荊來威。	小雅・采芑	變	2	8
	倬彼雲漢，為章于天。周王壽考，遐不作人？追琢其章，金玉其相。勉勉我王，綱紀四方。	大雅・棫樸	正	8	32
	懷柔百神，及河喬嶽。	周頌・時邁	／	2	8
嘉靖 43 年 雲南	游環脅驅，陰靷鋈續。	秦風・小戎	變	2	8
	賓之初筵，左右秩秩，籩豆有楚，殽核維旅。酒既和旨，飲酒孔偕。鐘鼓既設，舉醻逸逸。大侯既抗，弓矢斯張。射夫既同，獻爾發功。發彼有的，以祈爾爵。	小雅・賓之初筵	變	14	56
	迺立皐門，皐門有伉；迺立應門，應門將將。	大雅・緜	正	4	16
	聖敬日躋，昭假遲遲，上帝是祗。	商頌・長發	／	3	12
隆慶元年 順天	蠶月條桑，取彼斧斨，以伐遠揚，猗彼女桑。七月鳴鵙，八月載績。	豳風・七月	變	6	24
	戎車既安，如輊如軒。四牡既佶，既佶且閑。薄伐玁狁，至于大原。文武吉甫，萬邦為憲。	小雅・六月	變	8	32
	訏謨定命，遠猶辰告。	大雅・抑	變	2	8

龍旂承祀，六轡耳耳。春秋匪解，享祀不忒；皇皇后帝，皇祖后稷，享以騂犧。是饗是宜，降福既多。周公皇祖，亦其福女。	魯頌·閟宮	／	11	44
羔裘豹飾，孔武有力。彼其之子，邦之司直。	鄭風·羔裘	變	4	16
民之質矣，日用飲食。	小雅·天保	正	2	8
天生烝民，有物有則。民之秉彝，好是懿德。天監有周，昭假于下。保茲天子，生仲山甫。	大雅·烝民	變	8	32
載見辟王，曰求厥章。龍旂陽陽，和鈴央央，鞗革有鶬，休有烈光。率見昭考，以孝以享，以介眉壽。永言保之，思皇多祜。烈文辟公，綏以多福，俾緝熙于純嘏。	周頌·載見	／	14	58
坎坎伐檀兮，寘之河之干兮，河水清且漣猗。	魏風·伐檀	變	3	17
我馬維駒，六轡如濡。載馳載驅，周爰咨諏。我馬維騏，六轡如絲。載馳載驅，周爰咨謀。我馬維駱，六轡沃若。載馳載驅，周爰咨度。我馬維駰，六轡既均。載馳載驅，周爰咨詢。	小雅·皇皇者華	正	16	64
於論鼓鐘，於樂辟廱。	大雅·靈臺	正	2	8
成王不敢康，夙夜基命宥密。	周頌·昊天有成命	／	2	11
羔裘豹飾，孔武有力。彼其之子，邦之司直。	鄭風·羔裘	變	4	16
民之質矣，日用飲食。	小雅·天保	正	2	8
天生烝民，有物有則。民之秉彝，好是懿德。天監有周，昭假于下。保茲天子，生仲山甫。	大雅·烝民	變	8	32
載見辟王，曰求厥章。龍旂陽陽，和鈴央央，鞗革有鶬，休有烈光。率見昭考，以孝以享，以介眉壽。永言保之，思皇多祜。烈文辟公，綏以多福，俾緝熙于純嘏。	周頌·載見	／	14	58
蠶月條桑，取彼斧斨，以伐遠揚，猗彼女桑。七月鳴鵙，八月載績。	豳風·七月	變	6	24

（左欄標目自上而下）
隆慶元年 應天
隆慶元年 山東[58]
隆慶元年 山西
隆慶元年 河南

夜如何其？夜未央。庭燎之光。君子至止，鸞聲將將。夜如何其？夜未艾。庭燎晰晰。君子至止，鸞聲噦噦。夜如何其？夜鄉晨。庭燎有煇。君子至止，言觀其旂。	小雅・庭燎	變	15	57
無念爾祖，聿脩厥德。	大雅・文王	正	2	8
允也天子，降于卿士：實維阿衡，實左右商王。	商頌・長發	／	4	17
七月鳴鵙，八月載績。	豳風・七月	變	2	8
菁菁者莪，在彼中阿。既見君子，樂且有儀。菁菁者莪，在彼中沚。既見君子，我心則喜。菁菁者莪，在彼中陵。既見君子，錫我百朋。	小雅・菁菁者莪	正	12	48
不顯亦臨，無射亦保。	大雅・思齊	正	2	8
或來瞻女，載筐及筥。其饟伊黍。	周頌・良耜	／	3	12
制彼裳衣，勿士行枚。	豳風・東山	變	2	8
夜如何其？夜未央。庭燎之光。君子至止，鸞聲將將。	小雅・庭燎	變	5	19
敦弓既堅，四鍭既鈞；舍矢既均，序賓以賢。敦弓既句，既挾四鍭；四鍭如樹，序賓以不侮。	大雅・行葦	正	8	33
上帝是祗。帝命式于九圍。	商頌・長發	／	2	10
彼君子兮，不素餐兮！	魏風・伐檀	變	2	8
羣黎百姓，徧為爾德。	小雅・天保	正	2	8
文王孫子，本支百世。凡周之士，不顯亦世。	大雅・文王	正	4	16
貽我來牟，帝命率育，無此疆爾界，陳常于時夏。	周頌・思文	／	4	18
鳲鳩在桑，其子在棘。淑人君子，其儀不忒；其儀不忒，正是四國。	曹風・鳲鳩	變	6	24
戎車既駕，四牡業業；豈敢定居，一月三捷。	小雅・采薇	正	4	16
詒厥孫謀，以燕翼子。	大雅・文王有聲	正	2	8

隆慶元年陝西[59]、隆慶元年浙江[60]、隆慶元年福建、隆慶4年順天

---

59 錄自《明代登科錄彙編》，冊 16。

60 《隆慶元年浙江鄉試錄》（上海：上海圖書館藏，明隆慶刻本）。

	既載清酤，賚我思成。亦有和羹，既戒既平。鬷假無言，時靡有爭。綏我眉壽，黃耉無疆。約軧錯衡，八鸞鶬鶬，以假以享。我受命溥將。自天降康，豐年穰穰。來假來饗，降福無疆。	商頌・烈祖	／	16	65
隆慶4年應天	蠶月條桑，取彼斧斨，以伐遠揚，猗彼女桑。七月鳴鵙，八月載績，載玄載黃，我朱孔陽，為公子裳。四月秀葽，五月鳴蜩。八月其穫，十月隕蘀。一之日于貉，取彼狐狸，為公子裘。	豳風・七月	變	16	65
	彼交匪紓，天子所予。	小雅・采菽	變	2	8
	其詩孔碩，其風肆好。	大雅・崧高	變	2	8
	龍旂十乘，大糦是承。邦畿千里，維民所止，肇域彼四海。四海來假，來假祈祈。景員維河。	商頌・玄鳥	／	8	33
隆慶4年山東	晝爾于茅，宵爾索綯；亟其乘屋，其始播百穀。二之日鑿冰沖沖，三之日納于凌陰，四之日其蚤，獻羔祭韭。	豳風・七月	變	8	40
	瞻彼洛矣，維水泱泱。君子至止，福祿如茨。韎韐有奭，以作六師。	小雅・瞻彼洛矣	變	6	24
	皇矣上帝，臨下有赫；監觀四方，求民之莫。	大雅・皇矣	正	4	16
	允文文王，克開厥後。	周頌・武	／	2	8
隆慶4年山西	我稼既同，上入執宮功。晝爾于茅，宵爾索綯；亟其乘屋，其始播百穀。	豳風・七月	變	6	26
	彼爾維何？維常之華。彼路斯何？君子之車。戎車既駕，四牡業業；豈敢定居，一月三捷。	小雅・采薇	正	8	32
	永言孝思，昭哉嗣服。	大雅・下武	正	2	8
	殷受命咸宜，百祿是何。	商頌・玄鳥	／	2	9
隆慶4年河南	二之日其同，載纘武功，言私其豵，獻豜于公。	豳風・七月	變	4	17
	君子至止，福祿如茨。韎韐有奭，以作六師。	小雅・瞻彼洛矣	變	4	16
	混夷駾矣，維其喙矣。	大雅・緜	正	2	8
	豐年多黍多稌，亦有高廩，萬億及秭。	周頌・豐年	／	3	14

隆慶4年 陝西	鳲鳩在桑，其子在棘。淑人君子，其儀不忒；其儀不忒，正是四國。	曹風·鳲鳩	變	6	24
	豈敢定居，一月三捷。	小雅·采薇	正	2	8
	思皇多士，生此王國。王國克生，維周之楨。	大雅·文王	正	4	16
	敬之敬之，天維顯思。命不易哉！無曰高高在上。陟降厥士，日監在茲。維予小子，不聰敬止。日就月將，學有緝熙于光明。佛時仔肩，示我顯德行。	周頌·敬之	／	12	54
隆慶4年 四川	坎坎伐檀兮，寘之河之干兮，河水清且漣猗。不稼不穡，胡取禾三百廛兮？不狩不獵，胡瞻爾庭有縣貆兮？彼君子兮，不素餐兮！坎坎伐輻兮，寘之河之側兮，河水清且直猗。不稼不穡，胡取禾三百億兮？不狩不獵，胡瞻爾庭有縣特兮？彼君子兮，不素食兮！坎坎伐輪兮，寘之河之漘兮，河水清且淪猗。不稼不穡，胡取禾三百囷兮？不狩不獵，胡瞻爾庭有縣鶉兮？彼君子兮，不素飧兮！	魏風·伐檀	變	27	144
	既齊既稷，既匡既敕。	小雅·楚茨	變	2	8
	萋萋萋萋，雝雝喈喈。君子之車，既庶且多；君子之馬，既閑且馳。	大雅·卷阿	正	6	24
	我將我享，維羊維牛，維天其右之。	周頌·我將	／	3	13
隆慶4年 江西	溯洄從之，道阻且長；溯游從之，宛在水中央。	秦風·蒹葭	變	4	17
	瞻彼洛矣，維水泱泱。君子至止，福祿如茨。鞙鞗有奭，以作六師。	小雅·瞻彼洛矣	變	6	24
	或舂或揄，或簸或蹂；釋之叟叟，烝之浮浮。載謀載惟，取蕭祭脂，取羝以軷，載燔載烈。	大雅·生民	正	8	32
	儀式刑文王之典，日靖四方。	周頌·我將	／	2	11
隆慶4年 浙江[61]	顒顒卬卬，如圭如璋，令聞令望。	大雅·卷阿	正	3	12

---

[61] 此科鄉試錄，試題頁缺佚，《詩經》程文又部分缺頁，故僅錄一題。

隆慶 4 年福建	七月在野，八月在宇，九月在戶。	豳風・七月	變	3	12
	駕彼四牡，四牡奕奕。赤芾金舄，會同有繹。	小雅・車攻	變	4	16
	鳳凰于飛，翽翽其羽，亦集爰止。藹藹王多吉士，維君子使，媚于天子。鳳凰于飛，翽翽其羽，亦傅于天。藹藹王多吉人，維君子命，媚于庶人。鳳凰鳴矣，于彼高岡。梧桐生矣，于彼朝陽。菶菶萋萋，雝雝喈喈。	大雅・卷阿	正	18	76
	有秩斯祜。申錫無疆。	商頌・烈祖	／	2	8
隆慶 4 年廣東	彼君子兮，不素餐兮！	魏風・伐檀	變	2	8
	南山有桑，北山有楊。樂只君子，邦家之光；樂只君子，萬壽無疆。南山有杞，北山有李。樂只君子，民之父母；樂只君子，德音不已。	小雅・南山有臺	正	12	48
	恆之秬秠，是穫是畝；恆之穈芑，是任是負。	大雅・生民	正	4	16
	方命厥后，奄有九有。	商頌・玄鳥	／	2	8
隆慶 4 年廣西	九月肅霜，十月滌場。朋酒斯饗。	豳風・七月	變	3	12
	夜如何其？夜鄉晨。庭燎有煇。君子至止，言觀其旂。	小雅・庭燎	變	5	19
	經營四方，告成于王。	大雅・江漢	變	2	8
	思文后稷，克配彼天。立我烝民，莫匪爾極。貽我來牟，帝命率育，無此疆爾界，陳常于時夏。	周頌・思文	／	8	34
隆慶 4 年貴州	騏騮是中，騧驪是驂。	秦風・小戎	變	2	8
	以祈甘雨，以介我稷黍，以穀我士女。	小雅・甫田	變	3	14
	帝謂文王：予懷明德，不大聲以色，不長夏以革，不識不知，順帝之則。	大雅・皇矣	正	6	26
	昔有成湯，自彼氐羌，莫敢不來享，莫敢不來王。曰商是常。	商頌・殷武	／	5	22
萬曆元年順天	鳲鳩在桑，其子七兮。淑人君子，其儀一兮；其儀一兮，心如結兮。鳲鳩在桑，其子在梅。淑人君子，其帶伊絲；其帶伊絲，其弁伊騏。鳲鳩在桑，其子在棘。淑人君子，其儀不忒；其儀不忒，正是四國。鳲鳩在桑，其子在榛。淑人君子，正是國人；正是國人，胡不萬年！	曹風・鳲鳩	變	24	96

	受天百祿，降爾遐福。	小雅・天保	正	2	8
	鳳凰鳴矣，于彼高岡。	大雅・卷阿	正	2	8
	敬之敬之，天維顯思。命不易哉！無曰高高在上。陟降厥士，日監在茲。	周頌・敬之	／	6	26
萬曆元年應天	寬兮綽兮，猗重較兮。	衛風・淇奧	變	2	8
	天保定爾，亦孔之固。	小雅・天保	正	2	8
	有馮有翼，有孝有德，以引以翼。豈弟君子，四方為則。顒顒卬卬，如圭如璋，令聞令望。豈弟君子，四方為綱。	大雅・卷阿	正	10	40
	於乎皇考！永世克孝。念茲皇祖，陟降庭止。	周頌・閔予小子	／	4	16
萬曆元年山西	八月在宇，九月在戶。	豳風・七月	變	2	8
	鶴鳴于九皋，聲聞于天。魚在于渚，或潛在淵。樂彼之園，爰有樹檀，其下維穀。他山之石，可以攻玉。	小雅・鶴鳴	變	9	37
	天作之合。在洽之陽，在渭之涘。	大雅・大明	正	3	12
	憬彼淮夷，來獻其琛。	魯頌・泮水	／	2	8
萬曆元年河南	游環脅驅，陰靷鋈續。	秦風・小戎	變	2	8
	鶴鳴于九皋，聲聞于天。魚在于渚，或潛在淵。樂彼之園，爰有樹檀，其下維穀。他山之石，可以攻玉。	小雅・鶴鳴	變	9	37
	昭茲來許，繩其祖武。於萬斯年，受天之祜。	大雅・下武	正	4	16
	成王不敢康，夙夜基命宥密。	周頌・昊天有成命	／	2	11
萬曆元年陝西	星言夙駕，說于桑田。	鄘風・定之方中	變	2	8
	夜如何其？夜未央。庭燎之光。君子至止，鸞聲將將。夜如何其？夜未艾。庭燎晣晣。君子至止，鸞聲噦噦。夜如何其？夜鄉晨。庭燎有輝。君子至止，言觀其旂。	小雅・庭燎	變	15	57
	脩爾車馬，弓矢戎兵，用戒戎作，用逷蠻方。	大雅・抑	變	4	16
	受小球大球，為下國綴旒，何天之休。	商頌・長發	／	3	14
萬曆元年四川	七月食瓜，八月斷壺。	豳風・七月	變	2	8
	菁菁者莪，在彼中阿。既見君子，樂且有儀。	小雅・菁菁者莪	正	12	48

	菁菁者莪，在彼中沚。既見君子，我心則喜。菁菁者莪，在彼中陵。既見君子，錫我百朋。				
	穆穆文王，於緝熙敬止。假哉天命。	大雅・文王	正	3	13
	撻彼殷武，奮伐荊楚，罙入其阻，裒荊之旅。有截其所，湯孫之緒。	商頌・殷武	／	6	24
萬曆元年湖廣	蒹葭蒼蒼，白露為霜。所謂伊人，在水一方。	秦風・蒹葭	變	4	16
	鶴鳴于九皋，聲聞于天。魚在于渚，或潛在淵。樂彼之園，爰有樹檀，其下維穀。他山之石，可以攻玉。	小雅・鶴鳴	變	9	37
	虎拜稽首，天子萬年。	大雅・江漢	變	2	8
	日就月將，學有緝熙于光明。佛時仔肩，示我顯德行。	周頌・敬之	／	4	20
萬曆元年浙江	不稼不穡，胡取禾三百廛兮？不狩不獵，胡瞻爾庭有縣貆兮？	魏風・伐檀	變	4	23
	鶴鳴于九皋，聲聞于野。魚潛在淵，或在于渚。樂彼之園，爰有樹檀，其下維蘀。他山之石，可以為錯。鶴鳴于九皋，聲聞于天。魚在于渚，或潛在淵。樂彼之園，爰有樹檀，其下維穀。他山之石，可以攻玉。	小雅・鶴鳴	變	18	74
	受天之祜，四方來賀。於萬斯年，不遐有佐。	大雅・下武	正	4	16
	昊天有成命，二后受之。成王不敢康，夙夜基命宥密。	周頌・昊天有成命	／	4	20
萬曆元年福建	晝爾于茅，宵爾索綯；亟其乘屋，其始播百穀。二之日鑿冰沖沖，三之日納于凌陰，四之日其蚤，獻羔祭韭。	豳風・七月	變	8	40
	呦呦鹿鳴，食野之蒿。我有嘉賓，德音孔昭。視民不恌，君子是則是傚。我有旨酒，嘉賓式燕以敖。	小雅・鹿鳴	正	8	36
	夾其皇澗，溯其過澗。	大雅・公劉	正	2	8
	昊天有成命，二后受之。成王不敢康。	周頌・昊天有成命	／	3	14
萬曆元年廣東	厹矛鋈錞，蒙伐有苑。	秦風・小戎	變	2	8
	俾爾戩穀；罄無不宜，受天百祿。降爾遐福。	小雅・天保	正	4	16

崧高維嶽，駿極于天。維嶽降神，生甫及申。維申及甫，維周之翰。四國于蕃，四方于宣。	大雅‧崧高	變	8	32
至于海邦。淮夷蠻貊，及彼南夷，莫不率從。莫敢不諾。	魯頌‧閟宮	／	5	20
萬曆元年廣西 七月在野，八月在宇，九月在戶。	豳風‧七月	變	3	12
鶴鳴于九皋，聲聞于天。魚在于渚，或潛在淵。樂彼之園，爰有樹檀，其下維穀。他山之石，可以攻玉。	小雅‧鶴鳴	變	9	37
威儀抑抑，德音秩秩。無怨無惡，率由羣匹。受福無疆，四方之綱。	大雅‧假樂	正	6	24
儀式刑文王之典，日靖四方。	周頌‧我將	／	2	11
萬曆元年雲南[62] 三之日于耜，四之日舉趾。同我婦子，饁彼南畝，田畯至喜。七月流火，九月授衣。春日載陽，有鳴倉庚。女執懿筐，遵彼微行，爰求柔桑。春日遲遲，采蘩祁祁。	豳風‧七月	變	14	58
如月之恆，如日之升；如南山之壽。	小雅‧天保	正	3	13
保茲天子，生仲山甫。	大雅‧烝民	變	2	8
日就月將，學有緝熙于光明。	周頌‧敬之	／	2	11
萬曆元年貴州[63] 瞻彼淇奧，綠竹青青。有匪君子，充耳琇瑩。會弁如星。	衛風‧淇奧	變	5	20
君子至止，言觀其旂。	小雅‧庭燎	變	2	8
瑟彼玉瓚，黃流在中。豈弟君子，福祿攸降。鳶飛戾天，魚躍于淵。豈弟君子，遐不作人？	大雅‧旱麓	正	8	32
保有厥士，于以四方，克定厥家。	周頌‧桓	／	3	12
萬曆4年順天 七月流火，八月萑葦。	豳風‧七月	變	2	8
賓之初筵，左右秩秩。籩豆有楚，殽核維旅。酒既和旨，飲酒孔偕。鐘鼓既設，舉醻逸逸。大侯既抗，弓矢斯張。射夫既同，獻爾發功。發彼有的，以祈爾爵。	小雅‧賓之初筵	變	14	56

---

62 錄自《明代登科錄彙編》，冊 17。

63 錄自《明代登科錄彙編》，冊 18。

	思皇多士，生此王國。王國克生，維周之楨。	大雅・文王	正	4	16
	商邑翼翼，四方之極。	商頌・殷武	／	2	8
萬曆4年 應天	關關雎鳩，在河之洲。窈窕淑女，君子好逑。	周南・關雎	正	4	16
	視民不恌，君子是則是傚。	小雅・鹿鳴	正	2	10
	其軍三單，度其隰原，徹田為糧。	大雅・公劉	正	3	12
	如何新畬？於皇來牟，將受厥明。	周頌・臣工	／	3	12
萬曆4年 山東	緇衣之宜兮，敝予又改為兮。適子之館兮，還予授子之粲兮。	鄭風・緇衣	變	4	23
	侯誰在矣？張仲孝友。	小雅・六月	變	2	8
	人亦有言：德輶如毛，民鮮克舉之，我儀圖之。維仲山甫舉之。	大雅・烝民	變	5	23
	憬彼淮夷，來獻其琛：元龜象齒，大賂南金。	魯頌・泮水	／	4	16
萬曆4年 山西	小戎俴收，五楘梁輈，游環脅驅，陰靷鋈續，文茵暢轂，駕我騏馵。	秦風・小戎	變	6	24
	樂只君子，殿天子之邦。	小雅・采菽	變	2	9
	其香始升，上帝居歆。	大雅・生民	正	2	8
	武王靡不勝。龍旂十乘，大糦是承。邦畿千里，維民所止，肇域彼四海。	商頌・玄鳥	／	6	26
萬曆4年 河南	蒹葭蒼蒼，白露為霜。所謂伊人，在水一方。溯洄從之，道阻且長。溯游從之，宛在水中央。	秦風・蒹葭	變	8	33
	有渰萋萋，興雨祁祁。雨我公田，遂及我私。	小雅・大田	變	4	16
	文王嘉止，大邦有子。	大雅・大明	正	2	8
	聖敬日躋，昭假遲遲，上帝是祗。	商頌・長發	／	3	12
萬曆4年 江西	七月鳴鵙，八月載績。	豳風・七月	變	2	8
	我黍與與，我稷翼翼。我倉既盈，我庾維億。	小雅・楚茨	變	4	16
	有馮有翼，有孝有德，以引以翼。豈弟君子，四方為則。	大雅・卷阿	正	5	20
	宣哲維人，文武維后。燕及皇天，克昌厥後。綏我眉壽，介以繁祉。	周頌・雝	／	6	24
萬曆4年 浙江	六月食鬱及薁，七月亨葵及菽，八月剝棗，十月穫稻。為此春酒，以介眉壽。七月食瓜，八	豳風・七月	變	33	147

	月斷壺，九月叔苴。采荼薪樗，食我農夫。九月築場圃，十月納禾稼。黍稷重穋，禾麻菽麥。嗟我農夫，我稼既同，上入執宮功。晝爾于茅，宵爾索綯；亟其乘屋，其始播百穀。二之日鑿冰沖沖，三之日納于凌陰，四之日其蚤，獻羔祭韭。九月肅霜，十月滌場。朋酒斯饗，曰殺羔羊。躋彼公堂，稱彼兕觥，萬壽無疆。				
	文王初載，天作之合。	大雅·大明	正	2	8
	百辟卿士，媚于天子。不解于位，民之攸墍。	大雅·假樂	正	4	16
	帝命式于九圍。	商頌·長發	／	1	6
萬曆4年福建	采采芣苢，薄言采之；采采芣苢，薄言有之。	周南·芣苢	正	4	16
	夜如何其？夜未央。庭燎之光。君子至止，鸞聲將將。夜如何其？夜未艾。庭燎晰晰。君子至止，鸞聲噦噦。夜如何其？夜鄉晨。庭燎有煇。君子至止，言觀其旂。	小雅·庭燎	變	15	57
	天監在下，有命既集，文王初載，天作之合。	大雅·大明	正	4	16
	我其夙夜，畏天之威，于時保之。	周頌·我將	／	3	12
萬曆4年廣東	彼茁者葭，壹發五豝。	召南·騶虞	正	2	8
	有渰萋萋，興雨祁祁；雨我公田，遂及我私。	小雅·大田	變	4	16
	成王之孚，下土之式。永言孝思，孝思維則。	大雅·下武	正	4	16
	龍旂陽陽，和鈴央央，鞗革有鶬。	周頌·載見	／	3	12
萬曆4年廣西	羔羊之皮，素絲五紽。退食自公，委蛇委蛇。	召南·羔羊	正	4	16
	禾易長畝，終善且有。曾孫不怒，農夫克敏。曾孫之稼，如茨如梁；曾孫之庾，如坻如京。乃求千斯倉，乃求萬斯箱。黍稷稻粱，農夫之慶。	小雅·甫田	變	12	50
	之綱之紀，燕及朋友。百辟卿士，媚于天子。不解于位，民之攸墍。	大雅·假樂	正	6	24
	紹庭上下，陟降厥家。	周頌·訪落	／	2	8
萬曆4年雲南	充耳琇瑩，會弁如星。	衛風·淇奧	變	2	8
	大人占之：眾維魚矣，實維豐年；旐維旟矣，室家溱溱。	小雅·無羊	變	5	20

	百辟卿士，媚于天子。不解于位，民之攸墍。	大雅・假樂	正	4	16
	載見辟王，曰求厥章。	周頌・載見	／	2	8
萬曆4年 貴州	晝爾于茅，宵爾索綯；亟其乘屋，其始播百穀。	豳風・七月	變	4	17
	王在在鎬，有那其居。	小雅・魚藻	變	2	8
	昭茲來許，繩其祖武。於萬斯年，受天之祐。受天之祐，四方來賀。於萬斯年，不遐有佐。	大雅・下武	正	8	32
	實維阿衡，實左右商王。	商頌・長發	／	2	9
萬曆7年 順天	無已大康，職思其居。	唐風・蟋蟀	變	2	8
	戎車既安，如輊如軒。	小雅・六月	變	2	8
	鳳凰于飛，翽翽其羽，亦集爰止，藹藹王多吉士。維君子使，媚于天子。鳳凰于飛，翽翽其羽，亦傅于天。藹藹王多吉人，維君子命，媚于庶人。	大雅・卷阿	正	12	52
	設業設虡，崇牙樹羽，應田縣鼓，鞉磬柷圉。	周頌・有瞽	／	4	16
萬曆7年 應天	騏騮是中，騧驪是驂。	秦風・小戎	變	2	8
	彼交匪紓，天子所予。樂只君子，天子命之；樂只君子，福祿申之。	小雅・采菽	變	6	24
	瑟彼玉瓚，黃流在中。豈弟君子，福祿攸降。鳶飛戾天，魚躍于淵。豈弟君子，遐不作人？	大雅・旱麓	正	8	32
	嗟嗟臣工，敬爾在公。王釐爾成，來咨來茹。	周頌・臣工	／	4	16
萬曆7年 山東	雞既鳴矣，朝既盈矣。匪雞則鳴，蒼蠅之聲。東方明矣，朝既昌矣。匪東方則明，月出之光。	齊風・雞鳴	變	8	33
	倬彼甫田，歲取十千。我取其陳，食我農人，自古有年。今適南畝，或耘或耔，黍稷薿薿。攸介攸止，烝我髦士。	小雅・甫田	變	10	40
	思齊大任，文王之母。思媚周姜，京室之婦。大姒嗣徽音，則百斯男。	大雅・思齊	正	6	25
	陟降厥士，日監在茲。	周頌・敬之	／	2	8
萬曆7年 山西	琴瑟在御，莫不靜好。	鄭風・女曰雞鳴	變	2	8
	或降于阿，或飲于池，或寢或訛。爾牧來思，	小雅・無羊	變	8	32

	何簑何笠，或負其餱。三十維物，爾牲則具。				
	之綱之紀，燕及朋友。百辟卿士，媚于天子。不解于位，民之攸塈[64]。	大雅・假樂	正	6	24
	日就月將，學有緝熙于光明。佛時仔肩，示我顯德行。	周頌・敬之	／	4	20
萬曆 7 年河南[65]	東方明矣，朝既昌矣。匪東方則明，月出之光。	齊風・雞鳴	變	4	17
	大人占之：維熊維羆，男子之祥。	小雅・斯干	變	3	12
	鳳凰鳴矣，于彼高岡。梧桐生矣，于彼朝陽。菶菶萋萋，雝雝喈喈。君子之車，既庶且多；君子之馬，既閑且馳。	大雅・卷阿	正	10	40
	懷柔百神，及河喬嶽。	周頌・時邁	／	2	8
萬曆 7 年陝西	南有樛木，葛藟縈之。樂只君子，福履成之。	周南・樛木	正	4	16
	靡室靡家，玁狁之故；不遑啟居，玁狁之故。采薇采薇！薇亦柔止。曰歸曰歸！心亦憂止。憂心烈烈，載饑載渴；我戍未定，靡使歸聘。采薇采薇！薇亦剛止。曰歸曰歸！歲亦陽止。王事靡盬，不遑啟處；憂心孔疚，我行不來。	小雅・采薇	正	20	80
	迺慰迺止，迺左迺右，迺疆迺理，迺宣迺畝。	大雅・緜	正	4	16
	儀式刑文王之典，日靖四方。	周頌・我將	／	2	11
萬曆 7 年江西	龍盾之合，鋈以觼軜。	秦風・小戎	變	2	8
	春日遲遲，卉木萋萋；倉庚喈喈，采蘩祁祁。	小雅・出車	正	4	16
	保茲天子，生仲山甫。仲山甫之德，柔嘉維則。令儀令色，小心翼翼；古訓是式，威儀是力。天子是若，明命使賦。王命仲山甫：式是百辟，纘戎祖考，王躬是保，出納王命。王之喉舌，賦政于外，四方爰發。	大雅・烝民	變	18	74
	無此疆爾界，陳常于時夏。	周頌・思文	／	2	10
萬曆 7 年浙江	羔裘豹飾，孔武有力。彼其之子，邦之司直。羔裘晏兮，三英粲兮。彼其之子，邦之彥兮。	鄭風・羔裘	變	8	32

<hr>

64　試錄原作「塈」，應作「塈」。

65　錄自《明代登科錄彙編》，冊 18。

	既齊既稷，既匡既敕。	小雅・楚茨	變	2	8
	思齊大任，文王之母。思媚周姜，京室之婦。大姒嗣徽音，則百斯男。	大雅・思齊	正	6	25
	薄言震之，莫不震疊。懷柔百神，及河喬嶽。	周頌・時邁	／	4	16
萬曆7年福建	三之日于耜，四之日舉趾。同我婦子，饁彼南畝，田畯至喜。七月流火，九月授衣。春日載陽，有鳴倉庚。女執懿筐，遵彼微行，爰求柔桑。春日遲遲，采蘩祁祁。	國風・七月	變	14	58
	樂只君子，天子葵之。	小雅・采菽	變	2	8
	思齊大任，文王之母。思媚周姜，京室之婦。大姒嗣徽音，則百斯男。	大雅・思齊	正	6	25
	至于海邦。淮夷蠻貊，及彼南夷，莫不率從。莫敢不諾。	魯頌・閟宮	／	5	20
萬曆7年廣東	春日載陽，有鳴倉庚。	國風・七月	變	2	8
	樂只君子，天子葵之。	小雅・采菽	變	2	8
	離離在宮，肅肅在廟。不顯亦臨，無射亦保。	大雅・思齊	正	4	16
	四海來假，來假祁祁。[66]景員維河，殷受命咸宜，百祿是何。	商頌・玄鳥	／	5	21
萬曆7年廣西	坎坎伐檀兮，寘之河之干兮，河水清且漣猗。	魏風・伐檀	變	3	17
	俾爾多益，以莫不庶。	小雅・天保	正	2	8
	思齊大任，文王之母。思媚周姜，京室之婦。大姒嗣徽音，則百斯男。	大雅・思齊	正	6	25
	王釐爾成，來咨來茹。嗟嗟保介，維莫之春。亦又何求？如何新畬？於皇來牟，將受厥明。明昭上帝，迄用康年。命我眾人，庤[67]乃錢鎛，奄觀銍艾。	周頌・臣工	／	13	52
萬曆7年雲南[68]	三之日于耜，四之日舉趾。	國風・七月	變	2	10
	君子萬年，保其家邦。	小雅・瞻彼洛矣	變	2	8

---

[66] 試錄原作「祁祁」，《詩經》傳本或作「祈祈」。

[67] 試錄原作「痔」，應作「庤」。

[68] 錄自《明代登科錄彙編》，冊18。

	思齊大任，文王之母。思媚周姜，京室之婦。大姒嗣徽音，則百斯男。	大雅‧思齊	正	6	25
	念茲戎功，繼序其皇之。	周頌‧烈文	／	2	9
萬曆 10 年順天	黍稷重穋，禾麻菽麥。	豳風‧七月	變	2	8
	樂只君子，民之父母；樂只君子，德音不已。	小雅‧南山有臺	正	4	16
	保右命之，自天申之。干祿百福，子孫千億。	大雅‧假樂	正	4	16
	綏萬邦，屢豐年。	周頌‧桓	／	2	6
萬曆 10 年應天	星言夙駕，說于桑田。	鄘風‧定之方中	變	2	8
	菁菁者莪，在彼中陵。既見君子，錫我百朋。	小雅‧菁菁者莪	正	4	16
	無怨無惡，率由羣匹。	大雅‧假樂	正	2	8
	濬哲維商，長發其祥。洪水芒芒，禹敷下土方。外大國是疆，幅隕既長。有娀方將，帝立子生商。玄王桓撥，受小國是達，受大國是達。率履不越，遂視既發。相土烈烈，海外有截。帝命不違，至於湯齊。湯降不遲，聖敬日躋。昭假遲遲，上帝是祗。帝命式于九圍。	商頌‧長發	／	22	95
萬曆 10 年山東	南有樛木，葛藟纍之。樂只君子，福履綏之。	周南‧樛木	正	4	16
	牧人乃夢，眾維魚矣，旐維旟矣。	小雅‧無羊	變	3	12
	雝雝在宮，肅肅在廟。不顯亦臨，無射亦保。	大雅‧思齊	正	4	16
	穫之挃挃，積之栗栗。其崇如墉，其比如櫛。以開百室。百室盈止，婦子寧止。	周頌‧良耜	／	7	28
萬曆 10 年山西	雞既鳴矣，朝既盈矣。	齊風‧雞鳴	變	2	8
	以我齊明，與我犧羊，以社以方。我田既臧，農夫之慶。琴瑟擊鼓，以御田祖，以祈甘雨，以介我稷黍，以穀我士女。	小雅‧甫田	變	10	42
	干祿百福，子孫千億。穆穆皇皇，宜君宜王。	大雅‧假樂	正	4	16
	不競不絿，不剛不柔，敷政優優，百祿是遒。	商頌‧長發	／	4	16
萬曆 10 年陝西	七月食瓜，八月斷壺，九月叔苴。采荼薪樗，食我農夫。九月築場圃，十月納禾稼。黍稷重穋，禾麻菽麥。	豳風‧七月	變	9	38
	大人占之：維熊維羆，男子之祥。	小雅‧斯干	變	3	12
	鳳凰于飛，翽翽其羽，亦集爰止。藹藹王多吉	大雅‧卷阿	正	18	76

	士，維君子使，媚于天子。鳳凰于飛，翽翽其羽，亦傅于天。藹藹王多吉人，維君子命，媚于庶人。鳳凰鳴矣，于彼高岡。梧桐生矣，于彼朝陽。菶菶萋萋，雝雝喈喈。				
	夙夜基命宥密。	周頌·昊天有成命	／	1	6
萬曆 10 年四川	七月食瓜，八月斷壺。	豳風·七月	變	2	8
	菁菁者莪，在彼中阿。既見君子，樂且有儀。菁菁者莪，在彼中沚。既見君子，我心則喜。菁菁者莪，在彼中陵。既見君子，錫我百朋。	小雅·菁菁者莪	正	12	48
	穆穆文王，於緝熙敬止。假哉天命。	大雅·文王	正	3	13
	撻彼殷武，奮伐荊楚，罙入其阻，裒荊之旅。有截其所，湯孫之緒。	商頌·殷武	／	6	24
萬曆 10 年江西[69]	七月在野，八月在宇。	豳風·七月	變	2	8
	鞹鞃有斁，以作六師。	小雅·瞻彼洛矣	變	2	8
	豈弟君子，俾爾彌爾性，純嘏爾常矣。	大雅·卷阿	正	3	14
	上帝是祗，帝命式于九圍。受小球大球，為下國綴旒，何天之休。不競不絿，不剛不柔。敷政優優。百祿是遒。受小共大共，為下國駿厖。何天之龍，敷奏其勇。不震不動，不戁不竦，百祿是總。	商頌·長發	／	16	70
萬曆 10 年湖廣	漢之廣矣，不可泳思。江之永矣，不可方思。	周南·漢廣	正	4	16
	鞹鞃有斁，以作六師。	小雅·瞻彼洛矣	變	2	8
	乃及王季，維德之行。大任有身，生此文王。	大雅·大明	正	4	16
	無曰高高在上。陟降厥士，日監在茲。	周頌·敬之	／	3	14
萬曆 10 年浙江[70]	淑人君子，其儀一兮；其儀一兮，心如結兮。	曹風·鳲鳩	變	4	16
	我孔熯矣，式禮莫愆。工祝致告，徂賚孝孫。苾芬孝祀，神嗜飲食。卜爾百福，如幾如式。既齊既稷，既匡既敕。永錫爾極，時萬時億。	小雅·楚茨	變	12	48

---

[69]　《萬曆十年江西鄉試錄》（上海：上海圖書館藏，明萬曆刻本）。

[70]　錄自《天一閣藏明代科舉錄選刊·鄉試錄》，《明代登科錄彙編》，冊 19，亦有收錄。

	大任有身，生此文王。	大雅・大明	正	2	8
	敬之敬之，天維顯思。命不易哉！	周頌・敬之	／	3	12
萬曆10年 福建	螽斯羽，詵詵兮。宜爾子孫振振兮。	周南・螽斯	正	3	13
	幡幡瓠葉，采之亨之。君子有酒，酌言嘗之。	小雅・瓠葉	變	4	16
	皇矣上帝，臨下有赫；監觀四方，求民之莫。	大雅・皇矣	正	4	16
	嗟嗟臣工，敬爾在公。王釐爾成，來咨來茹。嗟嗟保介，維莫之春。亦又何求？如何新畬？於皇來牟，將受厥明。明昭上帝，迄用康年。命我眾人，庤乃錢鎛，奄觀銍艾。	周頌・臣工	／	15	60
萬曆10年 廣東	七月食瓜，八月斷壺。	豳風・七月	變	2	8
	菁菁者莪，在彼中沚。既見君子，我心則喜。	小雅・菁菁者莪	正	4	16
	干祿百福，子孫千億。穆穆皇皇，宜君宜王。不愆不忘，率由舊章。	大雅・假樂	正	6	24
	天命降監，下民有嚴。	商頌・殷武	／	2	8
萬曆10年 廣西	我稼既同，上入執宮功。晝爾于茅，宵爾索綯；亟其乘屋，其始播百穀。二之日鑿冰沖沖，三之日納于凌陰，四之日其蚤，獻羔祭韭。	豳風・七月	變	10	49
	鶴鳴于九皋，聲聞于天。	小雅・鶴鳴	變	2	9
	受祿于天。保右命之，自天申之。干祿百福，子孫千億。穆穆皇皇，宜君宜王。	大雅・假樂	正	7	28
	成王不敢康，夙夜基命宥密。	周頌・ 昊天有成命	／	2	11
萬曆10年 雲南	彼茁者葭，壹發五豝。于嗟乎騶虞！	召南・騶虞	正	3	13
	菁菁者莪，在彼中阿。既見君子，樂且有儀。菁菁者莪，在彼中沚。既見君子，我心則喜。菁菁者莪，在彼中陵。既見君子，錫我百朋。	小雅・菁菁者莪	正	12	48
	子孫千億。穆穆皇皇，宜君宜王。	大雅・假樂	正	3	12
	敷時繹思。我徂維求定，時周之命。	周頌・賚	／	3	13
萬曆10年 貴州	螽斯羽，詵詵兮。宜爾子孫振振兮。	周南・螽斯	正	3	13
	旐維旟矣，室家溱溱。	小雅・無羊	變	2	8
	百辟卿士，媚于天子。不解于位，民之攸墍。	大雅・假樂	正	4	16

	昊天有成命，二后受之。成王不敢康，夙夜基命宥密。於緝熙，單厥心，肆其靖之。	周頌·昊天有成命	／	7	30
萬曆13年山東[71]	六月食鬱及薁，七月亨葵及菽，八月剝棗，十月穫稻。為此春酒，以介眉壽。七月食瓜，八月斷壺，九月叔苴。采荼薪樗，食我農夫。九月築場圃，十月納禾稼。黍稷重穋，禾麻菽麥。嗟我農夫，我稼既同，上入執宮功。晝爾于茅，宵爾索綯；亟其乘屋，其始播百穀。	豳風·七月	變	22	96
	以祈甘雨，以介我稷黍，以穀我士女。	小雅·甫田	變	3	14
	虡業維樅，賁鼓維鏞。於論鼓鐘，於樂辟廱。	大雅·靈臺	正	4	16
	保彼東方，魯邦是常。	魯頌·閟宮	／	2	8
萬曆22年山東[72]	彼君子兮，噬肯適我。中心好之，曷飲食之。	唐風·有杕之杜	變	4	16
	四方是維，天子是毗。	小雅·節南山	變	2	8
	雝雝在宮，肅肅在廟。	大雅·思齊	正	2	8
	角弓其觩，束矢其搜。戎車孔博，徒御無斁。既克淮夷，孔淑不逆。式固爾猶，淮夷卒獲。	魯頌·泮水	／	8	32
萬曆22年浙江[73]	瑟兮僩兮，赫兮咺兮。	衛風·淇奧	變	2	8
	或降于阿，或飲于池，或寢或訛。	小雅·無羊	變	3	12
	厥猶翼翼。思皇多士，生此王國。王國克生，維周之楨。濟濟多士，文王以寧。穆穆文王，於緝熙敬止。	大雅·文王	正	9	37
	桓桓于征，狄彼東南。	魯頌·泮水	／	2	8
萬曆25年順天[74]	不稼不穡，胡取禾三百廛兮？	魏風·伐檀	變	2	11
	彤弓弨兮，受言藏之。我有嘉賓，中心貺之。鐘鼓既設，一朝饗之。	小雅·彤弓	正	6	24
	皇矣上帝，臨下有赫；監觀四方，求民之莫。	大雅·皇矣	正	4	16

71　錄自《明代登科錄彙編》，冊 20。

72　錄自《明代登科錄彙編》，冊 21。

73　錄自《中國科舉錄彙編》，冊 8。

74　明·徐光啟：《詩經傳稿》，收入於上海市文物保管委員會主編：《徐光啟著譯集》第 18、19 冊（上海：上海市文物保管委員會，1983 年，影印清康熙年間徐氏淵源堂家刻本），收有「鄉墨」4 篇，即徐光啟萬曆 25 年考中順天鄉試解元所作《詩》義 4 篇。

	遂荒大東，至于海邦。	魯頌・閟宮	／	2	8
萬曆25年 應天[75]	迨天之未陰雨，徹彼桑土，綢繆牖戶。今女下民，或敢侮予。予手拮据，予所捋荼，予所蓄租；予口卒瘏。	豳風・鴟鴞	變	9	38
	夙興夜寐，毋忝爾所生。	小雅・小宛	變	2	9
	帝謂文王：無然畔援，無然歆羨，誕先登于岸。	大雅・皇矣	正	4	17
	不震不動，不戁不竦	商頌・長發	／	2	8
萬曆28年 福建[76]	有敦瓜苦，烝在栗薪。	豳風・東山	變	2	8
	君子如屆，俾民心闋；君子如夷，惡怒是違。	小雅・節南山	變	4	16
	相在爾室，尚不愧于屋漏。無曰不顯，莫予云覯。	大雅・抑	變	4	18
	百室盈止，婦子寧止。	周頌・良耜	／	2	8
萬曆34年 浙江[77]	七月食瓜，八月斷壺，九月叔苴。采荼薪樗，食我農夫。九月築場圃，十月納禾稼。黍稷重穋，禾麻菽麥。	豳風・七月	變	9	38
	永錫爾極，時萬時億。	小雅・楚茨	變	2	8
	豐水有芑，武王豈不仕？詒厥孫謀，以燕翼子。武王烝哉！	大雅・文王有聲	正	5	21
	思無期，思馬斯才。	魯頌・駉	／	2	7
萬曆34年 河南[78]	麟之定，振振公姓。	周南・麟之趾	正	2	7
	去其螟螣，及其蟊賊，無害我田稺。田祖有神，秉畀炎火。	小雅・大田	變	5	21
	不長夏以革。	大雅・皇矣	正	1	5
	天維顯思。	周頌・敬之	／	1	4

---

[75] 《萬曆二十五年應天府鄉試錄》（臺北：中央研究院傅斯年圖書館藏，清藝風堂精鈔本）。

[76] 《萬曆二十八年福建鄉試錄》（上海：上海圖書館藏，明萬曆刻本）。

[77] 《萬曆三十四年浙江鄉試錄》（臺北：中央研究院傅斯年圖書館，據內閣文庫藏明萬曆34年〔1606〕本影印）。

[78] 《萬曆三十四年河南鄉試錄》（臺北：中央研究院傅斯年圖書館，據內閣文庫藏明萬曆34年〔1606〕本影印）。

萬曆 37 年順天[79]	無已大康，職思其憂。好樂無荒，良士休休。	唐風・蟋蟀	變	4	16
	國雖靡止，或聖或否；民雖靡膴，或哲或謀，或肅或艾。	小雅・小旻	變	5	20
	敬天之怒，無敢戲豫；敬天之渝，無敢馳驅。	大雅・板	變	4	16
	率履不越，遂視既發。	商頌・長發	／	2	8
萬曆 37 年江西[80]	園有桃，其實之殽。心之憂矣，我歌且謠。不知我者，謂我士也驕。「彼人是哉！子曰何其？」心之憂矣，其誰知之？其誰知之，蓋亦勿思！	魏風・園有桃	變	12	48
	發言盈庭，誰敢執其咎？如匪行邁謀，是用不得于道。	小雅・小旻	變	4	20
	克明克類。	大雅・皇矣	正	1	4
	我其收之。駿惠我文王，曾孫篤之。	周頌・維天之命	／	3	13
萬曆 46 年福建[81]	正直是與。	小雅・小明	變	1	4
	敬天之怒，無敢戲豫；敬天之渝，無敢馳驅。昊天曰明，及爾出王；昊天曰旦，及爾游衍。	大雅・板	變	8	32
天啟元年山西[82]	豈曰無衣？與子同袍。	秦風・無衣	變	2	8
	菁菁者莪，在彼中阿。	小雅・菁菁者莪	正	2	8
	大師維垣。	大雅・板	變	1	4
	曰商是常。天命多辟，設都于禹之績。歲事來辟，勿予禍適。稼穡匪解。天命降監，下民有嚴。不僭不濫。	商頌・殷武	／	9	38
天啟 4 年廣西[83]	或敢侮予。	豳風・鴟鴞	變	1	4
	勉爾遁思。	小雅・白駒	變	1	4

---

79 《萬曆三十七年順天府鄉試錄》（臺北：中央研究院傅斯年圖書館，據內閣文庫藏明萬曆 37 年〔1609〕本影印）。

80 《萬曆三十七年江西鄉試錄》（臺北：中央研究院傅斯年圖書館，據內閣文庫藏明萬曆 37 年〔1609〕本影印）。

81 明・丁紹軾：《丁文遠集》（《四庫未收書輯刊》影印明天啟刻本），《外集》，卷 2，頁 1－26，《福建鄉試錄》（原注：「萬曆戊午科」）。

82 錄自《中國科舉錄彙編》，冊 10。

83 《天啟四年廣西鄉試錄》（上海：上海圖書館藏，明天啟刻本）。

	民亦勞止，汔可小憩。	大雅·民勞	變	2	8
	二后受之，成王不敢康。	周頌·昊天有成命	／	2	9
天啟4年雲南[84]	知子之順之，雜佩以問之。	鄭風·女曰雞鳴	變	2	10
	吉甫燕喜，既多受祉。來歸自鎬，我行永久。飲御諸友，炰鱉膾鯉。侯誰在矣？張仲孝友。	小雅·六月	變	8	32
	維此文王，小心翼翼。昭事上帝，聿懷多福。	大雅·大明	正	4	16
	明昭上帝，迄用康年。	周頌·臣工	／	2	8
天啟7年江西[85]	八月在宇。	豳風·七月	變	1	4
	君子攸躋。	小雅·斯干	變	1	4
	惠于朋友，庶民小子。子孫繩繩。	大雅·抑	變	3	12
	有虔秉鉞。	商頌·長發	／	1	4
崇禎3年應天[86]	福履成之。	周南·樛木	正	1	4
	湛湛露斯，匪陽不晞。	小雅·湛露	正	2	8
	明明天子，令聞不已。	大雅·江漢	變	2	8
	允文允武。	魯頌·泮水	／	1	4
崇禎6年四川[87]	女曰雞鳴，士曰昧旦。子興視夜，明星有爛。	鄭風·女曰雞鳴	變	4	16
	克壯其猶。	小雅·采芑	變	1	4
	君子之車，既庶且多。	大雅·卷阿	正	2	8
	侯主侯伯，侯亞侯旅，侯彊侯以。	周頌·載芟	／	3	12
崇禎12年陝西[88]	彼其之子，邦之彥兮。	鄭風·羔裘	變	2	8
	田畯至喜，攘其左右，嘗其旨否。禾易長畝，終善且有。	小雅·甫田	變	5	20
	譽髦斯士。	大雅·思齊	正	1	4
	克廣德心，桓桓于征。	魯頌·泮水	／	2	8

---

[84] 錄自《中國科舉錄彙編》，冊10。

[85] 錄自《明代登科錄彙編》，冊22。

[86] 《崇禎三年應天府鄉試錄》（臺北：中央研究院傅斯年圖書館藏，明崇禎3年〔1630〕刊本）。

[87] 錄自《中國科舉錄彙編》，冊11。

[88] 錄自《明代登科錄彙編》，冊22。

附錄三：鄉會試出題
與孫鼎《詩義集說》纂錄經文比較

編輯說明

　　本附錄統計 305 首詩鄉、會試出題次數，以呈現鄉、會試考官出題，對各詩篇的忽略與偏重。並與孫鼎《詩義集說》纂錄各詩經文則數比較，以明科舉用書的編纂受到考官出題傾向的影響。

類別	詩　篇	會試出題次數	鄉試出題次數	孫鼎纂錄則數
周南	〈關雎〉	1	4	1
	〈葛覃〉	1	8	3
	〈卷耳〉	0	0	0
	〈樛木〉	0	15	0
	〈螽斯〉	2	3	0
	〈桃夭〉	0	0	1
	〈兔罝〉	1	3	2
	〈芣苢〉	1	18	0
	〈漢廣〉	1	1	0
	〈汝墳〉	0	0	0
	〈麟之趾〉	2	5	1
召南	〈鵲巢〉	0	4	0
	〈采蘩〉	0	3	1
	〈草蟲〉	0	1	0

類別	詩　篇	會試出題次數	鄉試出題次數	孫鼎纂錄則數
	〈采蘋〉	1	5	0
	〈甘棠〉	0	1	2
	〈行露〉	0	0	0
	〈羔羊〉	2	4	1
	〈殷其靁〉	0	0	0
	〈摽有梅〉	0	0	0
	〈小星〉	0	1	0
	〈江有汜〉	0	0	0
	〈野有死麕〉	0	0	0
	〈何彼襛矣〉	0	6	0
	〈騶虞〉	0	5	2
邶風	〈柏舟〉	0	0	0
	〈綠衣〉	0	0	0
	〈燕燕〉	0	0	0

類別	詩 篇	會試出題次數	鄉試出題次數	孫鼎纂錄則數
	〈日月〉	0	0	0
	〈終風〉	0	0	0
	〈擊鼓〉	0	0	0
	〈凱風〉	0	0	0
	〈雄雉〉	0	1	0
	〈匏有苦葉〉	0	0	0
	〈谷風〉	0	0	0
	〈式微〉	0	0	0
	〈旄丘〉	0	0	0
	〈簡兮〉	0	0	0
	〈泉水〉	0	0	0
	〈北門〉	0	0	0
	〈北風〉	0	0	0
	〈靜女〉	0	0	0
	〈新臺〉	0	0	0
	〈二子乘舟〉	0	0	0
鄘風	〈柏舟〉	0	0	0
	〈牆有茨〉	0	0	0
	〈君子偕老〉	0	0	0
	〈桑中〉	0	0	0
	〈鶉之奔奔〉	0	0	0
	〈定之方中〉	2	8	3
	〈蝃蝀〉	0	0	0
	〈相鼠〉	0	0	0
	〈干旄〉	1	4	1
	〈載馳〉	0	0	0
衛風	〈淇奧〉	5	20	7
	〈考槃〉	0	0	1
	〈碩人〉	0	0	0
	〈氓〉	0	0	0

類別	詩 篇	會試出題次數	鄉試出題次數	孫鼎纂錄則數
	〈竹竿〉	0	0	0
	〈芄蘭〉	0	0	0
	〈河廣〉	0	0	0
	〈伯兮〉	0	0	0
	〈有狐〉	0	0	0
	〈木瓜〉	0	0	0
王風	〈黍離〉	0	0	0
	〈君子于役〉	0	0	0
	〈君子陽陽〉	0	0	0
	〈揚之水〉	0	0	0
	〈中谷有蓷〉	0	0	0
	〈兔爰〉	0	0	0
	〈葛藟〉	0	0	0
	〈采葛〉	0	0	0
	〈大車〉	0	0	0
	〈丘中有麻〉	0	0	0
鄭風	〈緇衣〉	0	4	1
	〈將仲子〉	0	0	0
	〈叔于田〉	0	0	0
	〈大叔于田〉	0	0	0
	〈清人〉	0	0	0
	〈羔裘〉	1	12	1
	〈遵大路〉	0	0	0
	〈女曰雞鳴〉	0	11	0
	〈有女同車〉	0	0	0
	〈山有扶蘇〉	0	0	0
	〈蘀兮〉	0	0	0
	〈狡童〉	0	0	0
	〈褰裳〉	0	0	0
	〈丰〉	0	0	0

類別	詩篇	會試出題次數	鄉試出題次數	孫鼎纂錄則數
	〈東門之墠〉	0	0	0
	〈風雨〉	0	0	0
	〈子衿〉	0	0	0
	〈揚之水〉	0	0	0
	〈出其東門〉	0	0	0
	〈野有蔓草〉	0	0	0
	〈溱洧〉	0	0	0
齊風	〈雞鳴〉	0	6	1
	〈還〉	0	0	0
	〈著〉	0	2	0
	〈東方之日〉	0	0	0
	〈東方未明〉	0	0	0
	〈南山〉	0	0	0
	〈甫田〉	0	1	0
	〈盧令〉	0	0	0
	〈敝笱〉	0	0	0
	〈載驅〉	0	0	0
	〈猗嗟〉	0	0	0
魏風	〈葛屨〉	0	1	0
	〈汾沮洳〉	0	0	0
	〈園有桃〉	0	1	0
	〈陟岵〉	0	0	0
	〈十畝之間〉	0	0	0
	〈伐檀〉	2	9	0
	〈碩鼠〉	0	0	0
唐風	〈蟋蟀〉	1	7	1
	〈山有樞〉	0	0	0
	〈揚之水〉	0	0	0
	〈椒聊〉	0	0	0
	〈綢繆〉	0	0	0

類別	詩篇	會試出題次數	鄉試出題次數	孫鼎纂錄則數
	〈杕杜〉	0	0	0
	〈羔裘〉	0	0	0
	〈鴇羽〉	0	0	0
	〈無衣〉	0	0	0
	〈有杕之杜〉	0	3	0
	〈葛生〉	0	0	0
	〈采苓〉	0	0	0
秦風	〈車鄰〉	0	0	0
	〈駟驖〉	0	1	1
	〈小戎〉	3	13	0
	〈蒹葭〉	1	4	0
	〈終南〉	0	1	0
	〈黃鳥〉	0	0	0
	〈晨風〉	0	0	0
	〈無衣〉	0	3	0
	〈渭陽〉	0	1	0
	〈權輿〉	0	0	0
陳風	〈宛丘〉	0	0	0
	〈東門之枌〉	0	0	0
	〈衡門〉	0	0	0
	〈東門之池〉	0	0	0
	〈東門之楊〉	0	0	0
	〈墓門〉	0	0	0
	〈防有鵲巢〉	0	0	0
	〈月出〉	0	0	0
	〈株林〉	0	0	0
	〈澤陂〉	0	0	0
檜風	〈羔裘〉	0	0	0
	〈素冠〉	0	0	0
	〈隰有萇楚〉	0	0	0

類別	詩　篇	會試出題次數	鄉試出題次數	孫鼎纂錄則數
	〈匪風〉	0	0	0
曹風	〈蜉蝣〉	0	1	0
	〈候人〉	0	0	0
	〈鳲鳩〉	4	15	1
	〈下泉〉	0	0	0
豳風	〈七月〉	8	86	9
	〈鴟鴞〉	1	5	0
	〈東山〉	0	5	0
	〈破斧〉	0	0	0
	〈伐柯〉	0	1	0
	〈九罭〉	0	2	2
	〈狼跋〉	0	1	1
小雅	〈鹿鳴〉	0	9	3
	〈四牡〉	0	0	1
	〈皇皇者華〉	1	5	3
	〈棠棣〉	0	1	1
	〈伐木〉	1	2	1
	〈天保〉	7	41	8
	〈采薇〉	0	10	1
	〈出車〉	2	14	3
	〈杕杜〉	0	0	0
	〈魚麗〉	0	2	1
	〈南有嘉魚〉	1	1	2
	〈南山有臺〉	0	9	1
	〈蓼蕭〉	2	8	6
	〈湛露〉	1	3	3
	〈彤弓〉	1	2	1
	〈菁菁者莪〉	1	11	3
	〈六月〉	6	18	7
	〈采芑〉	1	14	4

類別	詩　篇	會試出題次數	鄉試出題次數	孫鼎纂錄則數
	〈車攻〉	2	11	10
	〈吉日〉	0	2	4
	〈鴻雁〉	1	0	0
	〈庭燎〉	1	8	1
	〈沔水〉	0	0	0
	〈鶴鳴〉	1	16	1
	〈祈父〉	0	0	0
	〈白駒〉	1	5	3
	〈黃鳥〉	0	0	0
	〈我行其野〉	0	0	0
	〈斯干〉	7	12	4
	〈無羊〉	2	9	3
	〈節南山〉	0	2	0
	〈正月〉	0	1	0
	〈十月之交〉	0	0	0
	〈雨無正〉	0	0	0
	〈小旻〉	0	2	0
	〈小宛〉	0	1	0
	〈小弁〉	0	0	0
	〈巧言〉	0	0	0
	〈何人斯〉	0	0	0
	〈巷伯〉	0	0	0
	〈谷風〉	0	0	0
	〈蓼莪〉	0	0	0
	〈大東〉	0	1	0
	〈四月〉	0	0	0
	〈北山〉	0	0	0
	〈無將大車〉	0	0	0
	〈小明〉	1	1	0
	〈鼓鍾〉	0	0	0

類別	詩 篇	會試出題次數	鄉試出題次數	孫鼎纂錄則數	類別	詩 篇	會試出題次數	鄉試出題次數	孫鼎纂錄則數
	〈楚茨〉	1	21	6		〈旱麓〉	1	6	10
	〈信南山〉	3	5	5		〈思齊〉	2	14	9
	〈甫田〉	1	16	6		〈皇矣〉	4	19	15
	〈大田〉	1	11	5		〈靈臺〉	3	3	6
	〈瞻彼洛矣〉	2	11	2		〈下武〉	4	18	9
	〈裳裳者華〉	2	7	3		〈文王有聲〉	6	20	13
	〈桑扈〉	1	2	5		〈生民〉	2	16	8
	〈鴛鴦〉	0	5	0		〈行葦〉	1	6	5
	〈頍弁〉	0	1	2		〈既醉〉	4	20	10
	〈車舝〉	0	0	2		〈鳧鷖〉	0	1	1
	〈青蠅〉	0	0	0		〈假樂〉	3	24	7
	〈賓之初筵〉	3	8	2		〈公劉〉	1	8	11
	〈魚藻〉	1	1	1		〈泂酌〉	0	4	2
	〈采菽〉	1	13	5		〈卷阿〉	6	40	14
	〈角弓〉	1	0	0		〈民勞〉	0	1	2
	〈菀柳〉	0	0	0		〈板〉	2	6	7
	〈都人士〉	0	0	0		〈蕩〉	0	0	0
	〈采綠〉	0	1	0		〈抑〉	5	15	18
	〈黍苗〉	0	2	2		〈桑柔〉	0	0	0
	〈隰桑〉	3	3	2		〈雲漢〉	1	2	0
	〈白華〉	0	0	0		〈崧高〉	2	14	12
	〈緜蠻〉	0	1	0		〈烝民〉	3	27	22
	〈瓠葉〉	0	2	0		〈韓奕〉	2	2	5
	〈漸漸之石〉	0	0	0		〈江漢〉	5	28	14
	〈苕之華〉	0	0	0		〈常武〉	0	8	7
	〈何草不黃〉	0	0	0		〈瞻卬〉	0	0	0
大雅	〈文王〉	6	21	13		〈召旻〉	0	0	0
	〈大明〉	6	13	11	周頌	〈清廟〉	0	4	2
	〈緜〉	1	7	16		〈維天之命〉	1	4	1
	〈棫樸〉	2	11	7		〈維清〉	1	1	1

類別	詩　篇	會試出題次數	鄉試出題次數	孫鼎纂錄則數
	〈烈文〉	2	9	5
	〈天作〉	0	1	2
	〈昊天有成命〉	1	13	1
	〈我將〉	2	16	5
	〈時邁〉	1	14	5
	〈執競〉	1	4	6
	〈思文〉	1	11	5
	〈臣工〉	3	11	5
	〈噫嘻〉	0	2	1
	〈振鷺〉	0	3	2
	〈豐年〉	0	5	1
	〈有瞽〉	3	5	3
	〈潛〉	1	0	1
	〈雝〉	2	14	6
	〈載見〉	1	12	5
	〈有客〉	1	1	4
	〈武〉	0	2	2
	〈閔予小子〉	1	3	4
	〈訪落〉	0	4	2

類別	詩　篇	會試出題次數	鄉試出題次數	孫鼎纂錄則數
	〈敬之〉	4	13	4
	〈小毖〉	0	0	1
	〈載芟〉	3	13	12
	〈良耜〉	0	9	6
	〈絲衣〉	0	2	1
	〈酌〉	0	4	3
	〈桓〉	2	5	2
	〈賚〉	1	3	2
	〈般〉	1	1	1
魯頌	〈駉〉	1	2	4
	〈有駜〉	1	3	9
	〈泮水〉	2	18	12
	〈閟宮〉	4	17	17
商頌	〈那〉	4	12	9
	〈烈祖〉	2	11	7
	〈玄鳥〉	1	21	11
	〈長發〉	6	37	16
	〈殷武〉	10	29	4*1*

1　按：孫書篇末標「下闕」，〈殷武〉是考試熱門詩篇，原有則數應遠逾4則。

附錄四：徐光啟《詩經傳稿》篇目[1]

類別	目　次[2]	題　目	詩　篇	句數	字數
周南	〈維葉萋萋　二句〉	維葉萋萋。黃鳥于飛。	〈葛覃〉	2	8
	〈是刈是濩　三句〉	是刈是濩，為絺為綌，服之無斁。	〈葛覃〉	3	12
	〈卷耳〉	采采卷耳，不盈頃筐。嗟我懷人，寘彼周行。陟彼崔嵬，我馬虺隤。我姑酌彼金罍，維以不永懷。陟彼高岡，我馬玄黃。我姑酌彼兕觥，維以不永傷。陟彼砠矣，我馬瘏矣，我僕痡矣，云何吁矣！	〈卷耳〉	16	70
	〈宜爾子孫　一句會墨〉[3]	宜爾子孫，振振兮。	〈螽斯〉	2	7
	〈肅肅兔罝　首章〉	肅肅兔罝，椓之丁丁。赳赳武夫，公侯干城。	〈兔罝〉	4	16

1　明‧徐光啟：《詩經傳稿》，收入於上海市文物保管委員會主編：《徐光啟著譯集》第18、19 冊（上海：上海市文物保管委員會，1983 年，影印清康熙年間徐氏淵源堂家刻本）。又有鄧志峰點校：《詩經傳稿》，收入於朱維錚、李天綱主編：《徐光啟全集》（上海：上海古籍出版社，2010 年 12 月），第 3 冊。據卷前〈點校說明〉所言，乃據《徐光啟著譯集》影印本標點，「原書正文經徐時勉、王光承等人圈點，間附夾批及眉批，每篇正文後亦有總評。因夾批及眉批多難以辨識，今僅將文後總評保留，其餘一概刪去」。

2　此欄乃據清康熙年間徐氏淵源堂家刻本《詩經傳稿》卷前目次整理，並對校每篇制義文前之篇題。

3　目次作〈宜爾子孫　一句〉；頁 4，制義文前篇題作〈宜爾子孫，振振兮〉。依〈螽斯〉詩末「螽斯三章，章四句」所示，目次「一句」誤，應作「二句」。

召南	〈摽有梅傾[4]　二句〉	摽有梅，傾筐墍之。	〈摽有梅〉	2	7
	〈嘒彼小星　首章〉	嘒彼小星，三五在東。肅肅宵征，夙夜在公。寔命不同！	〈小星〉	5	20
	〈彼茁者葭　首章〉	彼茁者葭，壹發五豝。于嗟乎騶虞！	〈騶虞〉	3	13
邶風	〈先君之思　二句〉	先君之思，以勗寡人。	〈燕燕〉	2	8
	〈人涉卬否　二句〉	人涉卬否，卬須我友。	〈匏有苦葉〉	2	8
	〈采葑采菲　二句〉	采葑采菲，無以下體。	〈谷風〉	2	8
	〈就其深矣　四句〉	就其深矣，方之舟之；就其淺矣，泳之游之。	〈谷風〉	4	16
	〈云誰之思　二句〉	云誰之思？西方美人。	〈簡兮〉	2	8
鄘風	〈升彼虛矣　二章〉	升彼虛矣，以望楚矣。望楚與堂，景山與京。降觀于桑。卜云其吉，終然允臧。靈雨既零，命彼倌人。星言夙駕，說于桑田。匪直也人，秉心塞淵，騋牝三千。	〈定之方中〉	14	56
	〈匪直也人　二句〉	匪直也人，秉心塞淵。	〈定之方中〉	2	8
	〈秉心塞淵　二句〉	秉心塞淵，騋牝三千。	〈定之方中〉	2	8
衛風	〈其雨其雨　二句〉	其雨其雨？杲杲出日。	〈伯兮〉	2	8
王風	〈君子陽陽　一章〉	君子陽陽，左執簧，右招我由房，其樂只且。	〈君子陽陽〉	4	16
鄭風	〈彼其之子　二句〉	彼其之子，邦之司直。	〈羔裘〉	2	8
	〈女曰雞鳴　四句〉	女曰雞鳴，士曰昧旦。子興視夜，明星有爛。	〈女曰雞鳴〉	4	16
	〈琴瑟在御　至末〉	琴瑟在御，莫不靜好。知子之來之，雜佩以贈之。知子之順之，雜佩以問之。知子之好之，雜佩以報之。	〈女曰雞鳴〉	8	38
齊風	〈甫田〉	無田甫田，維莠驕驕。無思遠人，勞心忉忉。無田甫田，維莠桀桀。	〈甫田〉	12	48

4　目次及制義文前篇題（頁6），皆用「傾」字，《詩經》傳本或作「頃」。

		無思遠人，勞心怛怛。婉兮孌兮，總角丱兮。未幾見兮，突而弁兮。			
魏風	〈不稼不穡　二句 鄉墨〉	不稼不穡，胡取禾三百廛兮？	〈伐檀〉	2	11
秦風	〈厹矛鋈錞　二句〉	厹矛鋈錞，蒙伐有苑。	〈小戎〉	2	8
曹風	〈婉兮孌兮　二句〉	婉兮孌兮，季女斯飢。	〈候人〉	2	8
豳風	〈周公東征　是遒〉	周公東征，四國是遒。	〈破斧〉	2	8
小雅	〈四牡騑騑　次章〉	四牡騑騑，嘽嘽駱馬，豈不懷歸？王事靡盬，不遑啟處。	〈四牡〉	5	20
	〈皇皇者華　二章〉	我馬維駒，六轡如濡。載馳載驅，周爰咨諏。	〈皇皇者華〉	4	16
	〈伐木丁丁　首章〉	伐木丁丁，鳥鳴嚶嚶。出自幽谷，遷于喬木。嚶其鳴矣，求其友聲。相彼鳥矣，猶求友聲；矧伊人矣，不求友生？神之聽之，終和且平。	〈伐木〉	12	48
	〈嚶其鳴矣　二句〉	嚶其鳴矣，求其友聲。	〈伐木〉	2	8
	〈天保定爾　三章〉[5]	天保定爾，亦孔之固；俾爾單厚，何福不除？俾爾多益，以莫不庶。天保定爾，俾爾戩穀；罄無不宜，受天百祿。降爾遐福，維日不足。天保定爾，以莫不興；如山如阜，如岡如陵，如川之方至，以莫不增。	〈天保〉	18	73
	〈彼爾維何　一章〉	彼爾維何？維常之華。彼路斯何？君子之車。戎車既駕，四牡業業；豈敢定居，一月三捷。	〈采薇〉	8	32
	〈一月三捷　日戒〉	一月三捷。駕彼四牡，四牡騤騤；君子所依，小人所腓。四牡翼翼，象弭魚服；豈不日戒。	〈采薇〉	8	32

---

[5] 按：目次作：〈天保定爾　三章〉，制義文前篇題作：〈天保定爾　首三章〉。

	〈憂心悄悄　朔方〉	憂心悄悄，僕夫況瘁。王命南仲，往城于方；出車彭彭，旂旐央央。天子命我，城彼朔方。	〈出車〉	8	32
	〈彤弓弨兮　一章鄉墨〉	彤弓弨兮，受言藏之。我有嘉賓，中心貺之。鐘鼓既設，一朝饗之。	〈彤弓〉	6	24
	〈比物四驪　一章〉	比物四驪，閑之維則。維此六月，既成我服。我服既成，于三十里。王于出征，以佐天子。	〈六月〉	8	32
	〈有嚴有翼　二句〉	有嚴有翼，共武之服。	〈六月〉	2	8
	〈他山之石　攻玉〉	他山之石，可以攻玉。	〈鶴鳴〉	2	8
	〈如跂斯翼　一章會墨〉	如跂斯翼，如矢斯棘；如鳥斯革，如翬斯飛。君子攸躋。	〈斯干〉	5	20
	〈以薪以蒸　二句〉	以薪以蒸，以雌以雄。	〈無羊〉	2	8
	〈國雖靡止　一章〉	國雖靡止，或聖或否；民雖靡膴，或哲或謀，或肅或艾。如彼泉流，無淪胥以敗。	〈小旻〉	7	29
	〈我孔熯矣　一章〉	我孔熯矣，式禮莫愆。工祝致告，徂賚孝孫。苾芬孝祀，神嗜飲食。卜爾百福，如幾如式。既齊既稷，既匡既敕。永錫爾極，時萬時億。	〈楚茨〉	12	48
	〈樂具入奏　二句〉	樂具入奏，以綏後祿。	〈楚茨〉	2	8
	〈高山仰止　二句〉	高山仰止，景行行止。	〈車舝〉	2	8
	〈以洽百禮　有林〉	以洽百禮。百禮既至，有壬有林。	〈賓之初筵〉	3	12
	〈綿蠻黃鳥　首章〉	綿蠻黃鳥，止於丘阿。道之云遠，我勞如何！飲之食之，教之誨之，命彼後車，謂之載之。	〈綿蠻〉	8	32
大雅	〈穆穆文王　二章〉	穆穆文王，於緝熙敬止。假哉天命，有商孫子。商之孫子，其麗不億。上帝既命，侯于周服。侯服于周，天命靡常。殷士膚敏，祼將于京。厥作祼將，常服黼冔。王之藎臣，無念爾祖。	〈文王〉	16	65

〈無念爾祖　一章〉	無念爾祖，聿脩厥德。永言配命，自求多福。殷之未喪師，克配上帝。宜鑒于殷，駿命不易。	〈文王〉	8	33
〈濟濟辟王　一章〉	濟濟辟王，左右奉璋。奉璋峨峨，髦士攸宜。	〈棫樸〉	4	16
〈鳶飛戾天　一章〉	鳶飛戾天，魚躍于淵。豈弟君子，遐不作人？	〈旱麓〉	4	16
〈雝雝在宮　二句〉	雝雝在宮，肅肅在廟。	〈思齊〉	2	8
〈皇矣上帝　四句鄉墨〉	皇矣上帝，臨下有赫；監觀四方，求民之莫。	〈皇矣〉	4	16
〈依其在京　七句〉	依其在京，侵自阮疆，陟我高岡。無矢我陵，我陵我阿；無飲我泉，我泉我池！	〈皇矣〉	7	28
〈王配于京　二章〉	王配于京，世德作求。永言配命，成王之孚。成王之孚，下土之式。永言孝思，孝思維則。	〈下武〉	8	32
〈永言配命　二句會墨〉	永言配命，成王之孚。	〈下武〉	2	8
〈媚茲一人　二章〉	媚茲一人，應侯順德。永言孝思，昭哉嗣服。昭茲來許，繩其祖武。於萬斯年，受天之祜。	〈下武〉	8	32
〈不愆不忘　二句〉	不愆不忘，率由舊章。	〈假樂〉	2	8
〈藹藹王多　子使〉	藹藹王多吉士，維君子使。	〈卷阿〉	2	10
〈鳳凰鳴矣　二章〉	鳳凰鳴矣，于彼高岡。梧桐生矣，于彼朝陽。菶菶萋萋，雝雝喈喈。君子之車，既庶且多；君子之馬，既閑且馳。矢詩不多，維以遂歌。	〈卷阿〉	12	48
〈天之牖民　一章〉	天之牖民，如壎如篪，如璋如圭，如取如攜。攜無曰益，牖民孔易。民之多辟，無自立辟。	〈板〉	8	32
〈如取如攜　二句〉	如取如攜。攜無曰益。	〈板〉	2	8

	〈昊天曰旦　二句〉	昊天曰旦，及爾游衍。	〈板〉	2	8
	〈修⁶爾車馬　不虞〉	脩爾車馬，弓矢戎兵，用戒戎作，用逷蠻方。質爾人民，謹爾侯度，用戒不虞。	〈抑〉	7	28
	〈匪手攜之　二句〉	匪手攜之，言示之事。	〈抑〉	2	8
	〈古訓是式　二句〉	古訓是式，威儀是力。	〈烝民〉	2	8
	〈虎拜稽首　一章〉	虎拜稽首，對揚王休。作召公考，天子萬壽。明明天子，令聞不已；矢其文德，洽此四國。	〈江漢〉	8	32
	〈蕩蕩昊天　二句〉	蕩蕩昊天，無不克鞏。	〈瞻卬〉	2	8
周頌	〈維天之命　二句〉	維天之命，於穆不已。	〈維天之命〉	2	8
	〈維清緝熙　二句〉	維清緝熙，文王之典。	〈維清〉	2	8
	〈天作〉	天作高山，大王荒之。彼作矣，文王康之。彼徂矣，岐有夷之行。子孫保之。	〈天作〉	7	27
	〈成王不敢　一句〉	成王不敢康。	〈昊天有成命〉	1	5
	〈畏天之威　二句〉	畏天之威，于時保之。	〈我將〉	2	8
	〈薄言震之　二句〉	薄言震之，莫不震疊。	〈時邁〉	2	8
	〈應田縣鼓　二句〉	應田縣鼓，鞉磬柷圉。	〈有瞽〉	2	8
	〈有來雝雝　二句〉⁷	有來雝雝，至止肅肅。	〈雝〉	2	8
	〈有來雝雝　一章〉	有來雝雝，至止肅肅。相維辟公，天子穆穆。於薦廣牡，相予肆祀。假哉皇考，綏予孝子。宣哲維人，文武維后。燕及皇天，克昌厥後。綏我眉壽，介以繁祉。既右烈考，亦右文母。	〈雝〉	16	64
	〈燕及皇天　二句〉	燕及皇天，克昌厥後。	〈雝〉	2	8
	〈天維顯思　在上〉	天維顯思。命不易哉！無曰高高在上。	〈敬之〉	3	14

6　目次用「修」，頁63，制義文前篇題用「脩」。

7　目次作「一句」，頁 75，制義文前篇題作「二句」。因承題處，有「觀夫雝雝肅肅，亦足以明知王之孝思」語，應作「二句」。

	〈無曰高高　一句〉	無曰高高在上。	〈敬之〉	1	6
	〈有飶其香　二句〉	有飶其香，邦家之光。	〈載芟〉	2	8
	〈其笠伊糾　二句〉	其笠伊糾，其鎛斯趙。	〈良耜〉	2	8
	〈自堂徂基　及鼐〉	自堂徂基，自羊徂牛。鼐鼎及鼒。	〈絲衣〉	3	12
魯頌	〈君子有穀　二句〉[8]	君子有穀，詒孫子。	〈有駜〉	2	7
	〈濟濟多士　一章〉	濟濟多士，克廣德心。桓桓于征，狄彼東南。烝烝皇皇，不吳不揚。不告于訩，在泮獻功。	〈泮水〉	8	32
	〈式固爾猶　合下〉	式固爾猶，淮夷卒獲。翩彼飛鴞，集于泮林，食我桑黮，懷我好音。憬彼淮夷，來獻其琛：元龜象齒，大賂南金。	〈泮水〉	10	40
	〈龍旂承祀　二句〉	龍旂承祀，六轡耳耳。	〈閟宮〉	2	8
	〈公車千乘　一章　會墨〉	公車千乘，朱英綠縢，二矛重弓。公徒三萬，貝冑朱綅，烝徒增增。戎狄是膺，荊舒是懲，則莫我敢承。俾爾昌而熾，俾爾壽而富。黃髮台背，壽胥與試。俾爾昌而大，俾爾耆而艾。萬有千歲，眉壽無有害。	〈閟宮〉	17	74
	〈遂荒大東　二句　鄉墨〉	遂荒大東，至于海邦。	〈閟宮〉	2	8
商頌	〈鬷假無言　二句〉	鬷假無言，時靡有爭。	〈烈祖〉	2	8
	〈聖敬日躋　一句〉	聖敬日躋。	〈長發〉	1	4
	〈聖敬日躋　二句〉	聖敬日躋。昭假遲遲。	〈長發〉	2	8
	〈不震不動　二句〉	不震不動，不戁不竦。	〈長發〉	2	8
	〈赫赫厥聲　二句〉	赫赫厥聲，濯濯厥靈。	〈殷武〉	2	8

---

[8] 目次作「一句」，頁 83，制義文前篇題作「二句」。因承題處，有「善道以貽子孫，誠足為魯侯願哉」語，應作「二句」。

附錄五：
陸師《陸麟度詩經眞稿》篇目[1]

類別	目　次[2]	題　目	詩　篇	句數	字數
周南	〈黃鳥于飛　三句〉	黃鳥于飛，集于灌木，其鳴喈喈。	〈葛覃〉	3	12
	〈螽斯羽詵　首章〉	螽斯羽，詵詵兮。宜爾子孫，振振兮。	〈螽斯〉	4	13
	〈肅肅兔罝　中林〉	肅肅兔罝，施于中林。	〈兔罝〉	2	8
	〈采采芣苢　首章〉	采采芣苢，薄言采之；采采芣苢，薄言有之。	〈芣苢〉	4	16
	〈遵彼汝墳　條肄〉	遵彼汝墳，伐其條枚。未見君子，惄如調飢。遵彼汝墳，伐其條肄。	〈汝墳〉	6	24
召南	〈喓喓草蟲　二句〉	喓喓草蟲，趯趯阜螽。	〈草蟲〉	2	8
	〈蔽芾甘棠　首章〉	蔽芾甘棠，勿翦勿伐，召伯所茇。	〈甘棠〉	3	12
	〈摽有梅　三兮〉	摽有梅，其實三兮。	〈摽有梅〉	2	7
	〈彼茁者葭　二句〉	彼茁者葭，壹發五豝。	〈騶虞〉	2	8
鄘風	〈靈雨既零　四句　會墨〉	靈雨既零，命彼倌人。星言夙駕，說于桑田。	〈定之方中〉	4	16

---

[1] 清・陸師：《陸麟度詩經真稿》（濟南：齊魯書社，2008 年，《歷代詩經版本叢刊》影印清乾隆 26 年〔1761〕經國堂刻本）。卷前有吳啟昆序，作於康熙 39 年（1700），〈陸麟度詩義目錄〉題下，標示此書為伍涵芬、吳啟昆編次。此書〈國風〉23 篇，缺收 2 篇；〈小雅〉21 篇，缺收 3 篇；〈大雅〉22 篇，缺收 4 篇；〈三頌〉21 篇，缺收 4 篇。目錄共有 87 篇，共缺 13 篇，收文 74 篇。

[2] 此欄據此書卷前〈陸麟度詩義目錄〉整理，並對校每篇制義文前之篇題。

鄭風	〈彼姝者子　告之〉3	彼姝者子，何以告之？	〈干旄〉	2	8
	〈邦之司直　一句〉	邦之司直。	〈羔裘〉	1	4
	〈琴瑟在御　二句〉	琴瑟在御，莫不靜好。	〈女曰雞鳴〉	2	8
魏風	〈彼君子兮　二句〉	彼君子兮，不素餐兮？	〈伐檀〉	2	8
唐風	〈良士瞿瞿　一句〉	良士瞿瞿。	〈蟋蟀〉	1	4
曹風	〈鳲鳩在桑　在榛〉	鳲鳩在桑，其子在榛。	〈鳲鳩〉	2	8
豳風	〈三之日于　五句〉4	三之日于耜，四之日舉趾。同我婦子，饁彼南畝，田畯至喜。	〈七月〉	5	22
	〈春日遲遲　二句〉	春日遲遲，采蘩祈祈。	〈七月〉	2	8
	〈八月其穫　一句〉	八月其穫。	〈七月〉	1	4
	〈二之日其　二句〉	二之日其同，載纘武功。	〈七月〉	2	9
	〈為此春酒　二句　鄉墨〉	為此春酒，以介眉壽。	〈七月〉	2	8
	〈九月築場　二句〉	九月築場圃，十月納禾稼。	〈七月〉	2	10
	〈躋彼公堂　三句〉	躋彼公堂，稱彼兕觥，萬壽無疆。	〈七月〉	3	12
小雅	〈呦呦鹿鳴　之苹〉	呦呦鹿鳴，食野之苹。	〈鹿鳴〉	2	8
	〈神之聽之　二句〉	神之聽之，終和且平。	〈伐木〉	2	8
	〈罄無不宜　二句〉	罄無不宜，受天百祿。	〈天保〉	2	8
	〈民之質矣　二句〉	民之質矣，日用飲食。	〈天保〉	2	8
	〈南有嘉魚　汕汕〉	南有嘉魚，烝然汕汕。	〈南有嘉魚〉	2	8
	〈邦家之基　一句〉5	邦家之基。	〈南山有臺〉	1	4
	〈湛湛露斯　杞棘〉	湛湛露斯，在彼杞棘。	〈湛露〉	2	8
	〈其桐其椅　二句〉	其桐其椅，其實離離。	〈湛露〉	2	8
	〈彤弓弨兮　藏之〉	彤弓弨兮，受言藏之。	〈彤弓〉	2	8
	〈漆沮之從　二句〉6	漆沮之從，天子之所。	〈吉日〉	2	8
	〈夜如何其　首章〉	夜如何其？夜未央。庭燎之光。君子至止，鸞聲將將。	〈庭燎〉	5	19

3　缺收此篇。

4　缺收此篇。

5　缺收此篇。

6　缺收此篇。

	〈君子攸寧　一句〉	君子攸寧。	〈斯干〉	1	4
	〈眾維魚矣　二句〉	眾維魚矣，旐維旟矣。	〈無羊〉	2	8
	〈如幾如式　一句〉	如幾如式。	〈楚茨〉	1	4
	〈永錫爾極　一句〉	永錫爾極。	〈楚茨〉	1	4
	〈我疆我理　二句〉	我疆我理，南東其畝。	〈信南山〉	2	8
	〈禾易長畝　二句〉	禾易長畝，終善且有。	〈甫田〉	2	8
	〈黍稷稻梁　之慶〉7	黍稷稻梁，農夫之慶。	〈甫田〉	2	8
	〈大田多稼　三句〉	大田多稼，既種既戒，既備乃事。	〈大田〉	3	12
	〈裳裳者華　黃矣〉	裳裳者華，芸其黃矣。	〈裳裳者華〉	2	8
	〈原隰既平　二句會墨〉8	原隰既平，泉流既清。	〈黍苗〉	2	8
大雅	〈世之不顯　二句〉9	世之不顯，厥猶翼翼。	〈文王〉	2	8
	〈儀刑文王　二句〉	儀刑文王，萬邦作孚。	〈文王〉	2	8
	〈芃芃棫樸　二句〉	芃芃棫樸，薪之槱之。	〈棫樸〉	2	8
	〈倬彼雲漢　二句〉	倬彼雲漢，為章于天。	〈雲漢〉	2	8
	〈倬彼雲漢　二句其二〉	倬彼雲漢，為章于天。	〈雲漢〉	2	8
	〈雝雝在宮　二句〉	雝雝在宮，肅肅在廟。	〈思齊〉	2	8
	〈譽髦斯士　一句〉10	譽髦斯士。	〈思齊〉	1	4
	〈虡業維樅　四句〉	虡業維樅，賁鼓維鏞。於論鼓鐘，於樂辟廱。	〈靈臺〉	4	16
	〈繩其祖武　三句〉	繩其祖武。於萬斯年，受天之祜。	〈下武〉	3	12
	〈豐水有芑　二句〉	豐水有芑，武王豈不仕？	〈文王有聲〉	2	9
	〈誕降嘉種　三句〉11	誕降嘉種，維秬維秠，維穈維芑。	〈生民〉	3	12
	〈其香始升　二句〉	其香始升，上帝居歆。	〈生民〉	2	8
	〈序賓以賢　一句〉	序賓以賢。	〈行葦〉	1	4

7　目錄頁篇題，原誤作「梁」。

8　缺收此篇。

9　缺收此篇。

10　缺收此篇。

11　目錄頁題，原誤標「一句」。

	〈其軍三單　三句〉	其軍三單，度其隰原，徹田為糧。	〈公劉〉	3	12
	〈有卷者阿　二句〉 12	有卷者阿，飄風自南。	〈卷阿〉	2	8
	〈有馮有翼　三句〉	有馮有翼，有孝有德，以引以翼。	〈卷阿〉	3	12
	〈鳳凰于飛　于天〉 13	鳳凰于飛，翽翽其羽，亦傅于天。 14	〈卷阿〉	3	12
	〈矢詩不多　二句〉	矢詩不多，維以遂歌。	〈卷阿〉	2	8
	〈溫溫恭人　二句〉	溫溫恭人，維德之基。	〈抑〉	2	8
	〈徹我疆土　三句〉	徹我疆土。匪疚匪棘，王國來極。	〈江漢〉	3	12
	〈不留不處　二句〉	不留不處，三事就緒。	〈常武〉	2	8
	〈王猶允塞　一句〉	王猶允塞。	〈常武〉	1	4
周頌	〈夙夜基命　四句〉	夙夜基命宥密。於緝熙，單厥心，肆其靖之。	〈昊天有成命〉	4	16
	〈懷柔百神　二句　鄉墨〉 15	懷柔百神，及河喬嶽。	〈時邁〉	2	8
	〈式序在位　一句〉	式序在位。	〈時邁〉	1	4
	〈以洽百禮　二句〉 16	以洽百禮。降福孔皆。	〈豐年〉	2	8
	〈肅雝和鳴　一句〉	肅雝和鳴。	〈有瞽〉	1	4
	〈燕及皇天　二句〉	燕及皇天，克昌厥後。	〈雝〉	2	8
	〈綏我眉壽　二句〉	綏我眉壽，介以繁祉。	〈雝〉	2	8
	〈載芟載柞　徂畛〉	載芟載柞，其耕澤澤。千耦其耘，徂隰徂畛。	〈載芟〉	4	16
	〈有飶其香　二句　會墨〉 17	有飶其香，邦家之光。	〈載芟〉	2	8
	〈匪且有且　二句〉	匪且有且，匪今斯今。	〈載芟〉	2	8

12　缺收此篇。

13　缺收此篇。

14　由於目錄頁篇題，但作〈鳳凰于飛　于天〉，且此篇缺收，無法覆核，題目亦可能作：
〈鳳凰于飛，翽翽其羽，亦集爰止。藹藹王多吉士，維君子使，媚于天子。鳳凰于飛，
翽翽其羽，亦傅于天〉，然因本書所收題目大都偏短，故較可能只有三句。

15　缺收此篇。

16　缺收此篇。

17　缺收此篇。

	〈其笠伊糾　　五句〉	其笠伊糾，其鎛斯趙，以薅荼蓼。荼蓼朽止，黍稷茂止。	〈良耜〉	5	20
	〈自堂徂基　　三句〉	自堂徂基，自羊徂牛。鼐鼎及鼒。	〈絲衣〉	3	12
	〈綏萬邦屢　　二句〉	綏萬邦，屢豐年。	〈桓〉	2	6
魯頌	〈其馬蹻蹻　　四句〉	其馬蹻蹻，其音昭昭。載色載笑，匪怒伊教。	〈泮水〉	4	16
商頌	〈有秩斯祜　　二句〉	有秩斯祜，申錫無疆。	〈烈祖〉	2	8
	〈長發其祥　　一句〉	長發其祥。	〈長發〉[18]	1	4
	〈四海來假　　三句〉[19]	四海來假，來假祁祁。景員維河。	〈玄鳥〉	3	12
	〈聖敬日躋　　一句〉	聖敬日躋。	〈長發〉	1	4
	〈不競不絿　　二句〉	不競不絿，不剛不柔。	〈長發〉	2	8
	〈何天之龍　　一句〉[20]	何天之龍。	〈長發〉	1	4
	〈赫赫厥聲　　二句〉	赫赫厥聲，濯濯厥靈。	〈殷武〉	2	8

---

[18] 此書之體例，乃依詩篇次序編排，〈商頌〉5 篇之次序為：〈那〉、〈烈祖〉、〈玄鳥〉、〈長發〉、〈殷武〉。故此篇〈長發〉題，理應編排在次篇〈玄鳥〉之後。

[19] 制義文前篇題誤作「二句」，觀制義內容，以及文末尾評有「既以三句為題，自應趨重末句」語，應依目錄頁作「三句」。

[20] 缺收此篇。

引用書目

一、古籍

(一)漢至元

漢・毛　亨傳，漢・鄭　玄箋，唐・孔穎達等疏，龔抗雲等整理：《毛詩正義》（臺北：
　　　臺灣古籍出版公司，2001 年 10 月，《十三經注疏・整理本》）。

南宋・王　柏：《詩疑》（上海：上海古籍出版社，1995 年，《續修四庫全書》影印清康
　　　熙刻《通志堂經解》本）。

南宋・王應麟：《小學紺珠》（臺北：臺灣商務印書館，1983 年，《景印文淵閣四庫全
　　　書》本）。

南宋・朱　熹：《晦庵集》（《景印文淵閣四庫全書》本）。

南宋・朱　熹：《四書章句集注》（臺北：漢京文化事業有限公司，1987 年 10 月）。

南宋・朱　熹撰，朱傑人校點：《詩序辨說》、《詩集傳》（上海：上海古籍出版社；合
　　　肥：安徽教育出版社，2002 年 12 月，《朱子全書》本）。

南宋・朱　熹撰，廖名春點校：《周易本義》（北京：中華書局，2009 年 11 月）。

南宋・呂祖謙：《少儀外傳》（《景印文淵閣四庫全書》本）。

南宋・胡安國撰，錢偉彊點校：《春秋胡氏傳》（杭州：浙江古籍出版社，2010 年 4
　　　月）。

南宋・楊　簡：《慈湖詩傳》（《景印文淵閣四庫全書》本）。

南宋・楊　簡：《慈湖遺書》（《景印文淵閣四庫全書》本）。

南宋・衛　湜：《禮記集說》（《景印文淵閣四庫全書》本）。

元・李　祁：《雲陽集》（《景印文淵閣四庫全書》本）。

元・馬端臨：《文獻通考》（《景印文淵閣四庫全書》本）。

元・陳　澔：《禮記集說》（北京：中國書店，1994 年 6 月）。

元・劉　實：《敏求機要》（臺南：莊嚴文化事業公司，1997 年，《四庫全書存目叢書》
　　　影印清乾隆知不足齋鈔本）。

(二)明

丁紹軾：《丁文遠集》（北京：北京出版社，2000 年，《四庫未收書輯刊》影印明天啟刻

本）。

文震孟：《藥園文集》（北京：中華全國圖書館文獻縮微複製中心，2001 年，《羅氏雪堂藏書遺珍》影印明稿本）。

尹　襄：《巽峰集》（《四庫全書存目叢書》影印清光緒 7 年〔1881〕永錫堂刻本）。

王　圻：《續文獻通考》（《續修四庫全書》影印明萬曆 30 年〔1602〕松江府刻本）。

王世貞：《弇山堂別集》（《景印文淵閣四庫全書》本）。

王世貞：《弇州續稿》（《景印文淵閣四庫全書》本）。

王世貞：《嘉靖以來首輔傳》（《景印文淵閣四庫全書》本）。

王世貞：《弇州山人四部稿》（《景印文淵閣四庫全書》本）。

王思任：《會試墨卷》，收入於姜亞沙等主編：《中國古代闈墨卷彙編》（北京：全國圖書館文獻縮微複製中心，2009 年 12 月）。

丘　濬：《大學衍義補》（《景印文淵閣四庫全書》本）。

丘　濬：《重編瓊臺稿》（《景印文淵閣四庫全書》本）。

田藝衡：《留青日札》（《續修四庫全書》影印明萬曆 37 年〔1609〕刻本）。

余　寅：《宦曆漫紀》（臺北：國家圖書館，據內閣文庫藏明天啟元年〔1621〕刊本影印）。

何三畏：《雲間志略》（北京：北京出版社，2000 年，《四庫禁燬書叢刊》影印明天啟刻本）。

何大掄：《詩經默雷》（濟南：齊魯書社，2008 年，《歷代詩經版本叢刊》影印明末刻本）。

何良俊：《四友齋叢說》（北京：中華書局，1997 年 11 月）。

何孟春：《餘冬序錄》（《四庫全書存目叢書》影印明嘉靖 7 年〔1528〕彬州家塾刻本）。

佚　名編：《皇明程世錄》（明抄本，南京圖書館藏）。

佚　名輯：《李氏世科錄》（明刊本，傅斯年圖書館藏）。

吳　亮輯：《萬曆疏鈔》（《續修四庫全書》影印明萬曆 37 年〔1609〕刻本）。

吳　寬：《家藏集》（《景印文淵閣四庫全書》本）。

吳應箕：《留都見聞錄》（臺北：新文豐出版公司，1989 年《叢書集成續編》影印《貴池先哲遺書》本）。

吳應箕：《樓山堂集》（《續修四庫全書》影印清刻本）。

李　雯：《蓼齋集》（《四庫禁燬書叢刊》影印清順治 14 年〔1657〕石崑刻本）。

宋　濂等撰：《元史》（臺北：鼎文書局，1977 年）。

宋　濂：《文憲集》（《景印文淵閣四庫全書》本）。

李　贄：《李溫陵集》（《續修四庫全書》影印明刻本）。

李先芳：《讀詩私記》（《景印文淵閣四庫全書》本）。

李東陽：《懷麓堂稿》（臺北：臺灣學生書局，1975 年 5 月，影印明版配補）。

李景隆等撰：《明太祖實錄》（臺北：中央研究院歷史語言研究所，1966 年）。

李開先撰，卜　鍵箋校：《李開先全集》（北京：文化藝術出版社，2004 年 8 月）。

李維楨：《大泌山房集》（《四庫全書存目叢書》影印明萬曆 39 年〔1611〕刻本）。

沈德符：《萬曆野獲編》（北京：中華書局，1997 年 10 月）。

卓發之：《漉籬集》（《四庫禁燬書叢刊》影印明崇禎傳經堂刻本）。

周孔教：《西臺疏稿》（《四庫全書存目叢書》影印明萬曆刻本）。

季　本：《詩說解頤》（《景印文淵閣四庫全書》本）。

邵圭潔：《北虞先生遺文》（《四庫全書存目叢書》影印明萬曆刻本）。

俞汝楫：《禮部志稿》（《景印文淵閣四庫全書》本）。

茅　坤：《茅鹿門文集》（《續修四庫全書》影印明萬曆刻本）。

茅大方：《希董先生文集》（《四庫未收書輯刊》影印清道光 15 年〔1835〕泰興尊經閣刻本）。

唐　寅：《唐伯虎先生全集》（臺北：臺灣學生書局，1979 年，《歷代畫家詩文集》影印明萬曆 42 年〔1614〕刊本）。

孫　鼎：《新編詩義集說》（《續修四庫全書》影印「1935 年商務印書館影印《宛委別藏》影鈔明刻本」）。

孫　緒：《沙溪集》（《景印文淵閣四庫全書》本）。

徐光啟：《詩經傳稿》，收入於上海市文物保管委員會主編：《徐光啟著譯集》第 18、19 冊（上海：上海市文物保管委員會，1983 年，影印清康熙年間徐氏淵源堂家刻本）。

祝允明：《懷星堂集》（《景印文淵閣四庫全書》本）。

耿定向：《耿天臺先生文集》（《四庫全書存目叢書》影印明萬曆 26 年〔1597〕劉元卿刻本）。

郝　敬：《毛詩序說》（《續修四庫全書》影印明萬曆崇禎間刻《山草堂集內編》本）。

張　溥：《七錄齋詩文合集》（《續修四庫全書》影印明崇禎 9 年〔1636〕刻本）。

張元忭：《館閣漫錄》（《四庫全書存目叢書》影印明不二齋刻本）。

張世偉：《自廣齋集》（《四庫禁燬書叢刊》影印明崇禎 11 年〔1638〕刻本）。

張師繹：《月鹿堂文集》（《四庫未收書輯刊》影印清道光 6 年〔1826〕蝶花樓刻本）。

張朝瑞：《皇明貢舉考》（《續修四庫全書》影印明萬曆刻本）。

曹　安：《讕言長語》（《景印文淵閣四庫全書》本）。

莊　泉：《定山集》（臺北：新文豐出版公司，1989 年，《叢書集成續編》影印《金陵叢書》本）。

許天贈：《詩經正義》（《四庫全書存目叢書》影印明萬曆刻本）。

陳　師：《禪寄筆談》（《四庫全書存目叢書》影印明萬曆 21 年〔1593〕自刻本）。

陳　循：《芳洲文集》（《四庫全書存目叢書》影印明萬曆 21 年〔1593〕陳以躍刻本）。

陳　塏：《名家表選》（《四庫全書存目叢書‧補編》影印明嘉靖 26 年〔1547〕刻本）。

陳仁錫：《無夢園遺集》（《四庫禁燬書叢刊》影印明末刻本）。

陳邦瞻等：《宋史紀事本末》（《景印文淵閣四庫全書》本）。

陳龍正：《幾亭全書》（《四庫禁燬書叢刊》影印清康熙雲書閣刻本）。

陶汝鼐：《榮木堂文集》（《四庫禁燬書叢刊》影印康熙刻世綵堂匯印本）。

曾異撰：《紡授堂文集》（《四庫禁燬書叢刊》影印明崇禎刻本）。

焦　竑：《玉堂叢語》（北京：中華書局，1997 年 12 月）。

焦　竑：《國朝獻徵錄》（《續修四庫全書》影印明萬曆 44 年〔1616〕徐象橒曼山館刻本）。

馮夢龍：《智囊補》（《四庫全書存目叢書》影印明積秀堂刻本）。

黃　瑜：《雙槐歲鈔》（《四庫全書存目叢書》影印明嘉靖 38 年〔1559〕陸延枝刻本）。

黃淳耀：《陶菴全集》（《景印文淵閣四庫全書》本）。

楊　慎：《升菴集》（《景印文淵閣四庫全書》本）。

萬時華：《詩經偶箋》（《續修四庫全書》影印明崇禎 6 年〔1633〕李泰刻本）。

趙用賢：《松石齋文集》（《四庫禁燬書叢刊》影印明萬曆刻本）。

趙維寰：《雪廬焚餘稿》（《四庫禁燬書叢刊》影印明崇禎刊本）。

劉康祉：《識匡齋全集》（《四庫禁燬書叢刊》影印清順治刻本）。

蔡獻臣：《清白堂稿》（《四庫未收書輯刊》影印明崇禎刻本）。

鄭　曉撰，李致忠點校：《今言》（北京：中華書局，1997 年 11 月）。

鄧顯麒：《夢虹奏議》（《四庫全書存目叢書》影印清道光 27 年〔1847〕刻本）。

薛應旂：《方山薛先生全集》（《續修四庫全書》影印明嘉靖刻本）。

謝　鐸：《桃溪淨稿》（《四庫全書存目叢書》影印明正德 16 年〔1521〕台州知府顧璘刻本）。

鍾　惺撰，李先耕、崔重慶標校：《隱秀軒集》（上海：上海古籍出版社，1992 年 9 月）。

歸有光撰，周本淳校點：《震川先生集》（上海：上海古籍出版社，2007 年 8 月）。

瞿景淳：《瞿文懿公集》（《四庫全書存目叢書》影印明萬曆瞿汝稷刻本）。

龐尚鵬：《百可亭摘稿》（《四庫全書存目叢書》影印明萬曆 27 年〔1599〕龐英山刻本）。

譚元春撰，陳杏珍標校：《譚元春集》（上海：上海古籍出版社，1998 年 12 月）。

嚴　嵩：《鈐山堂集》（《四庫全書存目叢書》影印明嘉靖 24 年〔1545〕刻增修本）。

顧起元：《爾雅堂家藏詩說》（《四庫禁燬書叢刊》影印明萬曆 34 年〔1606〕刻本）。

(三)清

王夫之：《夕堂永日緒論外編》，《船山全書》（15）（長沙：嶽麓書社，1995 年 6 月）。

王文焯：《詩經去疑》（濟南：齊魯書社，2008 年，《歷代詩經版本叢刊》影印清雍正 9 年〔1731〕左吳三樂齋刻兩節本）。

王先謙：《東華錄》、《東華續錄》（《續修四庫全書》影印清光緒 10 年〔1884〕長沙王氏刻本）。

王芑孫：《惕甫未定藁》（上海：上海古籍出版社，2010 年，《清代詩文集彙編》影印清嘉慶刻本）。

任啟運：《禮記章句》（《四庫全書存目叢書》影印清乾隆 38 年〔1773〕刻本）。

朱建子：《喪服制考》（《四庫全書存目叢書》影印清鈔本）。

朱彝尊：《經義考》（《景印文淵閣四庫全書》本）。

朱彝尊：《曝書亭集》（《景印文淵閣四庫全書》本）。

吳　淇：《六朝選詩定論》（濟南：齊魯書社，2001 年，《四庫全書存目叢書·補編》影印清刻本）。

吳肅公：《街南文集》（《四庫禁燬書叢刊》影印清康熙 28 年〔1689〕吳承勵刻本）。

李　紱：《穆堂類稿》（《續修四庫全書》影印清道光 11 年〔1831〕奉國堂刻本）。

杜受田等修，英　匯等纂：《欽定科場條例》（《續修四庫全書》影印清咸豐 2 年〔1852〕刻本）。

沈青崖、劉於義等纂：《（雍正）陝西通志》（《景印文淵閣四庫全書》本）。

沈翼機、嵇曾筠等纂：《（雍正）浙江通志》（《景印文淵閣四庫全書》本）。

汪　紱：《雙池文集》（《續修四庫全書》影印清道光 14 年〔1834〕一經堂刻本）。

俞正燮：《癸巳存稿》（北京：中華書局，1985 年，《叢書集成初編》本）。

洪若皋：《南沙文集》（《四庫全書存目叢書》影印清康熙刻本）。

紀　昀等奉敕纂：《四庫全書總目》（臺北：藝文印書館，1989 年 1 月）。

唐　彪：《父師善誘法》（臺北：偉文圖書出版社，1976 年 11 月）。

唐才常：《覺顛冥齋內言》（《續修四庫全書》影印清光緒 24 年〔1898〕長沙刻本）。

徐　珂：《清稗類鈔》（二）（臺北：臺灣商務印書館，1984 年 10 月）。

徐　倬：《修吉堂文稿》（《四庫全書存目叢書》影印清康熙刻乾隆續刻本）。

素爾訥等撰：《欽定學政全書》（《續修四庫全書》影印清乾隆 39 年〔1774〕武英殿刻本）。

袁　枚撰，胡光斗箋釋：《小倉山房尺牘箋釋》（臺北：廣文書局，1978 年 7 月）。

勒德洪奉敕撰：《大清高宗純皇帝實錄》（臺北：華文書局，1969 年）。

康有為撰，麥仲華輯：《戊戌奏稿》（《續修四庫全書》影印清宣統 3 年〔1911〕刊本）。

張廷玉等撰：《明史》（臺北：鼎文書局，1975 年）。

梁章鉅撰，陳居淵點校：《制義叢話》、《試律叢話》（上海：上海書店，2001 年 12 月）。

清高宗敕撰：《欽定大清會典則例》（《景印文淵閣四庫全書》本）。

陳廷敬：《午亭文編》（《景印文淵閣四庫全書》本）。

陸　師：《陸麟度詩經真稿》（濟南：齊魯書社，2008 年，《歷代詩經版本叢刊》影印清乾隆 26 年〔1761〕經國堂刻本）。

陸世儀：《制科議》（臺北：新文豐出版公司，1997 年，《叢書集成三編》影印《陸桴亭先生遺書》本）。

陸世儀：《思辨錄輯要》（《景印文淵閣四庫全書》本）。

陸隴其：《三魚堂文集》（《景印文淵閣四庫全書》本）。

黃　越：《退谷文集》（《四庫全書存目叢書》影印清雍正 5 年〔1727〕光裕堂刻本）。

黃中堅：《蓄齋集》（《四庫未收書輯刊》影印清康熙 50 年〔1711〕棣華堂刻、53 年增修本）。

黃宗羲撰，沈善洪主編：《黃宗羲全集（增訂版）》（杭州：浙江古籍出版社，2005 年 1 月）。

賀長齡、魏　源等編：《皇朝經世文編》（北京：中華書局，1992 年 4 月，影印清光緒 12 年〔1886〕思補樓重校本）。

萬斯同：《明史》（《續修四庫全書》影印清抄本）。

趙燦英：《詩經集成》（《四庫全書存目叢書》影印清康熙 29 年〔1690〕金陵陳君美刻本）。

蔡衍鎤：《操齋集》（《四庫未收書輯刊》影印清康熙刻本）。

錢陳羣：《香樹齋文集》（《四庫未收書輯刊》影印清乾隆刻本）。

謝章鋌：《賭棋山莊筆記》（臺北：文海出版社，1975 年，《近代中國史料叢刊續編》影印清光緒 24 年〔1898〕刊本，《賭棋山莊全集》本）。

魏　禧撰，胡守仁等校點：《魏叔子文集》（北京：中華書局，2003 年 6 月）。

嚴可均：《鐵橋漫稿》（《續修四庫全書》影印清道光 18 年〔1838〕四錄堂刻本）。

顧炎武撰，黃汝成集釋：《日知錄集釋（全校本）》（上海：上海古籍出版社，2006 年）。

二、近人編著

《新京報》主編：《科舉百年》（北京：同心出版社，2006 年 2 月）。

中國史學會主編：《戊戌變法》（二）（上海：上海人民出版社，2000 年）。

中國古籍善本書目編輯委員會編：《中國古籍善本書目・史部》（上海：上海古籍出版社，1993 年）。

中國科學院圖書館整理：《續修四庫全書總目提要・經部》（北京：中華書局，1993 年 7 月）。

中國第一歷史檔案館：〈乾隆朝整飭科場史料〉，《歷史檔案》1997 年第 3 期（總第 67 期），頁 8－26。

王　宇：〈南宋科場與永嘉學派的崛起──以陳傅良與《春秋》時文為個案〉，《浙江社會科學》2004 年第 2 期（2004 年 3 月），頁 151－156。

艾爾曼：〈清代科舉與經學的關係〉，收入於中央研究院中國文哲研究所編委會主編：《清代經學國際研討會論文集》（臺北：中央研究院中國文哲研究所籌備處，1994 年 6 月），頁 31－102。

何忠禮：〈二十世紀的中國科舉制度史研究〉，《歷史研究》2000 年第 6 期，頁 142－155。

吳承學：《中國古代文體形態研究》（武漢：湖北教育出版社，2000 年 9 月）。

吳宣德：《明代進士的地理分布》（香港：香港中文大學出版社，2009 年）。

吳宣德、王紅春：〈明代會試試經考略〉，《教育學報》第 7 卷第 1 期（2011 年 2 月），頁 99－112。

呂　明：《王思任年譜》（上海：復旦大學中國古典文獻學碩士論文，2004 年 5 月，陳廣宏指導）。

沈俊平：《舉業津梁──明中葉以後坊刻制舉用書的生產與流通》（臺北：臺灣學生書局，2009 年 6 月）。

汪小洋、孔慶茂：《科舉文體研究》（天津：天津古籍出版社，2005 年 3 月）。

汪維真：《明代鄉試解額制度研究》（北京：社會科學文獻出版社，2009 年 9 月）。

周作人：《看雲集》（臺北：里仁書局，1982 年 6 月影印民國 21 年〔1932〕上海開明書店版）。

周興祿：《宋代科舉詩詞研究》（濟南：齊魯書社，2011 年 12 月）。

林　岩：《北宋科舉考試與文學》（上海：上海古籍出版社，2006 年 12 月）。

林麗月：〈科場競爭與天下之「公」：明代科舉區域配額問題的一些考察〉，收入於劉海峰主編：《二十世紀科舉研究論文選編》（武漢：武漢大學出版社，2009 年 9 月），頁 475－498。

侯美珍：〈明清科舉取士「重首場」現象的探討〉，《臺大中文學報》第 23 期（2005 年 12 月），頁 277－322。

侯美珍：〈明清科舉八股小題文研究〉，《臺大中文學報》第 25 期（2006 年 12 月），頁 153－198。

侯美珍：〈談八股文的研究與文獻〉，《中國學術年刊》第 30 期（春季號）（2008 年 3
　　月），頁 167－198。

侯美珍：〈明清八股取士與經書評點的興起〉，《經學研究集刊》第 7 期（2009 年 11
　　月），頁 137－162。

侯美珍：〈明代會試《詩經》義出題研究〉，《臺大中文學報》第 38 期（2012 年 9
　　月），頁 203－256。

侯美珍：〈臺灣的科舉學〉，《廈門大學學報（哲學社會科學版）》2013 年第 6 期（2013
　　年 11 月），頁 86－95。

姜亞沙等主編：《中國古代闈墨卷彙編》（北京：全國圖書館文獻縮微複製中心，2009 年
　　12 月）。

姜亞沙等主編：《中國科舉錄彙編》（北京：全國圖書館文獻縮微複製中心，2010 年）。

洪湛侯：《詩經學史》（北京：中華書局，2002 年）。

夏傳才、董治安：《詩經要籍提要》（北京：學苑出版社，2003 年 8 月）。

孫仁義：〈淺析京劇等狀元戲中的科舉影像〉，《運城學院學報》第 29 卷第 3 期（2011
　　年 6 月），頁 32－36。

祝尚書：《宋代科舉與文學考論》（鄭州：大象出版社，2006 年 3 月）。

涂經詒撰，鄭邦鎮譯：〈從文學觀點論八股文〉，《中外文學》第 12 卷第 12 期（1984 年
　　5 月），頁 167－180。

商衍鎏：《清代科舉考試述錄》（臺北：文海出版社，1975 年，《近代中國史料叢刊續
　　編》影印 1958 年北京三聯書店本）。

國立中央圖書館編：《國立中央圖書館善本序跋集錄・經部》（臺北：國立中央圖書館，
　　1992 年 6 月）。

國立中央圖書館編：《國立中央圖書館善本序跋集錄・集部》（七）（臺北：國立中央圖
　　書館，1994 年 4 月）。

張　蕊、俞啟定：〈明清時期的《詩經》應試書〉，《歷史檔案》2009 年第 4 期，頁 127
　　－130。

張　蕊：《詩經教本考論》（新北市：花木蘭文化出版社，2012 年 9 月）。

張洪海：〈明清科舉文化對《詩經》評點的影響〉，《東岳論叢》第 32 卷第 5 期（2011
　　年 5 月），頁 71－75。

張祝平：〈《詩經》與元代科舉〉，《江海學刊》1994 年第 1 期（總第 169 期），頁 134
　　－140。

張祝平、蔡　燕、蔣　玲：〈元代科舉《詩經》試卷檔案的價值〉，《中國典籍與文化》
　　2007 年第 1 期（總第 60 期），頁 79－86。

張祝平：〈八股文探源——《詩義集說》中元代「股體」詩義著者考略〉，《歷史檔案》

2012 年第 1 期，頁 80－86。

張寶三：〈《詩經》詮釋傳統中之「風雅正變」說研究〉，收入於楊儒賓主編：《中國經典詮釋傳統（三）文學道家經典篇》（臺北：臺灣大學出版中心，2004 年 6 月），頁 43－86。

啟　功等合撰：《說八股》（北京：中華書局，1994 年 7 月）。

梁家勉原編，李天綱增補：《增補徐光啟年譜》（上海：上海古籍出版社，2010 年 12 月，《徐光啟全集》本）。

郭培貴：《明代科舉史事編年考證》（北京：科學出版社，2008 年 12 月）。

郭培貴：《明史選舉志箋正》（呼和浩特：內蒙古大學出版社，1997 年 8 月）。

陳子展：《詩經直解》（臺北：書林出版公司，1992 年 8 月）。

陳文新、余來明主編：《科舉文獻整理與研究：第八屆科舉制與科舉學國際學術研討會論文集》（武漢：武漢大學出版社，2013 年 4 月）。

陳明義：《朱熹詩經學與詩經漢學傳統異同之研究》（臺北：花木蘭文化出版社，2008 年 9 月）。

陳長文：〈崇禎十三年賜特用出身科科年考實──兼談明代進士題名碑的立石問題〉，《文獻》2005 年第 3 期（2005 年 7 月），頁 168－175。

陳桐生：〈論正變〉，收入於中國詩經學會編：《詩經研究叢刊》第一輯（北京：學苑出版社，2001 年 7 月），頁 12－33。

陳興德：《二十世紀科舉觀之變遷》（武漢：華中師範大學出版社，2008 年 11 月）。

程元敏：《王柏之詩經學》（臺北：嘉新水泥公司文化基金會，1968 年 10 月）。

黃忠慎：《朱子詩經學新探》（臺北：五南圖書出版公司，2002 年 1 月）。

楊春俏、吉新宏：〈北宋中晚期科舉考試中的詩賦、經義之爭〉，《遼寧大學學報（哲學社會科學版）》第 35 卷第 1 期（2007 年 1 月），頁 90－93。

楊晉龍：《明代詩經學研究》（臺北：臺灣大學中國文學研究所博士論文，1997 年 6 月，張以仁、吳宏一指導）。

葉國良：〈八股文的淵源及其相關問題〉，《臺大中文學報》第 6 期（1994 年 6 月），頁 39－57。

董立夫：《明代進士之研究──社會背景的探討》（臺北：政治大學政治學研究所碩士論文，1990 年 6 月，張治安指導）。

鄒其昌：《朱熹詩經詮釋學美學研究》（北京：商務印書館，2004 年 7 月）。

寧波市天一閣博物館整理：《天一閣藏明代科舉錄選刊・會試錄》（寧波：寧波出版社，2007 年）。

寧波市天一閣博物館整理：《天一閣藏明代科舉錄選刊・鄉試錄》（寧波：寧波出版社，2010 年）。

趙明媛：《姚際恆詩經通論研究》（桃園：中央大學中國文學研究所博士論文，2000 年 12月，岑溢成指導）。

劉冬穎：《詩經變風變雅考論》（北京：中國社會科學出版社，2005 年 10 月）。

劉海峰：《科舉制與科舉學》（貴陽：貴州教育出版社，2004 年 9 月）。

劉海峰：《科舉學導論》（武漢：華中師範大學出版社，2005 年 8 月）。

劉海峰：〈中國大陸科舉研究的發展與演進〉，收入於高明士編：《東亞教育史的回顧與展望》（臺北：臺灣大學出版中心，2005 年），頁 141-192。

劉海峰主編：《科舉百年祭》（武漢：湖北人民出版社，2006 年 10 月）。

劉海峰主編：《科舉制的終結與科舉學的興起》（武漢：華中師範大學出版社，2006 年 10月）。

劉海峰：〈「科舉」含義與科舉制的起始年份〉，《廈門大學學報（哲學社會科學版）》2008 年第 5 期，頁 70－77 轉頁 91。

劉海峰：〈科舉文學與「科舉學」〉，《武漢大學學報（人文科學版）》第 62 卷第 2 期（2009 年 3 月），頁 176－182。

劉海峰：〈科舉學與科舉文學的關聯互動〉，《廈門大學學報（哲學社會科學版）》2012年第 6 期，頁 25－32。

劉毓慶：《從經學到文學──明代《詩經》學史》（北京：商務印書館，2001 年 6 月）。

劉毓慶：《歷代詩經著述考（先秦－元代）》（北京：中華書局，2002 年）。

學生書局編輯部輯：《明代登科錄彙編》（臺北：臺灣學生書局，1969 年 12 月）。

蕭啟慶：《元代進士輯考》（臺北：中央研究院歷史語言研究所，2012 年 3 月）。

錢茂偉：《國家、科舉與社會──以明代為中心的考察》（北京：北京圖書館出版社，2004 年 11 月）。

檀作文：《朱熹詩經學研究》（北京：學苑出版社，2003 年 8 月）。

鄺健行：《科舉考試文體論稿：律賦與八股文》（臺北：臺灣書店，1999 年 5 月）。

鶴成久章：〈『礼記』を選んだ人達の事情──明代科挙と礼学〉，《福岡教育大學紀要》第 50 號（2001 年 2 月），頁 1－15。

鶴成久章：〈明代科挙における「四書義」の出題について〉，《九州中國學會報》第 41集（2003 年 5 月），頁 69－85。

鶴成久章：〈明代科挙における專經について〉，《日本中國學會報》第 52 集（2000 年 10 月），頁 208－222。

鶴成久章：〈論明代科舉中試《四書》義之出題〉，收入於劉海峰主編：《科舉制的終結與科舉學的興起》（武漢：華中師範大學出版社，2006 年 10 月），頁 167－175。

龔篤清：《明代八股文史探》（長沙：湖南人民出版社，2005 年 9 月）。

國家圖書館出版品預行編目資料

明代鄉會試《詩經》義出題研究

侯美珍著. – 初版. – 臺北市：臺灣學生，2014.04
面；公分

ISBN 978-957-15-1611-0(平裝)

1. 科舉 2. 試題 3. 明代

573.4416   103006666

明代鄉會試《詩經》義出題研究

著　作　者：侯　　　　　美　　　　　珍
出　版　者：臺 灣 學 生 書 局 有 限 公 司
發　行　人：楊　　　　　雲　　　　　龍
發　行　所：臺 灣 學 生 書 局 有 限 公 司
　　　　　　臺北市和平東路一段七十五巷十一號
　　　　　　郵 政 劃 撥 帳 號：00024668
　　　　　　電　話：(02)23928185
　　　　　　傳　眞：(02)23928105
　　　　　　E-mail：student.book@msa.hinet.net
　　　　　　http://www.studentbook.com.tw
本 書 局 登
記 證 字 號：行政院新聞局局版北市業字第玖捌壹號
印　刷　所：長 欣 印 刷 企 業 社
　　　　　　新北市中和區中正路九八八巷十七號
　　　　　　電　話：(02)22268853

定價：新臺幣四五○元

西　元　二　○　一　四　年　四　月　初　版